Alte Legenden
und
neue Literatur

Alte Legenden und neue Literatur

KAREN C. KOSSUTH
Pomona College

DAVID R. ANTAL

Illustrations by
DEBORAH B. SHAW and
CYNTHIA K. EVANS

HOLT, RINEHART and WINSTON

New York • Chicago • San Francisco
Philadelphia • Montreal • Toronto • London
Sydney • Tokyo • Mexico City
Rio de Janeiro • Madrid

Permissions and acknowledgments for selections used in this text appear on page 353.

Publisher Nedah Abbott
Acquisitions Editor Vincent Duggan
Senior Project Editor Ines Greenberger
Production Manager Lula Als
Design Supervisor Renée Davis

Library of Congress Cataloging-in-Publication Data

Kossuth, Karen C.
  Alte Legenden und neue Literatur.

  Pref. in English; text in German.
  1. German language—Readers. 2. German prose
literature—20th century. 3. German language—Text-books
for foreign speakers—English. I. Antal, David.
II. Title.
PF3117.K636   1986   438.6'421   85-24771

ISBN 0-03-063877-1

Holt, Rinehart and Winston
The Dryden Press
Saunders College Publishing

Preface

Literature is a window to much more than merely the linguistic forms of a language. It is at once larger and smaller than life itself, portraying the habits, idiosyncracies, and modes of thought and expression associated with a culture. In short, literature reflects a culture's individuality.

To provide university students of beginning and intermediate German an insight into the culture of the German-speaking countries, we have drawn on two kinds of sources for this reader: twentieth century works by authors from Austria, Switzerland, and both Germanies and folk tales and legends from the folklore of these countries. Inclusion of the first type of material continues a well-established practice of acquainting students with the themes and language of the contemporary culture by introducing them to modern German literature. To this end the present volume contains short stories and excerpts from prose works by such well-known authors as Wolfgang Borchert, Bertolt Brecht, and Heinrich Böll. We have, however, also sought to broaden the repertoire of twentieth-century writing found in university-level readers by including the work of recognized authors less familiar to most American university students: Helga Novak, Günter de Bruyn, Ilse Aichinger, Christoph Meckel, Claudia Storz, Brigitte Schwaiger, and Irmtraud Morgner, for example.

If the use of modern literary works in readers at this level of German language study has many precedents, folklore has received much less attention, a neglect we would like to remedy with this book. Till Eulenspiegel, the Schildbürger, Baron von Münchhausen, Wilhelm Tell, and Johann Faustus are classical German figures, an integral part of the heritage, and it is in that capacity that they find their place in this volume. We have also included two *Schwänke*, humorous or didactic folktales, typical of those that have served for centuries in the socialization of German children. These tales expose native English speakers to a different side of German language culture, a less deliberate, often lighthearted, and frequently moralistic side. Reading such material alongside formal German literature can encourage students to compare the style and content of the selections in this book and, we hope, to discuss the differences between forms of written expression. If any single principle guided the choice of these texts, it was the search for a portrayal of the human condition in its respective cultural manifestation, which is sometimes quite different, sometimes strikingly similar to the American one. The themes of many of the stories could be found in any setting; it is the way each story is told—its style, focus, and outcome—which works with the national settings to lend them immediacy and to reveal aspects of German-language culture.

Readability, which is always a delicate balance between syntax and semantics, has been a primary concern in the selection and arrangement of the readings in this book. To achieve a pedagogically sound progression of syntactic difficulty and length, we have edited the texts where it was appropriate and expressly permitted by the copyright holders and have sequenced them accordingly. For example, passive formulations have been paraphrased as active ones in the first third of the book, early selections have been retold in the present tense rather than in the narrative past, others have been abridged, and syntax has been simplified in some places. To maintain a certain degree of consistency in the level of vocabulary being introduced, we have paraphrased relatively advanced expressions in the folktale renditions by Guggenmos and Kästner.

This reader is designed to be of practical use for a variety of teaching styles and in a variety of classroom situations. Its general purpose is to provide material that lends itself to worthwhile classroom discussion and to integration into a notional-functional syllabus. Our pedagogical goals are to develop the students' active communication skills in addition to the passive skill of reading comprehension. Physically responding to commands or statements by the instructor or other students; categorizing words and phrases; developing inferential reasoning by drawing on the students' previously acquired skills and knowledge, on a word's context, on its association with cognates, loan words, and semantic domains—these are some of the learning strategies that form the basis of our attempts to engage the student in actively using the vocabulary encountered in reading selections. The following paragraphs offer a more detailed description of the resources in this book and suggestions for using them.

Each unit consists of an illustration, a short biography of the story's author or background information on the legend or folktale, a list of target vocabulary,* the text proper with accompanying glosses, a brief multiple-choice quiz on the major aspects of the text,* a set of discussion questions or suggestions for classroom activities, a set of vocabulary exercises,* and a vocabulary quiz.*

a. The *illustration* is intended as a visual aid for introducing the story, not necessarily as a depiction of the story's most dramatic image. Beginning with such questions as „Was sehen Sie auf dem Bild?" or „Was könnte das sein?" the instructor can lead students to begin using items from the target vocabulary (which could also be written on the blackboard to aid retention), introduce characters from the story, and anticipate the story line. This build-up is a significant part of overcoming

---

*Provided as well for the second part of this book's two-part stories.

„Anlaufschwierigkeiten," the initial difficulties that many beginning and intermediate students encounter when approaching material which is unfamiliar to them. It also provides the occasion to begin realizing one of the primary goals of this book—to stimulate classroom discussion.

b. The *biographical information* about the authors and the *background* of the legends and folktales is provided to help the students see the stories as part of a historical, cultural, and literary tradition and, especially with the works of the twentieth century authors, to understand them as personal statements.

c. The *target vocabulary*, one of the most innovative features of this reader, aims to promote vocabulary acquisition by choosing words and phrases which are central to the given story and practical for everyday communication and presenting them in semantic classes. The approach is designed to assist the student in relating a word or phrase not only to its own meaning but also to other expressions in the same semantic domain or in different ones. Previously introduced target vocabulary is appended to each target vocabulary list.

d. We suggest that the first reading of a given *text* be done rapidly, the aim being to become familiar with the basic outlines of the plot, the main characters and their relationship to each other, and the outcome of the action involved. At this stage, the students should resist the temptation to use the glosses or the dictionary and should interpret vocabulary by drawing on the context and the knowledge of vocabulary already introduced through the discussion of the selection's illustration. After having read the text once in this manner, the students should try to answer the questions on the content quiz *(Wie gut kennen Sie die Geschichte?)* and check the responses with the answers at the back of the book to see how much factual information has already been gleaned from the text. The students should then read the selection again, this time using the glosses and dictionary as necessary and delving more deeply into the story by noting, for example, the adjectives and adverbs, which describe the *how*, the *when*, and, often, the *why* of the story, not just the *what*. A day or so later, the students should read the story a third time to strive for an even rate of reading and to savor subtleties they may not have noticed earlier.

e. In the *glosses*, words and phrases neither on the target vocabulary list nor presumed to have been learned in the first semester of college German are translated. The glosses also include explanations of cultural, historical, geographical, and literary references that would be obscure for the beginning or intermediate student.

f. The content quiz—*Wie gut haben Sie die Geschichte* [Legende; den Schwank] *verstanden?*—is a short, multiple-choice learning device (with answers provided at the back of the book for immediate feedback) designed to help the students monitor their initial comprehension of some of the main points of the text. By changing the order of the items on this quiz and posing them *before* the text has been assigned, the instructor can instead have the students practice the reading skills of skimming or scanning the new material for the corresponding answers in class.

g. *Zur Diskussion des Textes*, a section provided for each twentieth-century reading selection, is an introduction to the literary and cultural explanation of the text. The oral and written activities are designed to encourage students to move beyond controlled, purely factual, plot-oriented responses toward the formulation of free responses, toward an exploration of their own reactions to the texts, and toward philosophical and cultural extrapolation. Since such discussions are intended to be conducted in the classroom, the instructor should feel free to paraphrase questions when necessary to accommodate the various levels of proficiency usually encountered in the late beginning and intermediate college German class. A computerized glossary for the essay assignments is available from the authors.

The folktales are accompanied by suggestions for classroom activities, which use such resources as pantomimes and word games to spark student-student communication. These activities are meant to be animated breaks from more formal endeavors—refreshing changes of pace that are pedagogically sound as long as the fun is in German.

h. The *Vokabelübungen* are a series of written learning activities aiming to promote the comprehension, application, analysis, and evaluation of words and phrases from the selection by having the students see and use them in various contexts. Extensive decoding techniques are practiced, for example, in identifying synonyms, antonyms, instrumental relationships, ranges of intensity, or speaker-content associations; in supplying related word forms or analyzing parts of given words; in producing, revising, or completing novel sentences; and in paraphrasing idioms. These exercises also integrate words and phrases from previous selections to afford a cumulative review. A computerized drill and practice version is available from the authors.

i. *Wie gut kennen Sie die Vokabeln?* is a vocabulary quiz to help monitor learning progress. The items focus on new and previously learned target vocabulary, so the students' conscientious preparation of the material preceding the quiz should be reflected in the score. The answers to the quiz items are also supplied at the back of the book to provide immediate feedback.

As a carefully selected, sequenced, and edited collection of texts, this book will be a valuable aid to the first and second year student of college German in acquiring and reinforcing vocabulary and building effective reading habits. Consistent and attentive work on the texts and their accompanying material should enhance the user's confidence and enjoyment in using German as a living language. These fundamental and personal aspects of the language learning process are an important focus of this book, and it is with them in mind that we ultimately pursue the broader aim of our work—to cultivate that conceptual receptiveness and cultural sensitivity which will help the American student gain a deeper insight into the German speaker's perspective on life.

Acknowledgments

The authors would like to acknowledge the National Endowment for the Humanities, which in 1978 provided the grant for innovation in language teaching which led to this book. The Pomona College Research Committee furnished continuing financial support, without which our work would have been impossible.

Our sincere appreciation goes to our colleagues at Pomona College and in Germany for their helpful guidance, especially Ernst Apeltauer, Hans-Dieter Brueckner, Götz Hindelang, and Richard Sheirich. We also profited from the constructive criticism of Margaret Eifler, *Rice University*; Henry Geitz, *University of Wisconsin at Madison*; Rolf J. Goebel, *The University of Alabama in Huntsville*; Helga Van Iten, *Iowa State University*; Carroll E. Reed, *University of Massachusetts at Amherst*; Maja Reid, *California State University at Northridge*; Curtis W. Swanson, *California State University at Fullerton*; and Benjiman D. Webb, *University of Miami*, who reviewed the reader at various stages in its development.

A host of student assistants also participated in story selection and editing at various stages in this book's preparation; among those most greatly involved, were Melinda Adams, Yvonne Everett, Suzanne Lambert, Douglas Langworthy, Susan Rose, and Charlotte Strümpel. We are particularly indebted to Gabrielle Lotz and Hannelies Ettrich for their utmost care, skill, and unfailing support through the editing of this book. Special mention is due Helga Gallegher, who typed the original manuscript, and to the consultants at Seaver Computer Center—Donna Calhoun, Mary Holstege, Michael Kirk, and Danny Morris—for technical assistance in sorting the dictionary and compiling and printing the manuscript. We want to thank all the friends and family who so bravely posed for the illustrations, with special thanks to Peter Conlon and Ellen Akins for their unswerving support and gentle critiques of the illustrations.

We are very grateful to the authors and publishers of the texts in this book. They were unusually forthcoming in permitting the use of their material and, in some cases, its alteration for pedagogical purposes. Without their cooperation and guidance, this project would never have been realized.

Finally, we wish to express our sincere gratitude to the four years of Pomona College students who pioneered the prototypes of this text. Their critiques, patience, and encouragement were all-important contributions.

K.C.K.
D.R.A.

Contents

Alte Legenden
und
neue Literatur

1

Till Eulenspiegels lustige Streiche

NACHERZÄHLT VON ERICH KÄSTNER

Am Anfang des 14. Jahrhunderts in Kneitlingen als Sohn eines Bauern geboren (so die Legende), ist *Till Eulenspiegel* bis heute eine der beliebtesten Figuren der deutschen Volksliteratur geblieben. Als weiser Narr[1] und Erzschelm[2] wehrt er sich gegen jede Art Autorität und besonders gegen die bornierten[3] Stadtbürger seiner Zeit. Es war wohl der Zollbeamte Hermann Bote, der ca. 1510 die wahren, mündlich überlieferten[4] Geschichten und Streiche von Eulenspiegel erstmals im Volksbuch[5] publizierte. Den Kern[6] des Volksbuchs hält man also für echte Lebensgeschichte. So existierte z.B. noch 1944 jene Braunschweiger Bäckerei, in der Till einst seine Meerkatzen[7] und Eulen[8] backte. Eulen und Meerkatzen sind auch heute noch bei derselben Bäckerei, die man ein paar Straßen weiter wiederaufgebaut hat, zu kaufen.

---

1. der Narr (en, en): fool   2. der Erzschelm (s, e): out-and-out rogue   3. borniert: narrow-minded.   4. überliefern: to pass down   5. das Volksbuch (s, ̈er): popular literature   6. der Kern (s, e): core, essence   7. die Meerkatze (n): long-tailed monkey   8. die Eule (n): owl

Wie Eulenspiegel einen Esel das Lesen lehrt

ZIELVOKABULAR: Target Vocabulary

BEWEGUNG: Movement

führen: to lead

verlassen (verläßt, verließ, verlassen): to leave (a place)

BILDUNGSWESEN: Education

dat. Aufgaben stellen: to assign tasks

das Blatt (s, ¨er): page, leaf, sheet of paper

der Gelehrte (n, n): scholar

acc. acc. lehren: to teach

der Rektor (s, en): university president

der Schüler (s, -): pupil, non-university student

die Seite (n): page, side

üben: to practice

umblättern: to leaf through, to turn a page

der Unterricht (s, *no pl.*): instruction, teaching, class session

EMOTIONEN UND REAKTIONEN: Emotions and Reactions

ärgern: to provoke, to irritate; sich über + *acc.* ärgern: to be angry about

HANDEL UND WANDEL: Trade and Commerce

der Gulden (s, -): guilder, gold or silver coin

der Vorschuß (sses, ¨sse): advance (payment)

INTELLEKT: Intellect

denken (dachte, gedacht) bei sich (*dat.*): to think to oneself

sich (*dat.*) merken: to remember

über + *acc.* nachdenken (dachte nach, nachgedacht): to ponder, to reflect on

dat. recht sein: to be acceptable

DAS TIERREICH: The Animal Kingdom

der Esel (s, -): donkey

das Futter (s, *no pl.*): fodder

VERSTÄNDIGUNG: Communication

dat. Fragen stellen: to ask questions
schreien (ie, ie): to cry, to yell

verlangen: to demand, to require

ZEITBEGRIFFE: Concepts of Time

dauern: to last

Wie Eulenspiegel einen Esel das Lesen lehrt

Eine Zeitlang[1] geht Till Eulenspiegel von Universität zu Universität und sagt, daß er ein Gelehrter° sei[2] und ärgert° die Professoren und Studenten. Er sagt, daß er alles wisse und könne[3]. Und er beantwortet wirklich alle Fragen, die sie ihm stellen°.

5　So kommt er endlich nach Erfurt[4]. Die Erfurter Studenten und ihr Rektor hören, daß er angekommen sei und denken darüber nach°, was für eine[5] Aufgabe sie ihm stellen° könnten. „Er ist nur ein Landstreicher"[6], sagen sie, „er soll nicht uns, sondern wir wollen ihn ärgern."[7] Endlich haben sie es. Sie kaufen einen Esel°, bringen das Tier in den Gasthof „Zum Turm"[8], wo
10　Eulenspiegel wohnt, und fragen ihn, ob er den Esel das Lesen lehren° kann.

„Ja, leicht!" antwortet Till. „Doch da so ein[9] Esel ein dummes Tier ist, wird der Unterricht° sehr lange dauern."° „Wie lange denn?" fragt der Rektor° der Universität.

„Vielleicht zwanzig Jahre", meint Till. Und hier denkt er bei sich°: „Zwanzig
15　Jahre sind eine lange Zeit. Bis dahin[10] stirbt vielleicht der Rektor, und dann geht die Sache gut aus[11]. Oder ich sterbe selber. Oder der Esel stirbt, und das wäre[12] das Beste."

Dem Rektor sind zwanzig Jahre Unterricht recht°. Eulenspiegel verlangt° fünfhundert Gulden° für seinen Unterricht. Man gibt ihm einen Vorschuß°
20　und läßt ihn mit seinem vierbeinigen Schüler° allein. Till bringt das Tier in den Stall. In die Futterkrippe[13] legt er ein großes, altes Buch, und zwischen die ersten Seiten° des Buches legt er Hafer[14].

---

1. die Zeitlang: period of time　　2. sei: (*subj.*) is　　3. wisse und könne: (*subj.*) know and can do
4. Erfurt: city southwest of Leipzig　　5. was für ein(e): what kind of　　6. der Landstreicher
(-s, -): tramp, bum　　7. Er . . . ärgern: He's not going to provoke *us*　　8. der Gasthof zum Turm:
The Tower Inn　　9. so ein: such a　　10. bis dahin: by then　　11. dann . . . aus: then the
matter will end well　　12. wäre: would be　　13. die Futterkrippe (n): manger　　14. der Hafer
(s, *no pl.*): oats

Das merkt° sich der Esel. Und er dreht, um den Hafer zu bekommen[15], die Blätter° des Buches um[16]. Als kein Hafer mehr zu finden ist, ruft[17] der
25 Esel laut: „I-A, I-A." Das findet Eulenspiegel großartig[18], und er übt° es mit dem Esel wieder und wieder.

Nach einer Woche geht Till zu dem Rektor und sagt: „Wollen Sie mich und meinen Schüler irgendwann einmal[19] besuchen?"

„Gern", meint der Rektor. „Hat er denn schon einiges gelernt?"[20]

30 „Ein paar Buchstaben[21] kann er bereits", sagt Eulenspiegel stolz[22]. „Und das ist ja für einen Esel und für eine Woche Unterricht schon viel."

Schon am Nachmittag kommt der Rektor mit den Professoren und Studenten in den Gasthof, und Till führt° sie in den Stall. Dann legt er ein Buch in die Krippe. Der Esel, der seit einem Tag kein Futter° gekriegt[23] hat,
35 blättert hungrig die Seiten des Buches um.°

Und da Eulenspiegel diesmal überhaupt[24] keinen Hafer ins Buch gelegt hat, schreit° das Tier unaufhörlich[25] und so laut es kann: „I-A, I-A!".

„I und A kann er schon, wie Sie hören", sagt Eulenspiegel. „Morgen beginne ich damit, ihn O und U zu lehren."

40 Da gehen die Herren verärgert[26] fort[27]. Der Rektor ärgert sich so sehr, daß ihn kurze Zeit danach der Herzschlag trifft[28]. Und Till jagt[29] den Esel aus dem Stall. „Geh zu den anderen Erfurter Eseln!" ruft er ihm nach[30]. Dann nimmt er sein Bündel und verläßt° die Stadt noch am selben Tag.

WIE GUT HABEN SIE DIE LEGENDE VERSTANDEN?*

1. Was nennt sich Till Eulenspiegel in dieser Geschichte?
  a. ein Esel
  b. Student
  c. Gelehrter
2. Warum stellen ihm die Studenten eine so schwierige Aufgabe?
  a. Sie wollen den Rektor töten.
  b. Sie wollen Till ärgern.
  c. Sie wollen viel lernen.

---

15. um . . . bekommen: in order to get the oats   16. umdrehen: to turn over   17. rufen (ie, u): *here:* to bray   18. großartig: great, marvelous   19. irgendwann einmal: sometime, at some point   20. Hat er denn schon einiges gelernt?: Well, has he learned anything yet?   21. der Buchstabe (ns, n): letter of the alphabet   22. stolz: proudly   23. kriegen: (*colloq.*) to get   24. überhaupt: at all   25. unaufhörlich: incessantly   26. verärgert: angrily   27. fortgehen (ging fort, fortgegangen): to leave, to go away   28. ihn . . . trifft: he has a heart attack a short time later   29. jagen: to chase   30. *dat.* nachrufen (ie, u): to call to someone on his or her way out, to call after someone

*Answers for this section appear in the Appendix.

3. Wie löst Till seine Aufgabe?
    a. Er wohnt im Gasthof „Zum Turm".
    b. Er verlangt viel Geld und viel Zeit.
    c. Er legt Hafer in ein altes Buch.
4. Warum schreit der Esel so laut?
    a. Er ist sehr hungrig.
    b. Till muß einen Vorschuß haben.
    c. Der Esel hat das Lesen gelernt.
5. Warum trifft den Rektor der Herzschlag?
    a. Er muß noch am selben Tag die Stadt verlassen.
    b. Till Eulenspiegels Arbeit ärgert ihn so sehr.
    c. Die Studenten jagen den Esel aus dem Stall.

CLASSROOM ACTIVITY

Your instructor will copy the following sentences onto large cards and hand them out at random to the class. Students will be asked to line up in story-order and read the story from their cards. You may prepare for this exercise by assigning each sentence a sequence number.

_____ Till sagt: „I und A kann er schon, wie Sie hören. Morgen beginne ich damit, ihn U und O zu lehren."

_____ Till jagt den Esel aus dem Stall und ruft: „Geh zu den anderen Erfurter Eseln!"

_____ Der Esel dreht wegen des Hafers die Seiten um, und wenn er fertig ist, ruft er: „I–A, I–A."

_____ Till antwortet: „Ich kann den Esel das Lesen lehren, aber es wird lange dauern."

_____ Till geht von Universität zu Universität.

_____ Die Erfurter Studenten bringen einen Esel zu Till und fragen ihn: „Können Sie den Esel das Lesen lehren?"

_____ Till sagt: „Ein paar Buchstaben kann er schon. Das ist für einen Esel und für eine Woche Unterricht schon viel."

_____ Am Nachmittag kommt der Rektor mit den Professoren zu Till in den Stall.

_____ Till nimmt sein Bündel und verläßt Erfurt.

_____ Die Herren gehen verärgert fort, und der Herzschlag trifft den verärgerten Rektor.

_____ An dem Tag hat der Esel kein Futter gekriegt. Er ignoriert die Professoren, sucht hungrig nach dem Hafer im Buch und schreit unaufhörlich.

_____ Till findet das „Lesen" großartig und übt es mit dem Esel.

_____ In die Futterkrippe legt er ein großes, altes Buch und zwischen die ersten Seiten des Buches legt Till Hafer.

_____ Der Rektor fragt: „Wie lange wird es dauern, den Esel das Lesen zu lehren?" Till antwortet: „Vielleicht zwanzig Jahre."

_____ Man gibt Till Geld und läßt ihn mit seinem Schüler allein.

_____ Nach einer Woche geht Till zum Rektor und sagt: „Wollen Sie mich besuchen?"

_____ Der Rektor antwortet: „Ich will Sie gerne besuchen. Hat der Esel schon etwas gelernt?"

VOKABELÜBUNGEN

I. Welche Wörter haben mit Tieren zu tun? (*List the words that have to do with animals.*)

die Herren	der Gasthof	eine Zeitlang	ein Landstreicher
jagen	die Sache	das Futter	der Nachmittag
der Morgen	besuchen	der Hafer	großartig
der Stall	das Tier	ein Vorschuß	die Futterkrippe
überhaupt	die Stadt	vierbeinig	der Esel

II. Ergänzen Sie die Sätze mit einem passenden Wort aus der Geschichte! (*Complete each sentence with an appropriate word from the legend.*)

1. Wenn heute Dienstag ist, dann ist _____ Mittwoch.
2. Vierundzwanzig Stunden sind ein _____ .
3. Sieben Tage sind eine _____ .
4. Wir lesen die Geschichte erst morgen, aber du liest sie _____ heute.
5. Bei dummen Schülern dauert der Unterricht sehr _____ .
6. Till sagt nichts, sondern _____ bei sich: „Aha!".
7. Ich habe nichts dagegen, mir ist es _____ .
8. Ich sehe es und _____ es mir. Ich werde es nicht vergessen.
9. Er lernt das Alphabet. Ein paar _____ kann er schon.
10. Till mag Gelehrte nicht, er will sie _____ .
11. Till ist so klug, er kann alle Fragen _____ .

III. Übersetzen Sie diese Zeitausdrücke ins Englische! Benutzen Sie dieselben in einem deutschen Satz! (*Translate these time expressions into English, then use each one in a German sentence.*)

1. seit einem Tag
2. irgendwann
3. am Nachmittag
4. am selben Tag
5. bis dahin
6. eine kurze Zeit danach

WIE GUT KENNEN SIE DIE VOKABELN?*

I. Finden Sie das Wort, das einen Gegensatz ausdrückt! (*Match the expressions that are opposite in meaning.*)

1. der Schüler		**a.**	lernen
2. ankommen		**b.**	kurz
3. lehren		**c.**	großartig finden
4. Fragen stellen		**d.**	der Professor
5. geben		**e.**	der Dummkopf
6. endlich		**f.**	verlassen
7. sich ärgern		**g.**	bekommen
8. der Gelehrte		**h.**	schon
9. lang		**i.**	Fragen beantworten
10. der Student		**j.**	der Lehrer

II. Unterstreichen Sie die Zeitangaben; umkringeln Sie die Ortsangaben! (*Copy the following sentences, underlining the time expressions and circling the locations.*)

BEISPIEL: Wir sind seit einem Tag in Erfurt.

1. Der Student lehrt mich das Lesen.
2. Der Rektor blättert lange im Buch.
3. Der Esel wohnt im Stall.
4. Till legt Hafer in die Futterkrippe.
5. Wir kommen morgen nach Berlin.
6. Er verläßt die Stadt noch am selben Tag.
7. Er stirbt kurze Zeit danach.
8. Das Futter liegt zwischen den Seiten.
9. Kein Tier übt das Lesen.
10. Bis dahin geht die Sache gut aus.

---

*Answers for this section appear in the Appendix.

Wie Eulenspiegel Eulen und Meerkatzen bäckt

ZIELVOKABULAR: Target Vocabulary

BERUFE, BESCHÄFTIGUNGEN UND AUFGABEN: Professions, Occupations, and Responsibilities

der Bäcker (s, -): baker

der Bäckergeselle (n, n): journeyman baker

BEWEGUNG: Movement

auf und davon = über alle Berge = weg: off and away

schütteln: to shake

EMOTIONEN UND REAKTIONEN: Emotions and Reactions

sich über + *acc.* freuen: to be glad about (something)

über + *acc.* lachen: to laugh about (something)

sich Mühe geben (i, a, e): to take pains to

die Wut (*no pl.*): rage; vor Wut: out of rage, enraged

GEBÄUDE UND HAUSRAT: Buildings and Household Goods

der Korb (s, ⁻e): basket

HANDEL UND WANDEL: Trade and Commerce

bezahlen: to pay

der Laden (s, ⁻): store

verdienen: to earn

verkaufen: to sell

KONFLIKT UND GEWALT: Conflict and Violence

schlagen (ä, u, a): to hit, to beat

NAHRUNG: Food and Nutrition

das Brötchen (s, -): roll

knusprig: crisp, crunchy

der Teig (s, e): dough

TÄTIGKEITEN UND EREIGNISSE: Actions and Events

sich + *adj.* anstellen: to act, to pretend
  to be
backen (ä, buk *or* backte, a): to bake
loslassen (läßt, ie, a): to release, to let
  go

dat. nachmachen: to imitate someone
packen: to grab, to seize
zurückhalten (hält, ie, a): to hold back,
  to stop someone or something

VERSTÄNDIGUNG: Communication

nach + *dat.* fragen: to ask about

SCHON BEKANNTE ZIELVOKABELN: Target Vocabulary from the Preceding Story

verlangen (1)
schreien (1)

dat. recht sein (1)

sich über + *acc.* ärgern (1)

Wie Eulenspiegel Eulen und Meerkatzen bäckt

Einmal kommt Eulenspiegel auch nach Braunschweig[1]. Er fragt° einen Bäcker°, der vor seinem Laden° steht, nach dem Weg. Der Bäcker sagt ihm genau[2], wie er gehen sollte und fragt noch: „Was bist du denn eigentlich[3]?"
„Ich?" sagt Till, „ich bin ein wandernder[4] Bäckergeselle°."

5 Da freut° sich der Bäcker, denn er braucht gerade einen Gesellen, und Eulenspiegel bleibt bei ihm. Weil nun der Bäcker selber mit Till zusammen in der Backstube arbeitet, und weil Till ihm alles genau nachmacht°, bemerkt er nicht, daß Till vom Backen° nicht mehr versteht als ein Ochse vom Klavierspielen[5].

10 Doch am dritten Tage will sich der Meister früh am Abend schlafen legen[6]. Vielleicht will er auch in den Gasthof „Zum Schwarzen Eber"[7] gehen und kegeln[8].

Jedenfalls[9] sagt er zu Till: „Heute nacht mußt du allein backen. Ich komme erst morgen früh[10] wieder herunter."

---

1. Braunschweig: Brunswick, city southeast of Hanover   2. genau: precisely   3. eigentlich: anyway   4. wandernd: wayfaring   5. daß Till ... Klavierspielen: that Till doesn't know any more about baking than an ox does about playing the piano.   6. sich schlafen legen: to go to bed   7. Gasthof zum Schwarzen Eber: the Black Boar Inn   8. kegeln: to bowl   9. jedenfalls: in any case   10. erst morgen früh: not until tomorrow morning

15   „Ist recht"[11], meint Till, „aber was soll ich denn backen?"

„Stell dich nicht so dumm an°!" ruft der Bäcker. „Du bist ein Bäckergeselle und fragst mich, was du backen sollst! Meinetwegen[12] Eulen und Meerkatzen!" Er hätte ebensogut sagen können[13]: „Veilchen[14] und junge Hunde"; und er sagt „Eulen und Meerkatzen" natürlich nur, weil er sich über die

20   dumme Frage seines Gesellen ärgert.

Aber als er fort ist, macht Eulenspiegel den Teig° und bäckt von zehn Uhr abends bis drei Uhr früh wirklich lauter[15] Eulen und Meerkatzen.

Als der Bäcker am Morgen hereintritt, denkt er, er kommt in den Zoo. Überall liegen und stehen knusprig° gebackene Tiere. Und er sieht kein

25   einziges Brötchen°!

Da schlägt er vor Wut° mit der Faust[16] auf den Tisch und ruft: „Was hast du denn da gebacken?"

„Das sehen Sie doch", sagt Till. „Eulen und Meerkatzen, wie Sie es verlangt haben. Sind die Tiere nicht ähnlich[17] genug? Ich habe mir furchtbar

30   viel Mühe° gegeben."

Eulenspiegels Frechheit[18] ärgert den armen Bäcker sehr. Er packt° Till am Kragen[19], schüttelt° ihn hin und her und schreit: „Aus dem Hause! Aber sofort, du Haderlump[20]!"

„Erst müssen Sie mich loslassen°", sagt Till. „Sonst kann ich nicht weg."

35   Der Bäcker läßt ihn los, und Till will schnellstens auf und davon°.[21] Doch da hält ihn der Bäcker zurück°. „Erst bezahlst° du mir den Teig, den du aufgebraucht[22] hast!"

„Nur, wenn ich die lieben Tierchen mitnehmen darf", antwortet Till. „Wenn ich den Teig bezahle, aus dem sie gebacken sind, gehören sie mir."

40   Das ist dem Bäcker schon recht, und er nimmt das Geld. Till aber tut[23] seine Eulen und Meerkatzen in einen Korb° und geht fort. Gegen Mittag sind auf dem Platz vor der Kirche viele Menschen. Till Eulenspiegel steht mitten unter den Leuten und verkauft° seine Eulen und Meerkatzen und verdient° großartig daran[24].

45   Das spricht sich schnell herum[25], und als der Bäcker das hört, schließt er seinen Laden ab[26] und rennt so schnell er kann zur Kirche hin. „Der Kerl[27] muß mir das Holz[28] bezahlen, das er für das dumme Getier[29] verfeuert[30] hat!" ruft er, während er durch die Straßen läuft, „und einsperren lasse[31] ich

---

11. Ist recht! (*cf. dat.* recht sein): Okay!, Fine!   12. meinetwegen: for all I care!   13. hätte . . . können: could just as well have said   14. das Veilchen (s, -): violet   15. lauter: nothing but   16. die Faust (¨e): fist   17. ähnlich: similar   18. die Frechheit (en): insolence, impudence   19. am Kragen packen: to collar, to grab by the scruff of the neck   20. der Haderlump (en, en): scoundrel, ragamuffin   21. Till . . . auf und davon: Till wants to get out of there as fast as possible   22. aufbrauchen: to use up   23. tun (tat, getan): to put   24. verdient großartig daran: turns (earns) a handsome profit   25. das . . . herum: the word spreads fast   26. abschließen (schloß ab, abgeschlossen): to close up, to lock up   27. der Kerl (s, e): the guy, that fellow   28. das Holz (es, *no pl.*): wood   29. das Getier (s, *no pl.*): menagerie, animals   30. verfeuern: to burn up (waste)   31. einsperren lassen: to have someone locked up

ihn auch!" Aber als er auf dem Platz ankommt, ist Till Eulenspiegel schon
50 über alle Berge°. Er hat seine Eulen und Meerkatzen alle verkauft und sogar
noch den Korb, der dem Bäcker gehört.

Und die Braunschweiger lachten° noch jahrelang über den armen Bäcker.

WIE GUT HABEN SIE DIE LEGENDE VERSTANDEN?

1. Was will der Bäcker über Eulenspiegel wissen?
  a. woher er kommt
  b. wie er heißt
  c. was er tut

2. Warum merkt der Bäcker nicht, was Till in der Backstube macht?
  a. Er spielt Klavier in einem anderen Zimmer.
  b. Till versteht soviel vom Backen wie ein Ochse vom Klavierspielen.
  c. Till macht ihm alles genau nach.

3. Warum reagiert der Bäckermeister so sarkastisch auf Tills Frage, was er backen soll?
  a. Er findet die Frage nicht ernst gemeint.
  b. Er will kegeln gehen.
  c. Der Bäcker hat zu viel zu tun.

4. Bevor Till geht, muß er
  a. den Teig bezahlen, den er aufgebraucht hat.
  b. die gebackenen Eulen und Meerkatzen mitnehmen.
  c. die Polizei holen und den Bäcker einsperren lassen.

5. Was macht Till mit den gebackenen Tieren?
  a. Er packt sie vor Wut in einen Korb.
  b. Er verkauft sie auf dem Markt.
  c. Er läuft mit ihnen über alle Berge.

6. Was passiert mit dem Bäcker?
  a. Die Braunschweiger lachen über ihn.
  b. Die Polizei muß ihn einsperren.
  c. Er verdient viel Geld mit den Tieren.

CLASSROOM ACTIVITY

Your instructor will copy the following sentences onto cards and hand them
out to the class. Students will be asked to line up in story-order and read the
story from their cards. You may prepare for this exercise by numbering the
sentences in the proper sequence.

_____ Till kommt nach Braunschweig.
_____ „Von mir aus sollst du Eulen und Meerkatzen backen!"
_____ „Ich bezahle nur, wenn ich die Tierchen mitnehmen darf!"

____ Die Braunschweiger lachten noch jahrelang über den Bäcker.

____ Der Bäcker packt Till am Kragen: „Aus dem Haus! Aber sofort, du Haderlump!"

____ Am dritten Tag will der Bäcker früh ins Bett.

____ Till fragt einen Bäcker nach dem Weg.

____ „Was soll ich backen?"

____ Als der Bäcker am Morgen in die Backstube kommt, meint er, er ist im Zoo.

____ „Erst bezahlst du mir den Teig!"

____ Der Bäcker hört, daß Till großartig an den Tieren verdient.

____ Till verkauft Eulen und Meerkatzen auf dem Markt.

____ Till arbeitet die ganze Nacht und bäckt tatsächlich Eulen und Meerkatzen.

____ Der Bäcker will wissen: „Was bist du eigentlich?"

____ „Sie müssen mich erst loslassen, sonst kann ich nicht weg!"

____ Der Bäcker kommt auf den Markt, aber Till ist schon weg.

____ Der Bäcker merkt nicht, daß Till nicht backen kann.

____ „Ich bin ein wandernder Bäckergeselle."

____ Der Bäcker lädt Till ein, bei ihm zu arbeiten.

VOKABELÜBUNGEN

I.   Finden Sie in dieser Legende ein Wort, das einen Gegensatz bildet! (*For each of the words below find a word in the legend which expresses the opposite.*)

BEISPIEL: gehen   **rennen**

1. sich freuen
2. fragen
3. bezahlen
4. intelligent
5. loslassen

6. kaufen
7. weinen
8. spät
9. schlecht
10. weggehen

II.   Welche Wörter passen in diese Sätze? Mehr als eine Antwort ist möglich. (*Complete each sentence with an appropriate word from the following list. More than one answer is possible for each.*)

genau	jedenfalls	vielleicht	hin und her
wandernd	großartig	allein	noch jahrelang
erst	einmal	früh	

1. Du bist _____ .
2. Er geht _____ nach Braunschweig.

3. _____ in diesem Jahr verkaufen wir das Haus.

4. Till schüttelt seine Geldtasche _____ .

5. Der Bäcker will sich _____ hinlegen.

III. Ersetzen Sie in jedem Satz das unsinnige Wort durch das richtige Wort aus der nachstehenden Liste! (*Use words from the following list to make these sentences true according to the story you have just read.*)

BEISPIEL: Till hat sich beim Backen viel Geld gegeben.
Till hat sich beim Backen viel Mühe gegeben.

allein	großartig	ärgern sich
lachen	schüttelt	auf und davon
schließt	arm	verkauft
kaufen	Haderlump	hält . . . zurück
knusprig	verstehen	

1. Die Meerkatzen und Eulen sind intelligent.

2. Die Braunschweiger weinen sehr über den Bäcker.

3. Der Bäcker verfeuert seinen Laden und rennt schnell zur Kirche.

4. Die Leute vor der Kirche verdienen Tills Eulen.

5. Till bezahlt die Meerkatzen vor der Kirche.

WIE GUT KENNEN SIE DIE VOKABELN?

I. Mit welchen Ausdrücken können Sie die Fragen eins bis drei beantworten? Mehr als eine Antwort ist möglich. (*Pick out from the following list possible answers to questions 1 to 3. Some answers may be responses to more than one question.*)

1. Was macht ein Bäcker als Geschäftsmann?

2. Was machen viele Leute in ihrer Freizeit?

3. Was macht man mit einem Dieb (*thief*)?

a. backen	**f.** das Holz	**j.** sich über ihn	**m.** Teig machen
b. lachen	aufbrauchen	ärgern	**n.** verkaufen
c. einsperren	**g.** packen	**k.** schlagen	**o.** das Geschäft
lassen	**h.** kegeln	**l.** in einen	abschließen
d. sich freuen	**i.** sich schlafen	Gasthof gehen	**p.** verdienen
e. Klavier spielen	legen		

II. Verbessern Sie die Sätze mit dem richtigen Ausdruck aus dem Zielvokabular! (*Replace each underlined word with an appropriate expression from the Target Vocabulary.*)

1. Am Anfang der Geschichte steht der Bäcker vor seinem <u>Baum</u>.
2. Der Bäcker schlägt vor <u>Freude</u> mit der Faust auf den Tisch.
3. Meistens (*usually*) bäckt ein Bäcker <u>Meerkatzen und Eulen</u>.
4. Till <u>verkauft</u> viel Geld.
5. Die Meerkatzen sind aus <u>Holz</u>.
6. Als der Bäcker am Marktplatz ankommt, ist Till schon <u>da</u>.

Wie Eulenspiegel die Kranken heilt

ZIELVOKABULAR: Target Vocabulary

BERUFE, BESCHÄFTIGUNGEN UND AUFGABEN: Professions, Occupations, and Responsibilities

der Arzt (es, ¨e): doctor, physician
das Rezept (s, e): prescription

der Verwalter (s, -): administrator, manager
der Wunderdoktor (s, en): miracle doctor

BEWEGUNG: Movement

humpeln (ist): to hobble, to walk with a limp
rennen (rannte, gerannt; ist): to run, to race

sich ins Bett legen: to lie down, to get into bed

GEBÄUDE UND HAUSRAT: Buildings and Household Goods

das Krankenhaus (es, ¨er): hospital

der Saal (s, Säle): ward, hall, (large) room

HANDEL UND WANDEL: Trade and Commerce

betrügen (o, o): to cheat, to betray

KÖRPERLICHE MERKMALE UND ZUSTÄNDE: Physical Features and Conditions

sich + *adj.* fühlen: to feel + *adj.* (good, well, fine)
der Gesunde (n, n): healthy person

der Kranke (n, n): sick person, patient; der Kränkste (n, n): the sickest one

NAHRUNG: Food and Nutrition

schlucken: to swallow

TÄTIGKEITEN UND EREIGNISSE: Actions and Events

leisten: to do in order to earn
    something, to achieve

(ÜBER)NATÜRLICHE PHÄNOMENE: (Super)Natural Phenomena

heilen: to heal

VERSTÄNDIGUNG: Communication

erzählen: to tell

der Rat (s, Ratschläge): advice

rufen (ie, u): to call out

sich verabschieden: to say goodbye, to
    take one's leave

ZWISCHENMENSCHLICHE BEZIEHUNGEN UND INTERAKTIONEN:
Human Relations and Interactions

sich benehmen (benimmt, benahm,
    benommen): to behave (oneself)

dat. helfen (i, a, o): to help

SCHON BEKANNTE ZIELVOKABELN: Target Vocabulary from Preceding Stories

dauern (1)   verlangen (1)   sich ärgern (1)

Wie Eulenspiegel die Kranken heilt

Till Eulenspiegel wechselt[1] die Berufe öfter als das Hemd. Er kann nie lange[2] an einem Ort bleiben, weil man ihn sonst[3] aufhängt[4] oder wenigstens halbtot schlägt. So kennt er, als Zwanzigjähriger, Deutschland wie seine Westentasche[5].

5   So kommt er auch nach Nürnberg[6] und hier benimmt er sich°, wie auch sonst immer, sehr schlecht. Er klebt[7] an die Kirchentüren und ans Rathaus Plakate[8], auf denen er sich einen Wunderdoktor° nennt. Es dauert auch

---

1. wechseln: to change   2. lange: for a long time   3. sonst: otherwise (i.e., if he did stay long)
4. aufhängen: to string up, to hang   5. die Westentasche (n): vest pocket   6. Nürnberg: Nuremberg, city in Bavaria   7. kleben: to stick, to paste   8. das Plakat (s, e): poster, sign

gar nicht lange, da kommt der Verwalter° vom „Krankenhaus° zum Heiligen
Geist"[9] zu Till und sagt: „Sehr geehrter Herr Doktor[10]! In unserem Hospital
10 liegen so viele Kranke°, daß ich mir nicht mehr zu helfen° weiß[11]. Alle
Betten sind belegt[12], und unsere Ärzte° arbeiten Tag und Nacht. Können Sie
mir keinen guten Rat° geben?"

Eulenspiegel kratzt[13] sich hinter dem Ohr und antwortet: „Doch, doch,
mein Herr, aber guter Rat ist teuer."

15 „Wie teuer denn?" fragt der Verwalter.

Und Eulenspiegel sagt: „Zweihundert Gulden."

Zuerst bleibt dem guten Mann der Atem weg[14]. Und dann fragt er: „Was
will der Herr Doktor Eulenspiegel dafür leisten°?"

„Dafür mache ich an einem einzigen[15] Tag alle Kranken gesund, die im
20 Hospital liegen! Wenn ich es nicht schaffe[16], will ich keinen Pfennig haben."

„Ausgezeichnet!" ruft der Mann, nimmt Eulenspiegel sofort mit ins
Krankenhaus und sagt den Kranken: „Der neue Doktor will Sie alle heilen°.
Sie müssen nur genau das tun, was er sagt."

Dann geht er ins Verwaltungsbüro[17] und läßt Till mit den Kranken allein.

25 Eulenspiegel geht langsam von Bett zu Bett und spricht sehr leise und
geheimnisvoll[18] mit jedem Patienten. Und jedem Kranken sagt er das
gleiche[19]: „Ich will Ihnen allen helfen", sagt er, „Ihnen, mein Herr, und den
anderen Patienten auch, und ich weiß ein sehr gutes Rezept° dafür. Ich
muß einen von Ihnen zu Pulver verbrennen[20]. Dieses Pulver müssen die
30 anderen Kranken dann schlucken°. Ich weiß auch schon, welchen Patienten
ich zu Pulver verbrennen werde: den kränksten Patienten im Saal. Das wird
das beste sein, meinen Sie nicht auch? Na, also."

Dann spricht Eulenspiegel etwas leiser weiter: „In einer halben Stunde
hole ich den Verwalter. Der wird die Gesunden unter Ihnen fortschicken[21].
35 Es wird also gut sein, mein Lieber, wenn Sie sich etwas beeilen[22]. Denn den
letzten verbrenne ich zu Pulver. So muß es sein."

So geht er zu jedem an das Bett und erzählt° allen Patienten das gleiche.

Dann holt er endlich den Verwalter nach oben. Und der Verwalter ruft°
mit lauter Stimme: „Wer sich gesund° fühlt°, kann gehen!"

40 In drei Minuten ist der Saal° leer[23]! Alle rennen° oder humpeln°, so
schnell sie nur können[24], aus dem Krankenhaus hinaus. Solche Angst haben
sie! Es sind einige[25] dabei, die seit zehn Jahren hier liegen.

---

9. das Krankenhaus . . . Geist: the Hospital of the Holy Spirit   10. Sehr geehrter Herr Doktor!:
Dear Doctor: 11. daß ich . . . weiß: that I don't know what else to do   12. belegt sein: to be
occupied   13. kratzen: to scratch   14. Zuerst . . . weg: At first the good man is speechless
15. einzig: single   16. etwas schaffen: to manage to do something   17. das Verwaltungsbüro
(s, s): director's office   18. geheimnisvoll: mysteriously   19. das gleiche: the same thing   20.
zu Pulver verbrennen (verbrannte, verbrannt): to burn to a powder   21. fortschicken: to send
away   22. sich beeilen: to hurry   23. leer: empty   24. so . . . können: as fast as they possibly
can   25. einige: some, a few

Der Verwalter ist sprachlos[26]. Er rennt ins Büro und bringt Eulenspiegel zweihundertzwanzig Gulden. Die gibt er ihm und sagt: „Zwanzig Gulden
45 gebe ich Ihnen extra. Sie sind der beste Arzt der Welt."

„Stimmt",[27] sagt Eulenspiegel. Damit meint er den Geldbetrag[28] und nicht seine ärztlichen[29] Künste[30]! Er steckt das Geld in die Tasche, verabschiedet° sich und macht, daß er aus Nürnberg wegkommt[31].

Schon am nächsten Tag kommen alle Kranken ins „Hospital zum Heiligen
50 Geist" zurück und legen sich wieder in ihre Betten°.

Der Verwalter ärgert sich sehr. „Um alles in der Welt",[32] ruft er, „hat er Sie denn nicht gesund gemacht?"

Da erzählen sie ihm, warum sie gestern davongelaufen sind, und daß sich keiner zu Pulver verbrennen lassen will[33].
55 „Ich bin ein Esel", sagt der Verwalter. „Der Lump[34] hat mich betrogen°, und ich habe ihm noch zwanzig Gulden mehr gegeben, als er verlangt hat!"

WIE GUT HABEN SIE DIE LEGENDE VERSTANDEN?

1. Warum geht Till nach Nürnberg?
  a. Er ist krank.
  b. Anderswo schlägt man ihn halbtot.
  c. Er besucht einen Wunderdoktor.
2. Der Verwalter vom Krankenhaus
  a. glaubt, daß Till Arzt ist.
  b. will Till 200 Gulden sofort geben.
  c. sucht neue Patienten für sein Krankenhaus.
3. Was muß Till für den Verwalter machen?
  a. Er muß viele neue Patienten finden.
  b. Er muß viele Kranke heilen.
  c. Er muß ein neues Krankenhaus bauen.
4. Wie schafft Till dieses Wunder?
  a. Er gibt sein Geld dem Krankenhaus für einen neuen Krankensaal.
  b. Er schickt die Kranken fort und läßt nur die Gesunden bleiben.
  c. Er will den Kränksten im Saal zu Pulver verbrennen.
5. Was macht der Verwalter?
  a. Er ist sprachlos und rennt aus dem Krankenhaus.
  b. Er gibt Till Arbeit als Arzt im Krankenhaus.
  c. Er gibt Till mehr als 200 Gulden.

---

26. sprachlos: speechless   27. Stimmt!: Right!   28. der Geldbetrag (s, ¨e): sum of money   29. ärtzlich: medical   30. die Künste (*pl.*): skills (*from* die Kunst: "art")   31. macht . . . wegkommt: sees to it that he gets out of Nuremberg   32. Um . . . Welt!: What in the world!   33. zu Pulver . . . will: wants to let himself be burned to a powder   34. der Lump (en, en): rogue, scoundrel

6. Till Eulenspiegel
   a. verabschiedet sich und geht schnell davon.
   b. bleibt und arbeitet im neuen Krankenhaus.
   c. schluckt mehr Pulver und heilt mehr Kranke.

CLASSROOM ACTIVITY

Your instructor will copy the following sentences onto cards and hand them out to the class. Students will be asked to line up in story-order and read the story from their cards. You may prepare for this exercise at home by assigning sequence numbers to each sentence.

____ Till klebt überall Plakate an.

____ Der Verwalter sagt: „Ich bin ein Esel.”

____ Die Kranken sind am nächsten Tag wieder im Krankenhaus.

____ Till kommt nach Nürnberg.

____ Till spricht mit jedem Kranken.

____ Der Verwalter gibt Till 220 Gulden.

____ Der Verwalter sagt: „Sie sind der beste Arzt der Welt.”

____ Die Kranken erzählen dem Verwalter, was Till gesagt hat.

____ Der Verwalter des Krankenhauses bittet Till um Hilfe.

____ Der Verwalter sagt: „Wer gesund ist, kann gehen.”

____ Till verläßt Nürnberg sofort.

____ In drei Minuten ist das Krankenhaus leer!

____ „Wenn der Verwalter kommt, schickt er die Gesunden fort, und ich verbrenne den Letzten zu Pulver.”

____ „Die anderen Patienten schlucken das Pulver und werden gesund.”

VOKABELÜBUNGEN

I. Was könnte man in einem Krankenhaus finden? Finden Sie neun Ausdrücke dafür in der Legende! (*List nine expressions in the legend that have to do with a hospital.*)

II. Mit welchen Schimpfworten nennt man Till in den drei Geschichten, die Sie gelesen haben? (*List some of the derogatory names used to call Till in the three legends you have read.*)

III. Rätsel: Finden Sie senkrecht (*vertically*) und waagerecht (*horizontally*) so viele Worte aus der Geschichte wie möglich! Schreiben Sie sie extra auf und übersetzen Sie sie! (*Word puzzle: List as many words from the story as you can find vertically and horizontally and translate them.*)

```
D I S T I M M E P G E B E N I A
A C C H G E L D B E T R A G S L
S H H A T K Z D D S A A L K T S
P U L V E R G I H U M P E L N H
B A U O R A T E R N K O M M E N
L U C W U N D E R D O K T O R W
B S K Y U K O H R A B A G G Z E
E T E A H E I L E N U N E U A S
R E N N E N D U R B R G H L H T
U U W G E H E N E E O S E D L E
F E E U I A R Z T T R T I E E N
I R L N H U T L T T U N H N N T
N O T D M S O H E L F E N T G A
Z U R Ü C K D K N P E V I O R S
Z L A U F E N K R Ä N K S T E C
E U L E N S P I E G E L V S Z H
I H E U C H L I E G E N O I E E
N V E R L A N G E N Z U L C P E
F O R T S C H I C K E N L H T R
```

SKALA: 41 und höher = ausgezeichnet
      35 – 40   = befriedigend
      30 – 34   = ausreichend
  weniger als 30 = ungenügend! Suchen Sie etwas weiter!

WIE GUT KENNEN SIE DIE VOKABELN?

  I.   Benutzen Sie die richtige Möglichkeit in einer Antwort auf die Frage! (*Answer each question using the appropriate choice, as in the example.*)

BEISPIEL: Was ist scheller, (a) zu gehen oder (b) zu rennen?
           Zu rennen ist schneller als zu gehen.

1. Was ist langsamer, (a) zu humpeln oder (b) zu gehen?
2. Wer humpelt, (a) ein Kranker oder (b) ein Gesunder?
3. Was ist lauter, (a) zu sagen oder (b) zu rufen?
4. Was geht meistens schneller, (a) erzählen oder (b) sich verabschieden?
5. Was macht man, wenn man fortfährt? (a) Man hört auf zu sprechen oder (b) man spricht weiter.
6. Wie ist Tills Rat, (a) teuer oder (b) billig? (a) gut oder (b) schlecht?
7. Wie behandelt ein richtiger Arzt die Patienten, (a) heilen oder (b) verbrennen?
8. Wie ist einer, der nicht gesund ist, (a) heil oder (b) krank?

II. Welche der folgenden Wörter beziehen sich auf Till und welche auf die Patienten? Schreiben Sie sie in zwei Spalten ab! (*Copy the following words into two columns, one for words associated with Till, and one for those more likely to be associated with the patients.*)

a. sich schlecht benehmen

b. erzählen

c. humpeln

d. verlangen

e. das Pulver

f. der Geldbetrag

g. sich krank fühlen

h. schlucken

i. betrügen

j. Plakate

k. sich beeilen

l. das Bett

m. sich verabschieden

n. der Rat

o. sich verbrennen lassen

p. geheimnisvoll

q. die Angst

r. liegen

Doktor Eisenbart

The medical quack is a popular figure in folklore everywhere; Eulenspiegel is not the only one in German tradition. Here are a few verses from a folk song contemporary with the Eulenspiegel tales:

Ich bin der Doktor Eisenbart,
Kurier' die Leut' nach meiner Art,
Kann machen, daß die Blinden gehen
Und daß die Lahmen wieder sehen!

I am Dr. Ironbeard,
Cure people in my way,
Can cause the blind to walk
And the lame to see again.

Des Küsters Sohn in Dudeldum
Dem gab ich zehn Pfund Opium.
Drauf schlief er Jahre, Tag und Nacht
Und ist bis jetzt noch nicht erwacht!

The sexton's son in Dudeldum
Him I gave 10 pounds of opium.
Then he slept for years, day and night
And hasn't wakened even yet!

Zu Prag da nahm ich einem Weib
Zehn Kilo Steine aus dem Leib
Der Letzte war ihr Leichenstein
Sie wird wohl jetzt kurieret sein!

In Prague I removed from a woman
22 pounds of stones from her belly.
The last was her gravestone;
She's probably cured now!

Das ist die Art, wie ich kurier,
Sie ist probat, ich bürg dafür.
Daß jedes Mittel Wirkung tut
Schwör ich bei meinem Doktorhut.

That is the way I cure.
It is proven, I guarantee.
That every measure works
I swear by my doctor's hat.

2

Eis

HELGA M. NOVAK

Helga M. Novak ist 1935 in Berlin geboren, studierte in Leipzig Philosophie und Journalistik und arbeitete in Buchhandlungen[1] und Fabriken bis 1961, als sie mit ihrem Mann nach Island auswanderte[2]. 1967 zogen[3] sie als isländische Staatsbürger nach Frankfurt am Main, wo sie noch wohnen. 1979 wurde Novak Stadtschreiberin von Bergen-Enkheim, derselbe Posten wie vorher[4] Max Frisch. 1968 veröffentlichte[5] Novak eine Kurzgeschichtensammlung, *Geselliges Beisammensein*, der die folgende Erzählung entnommen[6] ist und die ihr den Ruf einer engagierten Sozialkritikerin verdiente.

---

1. die Buchhandlung (en): bookstore   2. auswandern: to emigrate   3. ziehen (zog, gezogen): to move   4. vorher: before, previously   5. veröffentlichen: to publish   6. entnehmen (entnimmt, entnahm, entnommen): to take from

Eis

ZIELVOKABULAR: Target Vocabulary

CHARAKTERZÜGE: Character Traits

ungezogen: ill-bred, rude

weich: weak, soft

EMOTIONEN UND REAKTIONEN: Emotions and Reactions

sich aufregen: to become excited
erstaunt: astonished, amazed
dat. leid tun (tat, getan): to be sorry for
nötig haben: to need

trösten: to comfort
verachten: to despise

INTELLEKT: Intellect

von + *dat.* denken (dachte, gedacht):
  to have an opinion of
acc. für *acc.* halten: to consider to be,
  to take for

recht haben: to be right
sich (*dat.*) *acc.* vorstellen: to imagine

KONFLIKT UND GEWALT: Conflict and Violence

verhauen (verhaute, verhauen): to
  spank

KÖRPERLICHE MERKMALE UND ZUSTÄNDE: Physical States and Conditions

schmelzen (i, o, o; ist): to melt

NAHRUNG: Food and Nutrition

das Eis (es, *no pl.*): ice (cream); Eis am
  Stiel: popsicle or ice cream bar

SATZPARTIKEL: Sentence Particles

meinetwegen: as far as I'm concerned

wohl: probably

SCHIMPFWÖRTER: Terms of Abuse

der Duckmäuser (s, -): pussyfoot,
  hypocrite
der Habenichts (-, e): have-not, poor
  person

das Prinzchen (s, -): (*contempt.*) little
  prince
der Trottel (s, -): dope, nincompoop

ZWISCHENMENSCHLICHE BEZIEHUNGEN UND INTERAKTIONEN:
Human Relations and Interactions

dat. acc. abschlagen (ä, u, a): to refuse a request

sich durchsetzen: to assert oneself, to get one's way

sich (*dat.*) *acc.* gefallen lassen: to put up with, to take

in Ruhe lassen (läßt, ließ, gelassen): to leave in peace, to leave alone

Eis

Ein junger Mann geht durch eine Grünanlage¹. In einer Hand trägt er ein Eis°. Er lutscht². Das Eis schmilzt°. Das Eis rutscht³ an dem Stiel⁴ hin und her. Der junge Mann lutscht heftig⁵, er bleibt vor einer Bank stehen. Auf der Bank sitzt ein Herr und liest eine Zeitung. Der junge Mann bleibt vor dem
5 Herrn stehen und lutscht.

Der Herr sieht von seiner Zeitung auf. Das Eis fällt in den Sand.

Der junge Mann sagt, was denken° Sie jetzt von mir?

Der Herr sagt erstaunt°, ich? Von Ihnen? Gar nichts.

Der junge Mann zeigt auf das Eis und sagt; mir ist doch eben das Eis
10 runtergefallen⁶, haben Sie da nicht gedacht, so ein Trottel°?

Der Herr sagt, aber nein. Das habe ich nicht gedacht. Es kann schließlich jedem einmal das Eis runterfallen⁷.

Der junge Mann sagt, ach so, ich tue Ihnen leid°. Sie brauchen mich nicht zu trösten°. Sie denken wohl°, ich kann mir kein zweites Eis kaufen.
15 Sie halten° mich für einen Habenichts°. Der Herr faltet seine Zeitung zusammen⁸. Er sagt, junger Mann, warum regen Sie sich auf°? Meinetwegen° können Sie soviel Eis essen, wie Sie wollen. Machen Sie überhaupt, was Sie wollen⁹. Er faltet die Zeitung wieder auseinander¹⁰.

Der junge Mann tritt von einem Fuß auf den anderen. Er sagt, das ist es
20 eben¹¹. Ich mache, was ich will. Mich nageln Sie nicht fest¹². Ich mache genau, was ich will. Was sagen Sie dazu?

Der Herr liest wieder in der Zeitung.

Der junge Mann sagt laut, jetzt verachten° Sie mich. Bloß¹³, weil ich mache, was ich will. Ich bin kein Duckmäuser°. Was denken Sie jetzt von
25 mir?

---

1. die Grünanlage (n): park with lawn   2. lutschen: to suck   3. rutschen: to slide, to slip
4. der Stiel (s, e): stick of the ice cream bar   5. heftig: eagerly, hard   6. Mir...runtergefallen:
I just dropped my ice cream.   7. Es...runterfallen: After all, anyone can drop an ice cream
bar at some time or another.   8. zusammenfalten: to fold up   9. Machen...wollen: Do
whatever you like!   10. auseinanderfalten: to unfold   11. das ist es eben: That's just it!   12.
festnageln: to nail (pin) down   13. bloß: merely, simply

Der Herr ist böse.

Er sagt, lassen Sie mich in Ruhe°. Gehen Sie weiter. Ihre Mutter hätte Sie öfter verhauen° sollen[14]. Das denke ich jetzt von Ihnen.

Der junge Mann lächelt. Er sagt, da haben Sie recht°.

30 Der Herr steht auf und geht.

Der junge Mann läuft hinterher und hält ihn am Ärmel fest[15]. Er sagt hastig, aber meine Mutter war ja viel zu weich°. Glauben Sie mir, sie konnte mir nichts abschlagen°. Wenn ich nach Hause kam, sagte sie zu mir, mein Prinzchen°, du bist schon wieder so schmutzig. Ich sagte, die anderen

35 haben nach mir geworfen[16]. Darauf sie[17], du sollst dich deiner Haut wehren[18]. Laß dir nicht alles gefallen°. Dann ich[19], ich habe angefangen. Darauf sie, pfui[20], das hast du nicht nötig°. Der Stärkere[21] braucht nicht anzufangen. Dann ich, ich habe gar nicht angefangen. Die anderen haben gespuckt[22]. Darauf sie, wenn du nicht lernst, dich durchzusetzen°, weiß ich

40 nicht, was aus dir werden soll. Stellen Sie sich vor°, sie hat mich gefragt, was willst du denn mal werden, wenn du groß bist? Neger[23], habe ich gesagt. Darauf sie, wie ungezogen° du wieder bist.

Der Herr hat sich losgemacht[24].

Der junge Mann ruft, da habe ich ihr was in den Tee getan[25]. Was

45 denken Sie jetzt?

WIE GUT HABEN SIE DIE GESCHICHTE VERSTANDEN?

1. Der junge Mann
  a. geht durch einen Park und lutscht ein Eis.
  b. sitzt auf einer Parkbank und lutscht ein Eis.
  c. möchte ein Eis, kann sich aber keines kaufen.

2. Der Herr auf der Parkbank
  a. interessiert sich für den jungen Mann.
  b. hat einen Sohn, der diesem jungen Mann ähnlich ist.
  c. denkt gar nichts von dem jungen Mann.

3. Warum ist der junge Mann so aufgeregt?
  a. Er möchte den Herrn auf der Parkbank provozieren.
  b. Der Herr auf der Parkbank hat ihm das Eis gekauft.
  c. Er kann kein zweites Eis kaufen.

4. Wozu war die Mutter des jungen Mannes zu weich?
  a. ihn zu trösten

---

14. hätte . . . sollen: should have spanked more often   15. hält . . . fest: holding him by the sleeve
16. nach + *dat.* werfen (i, a, o): to throw at   17. darauf sie: then she says   18. du . . . wehren:
you should defend yourself   19. dann ich: then I say   20. pfui: shame!   21. der Stärkere
(n, n): the stronger one   22. spucken: to spit   23. der Neger (s, -): Negro, (*contempt.*) Nigger
24. sich losmachen: to free oneself   25. da . . . getan: so I put something in her tea

    b. ihn zu verhauen

    c. ihn zu verachten

5. Am Ende der Geschichte ist es dem jungen Mann nicht möglich,

    a. ein Gespräch zu halten.

    b. sich endlich vom Herrn loszureißen.

    c. ungezogen zu sein.

ZUR DISKUSSION DES TEXTES

1. Suchen Sie die Sätze heraus, in denen der junge Mann die *scheinbaren* Gedanken des Herrn vorwegnimmt![1]

2. Welche Kommunikation findet zwischen dem jungen Mann und dem Herrn statt?

3. Was für ein Bild hat der junge Mann von sich selbst?

4. Beschreiben Sie die Beziehung[2] des jungen Mannes zu seiner Mutter! Welchen Kontrast gibt es zwischen ihren Erziehungsidealen[3] und dem Verhalten[4] ihres Sohnes?

5. **Gruppenarbeit.** Welche Gründe[5] könnte der junge Mann haben, den Herrn zu provozieren? Was will er damit beweisen[6]? Berichten Sie über die Gründe, die Sie finden!

6. Was kann der Titel bedeuten?

7. Können Sie dem Verlauf[7] der Geschichte entnehmen[8], ob der junge Mann seiner Mutter wirklich etwas in den Tee getan hat oder ob er es nur sagt, um den Herrn zu provozieren? Was hat er ihr vielleicht in den Tee getan?

8. **Aufsatz.** Welche Art von Jugendprotest kennen Sie? Inwieweit[9] haben sie selbst protestiert?

VOKABELÜBUNGEN

    I. Führen Sie den Satz sinnvoll weiter! (*Complete each sentence below.*)

1. Am Sonntag gehen viele Leute durch _____ .

    a. dieses Eis.   **b.** diese Zeitung.   **c.** diese Grünanlage.

2. Das Kind _____ sein Eis.

    a. schmilzt   **b.** lutscht   **c.** liest

3. Was _____ Sie jetzt von dem alten Herrn?

    a. verachten   **b.** denken   **c.** trösten

---

1. vorwegnehmen: to anticipate   2. die Beziehung (en): relationship   3. die Erziehung (*no pl.*): (child) rearing   4. das Verhalten (s, -sweisen): behavior   5. der Grund (s, ⸚e): reason   6. beweisen (ie, ie): to prove   7. der Verlauf (s, ⸚e): course   8. entnehmen (entnimmt, entnahm, entnommen): to conclude, to infer   9. inwieweit: to what extent

4. Der Stärkere hat es nicht _____ anzufangen.
   a. nötig **b.** recht **c.** Zeit
5. Der Junge hat auf mich gespuckt! Er ist ja _____ !
   a. erstaunt **b.** nötig **c.** ungezogen

II. Welcher Ausdruck paßt semantisch **nicht** zu den andern? (*Which expression does not fit semantically with the others?*)

1. **a.** schmelzen **b.** lutschen **c.** lesen **d.** essen **e.** ein Eis
2. **a.** ein Herr **b.** ein Habenichts **c.** ein Esel **d.** ein Haderlump **e.** ein Trottel
3. **a.** stehen bleiben **b.** jemandem leid tun **c.** trösten **d.** verachten **e.** vertrauen

WIE GUT KENNEN SIE DIE VOKABELN?

I. Welche Ausdrücke beziehen sich auf den Gebrauch der Hände? (*Which of the following expressions refer to use of the hands?*)

a. falten
b. schmelzen
c. festhalten
d. lutschen
e. zeigen
f. nageln
g. essen
h. spucken
i. verhauen
j. anfangen
k. verachten
m. werfen
n. einen für etwas halten
o. sich durchsetzen
p. recht haben
q. einem etwas abschlagen

II. Verwenden Sie einen Ausdruck aus der nachstehenden Liste, um den semantischen Fehler in jedem Satz zu verbessern! (*Use expressions from the list to make the following sentences correct according to the story.*)

1. In einer Hand trägt der junge Mann ein Prinzchen.
2. Sie halten mich für einen Stiel.
3. Lassen Sie mich in Sand!
4. Laß dir nicht alles schmelzen!
5. Er faltet die Mutter wieder ausinander.

einen Park
ein Eis
einen Trottel
Ruhe
die Zeitung
die Parkbank
gefallen
spucken
zusammen
lutscht
abschlagen
hält

3

Das Märchen vom kleinen Herrn Moritz

WOLF BIERMANN

Wolf Biermann ist 1936 in Hamburg geboren. 1943 starb in Auschwitz[1] sein Vater, ein Schirrmeister[2], der aktiv im kommunistischen Widerstand[3] war. Seinen eigenen politischen Neigungen[4] folgend, ging Biermann 1953 in die DDR, wo er an der Humboldt Universität in Berlin (Ost) politische Ökonomie, Philosophie und Mathematik studierte. Er hat bisher Gedichte[5], Protestlieder, Balladen, Chansons, erzählende[6] Texte und ein Theaterstück geschrieben. Seit 1965 darf er keine seiner Schriften[7] in der DDR drucken[8] lassen oder öffentlich vortragen[9]. Während einer Tournee im Westen erfolgte im November 1976 überraschend[10] Biermanns Ausbürgerung[11] aus der DDR. Er lebt heute wieder in Hamburg.

---

1. Auschwitz: town in upper Silesia, site of a Nazi concentration camp   2. der Schirrmeister (s, -): head hostler (foreman in a stable)   3. der Widerstand (s, ̈e): resistance   4. die Neigung (en): inclination, predisposition   5. das Gedicht (s, e): poem   6. erzählend: narrative   7. die Schrift (en): writing, work   8. drucken: to print, to publish   9. vortragen (ä, u, a): to recite, to read   10. überraschend: *here* suddenly, unexpectedly   11. die Ausbürgerung (en): expatriation

Das Märchen vom kleinen Herrn Moritz

ZIELVOKABULAR: Target Vocabulary

DIE ARBEITSWELT: The World of Work

tätig: employed

BEWEGUNG: Movement

sich bücken: to bend over
sich drängeln: to push one's way, to
    shove

spazierengehen (ging, gegangen; ist): to
    take a walk

EMOTIONEN UND REAKTIONEN: Emotions and Reactions

ängstlich: fearful, anxious
böse: ill-tempered
verlegen: embarrassed; die Verlegenheit
    (*no pl.*): embarrassment

verzweifelt: desperate; die Verzweiflung
    (*no pl.*): despair
sich wundern: to be amazed

KLEIDUNG: Clothing

das Futter (s, -): lining
der Regenschirm(stock) (s, ⸚e): umbrella
    (cane)

die Tasche (n): pocket

DIE NATUR: Nature

abpflücken: to pick (pluck) single
    flowers or sprigs
die Blume (n): flower

(nach)wachsen (ä, u, a; ist): to grow
    (back)

ORDNUNG UND BEHÖRDEN: Order and Authorities

der (Personal)Ausweis (es, e):
    identification papers
der Polizist (en, en): policeman

(vor)zeigen: to present, to show (on
    demand)

SINNLICHE WAHRNEHMUNG: Sensory Perception

kribbeln: to tickle, to prickle

dat. weh tun (tat, getan): to hurt

TÄTIGKEITEN UND EREIGNISSE: Actions and Events

[sich (*dat.*)] einstecken: to put into a
   pocket
streicheln: to pat, to pet; streichen: to
   stroke

suchen: to look for

(ÜBER)NATÜRLICHE PHÄNOMENE: (Super)Natural Phenomena

verschwinden (a, u; ist): to disappear

VERSTÄNDIGUNG: Communication

schimpfen: to complain, to grumble

SCHON BEKANNTE ZIELVOKABELN: Target Vocabulary from Preceding Stories

sich (*dat.*) merken (1)

schreien (1)

Das Märchen[1] vom kleinen Herrn Moritz

Eines Tages geht ein kleiner älterer[2] Herr spazieren°. Er heißt Herr Moritz und hat sehr große Schuhe und einen schwarzen Mantel dazu[3] und einen langen schwarzen Regenschirmstock°, und damit[4] geht er oft spazieren. Dann kommt nun[5] der lange Winter, der längste Winter auf der Welt
5 in Berlin, da werden die Menschen allmählich[6] böse°:

Die Autofahrer[7] schimpfen°, weil die Straßen so glatt[8] sind, daß die Autos ausrutschen[9].

Die Verkehrspolizisten[10] schimpfen, weil sie immer auf der kalten Straße rumstehen[11] müssen.

10 Die Verkäuferinnen[12] schimpfen, weil ihre Verkaufsläden[13] so kalt sind.

Die Männer von der Müllabfuhr[14] schimpfen, weil der Schnee gar nicht alle wird[15].

---

1. das Märchen (s, -): fairy tale   2. älter: elderly   3. dazu: to match, i.e., the coat is also large
4. damit: with it   5. dann kommt nun: then comes   6. allmählich: gradually   7. der Fahrer
(s, -): driver   8. glatt: smooth, slippery   9. ausrutschen: to skid   10. der Verkehr (s, *no pl.*):
traffic   11. rumstehen (stand herum, herumgestanden): to stand around (*cf.* herum: around)
12. die Verkäuferin (nen): female sales clerk   13. der Verkaufsladen (s, ̈): store   14. die Müllabfuhr (*no pl.*): garbage collection   15. weil . . . wird: because there is just no end to the snow

15 Der Milchmann schimpft, weil ihm die Milch in den Milchkannen zu Eis
friert[16].

Die Kinder schimpfen, weil ihnen die Ohren ganz rot gefroren sind, und
die Hunde bellen vor Wut über die Kälte schon gar nicht mehr[17], sondern
zittern[18] nur noch und klappern mit den Zähnen vor Kälte[19], und das sieht
auch sehr böse aus[20].

20 An einem solchen kalten Schneetag geht Herr Moritz mit seinem blauen
Hut spazieren, und er denkt: „Wie böse die Menschen alle sind, es wird
höchste Zeit[21], daß es wieder Sommer wird und die Blumen° wachsen°."
Und als er so durch die schimpfenden Leute in der Markthalle geht,
wachsen ganz schnell und ganz viele Krokusse[22], Tulpen[23], Maiglöckchen[24],
25 Rosen und Nelken[25], auch Löwenzahn[26] und Margeriten[27] auf seinem
Kopf. Er merkt es aber erst gar nicht, und dabei ist schon längst sein Hut
vom Kopf hoch gegangen[28], weil die Blumen immer mehr werden und auch
immer länger.

Da bleibt vor ihm eine Frau stehen[29] und sagt: „O, Ihnen wachsen aber
30 schöne Blumen auf dem Kopf!"

„Mir Blumen auf dem Kopf?" sagt Herr Moritz, „so was gibt es gar nicht!"[30]

„Doch! Schauen Sie hier in das Schaufenster[31], Sie können sich darin
spiegeln[32]. Darf ich eine Blume abpflücken°?"

Und Herr Moritz sieht im Schaufensterspiegelbild[33], daß wirklich Blumen
35 auf seinem Kopf wachsen, bunte[34] und große, und er sagt: „Aber bitte,
wenn Sie eine wollen . . ."

„Ich möchte gerne eine kleine Rose", sagt die Frau und pflückt sich eine.

„Und ich eine Nelke für meinen Bruder", sagt ein kleines Mädchen und
Herr Moritz bückt° sich, damit[35] das Mädchen ihm auf den Kopf langen[36]
40 kann. Er braucht sich aber nicht so sehr tief zu bücken, denn er ist etwas
kleiner[37] als andere Männer. Viele Leute kommen und brechen[38] sich
Blumen vom Kopf des kleinen Herrn Moritz, und es tut ihm nicht weh°,
und die Blumen wachsen immer gleich[39] nach°, und es kribbelt° so schön
am Kopf, als ob ihn jemand freundlich streichelte°. Herr Moritz ist froh, daß
45 er den Leuten mitten im kalten Winter Blumen geben kann. Immer mehr
Menschen kommen zusammen und lachen und wundern sich° und

---

16. zu Eis frieren (o, o): to freeze solid   17. Die Hunde . . . mehr: The dogs don't even bark angrily
about the cold anymore.   18. zittern: to shake, to quiver   19. klappern . . . Kälte: their teeth
chatter from the cold   20. das sieht auch sehr böse aus: that looks very mean, too   21. es
wird höchste Zeit: it's high time   22. der Krokus (ses, se): crocus   23. die Tulpe (n): tulip
24. das Maiglöckchen (s, -): lily of the valley   25. die Nelke (n): carnation   26. der Löwenzahn
(s, ⸚e): dandelion   27. die Margerite (n): daisy   28. dabei . . . gegangen: In the process his hat
has already long since risen high above his head.   29. stehenbleiben (ie, ie): to stop   30. so
was gibt es gar nicht: such a thing is simply impossible   31. das Schaufenster (s, -): display
window   32. Sie können sich darin spiegeln: you can catch your reflection in it   33. das
Schaufensterspiegelbild (s, er): reflection in the display window   34. bunt: colorful   35. damit:
so that   36. langen: to reach   37. etwas kleiner: somewhat shorter   38. brechen (i, a, o):
to break; to pick (a flower)   39. gleich: right away

brechen sich Blumen vom Kopf des kleinen Herrn Moritz. Keiner, der eine
Blume erwischt[40], sagt an diesem Tag noch ein böses Wort.

50 Aber da kommt auf einmal[41] auch der Polizist° Max Kunkel. Max Kunkel
ist schon seit zehn Jahren in der Markthalle als Markthallenpolizist tätig°,
aber so was hat er noch nicht gesehen! Mann mit Blumen auf dem Kopf! Er
drängelt sich° durch die vielen lauten Menschen, und als er vor dem
kleinen Herrn Moritz steht, schreit er: „Wo gibt's denn so was[42]! Blumen auf
55 dem Kopf, mein Herr. Zeigen° Sie doch bitte mal sofort ihren Personalausweis!"°

Und der kleine Herr Moritz sucht° und sucht und sagt verzweifelt°: „Ich
habe ihn doch immer bei mir, ich habe ihn doch in der Tasche!"° Und je
mehr er sucht, um so mehr[43] verschwinden° die Blumen auf seinem Kopf.

60 „Aha", sagt der Polizist Max Kunkel, „Blumen auf dem Kopf haben Sie,
aber keinen Ausweis in der Tasche!!"

Und Herr Moritz sucht immer ängstlicher° seinen Ausweis und ist ganz
rot vor Verlegenheit°, und je mehr er sucht — auch im Jackenfutter° —
um so mehr schrumpfen die Blumen zusammen[44], und der Hut geht
65 allmählich wieder herunter[45] auf den Kopf! In seiner Verzweiflung° nimmt
Herr Moritz seinen Hut ab, und siehe da[46], unter dem Hut liegt in der
abgegriffenen[47] Gummihülle[48] der Personalausweis. Aber was noch!? Die
Haare sind alle weg! Kein Haar mehr auf dem Kopf hat der kleine Herr
Moritz. Er streicht° sich verlegen° über den kahlen Kopf[49] und setzt dann
schnell den Hut darauf.

70 „Na, da ist ja der Ausweis", sagt der Polizist Max Kunkel freundlich, „und
Blumen haben Sie wohl auch nicht mehr auf dem Kopf, wie?!"

„Nein", sagt Herr Moritz und steckt schnell seinen Ausweis ein° und läuft,
so schnell wie man auf den glatten Straßen laufen kann, nach Hause. Dort
steht er lange vor dem Spiegel und sagt zu sich: „Jetzt hast du eine Glatze[50],
75 Herr Moritz!"

WIE GUT HABEN SIE DIE GESCHICHTE VERSTANDEN?

1. Was denkt Herr Moritz, als er spazieren geht?
   a. Es soll wieder Sommer werden.
   b. Er wünscht sich Blumen auf dem Kopf.
   c. Die Hunde sollen nicht bellen.
2. Was tun die Menschen, als sie Herrn Moritz sehen?
   a. Sie schimpfen und gehen weiter.

---

40. erwischen: to get   41. auf einmal: all at once   42. Wo gibt's denn so was!: Who's ever
seen such a thing?!   43. je mehr... um so mehr: the more... the more   44. zusammen-
schrumpfen: to shrivel up   45. herunter: down (movement)   46. siehe da!: lo and behold!
47. abgegriffen: worn out   48. die Gummihülle (n): rubber case   49. er streicht... Kopf: he
passes his hand over his bald head   50. die Glatze (n): bald head; eine Glatze haben: to be bald

    b. Sie rufen einen Polizisten herbei.

    c. Sie pflücken ihm Blumen vom Kopf.

3. Kunkel verlangt von Herrn Moritz

    a. eine Tulpe.

    b. den Personalausweis.

    c. den Regenschirmstock.

4. Was passiert, während Herr Moritz sucht?

    a. Die Blumen schrumpfen zusammen.

    b. Die Leute laufen davon.

    c. Kunkel rutscht auf der Straße aus.

5. Was sagt Herr Moritz zu sich, als er wieder zu Hause ist?

    a. Jetzt hast du eine Glatze.

    b. Sag mir, wo die Blumen sind.

    c. Warum sind die Menschen so böse?

ZUR DISKUSSION DES TEXTES

1. Finden Sie so viele plausible Antworten wie möglich auf die Frage: **Warum sind die Blumen vom Kopf des kleinen Herrn Moritz verschwunden?** z.B.: Die Blumen existieren nur in seiner Phantasie; die Blumen sind verwelkt;[1] die Blumen erfrieren, als er den Hut abnimmt, u.s.w.

2. Welche der Antworten auf die obige[2] Frage haben (a) mit der Gesellschaft zu tun? (b) mit Herrn Moritz als Blumenmenschen zu tun? (c) mit Herrn Moritz persönlich zu tun?

3. Besprechen Sie die möglichen Antworten auf diese Fragen: **Was kann Herr Moritz als nächstes tun? Was würden Sie an seiner Stelle machen?**

4. **Gruppenarbeit.** Arbeiten Sie in kleinen Gruppen! Es dürfen mehr als eine Gruppe ein Thema bearbeiten[3]. Eine Gruppe schreibt ein Gespräch, das am nächsten Tag zwischen Moritz und Kunkel auf der Straße stattfindet. Eine zweite Gruppe schreibt ein Gespräch zwischen Moritz und seiner Frau, wenn sie seine Glatze sieht!

    Bilden Sie dann eine größere Kunkelgruppe und eine größere Frau-Moritz-Gruppe, und kombinieren Sie die verschiedenen Versionen der Gespräche! Die beiden Gruppen wählen jeweils[4] zwei Sprecher, die die zwei kombinierten Gespräche als Rollenspiele vorlesen. Die Zuhörer der anderen Gruppe sollen die Gespräche auf einer Skala von eins bis fünf bewerten[5], wobei eine „1" das Plausibelste oder das Alltäglichste[6] bedeutet: (a) Wie plausibel ist das Gespräch als Fortsetzung[7] der Geschichte? (b)

---

1. verwelken: to wilt   2. obig: above   3. bearbeiten: to work on   4. jeweils: in each case
5. bewerten: to evaluate   6. alltäglich: everyday, commonplace   7. die Fortsetzung (en): continuation

Inwieweit gehört das Gespräch dem Alltagsbereich[8] oder dem Bereich der Phantasie an?

5. **Aufsatz.** Moritz hat in dieser Geschichte eigentlich drei Identitäten. Nennen Sie diese Identitäten und erklären Sie in diesem Zusammenhang[9] die Glatze!

VOKABELÜBUNGEN

I. Was passiert logischerweise wenn . . . ? Mehr als eine Antwort aus Liste B ist möglich. (*Complete each clause from List A with a logical rejoinder from List B. There may be more than one rejoinder for each clause.*)

Liste A
Wenn jemand . . . ,

1. beim Spazierengehen auf glatter Straße plötzlich hält,
2. als Autofahrer bei Grün (*at a green light*) immer stehenbleibt,
3. schnell irgendwohin muß,
4. in klares, ruhiges Wasser schaut,
5. eine Zeitlang im Winter draußen herumsteht,
6. eine Rose abpflückt und dabei einen Dorn (*thorn*) erwischt,
7. seine Blumen in einem zu kalten Zimmer stehen läßt,
8. sich zu große Schuhe, einen zu kleinen Mantel und ein buntes Hemd anzieht,

Liste B
dann . . .

a. braucht er einen warmen Mantel.
b. sieht er ganz komisch aus.
c. wachsen sie nicht.
d. werden andere Leute verzweifelt schimpfen.
e. tut es ihm bestimmt weh.
f. kann er mit dem Auto hinfahren.
g. rutscht er leicht aus.
h. geht er spazieren.
i. wundern sich wohl seine Freunde über ihn.
j. schrumpfen sie zusammen.
k. sollte er sich einen Hut aufsetzen.
l. spiegelt er sich.
m. muß er laufen.
n. muß er irgendwann einem Polizisten seinen Ausweis vorzeigen.

II. Welche Worte finden Sie in den zusammengesetzten Wörtern? (*Break these compounds into their component parts and include the definite article.*)

1. das Jackenfutter
2. der Regenschirm

---

8. der Alltagsbereich (s, e): realm of everyday life   9. der Zusammenhang (s, ⸚e): connection

3. die Gummihülle
4. die Müllabfuhr
5. der Markthallenpolizist

WIE GUT KENNEN SIE DIE VOKABELN?

I. In welcher Beziehung stehen die Ausdrücke zueinander?: Gegensatz; Resultat; Teil eines Ganzen. (*Which pairs show contrast?, result?, part of a whole?*)

BEISPIEL: sich bücken :: gerade stehen   **Gegensatz**

1. die Tasche :: der Mantel
2. froh :: lachen
3. böse :: schimpfen
4. Herr Moritz :: die Menschen
5. Maiglöckchen :: der Winter
6. das Futter :: der Mantel
7. freundlich :: böse
8. der Polizist :: die Polizei
9. abpflücken :: wachsen lassen
10. nicht finden :: die Verlegenheit
11. Haare auf dem Kopf :: die Glatze
12. suchen :: finden

II. Ergänzen Sie mit einem passenden Wort aus der nachstehenden Liste! (*Fill in the blanks with a word from the following list.*)

pflücken	eines Tages	Haare	Mantel	Kopf
bezahlen	nachgewachsen	weh tun	verzweifelt	vor
Polizist	Ausweis	rennt	wachsen	geben

Da Herr Moritz nun keine (1) _____ hat, (2) _____ ihm auch keine Blumen mehr auf dem (3) _____ . Und da in seinem Fall nichts (4) _____ ist, hat Frau Moritz lange Zeit keine Blumen von ihm bekommen. (5) _____ will Herr Moritz etwas Besonderes für sie tun. Er (6) _____ auf eine Wiese und will seiner Frau ein paar Rosen (7) _____ . Zu spät merkt er das Schild (*sign*), auf dem steht: „Privates Grundstück. Blumen (8) _____ verboten!" Und da kommt schon ein (9) _____ ! Herr Moritz überlegt schnell. (10) _____ versucht er, die Blumen in seinem (11) _____ zu verstecken (*hide*), kann es aber nicht, weil ihm die vielen Dornen (12) _____ . So steht er schon wieder vor dem Max Kunkel und muß eine Strafe (*fine*) (13) _____ . Sein Gesicht ist (14) _____ Verlegenheit sehr rot, als er wieder seinen (15) _____ vorzeigen muß. Aber diesmal nicht, weil er ihn nicht finden kann!

4

Der Mann, der nichts mehr wissen wollte

PETER BICHSEL

Peter Bichsel ist 1935 in Luzern in der Schweiz geboren. Von 1955 bis 1968 war er als Primarlehrer in der Volksschule Zuchwil tätig. 1964 gelang Bichsel sein erster literarischer Erfolg, der Erzählungsband[1] *Eigentlich möchte Frau Blum den Milchmann kennenlernen* und 1967 sein zweiter, der Roman *Die Jahreszeiten*. 1968 gab er den Lehrerberuf auf und lebt heute in Bellach bei Solothurn (Schweiz) als freier Schriftsteller. „Der Mann der nichts mehr wissen wollte" ist eine der *Kindergeschichten* (1969).

---

1. der Erzählungsband (s, ⁻er): book (volume) of stories

Der Mann, der nichts mehr wissen wollte

ZIELVOKABULAR: Target Vocabulary

BEWEGUNG: Movement

sich bewegen: to move

CHARAKTERZÜGE: Character Traits

der Nachteil (s, e): disadvantage

nützen: to be of use; to use

EMOTIONEN UND REAKTIONEN: Emotions and Reactions

erschrecken (erschrickt, erschrak,
 erschrocken): to be startled,
 frightened

GEBÄUDE UND HAUSRAT: Buildings and Household Goods

andrehen: to turn on
der Laden (s, ⸚): shutter

die Ritze (n): crack
die Scheibe (n): pane

INTELLEKT: Intellect

begreifen (begriff, begriffen): to
 comprehend
dat. einfallen (ä, ie, a; ist): to occur to
 someone
sich an + *acc.* erinnern: to remember
kennen (kannte, gekannt): to be familiar
 with, to know

können (kann, konnte, gekonnt): to
 know (to have mastered) an
 academic subject or a skill
vergessen (vergißt, vergaß, vergessen): to
 forget
wissen (weiß, wußte, gewußt): to know
 information or a fact

DIE NATUR: Nature

der Regentag (s, e): rainy day

SATZPARTIKEL: Sentence Particle

nämlich: you know (reiterates the
 obvious)

TÄTIGKEITEN UND EREIGNISSE: Actions and Events

zu Besuch kommen (kam, gekommen; ist): to visit, to pay a visit

ein Leben führen: to lead a life
reißen (riß, gerissen): to tear

VERSTÄNDIGUNG: Communication

abnehmen (nimmt ab, nahm ab, abgenommen): to answer the phone
auflegen: to hang up the phone

die Gabel (n): cradle of a telephone
der Hörer (s, -): receiver of a telephone
läuten: to ring

SCHON BEKANNTE ZIELVOKABELN: Target Vocabulary from Preceding Stories

sich ärgern (1)
zurückhalten (1)

rufen (1)

trösten (2)

Der Mann, der nichts mehr wissen wollte

„Ich will nichts mehr wissen°", sagte der Mann, der nichts mehr wissen wollte.

Der Mann, der nichts mehr wissen wollte, sagte: „Ich will nichts mehr wissen."

5   Das ist schnell gesagt.

Das ist schnell gesagt.

Und schon läutete° das Telefon.

Und anstatt das Kabel[1] aus der Wand zu reißen°, was er hätte tun sollen[2], weil er nichts mehr wissen wollte, nahm er den Hörer° ab° und sagte

10   seinen Namen.

„Guten Tag", sagte der andere.

Und der Mann sagte auch: „Guten Tag."

„Es ist schönes Wetter heute", sagte der andere.

Und der Mann sagte nicht: „Ich will das nicht wissen", er sagte sogar: „Ja

15 sicher, es ist sehr schönes Wetter heute."

Und dann sagte der andere noch etwas.

Und dann sagte der Mann noch etwas. Und dann legte er den Hörer auf die Gabel°, und er ärgerte sich sehr, weil er jetzt wußte, daß es schönes Wetter ist. Und jetzt riß er doch das Kabel aus der Wand und rief: „Ich will

20 auch das nicht wissen, und ich will es vergessen°."

Das ist schnell gesagt.

---

1. das Kabel (s, -): cord   2. was . . . sollen: which he should have done

Das ist schnell gesagt.

Aber durch das Fenster schien die Sonne, und wenn die Sonne durch das Fenster scheint, weiß man, daß schönes Wetter ist. Der Mann schloß die
25 Läden°, aber nun schien die Sonne durch die Ritzen°. Der Mann holte Papier und verklebte[3] die Fensterscheiben° und saß im Dunkeln.

Und so saß er lange Zeit, und seine Frau kam und sah die verklebten Fenster und erschrak°. Sie fragte: „Was soll das?"

„Das soll die Sonne abhalten[4]", sagte der Mann.

30 „Dann hast du kein Licht", sagte die Frau.

„Das ist ein Nachteil°", sagte der Mann, „aber es ist besser so, denn wenn ich keine Sonne habe, habe ich zwar kein Licht, aber ich weiß dann wenigstens nicht, daß schönes Wetter ist."

„Was hast du gegen das schöne Wetter?" sagte die Frau, „schönes Wetter
35 macht froh."

„Ich habe", sagte der Mann, „nichts gegen das schöne Wetter, ich habe überhaupt nichts gegen das Wetter. Ich will nur nicht wissen, wie es ist."

„Dann dreh wenigstens das Licht an°", sagte die Frau, und sie wollte es andrehen, aber der Mann riß die Lampe von der Decke und sagte: „Ich will
40 auch das nicht mehr wissen, ich will auch nicht mehr wissen, daß man das Licht andrehen kann."

Da weinte[5] seine Frau.

Und der Mann sagte: „Ich will nämlich gar nichts mehr wissen."

Und weil das die Frau nicht begreifen° konnte, weinte sie nicht mehr
45 und ließ[6] ihren Mann im Dunkeln.

Und da blieb er sehr lange Zeit.

Und die Leute, die zu Besuch kamen°, fragten die Frau nach ihrem Mann, und die Frau erklärte ihnen: „Das ist nämlich° so, er sitzt nämlich im Dunkeln und will nämlich nichts mehr wissen."

50 „Was will er nicht mehr wissen?" fragten die Leute, und die Frau sagte: „Nichts, gar nichts mehr will er wissen. Er will nicht mehr wissen, was er sieht—nämlich wie das Wetter ist.
Er will nicht mehr wissen, was er hört—nämlich was die Leute sagen.
Und er will nicht mehr wissen, was er weiß—nämlich wie man das Licht
55 andreht.
So ist das nämlich", sagte die Frau.

„Ah, so ist das", sagten die Leute, und sie kamen nicht mehr zu Besuch.

Und der Mann saß im Dunkeln.

Und seine Frau brachte ihm das Essen.

60 Und sie fragte: „Was weißt du nicht mehr?"

Und er sagte: „Ich weiß noch alles", und er war sehr traurig, weil er noch alles wußte.

Da versuchte ihn seine Frau zu trösten und sagte: „Aber du weißt doch nicht, wie das Wetter ist."

---

3. verkleben: to paste over (up)   4. abhalten (ä, ie, a): to keep out   5. weinen: to cry
6. lassen (läßt, ließ, gelassen): to let be

65 „Wie es ist, weiß ich nicht", sagte der Mann, „aber ich weiß immer noch, wie es sein kann. Ich erinnere° mich noch an Regentage°, und ich erinnere mich an sonnige Tage."

„Du wirst es vergessen", sagte die Frau.

Und der Mann sagte:

70 „Das ist schnell gesagt.

Das ist schnell gesagt."

Und er blieb im Dunkeln, und seine Frau brachte ihm täglich das Essen und der Mann schaute[7] auf den Teller und sagte: „Ich weiß, daß das Kartoffeln[8] sind, ich weiß, daß das Fleisch ist, und ich kenne° den

75 Blumenkohl[9]; und es nützt° alles nichts[10], ich werde immer alles wissen. Und jedes Wort, das ich sage, weiß ich."

Und als seine Frau ihn das nächste Mal fragte: „Was weißt du noch?" da sagte er: „Ich weiß viel mehr als vorher, ich weiß nicht nur, wie schönes Wetter und wie schlechtes Wetter ist, ich weiß jetzt auch, wie das ist, wenn

80 kein Wetter ist. Und ich weiß, daß, wenn es ganz dunkel ist, daß es dann immer noch nicht dunkel genug ist."

„Es gibt aber Dinge, die du nicht weißt", sagte seine Frau und wollte gehen, und als er sie zurückhielt, sagte sie: „Du weißt nämlich nicht, wie *schönes Wetter* auf chinesisch heißt", und sie ging und schloß die Tür

85 hinter sich.

Da begann der Mann, der nichts mehr wissen wollte, nachzudenken. Er konnte° wirklich kein Chinesisch, und es nützte ihm nichts, zu sagen: „Ich will auch das nicht mehr wissen", weil er es ja noch gar nicht wußte.

„Ich muß zuerst wissen, was ich nicht wissen will", rief der Mann und riß

90 das Fenster auf und öffnete die Läden, und vor dem Fenster regnete es, und er schaute in den Regen.

Dann ging er in die Stadt, um sich Bücher zu kaufen über das Chinesische, und er kam zurück und saß wochenlang hinter diesen Büchern und malte[11] chinesische Schriftzeichen[12] aufs Papier.

95 Und wenn die Leute zu Besuch kamen und die Frau nach ihrem Mann fragten, sagte sie: „Das ist nämlich so, er lernt nämlich jetzt Chinesisch, so ist das nämlich."

Und die Leute kamen nicht mehr zu Besuch.

Es dauert aber Monate und Jahre, bis man das Chinesische kann, und als

100 er es endlich konnte, sagte er:

„Ich weiß aber immer noch nicht genug. Ich muß alles wissen. Dann erst kann ich sagen, daß ich das alles nicht mehr wissen will.

Ich muß wissen, wie der Wein schmeckt[13], wie der schlechte schmeckt und wie der gute.

105 Und wenn ich Kartoffeln esse, muß ich wissen, wie man sie anpflanzt[14].

---

7. auf + *acc.* schauen: to look at 8. die Kartoffel (n): potato 9. der Blumenkohl (s, -e): cauliflower 10. es nützt alles nichts: nothing is any use. 11. malen: to paint 12. die Schriftzeichen (*pl.*): (Chinese) characters 13. schmecken: to taste 14. anpflanzen: to cultivate, to grow

Ich muß wissen, wie der Mond aussieht[15], denn wenn ich ihn sehe, weiß ich noch lange nicht, wie er aussieht, und ich muß wissen, wie man ihn erreicht[16].

Und die Namen der Tiere muß ich wissen und wie sie aussehen und was 110 sie tun und wo sie leben."

Und er kaufte sich ein Buch über die Kaninchen[17] und ein Buch über die Hühner[18] und ein Buch über die Tiere im Wald[19] und eines über die Insekten.

Und dann kaufte er ein Buch über das Panzernashorn[20].

115   Und das Panzernashorn fand er schön.

Er ging in den Zoo und fand es da, und es stand in einem großen Gehege[21] und bewegte sich° nicht.

Und der Mann sah genau, wie das Panzernashorn versuchte zu denken und versuchte, etwas zu wissen, und er sah, wie sehr es ihm Mühe machte.

120 Und jedesmal, wenn dem Panzernashorn etwas einfiel, rannte es los[22] vor Freude, drehte zwei, drei Runden im Gehege und vergaß dabei, was ihm eingefallen° war, und blieb dann lange stehen — eine Stunde, zwei Stunden — und rannte, wenn es ihm einfiel, wieder los.

Und weil es immer ein kleines bißchen zu früh losrannte, fiel ihm 125 eigentlich gar nichts ein.

„Ein Panzernashorn möchte ich sein", sagte der Mann, „aber dazu ist es jetzt wohl zu spät."

Dann ging er nach Hause und dachte an sein Nashorn.

Und er sprach von nichts anderem mehr.

130   „Mein Panzernashorn", sagte er, „denkt zu langsam und rennt zu früh los, und das ist recht so", und er vergaß dabei, was er alles wissen wollte, um es nicht mehr wissen zu wollen.

Und er führte sein Leben° weiter wie vorher.

Nur, daß er jetzt noch Chinesisch konnte.

WIE GUT HABEN SIE DIE GESCHICHTE VERSTANDEN?

1. Nach dem Telefongespräch wußte der Mann, daß
   a. es schönes Wetter war.
   b. Leute zu Besuch kamen.
   c. er kein Chinesisch konnte.

2. Warum ärgerte sich der Mann nach dem Telefongespräch?
   a. Jetzt hat er doch alles vergessen.
   b. Er hat automatisch etwas Neues herausgefunden.
   c. Er hat sich sofort an alles erinnert.

---

15. aussehen (ie, a, e): to look like   16. erreichen: to reach   17. das Kaninchen (s, -): rabbit
18. das Huhn (s, ˸er): chicken   19. der Wald (s, ˸er): wood, forest   20. das Panzernashorn
(s, ˸er): rhinoceros   21. das Gehege (s, -): enclosure   22. losrennen (rannte, gerannt): to take
off running

3. Was wußte der Mann nicht?
   a. wie das Wetter sein kann
   b. wie schönes Wetter auf chinesisch heißt
   c. wie Erbsen schmecken
4. Als der Mann in die Stadt ging, kaufte er
   a. Bücher.
   b. ein Panzernashorn.
   c. Kaninchen.
5. Was machte dem Panzernashorn Mühe?
   a. vor Freude loszurennen
   b. etwas zu wissen
   c. sich im Gehege <u>nicht</u> zu bewegen
6. Warum bewunderte der Mann das Panzernashorn?
   a. weil es nichts lange behalten (*remember*) konnte
   b. weil es schnell laufen konnte
   c. weil es im Gehege lebte

ZUR DISKUSSION DES TEXTES

1. Was für ein Mensch könnte sich mit einem Panzernashorn identifizieren?
2. Spekulieren Sie über die Gründe, warum der Mann nichts mehr wissen wollte! Finden Sie Gründe, die mit dem Mann persönlich zu tun haben und die, die mit der Gesellschaft zusammenhängen!
3. Das Verhalten[1] des Mannes ist eine globale Verneinung[2] von sich und von seiner Umwelt[3]. Was bedeutet dieses Verhalten? Welche Folgen hat es? Wann ist solches Verhalten vertretbar[4]?
4. Nennen Sie die zwei Wendepunkte[5] in der Geschichte!
5. Hat die Geschichte ein positives oder ein negatives Ende? Erklären Sie die Gründe für Ihre Meinung! Was hat der Mann (nicht) gelernt? Inwiefern ist sein Verhalten logisch oder unlogisch?
6. Was für ein Mensch ist die Frau? Warum sagt sie immer „So ist es nämlich"?
7. Wie versucht sie ihrem Mann zu helfen? Wie hätte sie ihm sonst vielleicht helfen können?
8. **Gruppenarbeit.** Ein Herr und eine Dame besuchen die Frau des Mannes, der nichts mehr wissen will. Schreiben Sie in Kleingruppen ein Gespräch zwischen den drei Personen, wobei die Frau versucht, das Verhalten ihres Mannes zu erklären, zu entschuldigen oder sogar zu ignorieren!
9. **Aufsatz.** Schreiben Sie eine Geschichte, in der sich ein Mensch mit einem Tier identifiziert oder in der Sie einen Menschen beschreiben, den Sie mit einem Tier identifizieren!

---

1. das Verhalten (s, -sweisen): behavior   2. Verneinung (en): denial   3. die Umwelt (*no pl.*): environment   4. vertretbar: justified   5. der Wendepunkt (s, e): turning point

VOKABELÜBUNGEN

I. Der Mensch hat bekanntlich fünf Sinne (*senses*), Sehen, Hören, Schmecken, Tasten (*touch*) und Riechen (*smell*). Schreiben Sie den passenden Sinn neben die folgenden Worte! (*With which of the five senses would you experience each of the following? More than one sense may apply.*)

BEISPIEL: die Süße   **Schmecken** und **Riechen**

1. das Licht
2. das Läuten des Telefons
3. die Dunkelheit
4. die Bitterkeit
5. das Fleisch
6. das Gespräch
7. das Eis
8. der Himmel
9. der Regen
10. der Wein
11. das Panzernashorn
12. die Sonne
13. der Mond
14. die Musik
15. die Blume
16. der Mensch

II. Ergänzen Sie mit dem richtigen Wort aus dem Zielvokabular! (*Fill in each blank with an appropriate word from the Target Vocabulary list.*)

1. Als das Telefongespräch zu Ende war, _____ sie den Hörer _____ .
2. Ich kann nicht _____ , wie ein Panzernashorn denkt.
3. Wenn man eine Idee bekommt, _____ einem etwas ein.
4. Manchmal kann man sich an etwas _____ , wenn man es einmal vergessen hat.
5. Wenn das Telefon läutet, nimmt man den _____ ab.
6. Jeden Sonntag kommen Leute zu _____ .
7. Das ist _____ so, er sitzt den ganzen Tag im Dunkeln und will nichts mehr wissen.
8. Ich _____ diese Stadt sehr gut.
9. Ich _____ , wie Blumenkohl schmeckt.
10. Er _____ kein Chinesisch, aber er möchte es lernen.

III. Die Worte **anpflanzen, abnehmen, ausreißen, zurückhalten** und **nachdenken** kennen Sie aus der Geschichte. Bilden Sie unten möglichst viele neue Kombinationen der Vorsilben und Verben! Schlagen Sie Ihre neuen Worte im Wörterbuch nach, und übersetzen Sie sie! (*Combine the prefixes and verbs below to form new words. Look up their meanings in a dictionary and translate them.*)

Vorsilbe

an, ab, aus, zurück, nach

Verb

pflanzen, nehmen, reißen, halten, denken

WIE GUT KENNEN SIE DIE VOKABELN?

    I.   Was findet man gewöhnlich in einem Wohnhaus? (*Which of these items is usually found in a house?*)

a. Schriftzeichen	**e.** ein Gehege	**i.** Wände	**m.** Kartoffeln
b. ein Panzernashorn	**f.** eine Lampe	**j.** Fenster	**n.** den Mond
c. eine Fensterscheibe	**g.** eine Decke	**k.** Kaninchen	**o.** Wetter
d. ein Telephon	**h.** einen Tisch	**l.** Besucher	**p.** Freude

    II.   Welcher Satz setzt den Leitsatzgedanken logisch fort? (*Which sentence is a logical continuation?*)

1. Ich will nichts mehr wissen.
   a. Ich will alles vergessen.
   b. Ich habe zu viel zu tun.
   c. Ich kann es nicht begreifen.

2. Das Telefon läutete, und das Mädchen
   a. drehte das Licht an.
   b. legte den Hörer auf.
   c. nahm den Hörer ab.

3. Der Junge erschrak, denn er
   a. ärgerte sich sehr.
   b. benahm sich schlecht.
   c. verstand nicht, was los war.

4. Der Mann wollte das weinende Kind trösten.
   a. Er gab ihm ein Schokoladeneis.
   b. Er dachte lange darüber nach.
   c. Er öffnete die Läden.

5. Bis man Chinesisch kann,
   a. ißt man viele Kartoffeln.
   b. lernt man Monate und Jahre.
   c. malt man schöne Bilder und Schriftzeichen.

6. Das Kaninchen bewegte sich nicht, sondern
   a. rannte vor Freude los.
   b. blieb lange stehen.
   c. fraß (*ate*) viel Gras.

5

Baron von Münchhausens abenteuerliche Reisen

NACHERZÄHLT VON ERICH KÄSTNER

Karl Friedrich Hieronymus Freiherr von Münchhausen (1720 geboren, 1797 gestorben) stammte aus[1] einer niedersächsischen[2] Adelsfamilie[3], einer der ältesten in Deutschland. Als Offizier führte Münchhausen ein abenteuerliches[4] Leben in fernen Ländern und Kriegen. Im Jahre 1781 erschienen 17 ihm zugeschriebene[5] Schwankerzählungen[6], die die unglaublichsten seiner Kriegs-, Jagd- und Reiseerlebnisse[7] schilderten. Diese höchst originellen Geschichten fanden rasch ihren festen Platz in der Volksliteratur und kamen schon 1785 in einer englischsprachigen Erweiterung[8] heraus. Die Jagdgeschichte „Die Enten an der Schnur" ist in Amerika als ein "tall tale" aus dem Staat Maine bekannt, stammt aber ursprünglich[9] von Münchhausen. Im Laufe der Zeit[10] hat man auch im Roman, Drama und Film den Münchhausen-Stoff[11] bearbeitet. Seit 200 Jahren also verdient Münchhausen den Titel, den seine Leser ihm verliehen haben, den Lügenbaron.

---

1. stammen aus (von): to come from   2. niedersächsisch: from Lower Saxony   3. die Adelsfamilie (n): family of noble lineage   4. abenteuerlich: adventurous   5. zuschreiben (ie, ie): to ascribe, to attribute   6. die Schwankerzählung: humorous, slapstick folktale   7. das Erlebnis (ses, se): experience, adventure   8. die Erweiterung (en): enlargement   9. ursprünglich: originally   10. im Laufe der Zeit: over (in the course of) time   11. der Stoff (s, e): material

Die Enten an der Schnur

ZIELVOKABULAR: Target Vocabulary

BEWEGUNG: Movement

(davon)fliegen (o, o; ist): to fly (away)
rudern: to paddle, to row

(herum)schwimmen (a, o): to swim
  (around)
umkehren: to turn back

CHARAKTERZÜGE: Character Traits

glatt: smooth

schlüpfrig: slippery

GEBÄUDE UND HAUSRAT: Buildings and Household Goods

der (Küchen)Herd (s, e): (kitchen) stove
die Leine (n): line, *here:* leash

die Schnur (¨e): string
der Schornstein (s, e): chimney

INTELLEKT: Intellect

bemerken: to notice

KONFLIKT UND GEWALT: Conflict and Violence

dat. den Hals umdrehen: to wring
  someone or something's neck
die Jagd (en): hunt, hunting

auf + *acc.* schießen (schoß,
  geschossen): to shoot at

NAHRUNG: Food and Nutrition

der Braten (s, -): roast meat
die Entenbrust (¨e): breast of duck
der Koch (s, ¨e): cook

die Preiselbeere (n): cranberry
der Speck (s, *no pl.*): bacon
verschlingen (a, u): to gulp, to devour

TÄTIGKEITEN UND EREIGNISSE: Actions and Events

benutzen: to use

DAS TIERREICH: The Animal Kingdom

der Flügel (s, -): wing

die (Wild)Ente: (wild) duck

Die Enten an der Schnur

Während der Jagd° bemerkte° ich eines schönen Morgens[1] ein paar Dutzend Wildenten°, die friedlich[2] auf einem kleinen See[3] herumschwammen°. Hätte ich eine Ente geschossen°, wären die anderen davongeflogen°,[4] und das wollte ich natürlich nicht. Da kam mir eine gute Idee. Ich nahm
5   ein langes Stück Hundeleine° und band an einem Ende ein Stückchen Schinkenspeck[5] fest, das von meinem Frühstück übriggeblieben[6] war.

Dann versteckte[7] ich mich im Schilf[8] und warf vorsichtig[9] meine Leine aus[10]. Schon schwamm die erste Ente herbei[11] und verschlang° den Speck. Da Speck sehr glatt° und schlüpfrig° ist, kam er bald, mit der Schnur°, an
10   der Rückseite der Ente wieder heraus. Da kam auch schon die nächste Ente angerudert°[12] und verschlang das Speckstückchen. Auch bei ihr tauchte es kurz darauf[13] hinten wieder auf[14], und so ging es weiter[15]! Der Speck machte seine Reise durch alle Enten hindurch, ohne daß die Leine riß[16], und die Enten waren bald darauf aufgereiht[17] wie die Perlen[18] an einer
15   Schnur.

Ich zog meine Enten an Land, schlang[19] die Leine sechsmal um mich herum und ging nach Hause. Die Enten waren sehr schwer und ich war schon recht müde, da begannen die Enten, die ja alle noch lebendig waren, plötzlich mit den Flügeln° zu schlagen und in die Luft zu steigen[20]!
20   Mit mir! Denn ich hatte ja die Leine um mich herumgewickelt[21]! Sie schienen[22] zu dem See zurückfliegen zu wollen, aber ich benutzte° meine langen Rockschösse[23] als Ruder, und so mußten die Enten umkehren°. Ich steuerte[24] sie landeinwärts, bis wir nicht mehr weit von meiner Wohnung waren. Nun drehte ich der ersten Ente den Hals um°, dann der zweiten,

---

1. eines schönen Morgens: one fine morning   2. friedlich: peacefully   3. der See (s, n): lake
4. Hätte . . . davongeflogen: Had I shot one duck, the others would have flown away.   5. der (Schinken)Speck (s, *no pl.*): bacon, ham fat   6. übrigbleiben (ie, ie): to remain, to be left over
7. verstecken: to hide, to conceal   8. das Schilf (s, *no pl.*): reeds, rushes   9. vorsichtig: cautiously, carefully   10. auswerfen (i, a, o): to toss, to throw   11. herbeischwimmen (a, o): to come swimming by   12. kam angerudert: came paddling up   13. kurz darauf: shortly afterwards   14. auftauchen: to turn up, to emerge   15. so ging es weiter!: and so it continued!
16. reißen (riß, gerissen): to break   17. aufgereiht: lined up   18. die Perle (n): pearl, bead
19. schlingen (a, u): to wind, to wrap   20. steigen (ie, ie): to rise, to climb   21. herumgewickelt: wound, wrapped around   22. scheinen (ie, ie): to seem   23. der Rockschoß (sses, ¨sse): coattail   24. steuern: to steer

25 schließlich einer nach der anderen, und so sank ich, sanft[25] und langsam,
auf mein Haus herunter, mitten durch den Schornstein° und haargenau[26]
auf den Küchenherd°, wo die Enten ja sowieso hinsollten[27]. Mein Koch° war
sehr erstaunt, mich zu sehen. Zu meinem Glück[28] brannte auf dem Herd
noch kein Feuer. Sonst hätte es Münchhausenbraten° zum Mittagessen
30 gegeben[29], statt Entenbrust° mit Preiselbeeren!°

WIE GUT HABEN SIE DIE LEGENDE VERSTANDEN?

1. Warum will Münchhausen nicht auf *eine* Ente schießen?
   a. Er ist ein großer Tierfreund.
   b. Er ißt gerade sein Frühstück.
   c. Die anderen Enten würden davonfliegen.
2. Womit fängt er die Enten?
   a. mit Speck
   b. mit den Händen
   c. mit dem Hund
3. Was passiert, wenn Münchhausen nach Hause gehen will?
   a. Die toten Enten sind zu schwer für ihn.
   b. Die Enten fliegen auf in die Luft.
   c. Die Leine reißt, und die Enten schwimmen davon.
4. Wie steuert Münchhausen die Enten?
   a. mit dem Steuerrad
   b. mit seinen Rockschössen
   c. mit der Leine
5. Wie bremst (*slow down*) er die Enten?
   a. Er tötet sie, eine nach der anderen.
   b. Er bremst mit dem Schornstein.
   c. Er schlingt die Leine fester um sich.
6. Was gibt es zum Mitagessen?
   a. Münchhausenbraten
   b. Küchenherd und Schornstein
   c. Entenbrust mit Preiselbeeren

CLASSROOM ACTIVITY

First, your instructor will hand out cards containing the story sentences below
and ask the class to put them in story order. Then, the class will be divided

---

25. sanft: gently, softly   26. haargenau: precisely   27. hinsollten: to where (they) should be
28. zu meinem Glück: fortunately for me   29. sonst ... gegeben: otherwise there would have
been ...

into six groups, and each group will pick a spoiler card. Members of each group will decide at what point the spoiler card breaks into the story sequence, and on that basis will write a new outcome for the story. Each group will present its spoiler variation to the class.

For the story cards:
___ Es gibt Entenbrust mit Preiselbeeren zu Mittag.
___ Die Enten fliegen auf!
___ Ich bemerke die Wildenten auf dem See.
___ Ich steuere mit meinen Rockschössen.
___ Alle Enten fressen den Speck.
___ Mir fällt eine gute Idee ein.
___ Noch eine Ente frißt den Speck.
___ Ich lande haargenau auf dem kalten Herd.
___ Ich binde Speck an einer Schnur.
___ Eine Ente frißt den Speck.
___ Ich will die Enten nach Hause bringen.
___ Um zu bremsen, töte ich eine Ente nach der anderen.
___ Mit mir!
___ Der Koch ist erstaunt.
___ Die Enten sind aufgereiht wie Perlen.
___ Ich sinke sanft und langsam auf mein Haus herunter.
___ Der Speck kommt, mit der Schnur, an der Rückseite wieder heraus.

For the spoiler cards:
1. Münchhausen schießt auf eine Ente und trifft sie.
2. Enten mögen keinen Speck.
3. Münchhausens Speck ist zu mager—also nicht glatt und schlüpfrig.
4. Es gelingt dem fliegenden Münchhausen nicht zu steuern.
5. Münchhausen hat Schwierigkeiten beim Bremsen.
6. Ein Feuer brennt schon auf dem Küchenherd.

VOKABELÜBUNGEN

I. Bilden Sie aus jedem Präfix und jedem Verb ein neues Verb! Finden Sie Ihre Verben im Wörterbuch und übersetzen Sie sie (nur elf Kombinationen sind semantisch möglich)! (*Combine each prefix with each verb and check the new compounds in a dictionary. Only eleven combinations are possible semantically.*)

BEISPIEL: fest + binden = **festbinden** (*to fasten*)

Präfixe	**Verben**
fest	tauchen
übrig	kehren
an	bleiben
auf	binden
um	rudern

II. Ergänzen Sie mit dem passenden Wort aus der Liste! (*Fill in the blanks with a word from the following list.*)

bald	erzählen	Leine	vorsichtig
bemerken	lang	müde	wieder
erstaunt	langsam	verstecken	

MÜNCHHAUSEN IM 20. JAHRHUNDERT

„Moment mal! Sie kommen also nach einem _____ en Arbeitstag sehr _____ nach Hause?"

„Ja."

„Sie gehen die Straße hinunter?"

„Ja."

„Dann _____ Sie etwas in einem Baum?"

„Jawohl."

„Sie sehen es _____ an: einen Sack voll Geld — eine Million DM?"

„Richtig."

„Der Sack hängt einfach so von einer _____ ?"

„Ja."

„Sie nehmen den Sack vom Baum _____ runter, laufen weiter und kommen _____ nach Hause?"

„Haargenau!"

„Dann _____ Sie das Geld?"

„Natürlich."

„Eine schöne Geschichte _____ Sie, mein Herr", sagt der Polizist.

Der Mann sieht den Offizier nervös an.

„Geben Sie den Sack _____ her, lieber Baron!" sagt der Polizist weiter. „Wir wissen, daß Sie das ganze Geld von der Bank haben! Sie sind verhaftet."

WIE GUT KENNEN SIE DIE VOKABELN?

I. Welches Wort paßt <u>nicht</u> zu den anderen? (*Which word does <u>not</u> fit with the others?*)

1. a. schwimmen **b.** rudern **c.** fliegen **d.** umkehren **e.** schlagen

2. **a.** das Tier **b.** schlüpfrig **c.** mit den Flügeln schlagen **d.** der Flügel
   e. die Wildente
3. **a.** die Reise **b.** die Preiselbeeren **c.** die Entenbrust **d.** der Koch **e.** der
   Küchenherd
4. **a.** die Ente **b.** die Flügel **c.** das Glück **d.** der Hals **e.** die Rückseite

II. Verbessern Sie die semantischen Fehler! (*Correct the semantic errors.*)

1. Ich bemerke ein paar Dutzend Schornsteine, die auf einem kleinen See
   herumschwimmen.
2. Wenn ich eine Ente verschlinge, fliegen die anderen davon.
3. Mein Koch ist sehr glatt, mich zu sehen.
4. Zu meinem Glück brennt auf dem Herd noch kein Münchhausenbraten.
5. So schwimme ich, sanft und langsam, auf mein Haus herunter.

Das Pferd auf dem Kirchturm

ZIELVOKABULAR: Target Vocabulary

BEWEGUNG: Movement

hinabsinken (a, u; ist): to sink down

sich (hin)legen: to lie down

CHARAKTERZÜGE: Character Traits

brav: well-behaved, good

GEBÄUDE UND HAUSRAT: Buildings and Household Goods

das Dorf (s, ¨er): village
der Grabstein (s, e): gravestone
die Kirche (n): church

der Kirchhof (s, ¨e): graveyard
der Turm (s, ¨e): tower; der Kirchturm: steeple
der Wetterhahn (s, ¨e): weather vane

KONFLIKT UND GEWALT: Conflict and Violence

der Schütze (n, n): marksman

auf + *acc.* zielen, nach + *dat.* zielen: to take aim at

KÖRPERLICHE MERKMALE UND ZUSTÄNDE: Physical Features and Conditions

aufwachen: to wake up
einschlafen (ä, ie, a): to fall asleep
kerngesund: fit as a fiddle, healthy to the core

tauen: to thaw
verfroren: chilled through

DIE NATUR: Nature

eingeschneit: snowed in
frieren (o, o): to be cold, to freeze
der Schnee (s, *no pl.*): snow

umschlagen (ä, u, a; ist): to change (weather)
zugeschneit: snowed over

TÄTIGKEITEN UND EREIGNISSE: Actions and Events

an + *dat.* festbinden (a, u): to tie (tightly) to

DAS TIERREICH: The Animal Kingdom

der Huf (s, e): hoof
wiehern: to neigh

der Zügel (s, -): reins

SCHON BEKANNTE ZIELVOKABELN: Target Vocabulary from Preceding Stories

acc. für *acc.* halten (2)
schmelzen (2)

verschwinden (3)

begreifen (4)

Das Pferd auf dem Kirchturm

Meine erste Reise nach Rußland machte ich mitten im tiefsten Winter. Denn im Frühling und im Herbst sind die Straßen und Wege von Regen so zerweicht[1], daß man steckenbleibt[2], und im Sommer sind sie knochentrocken[3] und so staubig[4], daß man vor lauter[5] Husten[6] nicht vorwärts kommt. Ich
5 reiste also im Winter, und weil es am praktischsten ist, zu Pferd. Leider fror° ich jeden Tag mehr, denn ich hatte einen zu dünnen Mantel angezogen[7], und das ganze Land war so zugeschneit°, daß ich oft genug weder Weg noch Steg sah[8], keinen Baum, keinen Wegweiser[9], nichts, nichts, nur Schnee°.
10 Eines Abends kletterte[10] ich, steif[11] und müde, von meinem braven° Pferd herunter und band es, damit[12] es nicht fortlaufen konnte, an einer Baumspitze[13] fest°, die aus dem Schnee herausschaute[14]. Dann legte° ich mich, nicht weit davon, die Pistolen unterm Arm, auf meinen Mantel und schlief ein°.
15 Als ich aufwachte°, schien die Sonne. Und als ich mich umgeschaut[15] hatte, traute ich meinen Augen nicht[16]. Weißt du, wo ich lag? Mitten in einem Dorf°, und noch dazu[17] auf dem Kirchhof°! „Donnerwetter!"[18] dachte ich. Denn wer liegt schon gerne kerngesund°, wenn auch ziemlich verfroren°, auf einem Dorfkirchhof?[19] Außerdem war mein Pferd verschwunden! Und
20 ich hatte es doch neben mir fest angebunden!

---

1. zerweicht: slushy, muddy (*cf.* weich: soft)   2. steckenbleiben (ie, ie): to get stuck
3. knochentrocken: dry as a bone, bone-dry   4. staubig: dusty (*cf.* der Staub: dust)   5. lauter: sheer, nothing but   6. das Husten (s, *no pl.*): coughing   7. anziehen (zog an, angezogen): to put on (clothes), to wear   8. weder Weg noch Steg sah: saw no landscape features at all
9. der Wegweiser (s, -): road sign   10. klettern: to climb   11. steif: stiff   12. damit: so that
13. die Spitze (n): top   14. herausschauen: to peek out   15. sich umschauen: to look around
16. traute . . . Augen nicht: I didn't believe my eyes   17. noch dazu: at that   18. Donnerwetter!: By George!   19. Denn wer . . . Dorfkirchhof?: For who likes lying in a church cemetery when he's as fit as a fiddle, albeit a bit cold?

Plötzlich hörte ich ein Pferd laut wiehern°. Und zwar hoch über mir!
„Nanu!"[20] Ich blickte hoch[21] und sah das arme Tier am Wetterhahn° des
Kirchturms hängen: Es wieherte und zappelte[22] und wollte wieder herunter.
Aber wie, um alles in der Welt, war das Pferd denn auf den Kirchturm°
25 hinaufgekommen? Allmählich[23] begriff ich, was geschehen[24] war. Also: Das
Dorf und auch die Kirche° waren eingeschneit° gewesen, und was ich im
Dunkeln für eine Baumspitze gehalten hatte[25], war der Wetterhahn der
Dorfkirche gewesen! Nachts war dann das Wetter umgeschlagen°. Es hatte
getaut°. Und ich war, während ich schlief, mit dem schmelzenden Schnee
30 Zentimeter um Zentimeter hinabgesunken°, bis ich zwischen den Grab-
steinen° aufwachte!

Was war zu tun? Da ich ein guter Schütze° bin, nahm ich eine meiner
Pistolen, zielte° nach dem Zügel°, schoß ihn entzwei und kam auf diese
Weise[26] zu meinem Pferd, das heilfroh[27] war, als es wieder Boden unter den
35 Hufen° hatte. Ich schwang mich in den Sattel, und unsere abenteuerliche
Reise konnte weitergehen.

WIE GUT HABEN SIE DIE LEGENDE VERSTANDEN?

1. Warum machte Münchhausen seine Reise nach Rußland im *Winter?*
    a. Im Winter sieht man weder Weg noch Steg.
    b. Im Sommer ist es zu heiß.
    c. Im Frühling und Herbst sind die Straßen schlecht.

2. Als Münchhausen eines Abends einschlief,
    a. wußte er, wo das nächste Dorf lag.
    b. waren nur Schnee und eine Baumspitze zu sehen.
    c. sprach er vorher mit den Dorfleuten über das schlechte Wetter.

3. Als Münchhausen aufwachte, lag er zwischen den Grabsteinen, weil
    a. der Gasthof voll besetzt war.
    b. er schon immer gerne auf Dorfkirchhöfen lag.
    c. der Schnee, auf dem er gelegen hatte, weggeschmolzen war.

4. Warum wieherte das Pferd?
    a. Es hatte Hunger.
    b. Es hing am Wetterhahn.
    c. Es stand auf einem Baum.

5. Münchhausen brachte das Pferd wieder herunter, indem er
    a. auf den Kirchturm hinaufkletterte.
    b. den Baum herunterriß.
    c. den Zügel entzwei schoß.

---

20. Nanu!: Well, well!   21. hochblicken: to look upwards   22. zappeln: to dangle   23.
allmählich: gradually   24. geschehen (ie, a, e): to happen   25. Was ich ... hatte: What I had
thought in the dark was the top of a tree.   26. auf diese Weise: in this way   27. heilfroh:
happy to be safe and sound, mighty glad

CLASSROOM ACTIVITY

First, your instructor will hand out cards containing the story sentences printed below and ask the class to put them into story order. Then the class will be divided into four groups, one for each spoiler card. Each group will compose a new outcome for the story, beginning at the point the spoiler card intervenes.

____ Als er aufwachte, schien die Sonne.
____ Er sah oft genug nichts als Schnee.
____ Münchhausen reiste im Winter nach Rußland.
____ Der schlafende Münchhausen sank Zentimeter um Zentimeter auf den Kirchhof hinab.
____ Eines Abends band er sein Pferd an einer Baumspitze im Schnee fest.
____ Das Wetter schlug um.
____ Er legte sich auf den Mantel und schlief ein.
____ Er schoß den Zügel entzwei.
____ Das Pferd war heilfroh.
____ Das Pferd zappelte am Kirchturm.
____ Münchhausen schwang sich in den Sattel und ritt weiter.
____ Münchhausen zielte nach dem Zügel.
____ Er lag zwischen Grabsteinen, und sein Pferd war nicht da.
____ Er hörte sein Pferd wiehern.

The Spoiler Cards:

1. Münchhausen reiste diesmal nicht im Winter, sondern im Frühling.
2. Das Pferd war nicht festgebunden und lief weg.
3. Das Wetter schlug nicht um.
4. Münchhausen war kein so guter Schütze wie er meinte.

VOKABELÜBUNGEN

I. Wählen Sie die passenden Antworten (mehr als eine Antwort möglich)! (*Choose an appropriate response for each question. More than one may be possible.*)

1. Was kann passieren, wenn das Wetter umschlägt?
    a. Die zugeschneiten Straßen frieren.
    b. Gefrorenes Wasser taut.
    c. Sommertage werden in wenigen Tagen wie Wintertage.
    d. Der Schnee schmilzt im Winter.
2. Was benutzt man oft, um ein Pferd zu reiten?
    a. einen Huf
    b. Zügel

   c. einen Sattel

   d. einen Turm

  3. Was findet man meist auf einem Kirchhof?

   a. eine Kirche

   b. alte Grabsteine

   c. Bäume

   d. ein Dorf

  4. Wozu gibt es Wetterhähne?

   a. Man bindet die Zügel seines Pferdes fest daran.

   b. Sie zeigen aus welcher Richtung der Wind kommt.

   c. Kirchtürme sehen mit einem Wetterhahn um so besser aus.

   d. Sie zeigen auf den Kirchhof.

  5. Welche Situation(en) ist (sind) ungewöhnlich?

   a. eine zugeschneite Straße im Juli

   b. Grabsteine auf einem Kirchhof

   c. ein Pferd auf einem Kirchturm

   d. ein Stein auf einem zugefrorenen See, der nicht hinabsinkt, wenn das Wasser taut

II. Finden Sie für jedes Substantiv die passenden Adjektive! (*Find the adjectives appropriate for each noun.*)

BEISPIEL: eine **staubige, abenteuerliche** Reise

1. mein _____ es Pferd		**a.**	laut
2. der _____ e Schnee		**b.**	tief
3. unsere _____ e Kirche		**c.**	staubig
4. der _____ e Boden		**d.**	steif
5. die _____ e Nacht		**e.**	müde
6. sein _____ er Mantel		**f.**	brav
		g.	abenteuerlich
		h.	dünn
		i.	arm

WIE GUT KENNEN SIE DIE VOKABELN?

I. Für welche Jahreszeit(en) ist in Deutschland jeder dieser Wetterumstände typisch? (*For which season[s] is each of the following weather conditions typical in Germany?*)

1. der Regen	**4.** zugeschneite Straßen	**7.** Trockenheit	**10.** schmelzen
2. der Schnee	**5.** Nässe	**8.** zerweichte Straßen	**11.** frieren
3. der Sonnenschein	**6.** tauen	**9.** der Staub	**12.** ein Wetterumschwung

II. Welche Satzpaare drücken die gleiche Idee aus? (*Which sentence pairs express the same ideas?*)

1. Das Wetter ist in der Nacht umgeschlagen. Gestern hat es geschneit; heute ist es trocken und warm.
2. Der kleine Günther spielte brav mit den anderen Kindern. Günther ärgerte die anderen Kinder den ganzen Tag.
3. Im Frühling beginnt der Boden allmählich zu tauen. Nach dem Winter schmilzt der Schnee, und die Sonne scheint mehr.
4. Von morgens bis abends schläft er immer. Er legt sich tagsüber hin und wacht erst nachts auf.
5. Neben der Kirche gibt es viele Grabsteine. Diese kleine Dorfkirche hat keinen Kirchhof.
6. Wir waren tagelang eingeschneit! Keiner kam aus dem Haus, weil der Schnee zu tief war.
7. Ich band das Pferd schnell am Baum fest. Plötzlich rannte das Pferd los.

6

Nachts schlafen die Ratten doch

WOLFGANG BORCHERT

Wolfgang Borchert wurde 1921 in Hamburg geboren; er erlernte zuerst den Buchhandel und war Schauspieler in Lüneburg. Ab 1941 war er Soldat in Rußland. Im Krieg verwundet und wegen kritischer Äußerungen zweimal verhaftet,[1] litt er immer wieder an den Folgen einer Gelbsucht[2] und Diphtherie. Erst nach dem Krieg begann er intensiv zu schreiben. Es entstanden in rascher Folge[3] der Gedichtband[4] *Laterne, Nacht und Stern*, die Geschichten in *Hundeblume* und der Prosaband *An diesem Dienstag*, dem „Nachts schlafen die Ratten doch" entnommen ist. Borchert starb im Alter von 27 Jahren in Basel—nur einen Tag vor der Erstaufführung[5] seines erfolgreichsten Werkes, des Dramas *Draußen vor der Tür*.

---

1. verhaften: to arrest   2. die Gelbsucht: jaundice   3. es . . . Folge: there appeared in quick succession   4. der Gedichtband (s, ¨er): book (volume) of poetry   5. die Erstauffhührung (en): première

Nachts schlafen die Ratten doch

ZIELVOKABULAR: Target Vocabulary

BEWEGUNG: Movement

aufstehen (stand auf, aufgestanden; ist):
  to get up

CHARAKTERZÜGE: Character Traits

mutig: courageous

EMOTIONEN UND REAKTIONEN: Emotions and Reactions

traurig: sad
unsicher: uncertain, unsure

verwundert: amazed

GEBÄUDE UND HAUSRAT: Buildings and Household Goods

das (Kisten)Brett (s, er): board, slat

INTELLEKT: Intellect

sich (*dat.*) etwas aussuchen: to choose,
  to select

sich (*dat.*) denken (dachte, gedacht): to
  imagine

KÖRPERLICHE MERKMALE UND ZUSTÄNDE: Physical Features and Conditions

krumm: bowed, crooked

SATZPARTIKELN: Sentence Particles

aber: some + *noun*, really + *adj.*
  intensifier; see also aber: but)
denn: so, then (strengthens questions)
doch: but, however (implies
  contradiction)
ja: indeed (strengthening particle, often
  used with negatives)

mal: how about . . . (softens commands
  into invitations)
ruhig: feel free to, go ahead
  and . . . (leaves fulfillment of the
  command up to the listener)

TÄTIGKEITEN UND EREIGNISSE: Actions and Events

auf + *acc.* aufpassen: to watch over

auf + *acc.* warten: to wait for

DAS TIERREICH: The Animal Kingdom

füttern: to feed
das Kaninchen (s, -): rabbit

der Kaninchenstall (s, ⸚e): rabbit hutch
die Ratte (n): rat

VERSTÄNDIGUNG: Communication

flüstern: to whisper
meinen: to be of the opinion, to say

verraten (ä, ie, a): to betray

SCHON BEKANNTE ZIELVOKABELN: Target Vocabulary from Preceding Stories

der Korb (1)
rufen (1)

wohl (2)
aufgeregt (sich aufregen) (2)

nämlich (4)
wissen (4)

Nachts schlafen die Ratten doch

„Du schläfst hier wohl, was?" fragte der ältere Mann und sah von oben auf den Jungen herunter[1]. Jürgen sah zwischen die krummen° Beine[2] des Mannes hindurch[3] in die Sonne und sagte: „Nein, ich schlafe nicht. Ich muß hier aufpassen."°

5   Der Mann sagte: „So, dafür[4] hast du wohl den großen Stock[5] da?"
„Ja", antwortete Jürgen mutig° und hielt den Stock fest[6].
„Worauf paßt du denn° auf?"[7]
„Das kann ich nicht sagen." Er hielt die Hände fest um den Stock.
„Wohl auf Geld, was?" Der Mann setzte den Korb ab.

10   „Nein, auf Geld überhaupt nicht", sagte Jürgen fest. „Auf ganz etwas anderes."
„Na, was denn?"
„Ich kann es nicht sagen. Etwas anderes eben."[8]
„Na, dann nicht. Dann sage ich dir natürlich auch nicht, was ich hier im
15 Korb habe." Der Mann stieß[9] mit dem Fuß an den Korb.
„Pah, kann mir denken°, was in dem Korb ist", meinte° Jürgen, „Kaninchenfutter."

---

1. sah . . . herunter: looking down at the boy   2. krumme Beine haben: to be bowlegged   3. hindurchsehen (ie, a, e): to look through   4. dafür: for that (reason), that's why   5. der Stock (s, ⸚e): stick   6. festhalten (ä, ie, a): to hold onto   7. Worauf . . . auf?: What are you watching over?   8. eben: just   9. stoßen (ö, ie, o): to kick

„Donnerwetter[10], ja!" sagte der Mann verwundert°, „bist ja° ein kluger[11] Kerl[12]. Wie alt bist du denn?"

20   „Neun."

„Oha, denk mal° an, neun also[13]. Dann weißt du ja auch, wieviel drei mal neun sind[14], wie?"

„Klar"[15], sagte Jürgen, und um Zeit zu gewinnen[16], sagte er noch: „Das ist ja ganz leicht." Und er sah durch die Beine des Mannes hindurch.

25   „Drei mal neun, nicht?" fragte er noch einmal, „siebenundzwanzig. Das wußte ich gleich."

„Stimmt", sagte der Mann, „und genau soviele[17] Kaninchen° habe ich."

Jürgen machte einen runden Mund[18]: „Siebenundzwanzig?"

„Du kannst sie sehen. Viele sind noch ganz jung. Willst du?"

30   „Ich kann doch° nicht. Ich muß aufpassen", sagte Jürgen unsicher°.

„Immerzu[19]?" fragte der Mann, „nachts auch?"

„Nachts auch. Immerzu. Immer." Jürgen sah an den krummen Beinen hoch. „Seit Sonnabend schon", flüsterte° er.

„Aber gehst du denn gar nicht nach Hause? Du mußt doch essen."

35   Jürgen hob einen Stein hoch[20]. Da lag ein halbes Brot[21]. Und eine Blechschachtel[22].

„Du rauchst?"[23] fragte der Mann, „hast du denn eine Pfeife?"[24] Jürgen faßte seinen Stock fest an[25] und sagte leise: „Ich drehe[26] Zigaretten. Pfeife mag ich nicht."

40   „Schade", der Mann bückte sich zu seinem Korb, „die Kaninchen solltest du mal ansehen[27]. Vor allem[28] die Jungen[29]. Vielleicht willst du dir eines aussuchen°. Aber du kannst hier ja nicht weg."[30]

„Nein", sagte Jürgen traurig°, „nein, nein."

Der Mann nahm den Korb hoch und richtete sich auf[31]. „Na ja, wenn du
45 hierbleiben mußt — schade." Und er drehte sich um[32].

„Wenn du mich nicht verrätst°", sagte Jürgen da schnell, „es ist wegen den Ratten."°

Die krummen Beine kamen einen Schritt[33] zurück: „Wegen den Ratten?"

„Ja, die essen doch von Toten[34]. Von Menschen. Sie leben doch davon."[35]

50   „Wer sagt das?"

---

10. Donnerwetter!: By George! Wow!   11. klug: clever   12. der Kerl (s, e): guy, fellow   13. denk . . . also: just think, nine   14. wieviel . . . sind: how much three times nine is   15. klar: of course, obviously   16. um Zeit zu gewinnen: in order to gain time   17. soviele: that many   18. machte einen runden Mund: gaped   19. immerzu: at all times, forever   20. heben (o, o): to raise (hochheben: to lift up)   21. ein halbes Brot: half a loaf of bread   22. die Blechschachtel (n): tin box (cf. das Blech: tin)   23. rauchen: to smoke   24. die Pfeife (n): pipe   25. anfassen: to take hold of   26. drehen: to roll   27. ansehen (ie, a, e): to look at, to look over   28. vor allem: above all, especially   29. die Jungen: here: the young ones   30. du . . . weg: but you can't leave here, can you?   31. sich aufrichten: to straighten up   32. sich umdrehen: to turn around   33. der Schritt (s, -e): step (cf. schreiten: to step)   34. die Toten (pl.): the dead   35. von + dat. leben: to live on (from)

„Unser Lehrer."

„Und du paßt nun auf die Ratten auf?" fragte der Mann.

„Auf die doch nicht!"[36] Und dann sagte er ganz leise: „Mein Bruder, der liegt nämlich da unten[37]. Da. Unser Haus kriegte[38] eine Bombe. Mit einmal
55 war das Licht weg[39] im Keller. Und er auch. Wir haben noch gerufen. Er war viel kleiner als ich. Erst vier[40]. Er muß hier noch sein. Er ist doch viel kleiner als ich."

Der Mann sah von oben auf den Jungen herunter. Aber dann sagte er plötzlich: „Ja, hat euer Lehrer denn nicht gesagt, daß die Ratten nachts
60 schlafen?"

„Nein", flüsterte Jürgen und sah mit einmal ganz müde aus[41], „das hat er nicht gesagt."

„Na", sagte der Mann, „das ist aber° ein Lehrer[42], wenn er das nicht mal[43] weiß. Nachts schlafen die Ratten doch. Nachts kannst du ruhig° nach
65 Hause gehen. Nachts schlafen sie immer. Wenn es dunkel wird, schon. Weißt du was? Jetzt füttere° ich schnell meine Kaninchen, und wenn es dunkel wird, hole ich dich ab[44]. Vielleicht kann ich eins mitbringen. Ein kleines, was meinst du?"

„Ich weiß nicht", sagte Jürgen leise und sah auf die krummen Beine,
70 „wenn sie wirklich nachts schlafen."

Der Mann stieg[45] über die Mauerreste[46] weg auf die Straße. „Natürlich", sagte er, „euer Lehrer soll einpacken[47], wenn er das nicht einmal weiß."

Da stand Jürgen auf° und fragte: „Wenn ich eins kriegen kann? Ein weißes vielleicht?"

75 „Ich will es versuchen", rief der Mann schon im Weggehen, „aber du mußt hier solange warten°. Ich gehe dann mit dir nach Hause, weißt du? Ich muß deinem Vater doch sagen, wie so ein Kaninchenstall° gebaut wird[48]. Das müßt ihr ja wissen."

„Ja", rief Jürgen, „ich warte. Ich muß ja noch aufpassen, bis es dunkel
80 wird. Ich warte bestimmt[49]. Wir haben auch noch Bretter° zu Hause. Kistenbretter."

Aber das hörte der Mann schon nicht mehr. Er lief mit seinen krummen Beinen auf die Sonne zu[50]. Die war schon rot vom Abend und Jürgen konnte sehen, wie sie durch die Beine hindurchschien[51]. Und der Korb
85 schwenkte[52] aufgeregt hin und her. Kaninchenfutter war da drin[53]. Grünes Kaninchenfutter, das war etwas[54] grau vom Schutt[55].

---

36. auf die doch nicht!: not over them! (*refers to* aufpassen)   37. da unten: under there   38. kriegen: to get, *here:* to get hit with   39. mit...weg: all at once the light was out   40. erst vier: just turned four (years old)   41. und sah...aus: suddenly looking very tired   42. das...Lehrer!: that's some teacher!   43. nicht mal: not even   44. abholen: to pick up   45. steigen (ie, ie): to climb   46. die Mauerreste (*pl.*): remains of the wall (*cf.* die Mauer: wall)   47. soll einpacken: should pack up and leave   48. gebaut wird: is built (*cf.* bauen: to build)   49. bestimmt: for sure   50. Er lief...zu: He ran with his bowlegs toward the sun.   51. hindurchscheinen (ie, ie): to shine through   52. schwenken: to swing   53. da drin: in there   54. etwas: somewhat   55. der Schutt (s, *no pl.*): rubble, debris.

WIE GUT HABEN SIE DIE GESCHICHTE VERSTANDEN?

1. Welche Tageszeit ist es?
   a. Morgen
   b. Abend
   c. Nacht
2. Was tut Jürgen vor seinem Haus?
   a. Er füttert seine Kaninchen.
   b. Er wartet auf seinen Vater.
   c. Er paßt auf seinen Bruder auf.
3. Wie alt ist Jürgen?
   a. erst vier Jahre alt
   b. neun Jahre alt
   c. dreizehn Jahre alt
4. Wie starb Jürgens Bruder?
   a. durch eine Bombe
   b. durch eine Krankheit
   c. durch die Ratten
5. Was hat Jürgens Lehrer gesagt?
   a. Ich muß dir doch sagen, wie man einen Kaninchenstall baut.
   b. Ratten fressen von Toten.
   c. Nachts schlafen die Ratten doch.
6. Warum ist Jürgen am Ende der Geschichte bereit, seinen Platz zu verlassen?
   a. Der Mann hat ihm gesagt, daß seine Eltern ihn suchten.
   b. Er will sich ein weißes Kaninchen aussuchen.
   c. Er glaubt, daß er nachts nicht aufpassen muß, weil die Ratten dann schlafen.

ZUR DISKUSSION DES TEXTES

1. Beschreiben Sie das Kaninchen, das Jürgen haben möchte!
   Es ist _____ , _____ , _____ .
   Ein Kaninchen frißt _____ .
2. Beschreiben Sie die Ratten!
   Ratten sind _____ , _____ , _____ .
   Sie fressen _____ .
3. Welche symbolische Bedeutung hat das kleine weiße Kaninchen im Gegensatz zu den Ratten? Vergleichen Sie die folgenden Spalten[1]!

---

1. die Spalte (n): column

Das Kaninchen	**Die Ratten**
weiß, hilflos	_____ , gefährlich
neues Leben	_____
Hoffnung	Verzweiflung
	Krieg
_____	
Jürgen paßt auf _____ auf.	Jürgen paßt auf seinen toten Bruder auf.
Jürgen pflegt das Kaninchen.	Jürgen jagt _____ weg.
Wiederaufbau[2] und Kaninchenstall	Zerstörung[3] und Trümmer[4]
Schutz, Sicherheit	Bedrohung[5]
Liebe	Aggression

4. Das Gesicht des Mannes wird nicht beschrieben, wir wissen nur, daß er krumme Beine hat. Schreiben Sie die Stellen auf, wo Jürgen auf die krummen Beine sieht. Jürgens Beziehung[6] zu dem Ablauf[7] der Geschichte wird durch seine Beziehung zu den krummen Beinen ausgedrückt. Wie macht Borchert die Beziehung deutlich? Was hat die Sonne damit zu tun?

5. **Gruppenarbeit I.** Durch welche verschiedenen sprachlichen Strategien gelingt es dem Mann, Jürgens Mißtrauen in Vertrauen umzuwandeln? Arbeiten Sie in Kleingruppen und bezeichnen Sie jede Aussage[8] des Mannes und zwar als:

   Angebot[9], d.h. der Mann bietet dem Jungen etwas an.
   Erwachsensein[10], d.h. der Mann appelliert an Jürgens Erwachsensein.
   Herausforderung[11], d.h. der Mann fordert Jürgen heraus, provoziert ihn.
   Lob[12], d.h. der Mann lobt den Jungen.
   Autorität, d.h. der Mann bezweifelt[13] die Autorität des Lehrers.

_____ Du schläfst hier wohl, was?

_____ So, dafür hast du wohl den großen Stock da?

_____ Wohl auf Geld, was?

_____ Dann sage ich dir natürlich auch nicht, was ich hier im Korb habe.

_____ Du bist ja ein kluger Kerl.

_____ Dann weißt du ja auch, wieviel dreimal neun ist, wie?

_____ Stimmt!

_____ Du kannst sie sehen. Viele sind noch ganz jung. Willst du?

_____ Du rauchst? Hast du denn eine Pfeife?

_____ Vielleicht willst du dir ein Kaninchen aussuchen.

_____ Aber du kannst hier ja nicht weg.

---

2. der Wiederaufbau (s, *no pl.*): reconstruction   3. die Zerstörung (en): destruction   4. die Trümmer (*pl.*): rubble, ruins   5. die Bedrohung (en): threat   6. die Beziehung (en): relationship   7. der Ablauf (s, ¨e): course   8. die Aussage (n): statement, utterance   9. das Angebot (s, e): offer   10. das Erwachsensein (s, *no pl.*): being grown-up   11. die Herausforderung (en): challenge, provocation   12. das Lob (s, *no pl.*): praise   13. bezweifeln: to doubt, to question

—— Na ja, wenn du hierbleiben mußt. Schade.

—— Und du paßt nun auf die Ratten auf. (Er stellt sich dumm.)

—— Ja, hat euer Lehrer euch denn nicht gesagt, daß die Ratten nachts schlafen?

—— Na, das ist aber ein Lehrer, wenn er das nicht mal weiß.

—— Vielleicht kann ich ein Kaninchen mitbringen.

—— Euer Lehrer soll einpacken, wenn er das nicht einmal weiß.

—— Ich muß deinem Vater doch sagen, wie so ein Kaninchenstall gebaut wird.

Welche Absicht[14], wenn überhaupt eine, sehen Sie im Ablauf dieser Sprechakte? Fassen Sie nun in einem Satz zusammen[15], welches eigentliche Ziel der Mann verfolgt[16], wenn er Jürgen ein kleines weißes Kaninchen anbietet[17]! Was wird der Mann Jürgens Vater sagen?

6. **Gruppenarbeit II.** Wählen Sie drei einfühlsame[18] Sprecher, die die Rollen von Jürgen, dem Mann und dem Erzähler für die nächste Stunde vorbereiten! Führen Sie dann eine dramatische Vorlesung der Geschichte auf!

7. **Aufsatz.** Erzählen Sie etwas aus Ihrem Leben, wo Sie Ihrem eigenen Tode oder dem eines Verwandten sehr nahe waren!

VOKABELÜBUNGEN

I. Welche Adjektive beziehen sich eher auf Jürgen? Welche auf den Mann? (*Which adjectives apply to Jürgen? Which ones apply to the man?*)

1. müde
2. alt
3. jung
4. mutig
5. gutmütig

6. leichtgläubig
7. krummbeinig
8. einsichtsvoll
9. uninformiert
10. klug

II. In dieser Geschichte findet man 7 Satzpartikeln, die einen Satz verstärken, mildern, oder die Betonung sonst irgendwie verändern. (*Seven sentence particles in this story reinforce, soften, or alter the emphasis of sentences in some other way, as in the following examples.*)

BEISPIEL:

wohl: statement $\longrightarrow$ good guess

„Dafür hast du wohl den großen Stock da?"

„*(I guess) that's why you have that big stick?*"

---

14. die Absicht (en): intention   15. zusammenfassen: to summarize   16. verfolgen: to pursue
17. anbieten (o, o): to offer   18. einfühlsam: sensitive, expressive

doch: simple statement ⟶ contradictory statement
„Und du paßt nun auf die Ratten auf?" „Auf die doch nicht!"
"And you're watching out for the rats?" "Not for them!"

ja: statement ⟶ strong statement
„Er muß hier ja noch sein."
"He just has to be here still."

nämlich: statement ⟶ obvious statement
„Der liegt nämlich da unten."
"You see, he's lying down there."

denn: flat question ⟶ interested question
„Wie alt bist du denn?"
"How old are you then?"

mal: command ⟶ strong invitation
„Denk mal an, neun also."
"Just think, then, nine."

aber: statement ⟶ surprised statement
„Das ist aber ein Lehrer."
"That's some teacher."

Schreiben Sie die folgenden Sätze mit einer angemessenen Satzpartikel um!
(*Rewrite the following sentences using the appropriate sentence particle.*)

1. *Statement contradictory to expectations:* Nachts schlafen die Ratten.
2. *Interested question:* Was hast du in dem Korb?
3. *Good guess:* Das ist ganz leicht.
4. *Strong statement:* Du mußt hier warten.
5. *Contradictory statement:* Pfeife mag ich nicht.
6. *Obvious statement:* Es ist wegen den Ratten.
7. *Strong invitation:* Komm mit!
8. *Surprised statement:* Das ist ein schönes Kaninchen!

WIE GUT KENNEN SIE DIE VOKABELN?

I. Welches Adjektiv beschreibt am besten den Inhalt des Satzes? (*Which adjective best describes the meaning of each sentence?*)

    a. mutig   **b.** unsicher   **c.** traurig   **d.** verwundert

1. Jürgens kleiner Bruder lag tot unter dem Schutt.
2. Und wenn es 100 Ratten sind, ich jage sie alle weg.
3. Donnerwetter! Du hast ja die ganze Zeit nichts gegessen?

4. Aber was passiert, wenn er mich verrät?
5. Wo bin ich denn?
6. Das ist doch nicht möglich!
7. Meine Katze ist verloren! Ich kann sie nicht finden!
8. Alles ist weg! Sogar meine Eltern!
9. Der Lehrer sprang vor die Autos und rettete den Schüler.
10. Der Junge weiß nicht, ob er weggehen darf.

II. Welche Wortpaare bilden einen Gegensatz? Eine Steigerung? Kein Logisches Verhältnis zueinander? (*Which pairs show contrast? intensification? no logical relationship?*)

1. flüstern :: sagen
2. groß :: klein
3. rund :: grün
4. schlafen :: aufpassen
5. grau :: weiß
6. leise :: laut
7. sagen :: rufen
8. rot vom Abend :: dunkel
9. klug :: genau
10. festhalten :: abholen
11. sich bücken :: sich aufrichten
12. leicht :: schwer
13. mutig :: müde
14. hochheben :: absetzen
15. lange warten :: gleich gehen
16. ein älterer Mann :: ein alter Mann

7

Der Eilbote

SIEGFRIED VON VEGESACK

Siegfried von Vegesack wurde 1888 in Livland geboren, studierte Germanistik und arbeitete als Journalist. Er emigrierte im Jahre 1934 — erst nach Schweden, dann nach Südamerika. 1938 kehrte er nach Deutschland zurück und lebte bis zu seinem Tod 1974 auf Berg Weißenstein bei Regen im Bayrischen Wald. Vegesack schrieb vor allem Erzählungen und Romane, in denen er das Leben und den Untergang[1] des baltischen[2] Adels[3] schilderte[4]. Seine bekanntesten Romane sind *Das fressende Haus* (1952), die baltische Trilogie *Blumbergshof* (1949), *Herren ohne Heer* (1934) und *Totentanz in Livland* (1935).

---

1. der Untergang (s, ⁼e): downfall, decline   2. baltisch: Baltic   3. der Adel (s, *no pl.*): nobility, aristocracy   4. schildern: to portray, to depict

Der Eilbote

ZIELVOKABULAR: Target Vocabulary

DIE ARBEITSWELT: The World of Work

im Dienst sein: to be employed, to be
working
pensioniert: retired

Urlaub haben: to have leave, to be on
vacation
die Urlaubsvertretung (en): substitute

BERUFE, BESCHÄFTIGUNGEN UND AUFGABEN: Professions, Occupations, and Responsibilities

der Botengang (s, ˉe): mail run
der Eilbote (n, n): special (express)
messenger

der Postbeamte (n, n): postal official,
postal clerk
der Postbote (n, n): mailman

EMOTIONEN UND REAKTIONEN: Emotions and Reactions

es ist (mir) ganz gleich: It's all the same
to me; I don't care

GEBÄUDE UND HAUSRAT: Buildings and Household Goods

das Postamt (s, ˉer): post office

HANDEL UND WANDEL: Trade and Commerce

sparen: to save (money, etc.)
zustellen: to deliver

die Zustellungsgebühr (en): delivery
charge (fee)

KÖRPERTEILE UND -PFLEGE: Parts and Care of the Body

einseifen: to lather
sich rasieren: to shave

der Rasierschaum (s, ˉe): shaving lather

DIE NAHRUNG: Food

beim Abendessen sitzen (saß,
gesessen): to be having dinner
das Butterbrot (s, e): bread and butter

der Pilz (es, e): mushroom
der Schinken (s, -): ham

VERSTÄNDIGUNG: Communication

Auf Wiederhören: goodbye (used on
the telephone)
auf + *dat.* bestehen (bestand,
bestanden): to insist on
einverstanden sein: to agree

Grüß Gott: hello (greeting commonly
used in southern Germany and
Austria)
vorschlagen (ä, u, a): to propose, to
suggest

SCHON BEKANNTE ZIELVOKABELN: Target Vocabulary from Preceding Stories

verlangen (1)
rufen (1)

meinetwegen (2)
vergessen (4)

läuten (4)

Der Eilbote

In der Früh um acht[1] klingelte das Telefon. Ich wollte mich gerade[2]
rasieren° und hatte mir beide Backen[3] eingeseift°, als Marlies ins Zimmer
stürzte[4] und rief: „Das Postamt° will dich sprechen, komm schnell ans
Telefon." „Das Postamt?" fragte ich, legte das Rasiermesser aus der Hand
5 und ging zum Telefon.
„Grüß Gott°, hier spricht das Postamt. Wir haben einen Expreßbrief für
Sie."
„Ja—und?"
„Ich möchte nur fragen, ob wir den Brief zu Ihnen raufschicken[5] sollen,
10 oder ob Sie ihn selbst holen[6] wollen?"
„Ich möchte natürlich, daß Sie mir den Brief heraufbringen. Ich komme
heute nicht ins Dorf hinunter und habe auch niemanden, den ich hinunter-
schicken kann."
„Hm, ja dann. Aber der Postbote° ist schon unterwegs, er kommt erst
15 abends zurück. Und wenn Sie den Expreßbrief noch heute haben wollen..."
„Natürlich will ich ihn noch heute haben..."
„Hm, dann müssen wir ihn halt doch mit einem Eilboten° schicken[7]. Das
kostet aber fünfzig Pfennig Zustellungsgebühr°. Wenn Sie den Brief selbst
holen, brauchen Sie nichts zu bezahlen."
20 „Es ist schön, daß Sie sich so um meine Finanzen sorgen[8]. Aber ich kann
nicht ins Dorf kommen."

---

1. In . . . acht: at eight in the morning   2. wollte gerade: was just about to   3. die Backe (n):
cheek   4. (ins Zimmer) stürzen: to burst (into the room)   5. (he)raufschicken: to send up
6. holen: to come (or go) and get, to fetch   7. Dann . . . schicken: Then we'll just have to send
it by express messenger after all.   8. sich um + *acc.* sorgen: to be concerned about

„Ja. Können Sie dann nicht vielleicht eines Ihrer Kinder schicken oder Ihre Frau?"

„Nein, wir haben heute alle keine Zeit. Ich will, daß man den Brief mit
25 dem Eilboten zustellt."°

„Ja, wenn Sie das Geld halt nicht sparen° wollen und auf einer Zustellung durch Eilboten bestehen°, dann muß eben der Eilbote zu Ihnen kommen."

„Ja, also bitte, schicken Sie den Eilboten los. Auf Wiederhören."°

Der Rasierschaum° war inzwischen angetrocknet[9]. Ich mußte mich
30 nochmals einseifen. Und während ich mich in aller Ruhe und mit aller Sorgfalt[10] rasierte, vergaß ich den Eilbrief ganz.

Erst nachmittags tauchte das Thema wieder auf[11]. Das Telefon klingelte noch einmal. Der Postbeamte° wollte mich wieder sprechen. „Guten Tag. Ich möchte Ihnen doch nochmal vorschlagen°, den Brief selbst abzuholen."

35 „Wieso? Ich habe Ihnen doch gesagt, daß ich eine Zustellung durch Eilboten wünsche."

„Ja, ja, aber momentan ist das nicht möglich. Unser Eilbote Xaver Kröss hat heute Urlaub°. Er sammelt[12] im Hintertüpfinger Wäldchen[13] Pilze°. Er kennt dort alle guten Stellen[14]. Er ist ein Spezialist auf diesem Gebiet[15]. Also
40 wenn Sie mal Pilze brauchen: Der Xaver bringt Ihnen ein Pfund Pfifferlinge[16] für zwei Mark."

„Ich will nicht, daß mir Ihr Eilbote Pilze bringt, sondern ich will, daß er mir meinen Eilbrief bringt. Sie müssen doch eine Urlaubsvertretung° haben."

„Doch das haben wir schon. Unser zweiter Eilbote ist der Franz Lallinger."

45 „Also dann schicken Sie mir den Lallinger. Es ist mir ganz gleich°, ob Sie mir den Kröss oder den Lallinger schicken."

„Ja, aber der Lallinger kann nicht kommen."

„Sammelt der etwa[17] auch Pilze?"

„Nein, aber er ist auf der Kirchweih[18] in Oberviehbach."

50 „So, so, auf der Kirchweih in Oberviehbach."

„Ja, oder ist der in Niederviehbach? Richtig, in Niederviehbach ist er. Die Oberviehbacher haben ihr Kirchweihfest ja im April."

„Aber das geht doch nicht[19]. Sie müssen doch eine Urlaubsvertretung haben. Sie müssen doch einen Eilboten haben."

55 „Ja freilich, wir haben noch einen Eilboten, den Alois Dimpfel. Aber der ist schon achtundachtzig Jahre alt. Wenn Sie einverstanden° sind, könnte ich ihn schicken."

„Ist denn der noch im Dienst°? Er müßte doch längst pensioniert° sein."

---

9. angetrocknet: dried up (*cf.* trocken: dry)   10. in . . . Sorgfalt: very calmly and carefully   11. auftauchen: to turn up, to surface   12. sammeln: to gather   13. der Wald (es, ⸚er): forest   14. die Stelle (n): place, spot   15. das Gebiet (s, e): area   16. der Pfifferling (s, e): chanterelle (a wild mushroom)   17. etwa: perhaps, by any chance   18. die Kirchweih (en): annual outdoor carnival, originally held to celebrate the feast day of the local patron saint   19. das geht doch nicht: that just won't do

„Ja, pensioniert ist der schon, aber in Ausnahmefällen[20] macht der für
60 eine Maß Bier[21] auch mal einen Botengang."°

„Gut, dann schicken Sie mir ihn. Eine Maß Bier bekommt er schon."

„Bei der Hitze[22] heute trinkt der Dimpfel aber vielleicht auch zwei Maß."

„Also meinetwegen auch zwei Maß, aber schicken Sie ihn um Himmels
willen[23] endlich los!"[24]

65 Dann ging ich baden[25], lag in der Sonne, spielte mit meinen Kindern im
Wald und kam erst gegen fünf Uhr nach Hause. Den Expreßbrief und den
Eilboten hatte ich inzwischen längst vergessen. Es wurde sechs, es wurde
sieben. Wir saßen gerade beim Abendessen°, da läutete es an der Tür.
Marlies lief hinaus, kehrte gleich wieder zurück[26] und sagte: „Da draußen
70 sitzt ein alter Mann und will dich sprechen."

Ich ging zur Tür. Da hockte[27] ein dünnes[28] altes Männlein, wischte[29] sich
das Gesicht mit einem roten Tuch[30] ab und stöhnte[31]: „Oje oje, diese Hitze.
Das ist halt schwer, bei dieser Hitze zu gehen."

„Guter Mann, kommen Sie doch herein, ruhen Sie sich etwas aus![32] Sie
75 sind sicher hungrig. Und durstig werden Sie auch sein."

Der Alte folgte mir in die Küche. Dort setzte er sich und ließ sich
bedienen[33]. Er aß zwei Teller Suppe, drei Butterbrote° mit Rettich, Schinken°
und Speck. Dann verlangte er eine Maß Bier. Kaum hatte ich es vor ihn
hingestellt[34], da hatte er es auch schon ausgetrunken[35].

80 „Die zweite Maß hätte ich jetzt gerne"[36], sagte er dann. Das erschien[37] mir
doch etwas unverschämt[38]. Doch dann dämmerte[39] es mir. Das mußte der
Eilbote sein. Als ich ihm die zweite Maß vorgesetzt[40] hatte, kramte[41] er in
seinen Taschen und holte endlich einen völlig zerknitterten[42], halb
aufgeweichten[43] Brief hervor[44] und sagte: „Ich bin nämlich der Dimpfel, der
85 Eilbote."

WIE GUT HABEN SIE DIE GESCHICHTE VERSTANDEN?

1. Was ist ein Eilbote?
   a. ein Brief
   b. eine Zustellungsgebühr
   c. ein Briefträger

---

20. der Ausnahmefall (s, ⸚e): exceptional case   21. eine Maß Bier: (*Bavarian, Austrian, Swiss*)
about a quart of beer   22. bei der Hitze: in this heat   23. um Himmels willen: for heaven's
sake   24. losschicken: to send off   25. baden: to swim, to bathe   26. zurückkehren: to
come back   27. hocken: to squat, to crouch   28. dünn: thin   29. wischen: to wipe   30.
das Tuch (s, ⸚er): cloth, handkerchief   31. stöhnen: to groan   32. sich ausruhen: to rest
33. ließ sich bedienen: had himself waited on   34. hinstellen: to put   35. austrinken (a, u):
to drink up   36. hätte gerne: would like to have   37. erscheinen (ie, ie): to seem   38.
unverschämt: shameless, impudent   39. dämmern: to dawn   40. *dat.* vorsetzen: to set in
front of   41. kramen: to rummage around   42. zerknittert: crumpled, wrinkled   43. auf-
geweicht: soggy   44. hervorholen: to produce

2. Wenn der Erzähler will, daß er schon heute den Brief bekommt, muß er
   a. zwei Maß Bier trinken.
   b. sein Kind oder seine Frau ins Dorf schicken.
   c. mit einem anderen Beamten sprechen.
3. Der Postbeamte meint, daß der Erzähler den Brief selbst holen soll, weil
   a. er keinen Eilboten hat.
   b. der Erzähler schneller fahren kann als der Eilbote.
   c. der Postbeamte selbst keine Zeit hat.
4. Die zwei eigentlichen Eilboten
   a. sind mit anderen Eilsendungen beschäftigt.
   b. sind beide an dem Tag krank.
   c. haben zufälligerweise beide ihren freien Tag.
5. Als der Eilbote kommt,
   a. ist der Erzähler gerade beim Baden.
   b. spielt der Erzähler gerade mit seinen Kindern.
   c. sitzt der Erzähler gerade beim Abendessen.
6. Was verlangt der Dimpfel immer, wenn er einen Botengang macht?
   a. einen Expreßbrief
   b. eine Maß Bier
   c. zwei Pfund Pfifferlinge

ZUR DISKUSSION DES TEXTES

1. Welche Gründe gibt der Postbeamte dafür an, daß er den Brief nicht hinaufschicken will?
2. Warum möchte der Mann den Brief nicht selbst abholen oder abholen lassen?
3. Der Konflikt zwischen dem Erzähler und dem Postbeamten hat zwei Seiten. Auf der einen Seite stehen sich Stadtmensch und Landmensch gegenüber, zugleich ist es aber auch ein Problem zwischen Bürokratie und Mensch. Versuchen Sie die Unterschiede in den Lebensbereichen Stadt gegen Land und die von Menschen gegen die Bürokratie herauszuarbeiten!

Der Stadtmensch	Der Landmensch
glaubt an Bürokratie.	glaubt, die Bürokratie ist dem Menschen untergeordnet.
sagt, er hat keine Zeit, aber geht baden.	?
?	glaubt, durch Urlaub funktioniert das System nicht mehr.
?	?

4. **Gruppenarbeit.** Diskutieren Sie in Kleingruppen die Widersprüche[1] und überflüssigen[2] Informationen, die diese Geschichte absurd werden lassen[3]!

5. **Aufsatz.** Der Mensch gegen die Bürokratie. Erzählen Sie darin eine oder mehrere Anekdoten aus Ihrer eigenen Erfahrung[4]!

VOKABELÜBUNGEN

I. Verbessern Sie die folgenden unsinnigen Sätze! (*Correct the following sentences so that their meaning makes sense.*)

BEISPIEL: Der Postgebühr Xaver Kröss sammelte Butterbrot im Wald.
Der Post**bote** Xaver Kross sammelte **Pilze** im Wald.

1. Dimpfel kam, als der Erzähler mit seiner Familie beim Abendessen stand.

2. „Auf Wiederhören, hier spricht das Postamt. Wir haben einen Eilboten für Sie."

3. Schicken Sie entweder den Kröss sowie den Lallinger! Es ist mir ganz durstig.

4. Dimpfel ist nicht im Rettich. Er macht den Botengang nur als Urlaubsvertrauen.

5. Der Erzähler will nicht von seinem Berg ins Tal hinaufkommen. Er will, daß jemand ihm seinen Brief herunterbringt.

6. Alois Dimpfel ißt drei Butterbrote mit Schinken, Urlaub und Rasierschaum.

II. Welche der folgenden Ausdrücke haben mit dem öffentlichen Dienst (*civil service*) im allgemeinen zu tun? Welche mit dem Postamt im spezifischen? (*Which of the following terms refer to the civil service in general, and which to the postal service in particular?*)

1. der Expreßbrief	**5.** die Gebühr	**9.** das Postamt
2. der Beamte	**6.** die Vertretung	**10.** der Eilbrief
3. die Zustellung	**7.** der Eilbote	**11.** der Postbote
4. der Urlaub	**8.** der Botengang	**12.** pensioniert

WIE GUT HABEN SIE DIE VOKABELN VERSTANDEN?

I. Welche beiden Sätze oder Ausdrücke in jeder Gruppe sind sinnverwandter? (*Identify in each group the two sentences that mean the same.*)

---

1. der Widerspruch (s, ¨e): contradiction   2. überflüssig: superfluous   3. die . . . lassen: which make this story absurd   4. die Erfahrung (en): experience

1. **a.** Es ist mir gleich, ob Sie Lallinger oder Kröss schicken.
    b. Ich will, daß Sie mir Lallinger schicken.
    c. Schicken Sie meinetwegen den Lallinger.

2. **a.** Grüß Gott!
    b. Auf Wiederhören!
    c. Guten Tag!

3. **a.** Ein Postbote muß eine Urlaubsvertretung haben.
    b. Es gibt für Expreßbriefe eine Zustellungsgebühr.
    c. Man muß den Eilboten immer extra bezahlen.

4. **a.** Der Lallinger arbeitet beim Postamt.
    b. Der Lallinger ist im Dienst.
    c. Der Lallinger hat Urlaub.

5. **a.** Der Erzähler ging mit den Kindern baden.
    b. Der Erzähler hatte sich gut eingeseift.
    c. Der Erzahler hat viel Rasierschaum gebraucht.

II. Was passiert wann? Führen Sie die Sätze sinnvoll weiter!

Wenn ...

1. man Hunger hat,
2. man zwei Maß Bier trinken muß,
3. man ein Telefongespräch beendet,
4. man Urlaub hat,
5. man pensioniert ist,
6. man sich rasieren will,
7. der Botengang zu Ende ist,
8. der Postbote Ihnen einen Expreßbrief zustellt,

dann ...

a. geht der Postbote müde zurück zum Postamt.
b. muß man nicht arbeiten.
c. ist es klar, daß man durstig war.
d. sagt man „Auf Wiederhören."
e. ißt man etwas.
f. bezahlen Sie meistens eine Gebühr.
g. muß man sich zunächst gut einseifen.
h. ist man wahrscheinlich über 65 Jahre alt.

8

Kaffee verkehrt

IRMTRAUD MORGNER

Irmtraud Morgner ist 1933 in Chemnitz (heute
Karl-Marx-Stadt) geboren. Sie studierte Ger-
manistik in Leipzig und war bis 1958
Redaktionsassistentin[1] bei der „Neuen
Deutschen Literatur". Seit 1958 lebt sie als freie
Schriftstellerin in Berlin (Ost). Für die Erzählung
„Das Signal steht auf Fahrt" erhielt sie 1959
den Literaturpreis des Ministeriums für Kultur.
Zu ihren wichtigsten Veröffentlichungen[2]
gehören die Romane *Hochzeit in Konstantinopel*
(1968), *Die Gauklerlegende. Eine Spielfrauen-
geschichte* (1970), *Die wundersamen Reisen
Gustavs des Weltfahrers. Lügenhafter Roman mit
Kommentaren* (1970), *Leben und Abenteuer der
Trobadora Beatriz nach Zeugnissen ihrer
Spielfrau Laura* (1976) — die Quelle[3] des folgenden Texts — und *Amanda, ein Hexenroman*
(1983).

---

1. die Redaktionsassistentin (nen): editorial assistant   2. die Veröffentlichung (en): publication
3. die Quelle (n): source

Kaffee verkehrt

ZIELVOKABULAR: Target Vocabulary

CHARAKTERZÜGE: Character Traits

kurzweilig: interesting, entertaining

EMOTIONEN UND REAKTIONEN: Emotions and Reactions

die Anstrengung (en): strain, effort
acc. gewöhnt sein: to be accustomed to

die Verblüffung (*no pl.*): consternation

INTELLEKT: Intellect

feststellen: to ascertain, to note
raten (rät, ie, a): to guess
auf + *acc.* schätzen: to estimate to be

auf + *acc.* schließen (o, o): to infer; auf
   + *acc.* schließen lassen: to imply
vorhaben: to plan, to intend

KÖRPERLICHE MERKMALE UND ZUSTÄNDE: Physical Features and Conditions

die Hagerkeit (no *pl.*): leanness
die Haltung (en): posture

verzerren: to distort

KÖRPERTEILE: Parts of the Body

der Schädel (s, -): skull

die Taille (n): waist

DAS RESTAURANT: The Restaurant

die Bedienung (*no pl.*): service; *here:*
   waiter, waitress
bestellen: to order
die Getränkekarte (n): list of beverages

das Lokal (s, e): restaurant, pub, café
einen Stuhl besetzen: to take (occupy)
   a chair
dat. zuprosten: to toast to

DIE VERSTÄNDIGUNG: Communication

sich mit + *dat.* unterhalten (unterhält,
   ie, a): to converse with, to talk to

ZWISCHENMENSCHLICHE BEZIEHUNGEN UND INTERAKTIONEN: Personal Relations and Interactions

begleiten: to escort, to accompany
dat. drohen: to threaten

sich kennen (kannte, gekannt): to be acquainted
die Umgangsform (en): manners, etiquette

SCHON BEKANNTE ZIELVOKABELN: Target Vocabulary from Preceding Stories

bezahlen (1)

sich rasieren (7)

Kaffee verkehrt[1]

Als neulich unsere Frauenbrigade[2] im Espresso[3] am Alex[4] Kapuziner[5] trank, betrat[6] ein Mann das Etablissement, der meinen Augen wohltat[7]. Ich pfiff[8] also eine Tonleiter[9] rauf und runter und sah mir den Herrn an[10], auch rauf und runter. Als er an unserem Tisch vorbeiging[11], sagte ich „Donner-
5 wetter". Dann unterhielt sich° unsere Brigade über seine Füße, denen Socken fehlten[12], den Taillenumfang°[13] schätzten° wir auf siebzig[14], Alter auf zweiunddreißig. Das Exquisithemd[15] zeichnete die Schulterblätter ab[16], was auf Hagerkeit° schließen° ließ[17]. Schmale Schädelform° mit rausragenden[18] Ohren, stumpfes[19] Haar, das irgendein hinterweltlerischer[20] Friseur im
10 Nacken rasiert hatte, wodurch die Perücke[21] nicht bis zum Hemdkragen[22] reichte, was meine Spezialität ist[23]. Wegen schlechter Haltung° der schönen Schultern riet° ich zu Rudersport[24]. Da der Herr in der Ecke des Lokals Platz genommen hatte, mußten wir sehr laut sprechen.

---

1. Kaffee verkehrt: milk with a dash of coffee (verkehrt: backwards)   2. die Frauenbrigade (n): women's brigade (term used in the German Democratic Republic for a women's group organized by a factory)   3. Espresso (s, s): *here:* small café   4. Alex: Alexanderplatz, the commercial center in East Berlin   5. Kapuziner (s, -): cappuccino (espresso coffee with steamed milk)   6. betreten (betritt, betrat, betreten): to enter, to walk into   7. *dat.* wohltun (tat wohl, wohlgetan): to do good   8. pfeifen (pfiff, gepfiffen): to whistle   9. die Tonleiter (n): musical scale   10. Ich ... an: I took a look at the man   11. an + *dat.* vorbeigehen (ging vorbei, vorbeigegangen): to go by   12. *dat.* fehlen: to be missing   13. der Taillenumfang (s, e): waist measurement   14. siebzig: i.e., 70 cm (27.3 inches)   15. das Exquisithemd (es, en): a shirt available in East Germany only in exclusive shops („Exquisitläden")   16. abzeichnen: to show off, to delineate   17. was ... ließ: which suggested leanness   18. (he)rausragend: sticking out, projecting   19. stumpf: cut short   20. hinterweltlerisch (hinterwäldlerisch): backwoods, uncouth   21. die Perücke (n): wig, (*colloq.*) hairline   22. der Hemdkragen (s, -): shirt collar   23. was meine Spezialität ist: which (hairlines in relationship to collars) is my specialty   24. der Rudersport (s, e): rowing

Ich ließ ihm und mir einen doppelten Wodka servieren[25] und prostete
15 ihm zu°, als er der Bedienung° ein Versehen[26] anlasten[27] wollte. Später ging
ich zu seinem Tisch, entschuldigte mich, sagte, daß wir uns von irgendwoher
kennen° müßten, und besetzte° den nächsten Stuhl. Ich nötigte dem Herrn
die Getränkekarte° auf[28] und fragte nach seinen Wünschen[29]. Da er keine
hatte, drückte[30] ich meine Knie gegen seine, bestellte° drei Lagen Sliwowitz[31]
20 und drohte° mit Vergeltung[32] für den Beleidigungsfall, der einträte, wenn er
nicht tränke[33].

Obgleich der Herr weder dankbar noch kurzweilig° war, sondern wortlos,
bezahlte ich alles und begleitete° ihn aus dem Lokal°. In der Tür ließ ich
meine Hand wie zufällig über eine Hinterbacke[34] gleiten[35], um zu prüfen, ob
25 die Gewebestruktur[36] in Ordnung war. Da ich keine Mängel[37] feststellen°
konnte, fragte ich den Herrn, ob er heute abend etwas vorhätte°, und lud
ihn ein ins Kino „International". Eine innere Anstrengung°, die zunehmend
sein hübsches Gesicht zeichnete[38], verzerrte° es jetzt grimassenhaft[39],
konnte die Verblüffung° aber doch endlich lösen[40] und die Zunge, also daß
30 der Herr sprach: „Hören Sie mal[41], Sie haben ja unerhörte[42] Umgangsformen°."
— „Gewöhnliche"[43], entgegnete ich, „Sie sind nur nichts Gutes gewöhnt°,
weil Sie keine Dame sind."

WIE GUT HABEN SIE DIE GESCHICHTE VERSTANDEN?

1. Wie begrüßte die Erzählerin den Mann?
  a. Sie begleitete ihn zu seinem Tisch.
  b. Sie pfiff ihm zu.
  c. Sie fragte ihn: „Haben Sie heute Abend etwas vor?"
2. Wie sah der Mann aus?
  a. Er war wahrscheinlich hager.
  b. Er war groß und dick.
  c. Seine Ohren waren sehr klein.
3. Warum ging die Erzählerin zu dem Mann?
  a. Sie kannte ihn von irgendwoher.
  b. Er hat sie dazu eingeladen.
  c. Sie wollte ihn kennenlernen.

---

25. Ich . . . servieren: I had each of us served a double vodka   26. das Versehen (s, -): mistake
27. anlasten: to accuse unjustly   28. Ich . . . auf: I pressed the list of beverages on the man
29. fragte . . . Wünschen: asked him what he would like   30. drücken: to press   31. Sliwowitz:
Slivovitz, Yugoslavian plum brandy   32. die Vergeltung (*no pl.*): retribution   33. für . . . tränke:
for the insult that would result were he not to drink   34. die Hinterbacke (n): derrière (*cf.* die
Backe: cheek)   35. ließ ich meine Hand gleiten: I passed (glided) my hand   36. die Gewebestruktur (en): tissue structure   37. der Mangel (s, ¨): defect, flaw   38. zeichnen: to mark
39. verzerrte es jetzt grimassenhaft: distorted it into a grimace   40. lösen (*with* Verblüffung): to
get over; (*with* Zunge): to loosen   41. Hören Sie mal!: Now listen here!   42. unerhört: outrageous   43. gewöhnliche: ordinary ones (meaning the woman's manners)

4. Wer bezahlte die Rechnung?
   a. die Frau
   b. der Mann
   c. beide — sie teilten sie

5. Warum fragte sie den Mann erst am Ausgang, ob er am Abend etwas vorhätte?
   a. Sie wollte zuerst herausfinden, welcher Film spielte.
   b. Sie wollte ihn der Frauenbrigade noch einmal zeigen.
   c. Sie wollte prüfen, ob die Gewebestruktur seiner Hinterbacke in Ordnung war.

6. Wie reagierte er auf die Einladung?
   a. Er war total verblüfft.
   b. Er freute sich darüber.
   c. Er lobte ihre Umgangsformen.

ZUR DISKUSSION DES TEXTES

1. **Gruppenarbeit.** Die Studentinnen sollen diskutieren, (a) was für körperliche Attribute für Männer typisch oder wünschenswert sind und welche anderen körperlichen Attribute für Frauen, sowie (b) was für Charaktereigenschaften[1] typisch männlich oder weiblich sind. Welche würde man an einem andersgeschlechtlichen Lebenspartner am meisten schätzen? Für die Männer in der Klasse ist die Aufgabe umgekehrt[2].

2. Welche Umgangsformen sind in der Erzählung „verkehrt"?

3. Die Umgangsformen der Erzählerin sind für Männer allerdings nicht unerhört, aber sind sie wirksam[3]? Kommen solche Umgangsformen oft vor? Wo zum Beispiel? Finden Sie diese Umgangsformen unhöflich?

4. Hat Morgner die Situation etwas übertrieben[4]? Wenn ja, was ist hier übertrieben? Warum hat Morgner Ihrer Meinung nach die Übertreibungen in die Erzählung eingebaut?

5. **Aufsatz.** Ändern sich die zwischengeschlechtlichen Umgangsformen zur Zeit in den USA? Wie? Ändern sie sich schnell oder langsam? Geben Sie Beispiele aus eigener Erfahrung an!

VOKABELÜBUNGEN

I. Wer mag der Sprecher sein, ein Kunde im Lokal oder die Bedienung im Lokal? (*Which of the following expressions is more likely to be said by a customer and which by a waiter or waitress?*)

---

1. die Charaktereigenschaft (en): characteristic   2. umgekehrt: reversed   3. wirksam: effective
4. übertrieben: exaggerated

1. Zum Wohl!
2. Ich möchte nichts trinken, danke.
3. Was darf es sein?
4. Möchten Sie noch etwas bestellen?
5. Dieser Kapuziner schmeckt vorzüglich!
6. Ich möchte noch einen Kaffee, bitte.
7. Im Kino International spielt der Film „Fabian".
8. Zwei doppelte Wodkas und drei Lagen Sliwowitz. Das macht zusammen 23 Mark, bitte.

II. Bringen Sie die folgenden Sätze in die richtige Reihenfolge! (*Put the following sentences in logical order.*)

a. Silvie bestellt einen Sliwowitz; Michael einen Sherry.
b. Er begleitet sie aus dem Lokal.
c. Heute abend bezahlt er die Rechnung.
d. Sie betreten ein Lokal.
e. Die beiden trinken und unterhalten sich.
f. Michael und Sylvie wollen feiern (*to celebrate*).
g. Später läßt sich Michael die Rechnung bringen.
h. Die Bedienung kommt und fragt nach ihren Wünschen.
i. Sie besetzen einen Tisch.
j. Bald kommen die Getränke.
k. Sie sehen sich die Getränkekarte an.
l. Michael prostet Sylvie zu.

III. Welche Präposition sollte es sein? (*Complete each sentence with a preposition from the following list.*)

a. bis
b. in
c. an

d. für
e. über

f. nach
g. auf

1. Ich ging gestern _____ ihrem Haus vorbei.
2. Die Frau war nicht kurzweilig und sprach nur _____ das Wetter.
3. Die Polizei schätzte die Größe (*height*) des Diebes _____ 1,80 m.
4. Seine vielen Schreibfehler ließen _____ Müdigkeit schließen.
5. Der Teppich reichte nicht ganz _____ zum Fenster.
6. Die beiden Kinder gingen ins Kino und nahmen _____ der ersten Reihe Platz.
7. Der Mann fragte _____ den Bedürfnissen (*needs*) seiner kranken Frau.
8. Der König drohte mit Vergeltung _____ die große Beleidigung.
9. In dem Moment konnte er kein Wort sagen. Er ließ einfach seine Hand _____ ihr Haar gleiten.

WIE GUT KENNEN SIE DIE VOKABELN?

I. Welches Substantiv gehört zu welchem Verb? Benutzen Sie Ihre Kombination in einem Satz! (*Find the verb which goes with each noun and use the combination in a sentence.*)

BEISPIEL: Man kann sein **Alter** nicht mehr **schätzen.**

a. bedienen	**e.** betreten	**i.** feststellen	**m.** sagen
b. begleiten	**f.** drohen	**j.** lösen	**n.** schätzen
c. besetzen	**g.** einladen	**k.** pfeifen	**o.** wohltun
d. bestellen	**h.** fehlen	**l.** reichen	**p.** verzerren

1. das Alter
2. Donnerwetter!
3. das Gesicht
4. einen Kapuziner
5. ins Kino
6. ein Lokal
7. Mängel
8. einen Gast
9. einen Stuhl

II. Welcher Satz erklärt das Stichwort am besten? (*Which sentence best explains the bold-faced cue word?*)
1. Karl und Maria **kennen sich** seit Jahren.
   a. „Wer ist Maria?" fragt Karl.
   b. „Guten Abend, ich heiße Karl."
   c. Sie sind alte Freunde.
2. Heidi ist deine Umgangsform **nicht gewöhnt,** Hans!
   a. Man sieht die Verblüffung in Heidis Gesicht.
   b. Heidi liebt Hans sehr.
   c. Heidi ist sehr dankbar.
3. Ich **schätze,** er ist 25 Jahre alt.
   a. Ich bin 20 Jahre alt, und er ist genau fünf Jahre älter als ich.
   b. Er ist zwischen 22 und 27 Jahre alt.
   c. Er sagte: „Ich bin 25 Jahre alt."
4. Die Erzählerin fragt den Mann: „**Haben** Sie heute abend etwas **vor**?"
   a. Sie möchte ihn einladen.
   b. Sie bestellt ihm noch zwei Wodkas.
   c. Sie geht zur Frauenbrigade zurück.
5. Die Männer- und Frauenrollen sind hier **verkehrt.**
   a. Die Dame pfeift den Mann an.
   b. Beide kehren allein nach Hause.
   c. Sie sind bekannte Schauspieler.

9

Die doofen Bürger der Stadt Schilda

NACHERZÄHLT VON ERICH KÄSTNER

Wer kennt keine Orte, deren Bewohner[1] als große Narren gelten[2]? Eben darum geht es mit dem mittelalterlichen sächsischen Städtchen Schilda und ihren kleinbürgerlichen Einwohnern, den SCHILDBÜRGERN, deren Name erstmals in einem Volksbuch am Ende des 16. Jahrhunderts auftaucht[3]. Ursprünglich war die besondere Weisheit der Schildbürger von König und Kaiser sehr geschätzt, und viele Schildbürger verließen die Stadt, um als Berater[4] am Hof zu dienen. Um sich von solcher Massenemigration zu retten, beschlossen[5] die übrigen Schildbürger, Narrheiten auszuführen[6] und so ihre Weisheit zu verbergen[7]. Sie wurden mit der Zeit aber zu echten Narren und damit zu Opfern[8] ihrer eigenen Klugheit.

---

1. der Bewohner (s, -): inhabitant   2. gelten (i, a, o): to be considered   3. auftauchen: to turn up   4. der Berater (s, -): counselor, advisor   5. beschließen (beschloß, beschlossen): to decide 6. ausführen: *here:* to commit   7. verbergen (i, a, o): to conceal, to hide   8. das Opfer (s, -): victim

Die versunkene Glocke

ZIELVOKABULAR: Target Vocabulary

BERUFE, BESCHÄFTIGUNGEN UND AUFGABEN: Professions, Occupations, and Responsibilities

der Schmied (s, e): blacksmith

der Schuster (s, -): shoemaker

BEWEGUNG: Movement

heben (o, o): to raise, to lift
holen: to fetch, to get

versenken: to (cause to) sink, to lower

CHARAKTERZÜGE: Character Traits

heimlich: secretly

die Vorsorge (*no pl.*): precaution, foresight

EMOTIONEN UND REAKTIONEN: Emotions and Reactions

die Angst (⁻e): anxiety, fear
bewundern: to admire

die Sorge (n): worry
wütend: furious

KONFLIKT UND GEWALT: Conflict and Violence

der Besiegte (n, n): the defeated (person)
in + *acc.* dringen (a, u; ist): to force one's way in
der Feind (s, e): enemy

das Heer (s, e): army
der Krieg (s, e): war
der Sieger (s, -): victor
der Verteidiger (s, -): defender

POLITISCHE EINRICHTUNGEN UND PROZESSE: Political Institutions and Processes

der Bürgermeister (s, -): mayor

der Ratsherr (n, en): counselor, city councilman

TÄTIGKEITEN UND EREIGNISSE: Actions and Events

erfüllen: to fill
gießen (goß, gegossen): to pour

verstecken: to hide, to conceal; das Versteck (s, e): hiding place

VERSTÄNDIGUNG: Communication

loben: to praise

ZEITBEGRIFFE: Concepts of Time

vorbei sein: to be over (with)

SCHON BEKANNTE ZIELVOKABELN: Target Vocabulary from Preceding Stories

(sich) merken (1)   *dat.* recht sein (1)   rudern (5)

Die versunkene[1] Glocke[2]

Der Krieg° zog[3] durchs Land und kam dem Städtchen Schilda immer näher[4]. Das erfüllte° die Schildbürger und ihre Ratsherren° mit großer Angst° und Sorge°. Denn, egal ob nun die Sieger° oder die Besiegten° in eine Stadt kamen, es war immer dasselbe: Die Soldaten gingen in die Häuser 5 und nahmen alles mit, was sie fanden: silberne Patenlöffel[5], Konfirmations- uhren[6], Tischdecken[7], Porzellanteller[8], Samtwesten[9], Trauringe[10]. Ihnen war alles recht.

So versteckten° die Schildbürger geschwind[11], was ihnen teuer und wert[12] war. Nur für die Kirchenglocke wußten sie kein Versteck°.[13] Die Glocke war 10 aus reiner Bronze und ziemlich groß, und die Vorliebe[14] der Kriegsleute für Kirchenglocken war allgemein[15] bekannt. Entweder holten die Verteidiger° das tönende Erz[16] von den Glockentürmen herunter, um Kanonen und Kugeln[17] daraus zu gießen°, oder die Feinde° nahmen die Glocken als Andenken[18] mit. So oder so, es war kaum zu vermeiden[19].

15 Ganz in der Nähe von Schilda lag nun aber ein stiller, tiefer See. Der Bürgermeister° sagte: „Ich hab's. Wir versenken° die Glocke in den See, und wenn der Krieg vorbei ist°, holen° wir sie wieder heraus." Gesagt, getan. Sie holten die Glocke von dem Kirchturm herunter, hoben° sie auf einen Wagen, spannten sechs Pferde davor[20], fuhren zum See hinaus, trugen sie 20 schwitzend[21] in ein Boot und ruderten ein Stück auf den See hinaus. Dann rollten sie die Glocke bis zum Bootsrand[22] und ließen sie ins Wasser fallen.

---

1. versinken (a, u): to sink, to submerge   2. die Glocke (n): bell   3. ziehen (zog, gezogen): to move   4. nah (näher, nächst-): near   5. der Patenlöffel (s, -): a spoon received at christening from a godparent   6. die Konfirmationsuhr (en): watch given as a confirmation present   7. die Tischdecke (n): tablecloth   8. der Porzellanteller (s, -): porcelain plate   9. die Samtweste (n): velvet vest   10. der Trauring (s, e): wedding ring   11. geschwind: quickly, hastily   12. teuer und wert: dear and valuable   13. Nur . . . Versteck: but they didn't know where to hide the church bell.   14. die Vorliebe (n): preference   15. allgemein: generally   16. das tönende Erz (es, *no pl.*): the resonant bell (Erz: ore, *rare:* bronze); the phrase is a play on words based on the Biblical expression meaning "empty promises" (I Corinthians 13:1); it thus foreshadows the fate of Schilda's bell, which is destined never to ring again.   17. die Kugel (n): bullet   18. das Andenken (s, -): souvenir   19. es . . . vermeiden: it could scarcely be avoided   20. spannten . . . davor: hitched up six horses   21. schwitzend: in a sweat   22. der Bootsrand (s, ⁻er): gunwale, edge of a boat

Die Glocke versank sofort, denn sie wog[23] zwanzig Zentner[24]. Man sah nur ein paar Luftblasen[25] aufsteigen[26]. Das war alles.

25 Dann zog der Schmied° sein Taschenmesser aus der Jacke und schnitt eine tiefe Kerbe[27] in den Bootsrand. „Warum tust du das?" fragte ihn der Bäcker. „Damit wir nach dem Krieg wissen, wo wir die Glocke ins Wasser geworfen haben", antwortete der Schmied. „Sonst finden wir sie am Ende nicht wieder." Sie bewunderten° seine Vorsorge°, lobten° ihn, bis er rot wurde, und ruderten an Land zurück.

30 Nun, der Krieg machte zum Glück einen großen Bogen[28] um Schilda. Man sah nur den Staub[29] am Horizont, den das Heer° und die Pferde aufwirbelten[30]. Niemand drang° in die Häuser. Die Schildbürger holten ihre Löffel, Uhren, Teller und Ringe wieder aus den Verstecken hervor. Sie fuhren 35 mit dem Boot auf den See hinaus, um dann auch die Glocke zu heben.

„Hier muß sie liegen!" rief der Schmied und zeigte auf seine Kerbe am Bootsrand. „Nein, hier!" rief der Bäcker, während sie weiterruderten. „Nein, hier!" rief der Bürgermeister. „Nein, hier!" rief der Schuster°. Wohin sie auch ruderten[31], überall müßte die Glocke liegen, denn die Kerbe am Boot war 40 ja überall dort, wo gerade das Boot war. Mit der Zeit[32] merkten sie, daß der Einfall des Schmiedes gar nicht so gut gewesen war, wie sie seinerzeit[33] geglaubt hatten.

Sie fanden also ihre Glocke nicht wieder, so sehr sie auch suchten[34], und mußten sich für teures Geld eine neue Glocke gießen lassen. Der Bäcker 45 ging eines Nachts heimlich° zu dem Boot und schnitt wütend° die Kerbe heraus. Dadurch wurde sie freilich nur noch größer[35] als vorher. Mit Kerben ist das so.

WIE GUT HABEN SIE DIE LEGENDE VERSTANDEN?

1. Was nehmen sich die Sieger und die Besiegten aus einer Stadt?
   a. nur die wichtigen Ratsherren
   b. Kirchturm und Glocke
   c. Patenlöffel und Tischdecken
2. Warum verstecken die Schildbürger ihre Glocke nicht sofort?
   a. Sie wollen Kanonen daraus fertigen.
   b. Sie wissen kein Versteck.
   c. Soldaten haben kein Interesse an Glocken.
3. Der Schmied schneidet eine Kerbe in den Bootsrand, damit
   a. man nach dem Krieg das Boot wieder findet.
   b. man weiß, wo die Glocke im See liegt.
   c. der Bäcker die Kerbe herausschneiden kann.

---

23. wiegen (o, o): to weigh   24. der Zentner (s, -): 110 lbs   25. die Luftblase (n): bubble   26. aufsteigen (ie, ie): to rise   27. die Kerbe (n): notch   28. der Bogen (s, -): arc; *here:* detour 29. der Staub (s, *no pl.*): dust   30. aufwirbeln: to kick up (dust)   31. Wohin ... ruderten: no matter where they rowed to   32. mit der Zeit: eventually   33. seinerzeit: at the time   34. so ... suchten: as hard as they might look   35. dadurch ... größer: that only made it bigger

4. Wie bringen die Schildbürger die Glocke zu ihrem Versteck?
   a. mit Pferdewagen und Boot
   b. zu Fuß mit zwanzig Trägern
   c. mit den Siegern im Krieg
5. Was finden die Schildbürger nicht wieder?
   a. die Kerbe
   b. das Boot
   c. die Glocke
6. Was machen die Schildbürger nach dem Krieg mit ihrem Geld?
   a. Sie geben es den Besiegten.
   b. Sie kaufen eine Kirchenglocke.
   c. Sie verstecken es wieder.

CLASSROOM ACTIVITY

Zwanzig Fragen: Berufe und Beschäftigungen. In the previous stories, the following occupations and positions were introduced: **Professor, Student, Rektor, Soldat, Bürgermeister, Bäcker, Schmied, Schuster, Arzt, (Kranken-haus) Verwalter, Polizist, Verkäufer, Milchmann.** Each student is to think of one of the above occupations. The other students are to ask yes/no questions that should lead them to the answer. Here are a few sample questions:

Arbeiten Sie im Freien? (Soldat, Polizist, Milchmann)
Arbeiten Sie an der Uni? (Professor, Rektor, Student)
Stellen Sie etwas her? (Bäcker, Schmied, Schuster)
Kann man Ihre Produkte essen? (Bäcker)
Kann man Ihre Produkte tragen? (Schuster)
Sind Sie Politiker? (Ratsherr, Bürgermeister)
Arbeiten Sie viel mit Geld? (Verkäufer)
and finally: Sind Sie Schuster? Sind Sie Arzt? usw.

It would be a good idea to prepare more questions before class as well!

VOKABELÜBUNGEN

I. Setzen Sie das passende Adjektiv ein! Mehrere Antworten sind jeweils möglich. (*Fill in each blank with an appropriate adjective. More than one adjective may apply.*)

1. ein_____er Ring   wütend
2. eine_____e Kerbe   rot
3. das_____e Gesicht   still
4. eine_____e Glocke   best
5. eine Glocke aus_____er   tief
   Bronze   teuer
6. Ein_____er See   neu

II. Suchen Sie in der Geschichte Satzteile mit den folgenden Zeitbegriffen! Bilden Sie neue Sätze damit! (*Find a synonymous expression in the story for each of the following terms and use it in a sentence.*)

1. immer   **3.** nach dem Krieg   **5.** jetzt
2. dann   **4.** am Ende

WIE GUT KENNEN SIE DIE VOKABELN?

I. Schreiben Sie die richtige(n) Antwort(en)! (*Write the correct answer[s].*)

1. Womit beschäftigt sich gewöhnlich ein Schmied?
   a. mit Eisen
   b. mit Wagen
   c. mit Booten
   d. mit Holz

2. Womit beschäftigt sich gewöhnlich ein Schuster?
   a. mit Trauringen
   b. mit Patenlöffeln
   c. mit Samtwesten
   d. mit Schuhen

3. Womit beschäftigt sich gewöhnlich der Bürgermeister?
   a. mit den Ratsherrn
   b. mit den Bürgern
   c. mit dem Ratskeller
   d. mit Besiegten

4. Eine Kirchenglocke kann man . . .
   a. gießen   **e.** spannen
   b. vermeiden   **f.** wiegen
   c. versenken   **g.** loben
   d. bewundern   **h.** rudern

5. Womit kann man essen? Mit . . .
   a. einem silbernen Patenlöffel   **d.** einem Taschenmesser
   b. einer Konfirmationsuhr   **e.** Trauringen
   c. Porzellantellern   **f.** tönendem Erz

6. Im Krieg hat man . . .
   a. Angst   **f.** Vorliebe
   b. Vorsorge   **g.** Sorge
   c. Andenken   **h.** Luftblasen
   d. Sieger   **i.** Einfälle
   e. Verteidiger   **j.** Besiegte

7. Auf einem See kann man . . .
   a. rudern   **e.** vermeiden
   b. fahren   **f.** gehen
   c. versinken   **g.** Sachen versenken
   d. in etwas dringen **h.** Sachen heben

II.   Bringen Sie die nachstehenden Sätze in die richtige Reihenfolge! (*Put the following sentences in the right order.*)

1.   Der Feind dringt in das Haus ein und sucht Wertsachen.
2.   Die große Sorge ist vorbei.
3.   Alle bekommen große Angst.
4.   Das Heer zieht endlich weiter.
5.   Der Feind findet nichts.
6.   Man hört den Krieg vor der Stadt näher kommen.
7.   Aus Vorsorge versteckt jeder das, was ihm teuer und wert ist.

Die Schildbürger kaufen sich einen Maushund

ZIELVOKABULAR: Target Vocabulary

BEWEGUNG: Movement

auswandern (ist): to emigrate

bei + *dat.* einkehren (ist): to stay (stop)
  at an inn

klettern (ist): to climb

EMOTIONEN UND REAKTIONEN: Emotions and Reactions

vor + *dat.* Angst haben: to be afraid

außer sich vor + *dat.*: beside oneself
  with

das Entsetzen (s, *no pl.*): horror, terror

der Schreck (s, e): fright

die Todesangst (∸e): mortal fear

zittern: to tremble

GEBÄUDE UND HAUSRAT: Buildings and Household Goods

das Dach (s, ∸er): roof

das Rathaus (es, ∸er): city hall

der Speicher (s, -): storeroom

HANDEL UND WANDEL: Trade and Commerce

einen Kauf rückgängig machen: to
  cancel a sale

INTELLEKT: Intellect

beschließen (beschloß, beschlossen): to
  decide

TÄTIGKEITEN UND EREIGNISSE: Actions and Events

anzünden: to ignite, to light

in Brand stecken: to set afire

fangen (ä, i, a): to catch

greifen (griff, gegriffen): to seize

DAS TIERREICH: The Animal Kingdom

(auf)fressen (frißt, fraß, gefressen): to eat
  (up) (referring to animals)

die Pfote (n): paw

das Vieh (s, *no pl.*): livestock, cattle

(ÜBER)NATÜRLICHE PHÄNOMENE: (Super)Natural Phenomena

ansengen: to singe
brennen (brannte, gebrannt): to burn

die Flamme (n): flame

SCHON BEKANNTE ZIELVOKABELN: Target Vocabulary from Preceding Stories

verlassen (1)
rufen (1)
verschwinden (3)
verzweifelt (3)

nämlich (4)
der Speck (5)
füttern (6)

dat. drohen (8)
die Angst (9)
verstecken (9)

Die Schildbürger kaufen sich einen Maushund[1]

In Schilda hatte es niemals Katzen gegeben, aber viele, viele Mäuse. Sie waren in allen Kellern, Speichern° und Küchen, in den Räucherkammern[2], beim Bäcker und nicht zuletzt[3] beim Ochsenwirt[4].

Beim Ochsenwirt kehrte eines Tages ein Wanderer ein°, der eine Katze
5 bei sich hatte. Da die Schildaer Mäuse nicht wußten, was eine Katze war, hatten sie keine Angst vor° ihr, und in einer halben Stunde fing° die fremde Katze zwei Dutzend Mäuse und tötete sie.

Die anderen Gäste und der Wirt wollten nun wissen, wie das Tier hieß und wieviel es kostete. „Maushund heißt es", sagte der Wandersmann, „und
10 weil Maushunde sehr selten sind, kostet mein Prachtexemplar[5] hundert Gulden." Sie liefen zum Bürgermeister, erzählten ihm von dem Maushund und baten ihn, einen solchen für die Stadt zu kaufen.

So geschah[6] es.

Nachdem der Wanderer die hundert Gulden bekommen hatte, verließ er
15 die Stadt so schnell er konnte, falls[7] die Schildbürger den Kauf rückgängig machen° wollten.

Kaum war er aus dem Stadttor[8] hinaus, kam ihm auch schon jemand nach[9] und wollte wissen, womit man den Maushund füttern müsse, wenn er die Mäuse aufgefressen° hätte. Der Wanderer rief hastig zurück: „Nur
20 Speck frißt er nie!" und lief schnell weiter. Der Schildbürger schlug die Hände überm Kopf zusammen[10] und lief verzweifelt in die Stadt zurück. Statt „Nur Speck frißt er nie!" hatte er in der Eile[11] nämlich verstanden „Nur Menschen und Vieh°!"

---

1. der Maushund (s, e): mouse hound   2. die Räucherkammer (n): smokehouse   3. nicht zuletzt: (last but) not least   4. beim Ochsenwirt: at the Oxen Inn   5. das Prachtexemplar (s, e): prize specimen   6. geschehen (ie, a, e): to happen   7. falls: in case   8. das Tor (s, e): gate   9. *dat.* nachkommen (kam nach, nachgekommen): to come after   10. schlug . . . zusammen: threw up his hands   11. die Eile (*no pl.*): haste

Das Entsetzen° war groß. „Wenn wir keine Mäuse mehr haben, wird er
25 unser Vieh und uns selber fressen!" riefen sie außer sich vor° Panik. „Wo
versteckt er sich?" „Im Rathaus auf dem Speicher!" So umzingelten[12] sie das
Rathaus° und schickten ein paar brave Männer hinein. Doch die Katze
ließ sich nicht greifen°.[13] Die Schildbürger kamen erfolglos[14] zurück. „Dann
müssen wir den Maushund ausräuchern[15]", rief der Bürgermeister. „Denn
30 um was ist es mehr schade[16]: das Rathaus oder uns?" Da schrien alle: „uns!"
und steckten das Rathaus in Brand°. Sobald es der Katze zu heiß war,
kletterte° sie auf das Rathausdach°. Als die Flammen° die Dachbalken[17]
ergriffen[18], sprang sie mit einem Riesensatz[19] auf das Nachbardach und
putzte sich mit der Pfote° den angesengten° Schnurrbart[20].

35 „Schaut den Maushund an!" rief der Schmied. „Er droht uns!" Und der
Bäcker murmelte[21] zitternd°: „Wir schmecken ihm schon!"[22] Da zündeten sie
das Nachbarhaus an°. Und weil die Katze von Dach zu Dach sprang, und
die Schildbürger in ihrer Todesangst° Haus um Haus anzündeten, brannte°
um Mitternacht die ganze Stadt.

40 Am nächsten Morgen lag Schilda in Asche. Alles war verbrannt, nur die
Katze nicht. Sie war vor Schreck° in die Wiese[23] gelaufen und verschwunden.

Nun saßen die Schildbürger auf den Trümmern[24] ihrer Stadt und waren
froh, daß die Katze sie nicht gefressen hatte. Sie beschlossen° schweren
Herzens[25], in alle Himmelsrichtungen[26] auszuwandern°.

45 Das taten sie auch sehr bald. Und so kommt es, daß es heutzutage zwar
die Stadt Schilda nicht mehr gibt, Schildbürger aber überall.

WIE GUT HABEN SIE DIE LEGENDE VERSTANDEN?

1. Was ist ein Maushund?
   a. eine gewöhnliche Katze
   b. ein sehr kleiner Hund
   c. eine sehr große Maus
2. Was frißt das fremde Tier?
   a. Speck
   b. Menschen und Vieh
   c. Mäuse
3. Warum wollen die Schildbürger den Maushund fangen?
   a. Sie haben Angst vor ihm.
   b. Das Rathaus brennt.
   c. Es gibt zu viele Mäuse.

---

12. umzingeln: to surround   13. doch . . . greifen: but the cat couldn't be caught   14. erfolglos:
unsuccessful   15. ausräuchern: to smoke out   16. um . . . schade?: what is the greater loss?
17. der Balken (s, -): beam, rafter   18. ergreifen (ergriff, ergriffen): to spread to   19. der Riesensatz (es, ˜e): giant leap   20. der Schnurrbart (s, ˜e): whiskers   21. murmeln: to mumble,
to mutter   22. wir schmecken ihm schon!: he can taste us already!   23. die Wiese (n): meadow
24. die Trümmer (pl.): ruins   25. schweren Herzens: with (a) heavy heart   26. die Himmelsrichtung (en): direction

4. Schilda liegt bald in Asche, aber die Schildbürger sind froh. Warum?
   a. Der Maushund ist tot.
   b. Es gibt keine Mäuse mehr.
   c. Die Schildbürger leben noch.
5. Wohin wandern die Schildbürger aus?
   a. nach Erfurt
   b. nach Braunschweig
   c. nach Nürnberg
   d. in alle Himmelsrichtungen

CLASSROOM ACTIVITY

Zwanzig Fragen: Tiere. In the previous stories the following animals were introduced: **der Esel, der Hund, die Katze, die Meerkatze, das Panzernashorn, die Eule, das Kaninchen, die Ratte, das Pferd, die Ente.** You can guess a lot more, such as **der Tiger, das Kamel, der Elefant.** Following the pattern of the classroom activity in „Die versunkene Glocke," let one student choose an animal whose name in German he or she knows; the other students are to ask yes/no questions that should lead them to guess which animal it is. Here are a few sample questions:
Schwimmst du?
Fliegst du?
Kannst du schnell laufen?
Frißt du Gras (Fleisch, Bananen)?
Lebst du in Afrika?
Bist du braun (weiß, schwarz usw.)?

VOKABELÜBUNGEN

I. Welches Wort aus Spalte B ergänzt den Satz in Spalte A? (*Complete the sentences in Column A with words from Column B.*)

Spalte A	Spalte B
1. Der Maushund _____ 100 Gulden.	a. Speicher
2. Die Schildbürger haben _____ Schreck ihre Stadt niedergebrannt.	b. fressen
	c. Schilda
3. Katzen _____ Mäuse gern.	d. kostet
4. Kühe, Pferde und Schweine sind _____.	e. ergreifen
5. Die Bürger _____ vor Angst.	f. zittern
6. Die Lebensmittel sind auf dem _____.	g. auswandern
7. Flammen _____ das Haus.	h. Vieh
8. In Trümmern und Asche liegt _____.	i. vor
9. Am Ende der Geschichte wollen die Schildbürger in allen Himmelsrichtungen _____.	j. aus
	k. für

II. Kreuzworträtsel (*Crossword Puzzle*)

Senkrecht (*down*)

1. Ein Synonym für **steigen.**
2. Was die Schildbürger mit ihrem Rathaus tun.
3. Was Tiere machen, wenn sie Hunger haben.
4. Einen Kauf _____ machen.
5. To have money on you: Geld _____ _____ haben.
6. Die Schildbürger wollen die Katze _____, also zünden sie das Rathaus an.
7. Der Wanderer _____ die Stadt Schilda so schnell er kann.
8. Katzen _____ sich mit der Pfote.
9. Am nächsten Morgen lag Schilda in _____.

Waagerecht (*across*)

a. I am too hot: _____ ist zu heiß.
b. Das _____haus und die _____sherrn.
c. Der Schnurr_____.
d. Ein kleines Tier, das in Kellern und Speichern lebt.
e. Eines Tages kehrt ein Wanderer beim Ochsenwirt _____.
f. Fear of: _____ _____.
g. Was hat eine Katze am Ende des Beines?
h. Safe.
i. Der Verwalter eines Gasthauses ist der _____.
j. Das Zimmer, wo man das Essen macht.
k. Was Flammen tun.

WIE GUT KENNEN SIE DIE VOKABELN?

I.   Welcher Ausdruck paßt nicht semantisch zu den anderen? (*Which expression does not fit semantically with the others?*)

1.   **a.** der Keller   **b.** der Speicher   **c.** das Stadttor   **d.** die Küche   **e.** die Räucherkammer
2.   **a.** fressen   **b.** das Vieh   **c.** die Pfote   **d.** füttern   **e.** der Bürgermeister
3.   **a.** brennen   **b.** einkehren bei   **c.** anzünden   **d.** die Flammen   **e.** mir ist es zu heiß
4.   **a.** ein Prachtexemplar verkaufen   **b.** Angst vor der Katze haben   **c.** vor Schreck weggelaufen   **d.** das Entsetzen ist groß   **e.** der Bäcker zitterte
5.   **a.** der Maushund   **b.** der Schnurrbart   **c.** brennen   **d.** sich putzen   **e.** die Mäuse

II.   In welcher Beziehung stehen die Ausdrücke zueinander — Steigerung (*warm—hot; small—tiny*), Teil eines Ganzen (*hand—body; sleeve—shirt*) oder Ursache und Wirkung (*push—fall; hurt—cry*)? (*What relationship — intensification, part/whole, cause/effect—does each word pair represent?*)

1.   murmeln—schreien
2.   die Pfote—die Katze
3.   die Angst—der Schreck
4.   gehen—springen
5.   der Balken—das Dach

6.   brennen—Asche
7.   das Entsetzen—zittern
8.   ansengen—brennen
9.   der Keller—das Rathaus

10

Der Mann mit dem Gedächtnis

PETER BICHSEL

Peter Bichsel ist dem Leser wegen einer anderen Geschichte in diesem Buch, „Der Mann, der nichts mehr wissen wollte", schon bekannt. „Der Mann mit dem Gedächtnis" ist demselben Band von „Kindergeschichten" entnommen. Bichsel erhielt den Preis der Gruppe 47 für sein Buch *Die Jahreszeiten.* Er wird als „Meister der kleinen Form" angesehen und ist im Ausland durch Übersetzungen bekannt. 1972 hielt er sich am Oberlin College, Ohio, und 1979 an der University of Southern California als „writer-in-residence" auf.

Der Mann mit dem Gedächtnis

ZIELVOKABULAR: Target Vocabulary

CHARAKTERZÜGE: Character Traits

anständig: decent, proper

EMOTIONEN UND REAKTIONEN: Emotions and Reactions

der Spaß (es, ⸚sse): fun, prank

übers ganze Gesicht strahlen: to beam, to grin from ear to ear

INTELLEKT: Intellect

die Ahnung (en): notion, inkling, idea
auswendig wissen (lernen): to know (learn) by heart
das Gedächtnis (ses, se): memory

nachlesen (ie, a, e): to look up, to read up on
prüfen: to test, to examine

REISEN UND TRANSPORT: Travel and Transportation

die Abfahrtszeit (en): departure time
ankommen (a, o; ist): to arrive
die Ankunftszeit (en): arrival time
(einen) Anschluß abwarten: to make a connection
das Auskunftsbüro (s, s): information office
die Eisenbahn (en): railroad
die Fahrkarte (n): ticket
der Fahrplan (s, ⸚e): timetable

umsteigen (ie, ie; ist): to transfer;
einsteigen (ie, ie; ist): to board;
aussteigen (ie, ie; ist): to get off
verpassen: to miss a connection
an + *dat.* vorbeikommen (vorbeigehen) (kam vorbei, ist vorbeigekommen; ging vorbei, ist vorbeigegangen): to come (go) past
der Zug (es, ⸚e): train

SCHIMPFWÖRTER: Terms of Abuse

auslachen: to laugh at

beschimpfen: to call someone names

ZEITBEGRIFFE: Concepts of Time

verbringen (verbrachte; verbracht): to spend (time)

Der Mann mit dem Gedächtnis°

Ich kannte einen Mann, der wußte den ganzen Fahrplan auswendig°, denn das einzige, was ihm Freude machte, waren Eisenbahnen°, und er verbrachte° seine Zeit auf dem Bahnhof, schaute, wie die Züge° ankamen° und wie sie wegfuhren[1]. Er bestaunte die Wagen, die Kraft der Lokomotiven,
5 die Größe der Räder, bestaunte die aufspringenden Kondukteure und den Bahnhofsvorstand.

Er kannte jeden Zug, wußte, woher er kam, wohin er ging, wann er irgendwo ankommen wird und welche Züge von da wieder abfahren und wann diese ankommen werden.

10 Er wußte die Nummern der Züge, er wußte, an welchen Tagen sie fahren, ob sie einen Speisewagen[2] haben, ob sie die Anschlüsse abwarten° oder nicht. Er wußte, welche Züge Postwagen führen und wieviel eine Fahrkarte nach Frauenfeld, nach Olten, nach Niederbipp oder irgendwohin kostet.

Er ging in keine Wirtschaft[3], ging nicht ins Kino, nicht spazieren, er besaß
15 kein Fahrrad, keinen Radio[4], kein Fernsehen, las keine Zeitungen, keine Bücher, und wenn er Briefe bekommen hätte, hätte er auch diese nicht gelesen. Dazu fehlte ihm die Zeit, denn er verbrachte seine Tage im Bahnhof, und nur wenn der Fahrplan° wechselte, im Mai und im Oktober, sah man ihn einige Wochen nicht mehr.

20 Dann saß er zu Hause an seinem Tisch und lernte auswendig, las den neuen Fahrplan von der ersten bis zur letzten Seite, merkte sich die Änderungen[5] und freute sich über sie.

Es kam auch vor[6], daß ihn jemand nach einer Abfahrtszeit° fragte. Dann strahlte° er übers ganze Gesicht° und wollte genau wissen, wohin die
25 Reise gehe, und wer ihn fragte, verpaßte° die Abfahrtszeit bestimmt, denn er ließ[7] den Frager nicht mehr los, gab sich nicht damit zufrieden, die Zeit zu nennen, er nannte gleich die Nummer des Zuges, die Anzahl der Wagen, die möglichen Anschlüsse, die Fahrzeiten; erklärte, daß man mit diesem Zug nach Paris fahren könne, wo man umsteigen° müsse und wann man
30 ankäme, und er begriff nicht, daß das die Leute nicht interessierte. Wenn ihn

---

1. wegfahren (ä, u, a): to depart   2. der Speisewagen (s, -): dining car   3. die Wirtschaft (en): pub   4. keinen Radio: standard German would be **das Radio,** thus **kein Radio** (*acc.*)   5. die Änderung (en): change, alteration   6. vorkommen (kam vor, vorgekommen): to happen, to occur
7. loslassen (läßt, ie, a): to let go

aber jemand stehenließ und weiterging, bevor er sein ganzes Wissen erzählt hatte, wurde er böse, beschimpfte° die Leute und rief ihnen nach: „Sie haben keine Ahnung° von Eisenbahnen!"

Er selbst bestieg[8] nie einen Zug.

35 Das hätte auch keinen Sinn[9], sagte er, denn er wisse ja zum voraus[10], wann der Zug ankomme.

„Nur Leute mit schlechtem Gedächtnis fahren Eisenbahn", sagte er, „denn wenn sie ein gutes Gedächtnis hätten, könnten sie sich doch wie ich die Abfahrts- und die Ankunftszeit° merken, und sie müßten nicht fahren, um 40 die Zeit zu erleben."[11]

Ich versuchte es ihm zu erklären, ich sagte: „Es gibt aber Leute, die freuen sich über die Fahrt, die fahren gern Eisenbahn und schauen zum Fenster hinaus und schauen, wo sie vorbeikommen°."

Da wurde er böse, denn er glaubte, ich wolle ihn auslachen°, und er 45 sagte: „Auch das steht im Fahrplan[12], sie kommen an Luterbach vorbei und an Deitigen, an Wangen, Niederbipp, Önsingen, Oberbuchsiten, Egerkingen und Hägendorf."

„Vielleicht müssen die Leute mit der Bahn fahren, weil sie irgendwohin wollen", sagte ich.

50 „Auch das kann nicht wahr sein", sagte er, „denn fast alle kommen irgend einmal[13] zurück, und es gibt sogar Leute, die steigen jeden Morgen hier ein und kommen jeden Abend zurück — so ein schlechtes Gedächtnis haben sie."

Und er begann die Leute auf dem Bahnhof zu beschimpfen. Er rief ihnen 55 nach: „Ihr Idioten, ihr habt kein Gedächtnis." Er rief ihnen nach: „An Hägendorf werdet ihr vorbeikommen", und er glaubte, er verderbe[14] ihnen damit den Spaß°.

Er rief: „Sie Dummkopf, Sie sind schon gestern[15] gefahren." Und als die Leute nur lachten, begann er sie von den Trittbrettern[16] zu reißen und 60 beschwor[17] sie, ja nicht mit dem Zug zu fahren.

„Ich kann Ihnen alles erklären", schrie er, „Sie kommen um 14 Uhr 27 an Hägendorf vorbei, ich weiß es genau, und Sie werden es sehen, sie verbrauchen Ihr Geld für nichts, im Fahrplan steht alles."

Bereits[18] versuchte er die Leute zu verprügeln[19].

65 „Wer nicht hören will, muß fühlen", rief er.

Da blieb dem Bahnhofsvorstand nichts anderes übrig[20], als dem Mann zu sagen, daß er ihm den Bahnhof verbieten müsse, wenn er sich nicht anständig° benehme. Und der Mann erschrak, weil er ohne Bahnhof nicht

---

8. besteigen (ie, ie): to board (train, bus, etc.)   9. das . . . Sinn: that would not make any sense either   10. zum voraus: in advance (standard German would be **im voraus**)   11. erleben: to experience   12. im Fahrplan stehen (stand, gestanden): to be in the schedule   13. irgend einmal: at some point   14. verderben (i, a, o): to ruin, to spoil   15. schon gestern: just yesterday   16. das Trittbrett (s, er): footboard   17. beschwören (o, o): to implore, to beseech   18. bereits: almost (standard German would be **fast**)   19. verprügeln: to beat up   20. Da . . . als: At that point the station manager had no choice but . . .

70 leben konnte, und er sagte kein Wort mehr, saß den ganzen Tag auf der Bank[21], sah die Züge ankommen und die Züge wegfahren und nur hie und da flüsterte er einige Zahlen vor sich hin[22], und er schaute den Leuten nach und konnte sie nicht begreifen.

Hier wäre die Geschichte eigentlich zu Ende.

Aber viele Jahre später wurde im Bahnhof ein Auskunftsbüro° eröffnet.

75 Dort saß ein Beamter in Uniform hinter dem Schalter[23], und er wußte auf alle Fragen über die Bahn eine Antwort. Das glaubte der Mann mit dem Gedächtnis nicht, und er ging jeden Tag ins neue Auskunftsbüro und fragte etwas sehr Kompliziertes, um den Beamten zu prüfen°.

Er fragte: „Welche Zugnummer hat der Zug, der um 16 Uhr 24 in Lübeck
80 ankommt?" Der Beamte schlug ein Buch auf[24] und nannte die Zahl.

Er fragte: „Wann bin ich in Moskau, wenn ich hier mit dem Zug um 6 Uhr 59 abfahre?", und der Beamte sagte es ihm. Da ging der Mann mit dem Gedächtnis nach Hause, verbrannte[25] seine Fahrpläne und vergaß alles, was er wußte.

85 Am andern Tag aber fragte er den Beamten: „Wie viele Stufen[26] hat die Treppe[27] vor dem Bahnhof?", und der Beamte sagte: „Ich weiß es nicht."

Jetzt rannte der Mann durch den ganzen Bahnhof, machte Luftsprünge vor Freude[28] und rief: „Er weiß es nicht, er weiß es nicht."

Und er ging hin und zählte die Stufen der Bahnhoftreppe und prägte
90 sich die Zahl in sein Gedächtnis ein[29], in dem jetzt keine Abfahrtszeiten mehr waren.

Dann sah man ihn nie mehr im Bahnhof.

Er ging jetzt in der Stadt von Haus zu Haus und zählte die Treppenstufen und merkte sie sich, und er wußte jetzt Zahlen, die in keinem Buch der
95 Welt stehen.

Als er aber die Zahl der Treppenstufen in der ganzen Stadt kannte, kam er auf den Bahnhof, ging an den Bahnschalter, kaufte sich eine Fahrkarte° und stieg zum ersten Mal in seinem Leben in einen Zug, um in eine andere Stadt zu fahren und auch dort die Treppenstufen zu zählen, und dann
100 weiter zu fahren, um die Treppenstufen in der ganzen Welt zu zählen, um etwas zu wissen, was niemand weiß und was kein Beamter in Büchern nachlesen° kann.

WIE GUT HABEN SIE DIE GESCHICHTE VERSTANDEN?

1. Der Mann mit dem Gedächtnis wußte _____ auswendig.
  a. den ganzen Fahrplan

---

21. die Bank (¨e): bench   22. vor sich hin: to himself   23. der Schalter (s, -): counter   24. aufschlagen (ä, u, a): to open (a book)   25. verbrennen (verbrannte, verbrannt): to burn   26. die Stufe (n): step   27. die Treppe (n): stairs   28. machte Luftsprünge vor Freude: jumped for joy   29. prägte . . . ein: impressed the number into his memory

    b. ganze Bücher über Züge

    c. die Namen der Reisenden

2. Er glaubte, daß Leute mit dem Zug fahren, weil sie

    a. irgendwohin kommen wollen.

    b. sich über die Fahrt freuen.

    c. ein schlechtes Gedächtnis haben.

3. Der Bahnhofsvorstand wollte ihm den Bahnhof verbieten, weil er

    a. dem Beamten zu viele Fragen stellte.

    b. die Reisenden verprügelte.

    c. die aufspringenden Kondukteure bestaunte.

4. Der Mann ging jeden Tag ins Auskunftsbüro, um

    a. die Reisenden am Schalter auszulachen.

    b. dem Beamten komplizierte Fragen zu stellen.

    c. die neuesten Fahrpläne zu verbrennen.

5. Er zählte die Treppenstufen, weil

    a. das Auskunftsbüro falsch informiert war.

    b. man ihm den Bahnhof verboten hatte.

    c. man diese Zahlen nicht nachschlagen kann.

6. Am Ende der Geschichte

    a. wußte er, wie viele Stufen das Auskunftsbüro hatte.

    b. verbot ihm der Bahnhofsvorstand das Auskunftsbüro.

    c. fuhr er zum ersten Mal mit dem Zug.

ZUR DISKUSSION DES TEXTES

1. Der Mann mit dem Gedächtnis wußte viele Informationen auswendig, aber manche Leute lachten ihn aus. Warum? Ist seine Leistung bewundernswert? Warum?

2. Was gewann[1] er mit seinem ungewöhnlichen Wissen?

3. Warum reagierte er so stark auf die negativen Reaktionen der Fahrenden und schließlich des Bahnhofsvorstands?

4. Welche Einsicht beendete seine Depression?

5. Inwiefern[2] ist es für den Mann ein Fortschritt, als er endlich einen Zug besteigt?

6. Ist der Ausgang[3] dieser Geschichte optimistischer oder pessimistischer als der Ausgang der Geschichte, „Der Mann, der nichts mehr wissen wollte"? Warum?

7. **Gruppenarbeit.** In Kleingruppen sollen die Studenten ein Auskunftsbüro eröffnen. Einer spielt den Beamten im Büro, ein zweiter ist sein Assistent, und die anderen stellen ihnen Fragen zu verschiedenen Themen, z.B. am

---

1. gewinnen (a, o): to gain   2. inwiefern: to what extent   3. der Ausgang (s, ⸚e): outcome, end

ersten Tag des Semesters auf einer Universität, (Wo finde ich die Vor-
lesungen von Professor Soundso?); in einer Bahnhofshalle wie in der
Geschichte, (Wo kauft man Fahrkarten nach Niederbipp?); in einer
Markthalle (Wo kauft man Hemden?) oder Markt im Freien (Wo kauft man
Tomaten?); in einem Touristenzentrum in ihrer eigenen Stadt (Was ist hier
sehenswert? Wie komme ich dahin?)

8. **Aufsatz.** Warum hat ein Mensch es Ihrer Meinung nach nötig, sich durch
seine außergewöhnliche „Leistung"[4] von anderen Menschen zu unterscheiden? Nennen Sie Beispiele aus dem heutigen Leben!

VOKABELÜBUNGEN

I. Kennen? Wissen? Können? Ergänzen Sie die folgenden Sätze mit dem
richtigen Wort (in der Vergangenheit)! (*Complete the following sentences
with a form of* **kennen, wissen,** *or* **können** *in the past tense.*)

1. Ich _____ einen Mann, der den ganzen Fahrplan auswendig
_____ .

2. Der Mann _____ nicht viel Geschichte, aber er _____ alle Züge
und _____ woher Sie kommen und wohin sie fahren.

3. Er _____, welche Züge Postwagen führen.

4. Er _____, wieviel eine Karte nach Paris kostet.

5. Die Frau _____ gut Deutsch.

6. Der Bahnhofsvorstand _____ den Mann mit dem Gedächtnis.

7. Die Reisenden _____, daß der Mann mit dem Gedächtnis alle An-
und Abfahrtszeiten _____ .

8. _____ du den Mann mit dem Gedächtnis?

9. _____ du, daß er den Fahrplan auswendig _____ ?

10. Ja, ich _____ dieses Problem.

II. Suchen Sie für die folgenden Ausdrücke ein Synonym aus der Geschichte!
(*Find a synonym in the story for each of the following terms.*)

1. die Kneipe
2. es geschah
3. aus einem Zug in einen
   anderen steigen

4. erfahren (*verb*)
5. der Idiot
6. ganz schnell laufen
7. plötzlich Angst bekommen

III. Bilden Sie aus den Wörtern in der Liste sieben zusammengesetzte Wörter
und übersetzen Sie sie! (*Form seven compound words from the list below
and translate each of them.*)

---

4. die Leistung (en): accomplishment

BEISPIEL: fahren + die Karte = **die Fahrkarte,** *the ticket*

fahren	die Reise	der Plan
ab	vorbei	sich
steigen	das Büro	an
gehen	die Auskunft	um
ein	die Bahn	spazieren
kommen	die Ankunft	der Hof
die Karte	das Eisen	aus

WIE GUT KENNEN SIE DIE VOKABELN?

I. Welcher Satz bietet eine logische Folge zum Leitsatz? (*Find the logical rejoinder for each sentence.*)

1. Wir möchten in eine Wirtschaft gehen.
  a. Wir haben Hunger und Durst.
  b. Wir dürfen uns nicht verspäten.
  c. Es fehlt uns die Zeit dazu.
2. Der Fahrplan hat neulich gewechselt.
  a. Die Züge führen keine Postwagen mehr.
  b. Fast jeder Zug hat Verspätung.
  c. Die Abfahrtszeiten haben sich geändert.
3. Haben Sie ihren Zug verpaßt?
  a. Nein, ich warte bloß einen Anschluß ab.
  b. Ja, der Speisewagen war ganz leer.
  c. Ja, der Kondukteur ist schnell umgestiegen.
4. Die Leute haben den Alten beschimpft.
  a. Der Alte wußte den ganzen Fahrplan auswendig.
  b. Der Alte benahm sich unanständig.
  c. Der Alte hatte die Dauer der Niederbippsfahrt oft erlebt.
5. Die Frau strahlte übers ganze Gesicht.
  a. Sie freute sich über eine gute Nachricht.
  b. Man hat sie gerade ausgelacht.
  c. Sie wollte den Bahnhofsvorstand prüfen.

II. Finden Sie den Gegensatz (G), die idiomatische Ergänzung (I), oder das Synonym (S) für die Redewendung! (*For each expression below, find the contrast* [G], *complement* [I], *or a near synonym* [S], *as marked.*)

1. einsteigen (G)
  a. besteigen
  b. umsteigen

    c. aussteigen

    d. steigen

2. Wir haben _____ im Bahnhof verbracht. (I)

    a. irgend einmal

    b. eine lange Reise

    c. viele Züge

    d. den ganzen Tag

3. Das hat mich **sehr gefreut.** (S)

    a. Das hat viel Spaß gemacht.

    b. Das habe ich auswendig gelernt.

    c. Das habe ich mir gemerkt.

    d. Das war nicht anständig von ihm.

4. die Abfahrt (G)

    a. die Auskunft

    b. die Reise

    c. die Ankunft

    d. die Fahrkarte

5. Ich weiß **die Abfahrtszeiten und die Ankunftszeiten** auswendig. (S)

    a. den Bahnhof

    b. den Fahrplan

    c. die Fahrkarte

    d. die Eisenbahn

6. Sie haben leider den Zug schon _____. (I)

    a. geprüft

    b. verpaßt

    c. vermißt

    d. verbracht

7. erst morgen (G)

    a. irgend einmal

    b. verbringen

    c. viele Jahre später

    d. schon gestern

8. Ich weiß alles auswendig. (S)

    a. Ich merke mir alles.

    b. Ich benehme mich immer.

    c. Ich habe keine Ahnung davon.

    d. Ich habe ein gutes Gedächtnis.

11

Das Fenster-Theater

ILSE AICHINGER

Ilse Aichinger ist 1921 in Wien geboren. Sie
arbeitete an einer Kunsthochschule in Ulm
und im Lektorat eines Verlages[1]. Ihre ersten
Publikationen erschienen nach dem zweiten
Weltkrieg. Ihre Schriften umfassen[2] Romane,
Kurzgeschichten, Gedichte und Dialoge, aber
sie ist besonders für ihre vielen Hörspiele[3]
bekannt. 1952 bekam sie den Preis der Gruppe
47 für die *Spiegelgeschichte*, 1961 den Literaturpreis der Bayrischen Akademie und 1979
den Georg Trakl-Preis. Ilse Aichinger lebt heute
in Großmain bei Salzburg.

---

1. im Lektorat eines Verlages: as an editor at a publishing company   2. umfassen (umfaßt,
umfaßte, umfaßt): to include   3. das Hörspiel (s, e): radio play

Das Fenster-Theater

ZIELVOKABULAR: Target Vocabulary

BEWEGUNG: Movement

die Arme kreuzen: to cross one's arms

das Auge zukneifen (kniff zu,
  zugekniffen): to wink

die Gebärde (n): gesture

den Hut ziehen (zog, gezogen): to tip
  one's hat

nicken: to nod

sich (ver)neigen: to bow

winken: to wave

CHARAKTERZÜGE: Character Traits

finster: gloomy, grim

merkwürdig: peculiar, odd

neugierig: curious

unersättlich: insatiable

EMOTIONEN UND REAKTIONEN: Emotions and Reactions

erregt: excited

heftig: fervent, ardent, impetuous

vor Jubel krähen: to crow (squeal) with
  delight

dat. Vergnügen bereiten: to give
  pleasure

GEBÄUDE UND HAUSRAT: Buildings and Household Goods

einziehen (zog ein, ist eingezogen): to
  move in(to)

der Gang (s, ⁻e): hallway, corridor

der Hof (s, ⁻e): courtyard

der Stock (s, Stockwerke): story, floor (of
  a building)

INTELLEKT: Intellect

beobachten: to observe

KÖRPERLICHE MERKMALE UND ZUSTÄNDE: Physical Features and Conditions

schwerhörig: hard of hearing

TÄTIGKEITEN UND EREIGNISSE: Actions and Events

dat. gelingen (a, u; ist): to succeed

VERSTÄNDIGUNG: Communication

das Einverständnis (ses, se): agreement   die Polizei verständigen: to notify the
                                                   police

ZWISCHENMENSCHLICHE BEZIEHUNGEN UND INTERAKTIONEN: Human Relations and Interactions

dat. einen Gefallen tun: to do someone
   a favor

SCHON BEKANNTE ZIELVOKABELN: Target Vocabulary from Preceding Stories

sich (*dat.*) merken (1)   andrehen (4)   meinen (6)
verschwinden (3)   losreißen: *cf.* reißen (4)   die Angst (9)
abnehmen (4)   bemerken (5)   ankommen (10)
sich bewegen (4)

Das Fenster-Theater

Die Frau lehnte[1] am Fenster und sah hinüber. Der Wind trieb in leichten Stößen vom Fluß herauf und brachte nichts Neues[2]. Die Frau hatte den starren Blick neugieriger° Leute, die unersättlich° sind. Noch niemand hatte ihr den Gefallen getan°, vor ihrem Haus niedergefahren[3] zu werden.
5   Außerdem wohnte sie im vorletzten[4] Stock°, die Straße lag zu tief unten. Der Lärm rauschte nur mehr leicht herauf[5]. Alles lag zu tief unten. Als sie sich eben vom Fenster abwenden[6] wollte, bemerkte sie, daß der Alte gegenüber[7] Licht angedreht hatte. Da es noch ganz hell war, machte dieses Licht den merkwürdigen° Eindruck, den aufflammende Straßenlaternen[8] unter der
10   Sonne machen. Die Frau blieb am Fenster.

Der Alte öffnete und nickte° herüber. „Meint er mich?" dachte die Frau. Die Wohnung über ihr stand leer, und unterhalb lag eine Werkstatt, die um diese Zeit schon geschlossen war. Sie bewegte leicht den Kopf. Der Alte nickte wieder. Er griff sich an die Stirne[9], entdeckte, daß er keinen Hut
15   aufhatte, und verschwand im Innern des Zimmers.

---

1. lehnen: to lean   2. der Wind . . . Neues: there was a light breeze coming up from the river, and all was quiet   3. niederfahren: to run down (with a vehicle)   4. vorletzt: next to the last
5. der Lärm . . . herauf: the noise was no more than a murmur   6. sich abwenden (wandte ab, abgewandt): to turn away from   7. gegenüber: (living) opposite   8. aufflammende Straßenlaternen: (gas) streetlights just coming on   9. er griff sich an die Stirne: he put his hand to his forehead

Gleich darauf kam er in Hut und Mantel wieder. Er zog den Hut° und lächelte. Dann nahm er ein weißes Tuch aus der Tasche und begann zu winken°. Erst leicht und dann immer eifriger[10]. Er hing über die Brüstung[11], daß man Angst bekam, er würde vornüberfallen. Die Frau trat einen Schritt
20 zurück, aber das schien ihn nur zu bestärken[12]. Er ließ das Tuch fallen, löste seinen Schal vom Hals — einen großen bunten Schal — und ließ ihn aus dem Fenster wehen. Dazu lächelte er. Und als sie noch einen weiteren Schritt zurücktrat[13], warf er den Hut mit einer heftigen° Bewegung[14] ab und wand den Schal wie einen Turban um seinen Kopf. Dann kreuzte er
25 die Arme° über der Brust und verneigte sich°. Sooft[15] er aufsah, kniff er das linke Auge zu°, als herrschte[16] zwischen ihnen ein geheimes Einverständnis°. Das bereitete ihr so lange Vergnügen°, bis sie plötzlich nur mehr seine Beine in dünnen, geflickten[17] Samthosen in die Luft ragen[18] sah. Er stand auf dem Kopf[19]. Als sein Gesicht gerötet, erhitzt und freundlich wieder
30 auftauchte, hatte sie schon die Polizei verständigt°.

Und während er, in ein Leintuch[20] gehüllt[21], abwechselnd[22] an beiden Fenstern erschien, unterschied[23] sie schon drei Gassen[24] weiter über dem Geklingel der Straßenbahnen und dem gedämpften[25] Lärm der Stadt das Hupen[26] des Überfallautos[27]. Denn ihre Erklärung hatte nicht sehr klar und
35 ihre Stimme erregt° geklungen[28]. Der alte Mann lachte jetzt, so daß sich sein Gesicht in tiefe Falten legte, streifte[29] dann mit einer vagen Gebärde° darüber, wurde ernst, schien das Lachen eine Sekunde lang in der hohlen Hand[30] zu halten und warf es dann hinüber. Erst[31] als der Wagen schon um die Ecke bog[32], gelang° es der Frau, sich von seinem Anblick loszureißen.
40 Sie kam atemlos unten an. Eine Menschenmenge hatte sich um den Polizeiwagen gesammelt. Die Polizisten waren abgesprungen, und die Menge kam hinter ihnen und der Frau her. Sobald man die Leute zu verscheuchen[33] suchte, erklärten sie einstimmig, in diesem Hause zu wohnen. Einige davon kamen bis zum letzten Stock mit. Von den Stufen
45 beobachteten° sie, wie die Männer, nachdem ihr Klopfen vergeblich blieb und die Glocke allem Anschein nach nicht funktionierte[34], die Tür aufbrachen. Sie arbeiteten schnell und mit einer Sicherheit, von der jeder Einbrecher[35] lernen könnte. Auch in dem Vorraum, dessen Fenster auf den Hof° sahen,

---

10. immer eifriger: with increasing ardor   11. die Brüstung (en): window ledge   12. bestärken: to encourage; to urge on   13. zurücktreten (tritt, trat, getreten): to step back   14. mit . . . Bewegung: impetuously   15. sooft: every time   16. als herrschte: *here:* as if they shared   17. geflickt: patched   18. ragen: to loom, to stick up   19. auf dem Kopf stehen: to stand on one's head   20. das Leintuch (s, ˝er): *here:* bedsheet   21. gehüllt: wrapped   22. abwechselnd: alternately   23. unterscheiden (ie, ie): to distinguish, to make out   24. die Gasse (n): Austrian for **Straße:** street   25. gedämpft: muffled   26. das Hupen (s, *no pl.*): honking, the sound of a two-tone siren   27. das Überfallauto (s, s): Tac Squad (or SWAT Team) car, police squad car   28. klingen (a, u): to sound   29. streifen: to brush (over)   30. in der hohlen Hand: in his cupped hand   31. erst: not until   32. biegen (o, o): to turn   33. verscheuchen: to disperse   34. nachdem ihr Klopfen . . . funktionierte: after knocking to no avail and finding that the bell seemed to be out of order   35. der Einbrecher (s, -): burglar

50 zögerten sie nicht eine Sekunde. Zwei von ihnen zogen die Stiefel aus und schlichen um die Ecke. Es war inzwischen finster° geworden. Sie stießen an einen Kleiderständer, sahen den Lichtschein am Ende des schmalen Ganges° und gingen ihm nach[36]. Die Frau schlich hinter ihnen her.

Als die Tür aufflog[37], stand der alte Mann, mit dem Rücken zu ihnen gewandt, noch immer am Fenster. Er hielt ein großes weißes Kissen[38] auf
55 dem Kopf, das er immer wieder abnahm, als bedeutete[39] er jemandem, daß er schlafen wolle. Den Teppich[40], den er vom Boden[41] genommen hatte, trug er um die Schultern. Da er schwerhörig° war, wandte er sich auch nicht um, als die Männer schon knapp hinter ihm standen und die Frau über ihn hinweg[42] in ihr eigenes finsteres Fenster sah.

60 Die Werkstatt unterhalb war, wie sie angenommen[43] hatte, geschlossen. Aber in die Wohnung oberhalb mußte eine neue Partei eingezogen° sein. An eines der erleuchteten Fenster war ein Gitterbett[44] geschoben, in dem aufrecht ein kleiner Knabe stand[45]. Auch er trug sein Kissen auf dem Kopf und die Bettdecke um die Schultern. Er sprang und winkte herüber und
65 krähte vor Jubel°. Er lachte, strich mit der Hand über das Gesicht, wurde ernst und schien das Lachen eine Sekunde lang in der hohlen Hand zu halten. Dann warf er es mit aller Kraft den Wachleuten[46] ins Gesicht.

WIE GUT HABEN SIE DIE GESCHICHTE VERSTANDEN?

1. Wo findet diese Geschichte statt?
   a. in einem Dorf auf dem Lande
   b. in einer kleinen Werkstatt
   c. in einer Großstadt
2. Warum lehnte die Frau am Fenster und sah hinüber?
   a. Der leichte Wind vom Fluß brachte nichts Neues.
   b. Sie war neugierig und unersättlich.
   c. Sie wollte die Polizei schnell verständigen.
3. Warum verständigte die Frau die Polizei?
   a. Der Nachbar ließ seine Lampe bei Tag brennen.
   b. Ein alter Mann gegenüber machte merkwürdige Gebärden.
   c. Eine Menschenmenge hatte sich vor ihrer Tür gesammelt.
4. Was fanden die Polizisten in der Wohnung gegenüber?
   a. einen schwerhörigen, alten Mann am Fenster
   b. einen gefährlichen Einbrecher hinter dem Kleiderständer
   c. einen kleinen Knaben, der im Gitterbett aufrecht stand

---

36. gingen ihm nach: approached it; advanced toward it   37. auffliegen (o, o): to fly open   38. das Kissen (s, -): pillow   39. bedeuten: to indicate   40. der Teppich (s, e): rug   41. der Boden (s, ¨): floor   42. hinweg: beyond   43. annehmen (nimmt an, nahm an, angenommen): to assume   44. das Gitterbett (s, en): crib   45. aufrecht stehen (stand aufrecht, aufrecht gestanden): to stand upright   46. Wachmann (s, Wachleute): Austrian for **Polizei(beamte)**: police (officer)

5. Am Ende der Geschichte
  a. war die Frau eine Heldin, weil die Polizei den Einbrecher verhaften konnte.
  b. war es klar, daß der alte Mann das Kind nur amüsieren wollte.
  c. ist der Alte über die Brüstung vornübergefallen.

ZUR DISKUSSION DES TEXTES

  1. Welche Funktion haben die Fenster in dieser Geschichte?
  2. Durch wessen Fenster erlebt[1] der Leser die Handlung dieser Geschichte? Welchen Einfluß[2] hat diese Perspektive auf die Beurteilung[3] der Handlung?
  3. Wodurch wirkt die Kurzgeschichte so überraschend?
  4. Wie ist das Verhältnis der Menschen untereinander dargestellt[4]? Verbinden Sie die zwischenmenschliche Beziehung von Mann/Frau mit der von Mann/Kind:

BEISPIEL: Kontaktlosigkeit — Kontaktaufnahme

Mann / Frau	**Mann / Kind**
Kontaktlosigkeit	Das Kind jubelt vor Vergnügen.
Mißverstehen	Kontaktfähigkeit ohne Vorurteile
Die Frau beobachtet nur.	Kontaktaufnahme
Der Mann ignoriert sie.	Das Kind erwidert den Kontakt.
Vorurteile hindern Kontakt	Verstehen ohne Worte
Die Frau fühlt sich bedroht.	Winken, Zublinzeln, geheimes Einverständnis

  5. Die Autorin beschreibt die Lebenssituation der Frau durch den Satz: „Alles lag zu tief unten." Was ist damit gemeint? Wie können Sie aus dieser Lebenssituation heraus ihr Verhalten verstehen?
  6. In der Geschichte beschreibt die Autorin die drei Fenster unterschiedlich. Welche Rückschlüsse[5] kann man aus diesen unterschiedlichen Beschreibungen auf die Charaktereigenschaften der Bewohner ziehen?
  7. Wie ist das Verhalten der anderen Menschen und der Polizei dargestellt?
  8. Zweimal verwendet[6] die Autorin das Bild: „Er schien das Lachen in der hohlen Hand zu halten und warf es dann hinüber," einmal in Bezug[7] auf den alten Mann, einmal in Bezug auf das Kind. Welche Bedeutung hat dieses Lachen?

---

1. erleben: to experience   2. der Einfluß (sses, ¨sse): influence   3. die Beurteilung (en): judgment, opinion   4. darstellen: to portray   5. der Rückschluß (sses, ¨sse): conclusion, inference   6. verwenden: to use, to employ   7. der Bezug (s, ¨e): reference

9. Wie werden die Menschen reagieren, nachdem sie gesehen haben, daß das Theaterspielen einem Kind gegolten[8] hat?

10. **Gruppenarbeit.** Scharade. Jeder Teilnehmer bekommt ein Wort, das er mit Gesten und Mimik darstellen soll, z.B. bedrohen, einladen, jubeln, ignorieren, neugierig sein, schleichen und so weiter. Er stellt sein Wort durch eine Pantomime dar, und die anderen Studenten erraten[9] es.

11. **Aufsatz.** Warum gelingt es dem Mann, nur zu dem Kind Kontakt aufzunehmen und nicht zu der Frau? Ist es nur ein Problem des Alters? Erzählen Sie aus eigener Erfahrung eine Anekdote über Kontaktaufnahme.

VOKABELÜBUNGEN

I. „Ein merkwürdiger Morgen!" (Ergänzen Sie den folgenden Absatz mit passenden Adverbien aus der nachstehenden Liste! (*Complete the following paragraph with appropriate adverbs from the list below.*)

bis	sooft	erst	plötzlich
dann	als	nachdem	inzwischen
während	sobald	jetzt	um

Mein Vater ist Büroangestellter (*clerk*) und muß, wie alle Büroangestellten, Montag _____ Freitag _____ 9 Uhr in seinem Büro sitzen. Meistens ist er auch _____ 9 Uhr da. Meistens. Heute aber war der Weg zur Arbeit etwas länger. Kurz _____ mein Vater das Haus verspätet verlassen hatte, stürzte er _____ herein, um seine graue Aktentasche zu holen. Sie enthielt wichtige Papiere, sagte er. Er fand sie rasch und rannte wieder los. So etwas passiert ihm, _____ er es eilig hat. _____ ich ein paar Minuten später an unserem Schreibtisch mit meiner Freundin telefonierte, stürzte mein Vater mit finsterem Gesicht ein zweites Mal durch die Tür: Er hatte _____ den Bus gerade verpaßt. _____ könnte er es _____ 9 Uhr nur noch mit dem Familienauto schaffen. Er legte die Aktentasche kurz auf den Stuhl und suchte wild mit beiden Händen nach den Autoschlüsseln, die irgendwo unter den Zeitungen auf dem Schreibtisch lagen. _____ er sie gefunden hatte, eilte er schnellstens wieder hinaus. _____ hörte ich den Motor unseres Volkswagens anspringen (*start up*). Er wurde immer lauter, _____ Vater voll Gas gab. _____ fuhr Vater los, und das Geräusch verklang in der Ferne, _____ es nicht mehr zu hören war. „_____", dachte ich, „endlich Ruhe!" In dem Moment, _____ ich mich an den Schreibtisch setzen wollte, um das Gespräch mit meiner Freundin weiterzuführen, entdeckte ich die schlimme Wahrheit. Da, wo ich sitzen wollte, lag _____ eine graue Aktentasche.

---

8. gelten (i, a, o): to be intended for   9. erraten (errät, ie, a): to guess

II. Welche der folgenden Ausdrücke beziehen sich auf die Frau? Auf den alten Mann? Auf keinen von beiden? (*Which of the following expressions refer to the old man? Which refer to the woman? Which refer to neither?*)

1. ein starrer Blick	**6.** schwerhörig	**11.** freundlich
2. winken	**7.** finster	**12.** vernünftig
3. neugierig	**8.** schläfrig	**13.** erregt
4. auf dem Kopf	**9.** atemlos	**14.** lächeln
5. traurig	**10.** heftig	**15.** unersättlich

III. Finden Sie in der Geschichte alle Gebärden, bei denen es primär um Handbewegungen oder Kopfbewegungen oder Bewegungen des ganzen Körpers geht! Schreiben Sie sie auf, und geben Sie auch die Zeilennummer an! (*Find in the story all the terms that refer to gestures, and group them as hand gestures, head gestures, or whole-body gestures. Indicate the line number in which each appears.*)

WIE GUT KENNEN SIE DIE VOKABELN?

I. Führen Sie den Gedanken sinnvoll weiter! (*Choose the best rejoinder.*)

1. Wenn ein Mann auf der Straße eine ältere Dame höflich grüßt,
    a. zieht er den Hut.
    b. kreuzt er die Arme.
    c. kneift er ein Auge zu.

2. Wenn man Einbrecher in der Nachbarwohnung hört,
    a. verschwindet man im Innern des Zimmers.
    b. verständigt man die Polizei.
    c. jubelt man vor Freude.

3. Ich wohne in einer ruhigen Gegend.
    a. Ich höre viel Straßenlärm.
    b. In diesem Stadtteil ist nichts los.
    c. Vor meinem Haus ist jemand niedergefahren worden.

4. Die Frau wohnt im sechsten Stock.
    a. Die Straße liegt tief unten.
    b. Für sie ist der Lift ein Luxus.
    c. Von ihrem Fenster aus führt sie oft Gespräche.

5. Die Wohnung über ihr stand leer.
    a. Da wohnte eine Familie mit drei Kindern.
    b. Die Einwohner waren nur an Wochenenden zu Hause.
    c. Niemand wohnte in der Wohnung.

6. Wenn ein Kind sich sehr freut,
    a. kräht es vor Jubel.

      b. verbeugt es sich.

      c. tut es sich ein Gefallen.

7. Seine Beine ragten auf einmal in die Luft.

      a. Seine Hosen waren nicht geflickt.

      b. Er hatte keine Schuhe an.

      c. Er machte einen Kopfstand.

8. Die Frau war sehr neugierig.

      a. Ihr Gesicht war ganz finster.

      b. Sie wollte alles herausfinden.

      c. Es gelang ihr, sich vom Fenster loszureißen.

9. Wenn man wortlos „ja" sagt,

      a. verbeugt man sich.

      b. zieht man den Hut.

      c. nickt man.

II. Ergänzen Sie die fehlende Wortform und übersetzen Sie beide Wörter ins Englische! (*Supply the missing form of each word and translate both.*)

BEISPIEL: der Freund — **freundlich.** (ADJEKTIV)

                 friend — friendly

1. die Merkwürdigkeit — _____ (ADJEKTIV)

2. die Neugier — _____ (ADJEKTIV)

3. die Heftigkeit — _____ (ADJEKTIV)

4. die Erregung — _____ (ADJEKTIV)

5. vergnügt — _____ (SUBSTANTIV)

6. die Finsternis — _____ (ADJEKTIV)

12

Der Münchner im Himmel

LUDWIG THOMA

Ludwig Thoma wurde am 21. Januar 1867 als Sohn eines Försters in Oberammergau geboren. Er studierte Rechtswissenschaft[1] in München und Erlangen und ließ sich nachher in Dachau, später in München, als Rechtsanwalt nieder. Seine ersten Erzählungen erschienen in der *Abendzeitung* und in der *Jugend*. 1899 verkaufte er seine Rechtspraxis und wurde Redakteur der satirischen Zeitschrift *Simplizissimus*. Als Sanitäter[2] im ersten Weltkrieg erkrankte[3] er an der Ostfront an einer schweren Ruhrinfektion[4], an deren Folgen er 1921 starb. Thoma wurde durch seine Schilderungen[5] des oberbayrischen Landlebens und seine Kritik des Spießbürgertums[6] weit über seiner bayrischen Heimat hinaus bekannt.

---

1. Rechtswissenschaft studieren: to study law   2. der Sanitäter (s, -): orderly   3. erkranken: to fall ill   4. die Ruhrinfektion (en): dysentery   5. die Schilderung (en): portrayal, depiction
6. das Spießbürgertum (s, *no pl.*): narrow-mindedness

Der Münchner im Himmel

ZIELVOKABULAR: Target Vocabulary

BERUFE, BESCHÄFTIGUNGEN UND AUFGABEN: Professions, Occupations, and Responsibilities

der Dienstmann (s, ¨er): porter, delivery
   man

BEWEGUNG: Movement

überbringen (überbrachte, überbracht):
   to convey, to deliver

vorüberschweben: to float past

EMOTIONEN UND REAKTIONEN: Emotions and Reactions

mit + *dat.* nichts anfangen können: to
   be unable to do anything with
ungnädig: ungracious

vergeblich: futile, in vain
der Zorn (s, *no pl.*): anger, wrath;
   zornig: angry

KONFLIKT UND GEWALT: Conflict and Violence

dat. Hiebe versetzen: to hit, to deal
   someone blows

KÖRPERLICHE MERKMALE UND ZUSTÄNDE: Physical Features and Conditions

erwachen: to wake someone up, to
   wake up

POLITISCHE EINRICHTUNGEN UND PROZESSE: Political Institutions and Processes

die Hausordnung (en): house rules and
   regulations

die Regierung (en): government

SCHIMPFWÖRTER: Terms of Abuse

der Hanswurst (es, e): buffoon, clown

der Lümmel (s, -): bumpkin, hick, lout

TÄTIGKEITEN UND EREIGNISSE: Actions and Events

aufnehmen (nimmt auf, nahm auf, aufgenommen): to receive, to welcome

einen Auftrag besorgen: to carry out an assignment

frohlocken: to rejoice, to exult

die Gewohnheit (en): habit

(ÜBER)NATÜRLICHE PHÄNOMENE: (Super)natural Phenomena

der Schlag (s, ⁻e): stroke, heart attack

VERSTÄNDIGUNG: Communication

dat. befehlen (ie, a, o): to command, to order

acc. mit + *dat.* bekannt machen: to acquaint with

lispeln: to lisp; to murmur

plärren: to yammer, to bawl

der Ratschluß (sses, ⁻sse): decree

acc. zur Rede stellen: to take someone to task

SCHON BEKANNTE ZIELVOKABELN: Target Vocabulary from Preceding Stories

die Aufgabe, *cf. dat.* eine Aufgabe stellen (1)
führen (1)

schreien (1)
sich Mühe geben (1)

erstaunt (2)
(un)anständig: *cf.* anständig (10)

Der Münchner[1] im Himmel

Alois Hingerl, Nr. 172, Dienstmann° in München, besorgte einen Auftrag° mit solcher Hast[2], daß er vom Schlage° gerührt[3] zu Boden fiel und starb.

Zwei Engel zogen ihn mit vieler Mühe in den Himmel, wo er von St. Petrus aufgenommen° wurde[4]. Der Apostel gab ihm eine Harfe[5] und machte
5 ihn mit der himmlischen Hausordnung° bekannt°. Von acht Uhr früh bis zwölf Uhr mittags „frohlocken°", und von zwölf Uhr mittags bis acht Uhr abends „Hosianna singen".— „Ja, wann kriagt ma nacha was z'trink'n?"[6] fragte Alois— „Sie werden Ihr Manna schon bekommen", sagte Petrus.

„Auweh!" dachte der neue Engel Aloisius, „dös werd schö fad!"[7] In diesem
10 Momente sah er einen roten Radler[8], und der alte Zorn° erwachte° in ihm.

---

1. der Münchner (s, -): resident of Munich   2. die Hast (*no pl.*): haste   3. rühren: to touch; vom Schlag gerührt: having an apoplectic stroke   4. von St. Petrus aufgenommen wurde: was received by St. Peter   5. die Harfe (n): harp   6. wann . . . z'trink'n?: When do we get something to drink?   7. dös werd schö fad!: this is going to be a bore!   8. ein roter Radler: a red cyclist (reference to delivery personnel of a competing firm)

„Du Lausbua, du mistiga!"[9] schrie er, „kemmt's ös do rauf aa?"[10] Und er versetzte ihm einige Hiebe° mit dem ärarischen[11] Himmelsinstrument.

Dann setzte er sich aber, wie es ihm befohlen° war, auf eine Wolke und begann zu frohlocken°: „Ha–lä–lä–lä–lu–u–hu–hiah!"...

15 Ein ganz vergeistigter Heiliger schwebte an ihm vorüber°.—„Sie! Herr Nachbar! Herr Nachbar!" schrie Aloisius, „hamm Sie vielleicht an Schmaizla bei Eahna?"[12] Dieser lispelte° nur „Hosianna!" und flog weiter.

„Ja, was is denn dös für a Hanswurscht°?"[13] rief Aloisius. „Nacha hamm S' halt koan Schmaizla[14], Sie Engel, Sie boaniga! Sie ausg'schamta!"[15] Dann 20 fing er wieder sehr zornig zu singen an: „Ha–ha–lä–lä–lu–u–uh— Himmi—Herrgott—Erdäpfi[16]—Saggerament[17]–lu–uuu–iah!"...

Er schrie so, daß der liebe Gott von seinem Mittagsschlafe erwachte° und ganz erstaunt fragte: „Was ist denn da für ein Lümmel° heroben?"[18]

Sogleich[19] ließ er Petrus kommen und stellte ihn zur Rede°. „Horchen[20] 25 Sie doch!" sagte er. Sie hörten wieder den Aloisius singen: „Ha–aaaah–läh —Himmi—Himmi—Herrgott—Saggerament—uuuuuh–iah!"...

Petrus führte sogleich den Alois Hingerl vor den lieben Gott, und dieser sprach: „Aha! Ein Münchner! Nu natürlich! Ja, sagen Sie einmal, warum plärren° denn Sie so unanständig?"

30 Alois war aber recht ungnädig°, und er war einmal im Schimpfen drin[21]. „Ja, was glaab'n denn Sie?"[22] sagte er. „Weil Sie der liabe Good san[23], müaßt i singa, wia 'r a Zeiserl, an ganz'n Tag[24], und z'trinka kriagat ma gar nix[25]! A Manna, hat der ander g'sagt, kriag i! A Manna[26]! Da balst ma net gehst mit dein Manna[27]! Überhaupts sing i nimma!"[28]

35 „Petrus", sagte der liebe Gott, „mit dem können wir da heroben nichts anfangen°; für den habe ich eine andere Aufgabe. Er muß meine göttlichen[29] Ratschlüsse° der bayrischen Regierung° überbringen°; da kommt er jede Woche ein paarmal nach München."

Des[30] war Aloisius sehr froh. Und er bekam auch gleich einen Ratschluß 40 für den Kultusminister[31] Wehner zu besorgen und flog ab.

Allein[32], nach seiner alten Gewohnheit° ging er mit dem Brief zuerst ins Hofbräuhaus[33], wo er noch sitzt. Herr von Wehner wartet heute noch vergeblich° auf die göttliche Eingebung[34].

---

9. Du Lausbua, du mistiga!: You rascal, you dirty louse!   10. kemmt's ös do rauf aa?: Do you guys even get up to here?   11. ärarisch: celestial   12. hamm...Eahna?: Do you happen to have any tobacco on you?   13. was is...Hanswurscht?: What kind of clown is *that?*   14. Nacha...Schmaizla: You don't even have any tobacco!   15. Sie boaniga! Sie ausg'schamta!: You bag of bones! You shameless one!   16. Erdäpfi!: potatoes!   17. Saggerament!: Sacrament!   18. heroben: up here   19. sogleich: at once   20. horchen: to listen   21. und er...drin: now that he'd gotten started grousing   22. was glaab'n denn Sie?: What do *you* think?   23. Weil...san: Because you are the heavenly father   24. müaßt...Tag: I have to sing like a songbird all day   25. und z'trinka kriagat ma gar nix!: and we get nothing to drink!   26. A Manna, hat...A Manna!: Manna, the other fellow said, I'll get manna!   27. Da balst ma net gehst mit dein Manna!: I'll tell you what you can do with your manna!   28. Überhaupts sing i nimma!: I'm not going to sing any more!   29. göttlich: divine   30. des: about that   31. der Kultusminister (s, -): Minister for Cultural Affairs   32. allein: however   33. das Hofbräuhaus: well-known Munich beer hall   34. die Eingebung (en): inspiration, input

WIE GUT HABEN SIE DIE GESCHICHTE VERSTANDEN?

1. Worüber unterrichtete St. Petrus den neuen Engel Aloisius?
   a. über das Harfenspielen
   b. über das Fliegen
   c. über die himmlische Hausordnung
2. Was war Hingerls erste Sorge im Himmel?
   a. ob man etwas zu trinken bekäme
   b. daß er die Worte nicht vergäße
   c. wann man rauchen dürfte
3. Was wollte er vom vorüberschwebenden Engel?
   a. Bier
   b. Tabak
   c. Manna
4. Wie lernte der liebe Gott Alois Hingerl kennen?
   a. Das „Frohlocken" weckte ihn aus seinem Mittagsschlaf.
   b. Er lernte ihn beim Harfenunterricht kennen.
   c. Der liebe Gott hatte den einzigen Vorrat von Schnupftabak.
5. Welchen Plan hatte der liebe Gott für Alois?
   a. Er sollte Singstunden bekommen.
   b. Er sollte der bayrischen Regierung Botschaften überbringen.
   c. Er sollte einen Tabakladen im Himmel eröffnen.
6. Wie ging der Plan des lieben Gottes schief?
   a. Im Himmel gibt es keinen Tabak, nur Manna.
   b. Alois sitzt immer noch im Hofbräuhaus.
   c. Alois wollte überhaupt nicht mehr singen.

ZUR DISKUSSION DES TEXTES

1. Welche Verhaltensweisen[1] zeigt der „Münchner" im Himmel?
2. Als der „liebe Gott" von dem Verhalten des Münchners erfährt, sagt er: „Aha! Ein Münchner! Nu natürlich!" Was drückt er damit aus?
3. Angenommen, Sie kennen sonst keinen Bayern, welche Rückschlüsse über die Mentalität der bayrischen Bevölkerung ziehen Sie aus dieser Beschreibung?
4. Halten Sie es für richtig, solche Klischees über Menschen in bestimmten Regionen zu verbreiten? Wie kommen Menschen dazu, solche Klischees zu entwerfen[2]?
5. Beschreiben Sie, wie es Ludwig Thomas Meinung nach im Himmel zugeht[3]! Welchen Zweck verfolgt er mit der ironischen Übertreibung der „himmlischen Verhältnisse"?
6. Welche Meinung vertritt[4] der Autor über die bayrische Staatsregierung?

---

1. das Verhalten (s, Verhaltensweisen): behavior   2. entwerfen (i, a, o): to draw up, to devise
3. wie es im Himmel zugeht: how things work in heaven   4. eine Meinung vertreten: to present an opinion (point of view)

7. Worauf will der Autor bei dieser lustigen Geschichte hinaus[5]? Inwiefern ist die Geschichte zeitlos?
8. **Gruppenarbeit.** Was haben **Sie** für ein Bild von der deutschen Bevölkerung? Welche deutschen Stereotypen sind Ihnen bekannt?
9. **Aufsatz.** Welches Bild haben Ihrer Meinung nach andere Nationen von den Menschen in Kalifornien? (Alabama? Nebraska?)

VOKABELÜBUNGEN

I. Ergänzen Sie mit einem Wort aus der nachfolgenden Liste! (*Fill in the blanks with a word from the following list.*)

erwarten	ungnädig	ohne	höre
singen	liebe	etwas	glaube
gefällt	froh	keine	frohlocke
gesagt	keine	singe	bekomme

Da Aloisius schlechter Laune war, war er recht _____ und schimpfte: „Ja, was _____ Sie denn? Soll ich _____ wie ein Tenor? Seien Sie _____, daß ich überhaupt _____. Normalerweise singe ich nie _____Bier. Und überhaupt — den ganzen Tag _____ richtige Mahlzeit. Der Oberengel hat _____, ich _____ Manna. Aber ich will _____ Nahrhaftes. Und wenn es Ihnen nicht _____, wie ich singe, dann _____ ich eben damit auf. Aus! Vorbei! Ich _____ nicht eine Minute mehr!"

„Petrus", sagte da der _____ Gott, „ich _____, den Aloisius können wir als Sänger tatsächlich nicht gebrauchen."

II. Verbinden Sie eine sinnvolle Fortsetzung (Spalte B) mit jedem Leitsatz (Spalte A)! (*Complete each clause in Column A with a meaningful rejoinder from Column B.*)

Spalte A	Spalte B
1. Wer nichts anfangen kann,	a. schimpft man.
2. Wenn man vom Schlag gerührt wird,	b. muß aufgeben.
3. Will man einen Auftrag mit Hast besorgen,	c. muß man sich beeilen.
4. Wenn man etwas erklärt,	d. stirbt man.
5. Wer frohlockt,	e. jubeliert.
6. Wer großen Hunger hat,	f. ist böse.
7. Wenn man einem anderen einige Hiebe versetzt,	g. schreit sehr laut.
8. Wer ungnädig ist,	h. macht man einen anderen damit bekannt.
9. Wer unanständig plärrt,	i. ist vielleicht mit Manna nicht zufrieden.
10. Wenn ein alter Zorn in einem erwacht,	j. schlägt dieser meist zurück.

---

5. auf + *acc.* hinaus wollen: to be getting (driving) at

WIE GUT KENNEN SIE DIE VOKABELN?

I.   Welche der folgenden Verben haben unmittelbar mit Sprechakten zu tun?

a. frohlocken   **d.** befehlen   **g.** fragen   **j.** überbringen
b. versetzen   **e.** erwachen   **h.** schreien   **k.** lispeln
c. anfangen   **f.** besorgen   **i.** bekommen   **l.** plärren

II.   Ergänzen Sie!
1.   Der Apostel besorgte _____
    a.   viel Mühe.
    b.   einen Schlag.
    c.   einen Auftrag.
2.   _____ erwachte.
    a.   Der Himmel
    b.   Der Dienstmann
    c.   Der Auftrag
3.   Ein schwerer Schlag _____
    a.   traf ihn.
    b.   besorgte ihn.
    c.   nahm ihn auf.
4.   Es ist _____, früh ins Bett zu gehen.
    a.   ungnädig
    b.   vergeblich
    c.   meine Gewohnheit
5.   Er hat mir _____ zu gehen.
    a.   geplärrt
    b.   zur Rede gestellt
    c.   befohlen
6.   Es gibt keine Hoffnung, er sucht _____
    a.   vergeblich.
    b.   ungnädig.
    c.   anständig.

13

Der Schmied von Jüterbog

NACHERZÄHLT VON JOSEF GUGGENMOS*

Der Schwank[1] ist in erster Linie als Unterhaltung gedacht; Schwänke sind „derb[2]-
komische", oft moralisierende, erotische und
provokative Erzählungen, bei denen die
Auseinandersetzung[3] zwischen List und Klugheit in der Ehe oder einem Dreiecksverhältnis[4]
(wie im Schwank „Drei Haare aus des Teufels
Bart", pp. 190–193) oder aber in einem anderen
kleinen Kreis (wie hier in dem „Schmied von
Jüterbog") im Mittelpunkt steht. Die Konzentration auf einfache Leute ist typisch für
Schwankerzählungen.

---

*Some passages of the original text have been altered with the kind permission of the author.
1. der Schwank (s, ⁻e): slapstick folk tale   2. derb: coarse   3. die Auseinandersetzung (en):
here contest, clash   4. das Dreiecksverhältnis (ses, se): triangular relationship

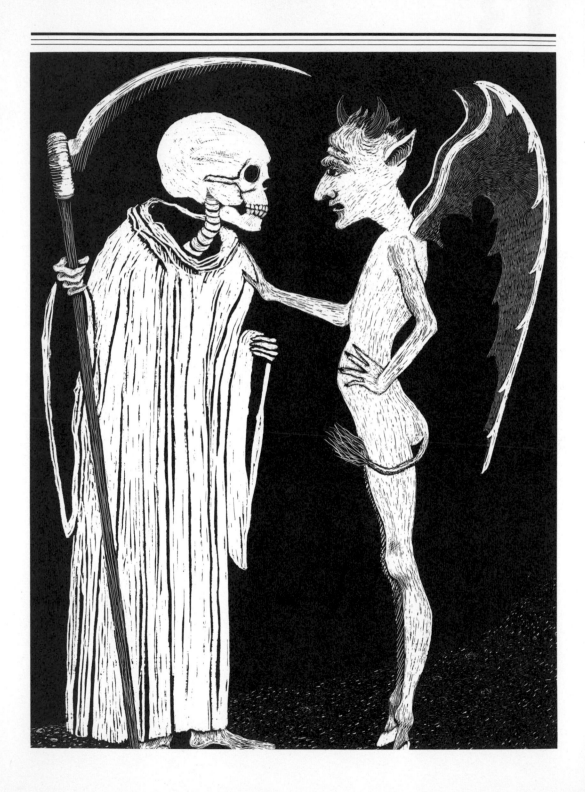

Der Schmied von Jüterbog

ZIELVOKABULAR: Target Vocabulary

BEWEGUNG: Movement

hinaufsteigen (ie, ie; ist): to climb up
(away from the speaker)

weggehen (ging weg, ist weggegangen):
to leave, to go away

CHARAKTERZÜGE: Character Traits

herzlich: sincere, cordial, kind
klug: clever, smart, shrewd

willig: willing

EMOTIONEN UND REAKTIONEN: Emotions and Reactions

auf + *acc.* Lust haben: to have a desire
for

KONFLIKT UND GEWALT: Conflict and Violence

gewaltig: violently

KÖRPERLICHE MERKMALE UND ZUSTÄNDE: Physical Features and Conditions

(sich) ausruhen: to rest, to repose
sich erholen: to relax, to recuperate

die Kraft (¨e): power

TÄTIGKEITEN UND EREIGNISSE: Actions and Events

aufhören: to cease, to quit

nachlassen (läßt nach, ließ nach,
nachgelassen): to subside, to let
(ease) up

VERSTÄNDIGUNG: Communication

bitten (bat, gebeten): to request, to ask
flehen: to beg, to implore

klagen: to complain, to lament

ZWISCHENMENSCHLICHE BEZIEHUNGEN UND INTERAKTIONEN:
Interpersonal Relationships and Interactions

die Bedingung (en): condition
befreien: to free, to liberate
bewirten: to host, to make welcome
entlassen (entläßt, entließ, entlassen):
    to release, to set free
fertig werden (wird, wurde, ist
    geworden) mit: to deal with, to cope
    with

strafen: to punish
überlisten: to outwit, to dupe
ungebeten: uninvited
unverhofft: unexpected and not wished
    for
zulassen (läßt zu, ließ zu, zugelassen):
    to permit, to allow

SCHON BEKANNTE ZIELVOKABELN: Target Vocabulary from Preceding Stories

dauern (1)
schreien (1)
die Mühe (1)
rufen (1)

aufstehen (6)
meinen (6)
holen (9)

auslachen (10)
dat. befehlen (12)
aufnehmen (12)

Der Schmied von Jüterbog

    In Jüterbog lebte einmal ein Schmied, ein frommer[1] Mann. Zu ihm kam
eines Abends spät ein heilig[2] aussehender Mann, und bat ihn um eine
Herberge[3]. Nun war der Schmied immer freundlich und liebreich zu
jedermann; er nahm daher den Fremden auch gern und willig° auf und
5 bewirtete° ihn so gut er konnte. Am nächsten Morgen, als der Gast weggehen
wollte, dankte er seinem Wirt herzlich° und sagte ihm, er würde ihm drei
Bitten gönnen[4]. Da bat der Schmied erstens, daß sein Stuhl hinter dem
Ofen, auf dem er abends nach der Arbeit auszuruhen° pflegte[5], die Kraft°
bekäme, jeden ungebetenen° Gast so lange auf sich festzuhalten, bis ihn der
10 Schmied selbst loslasse; zweitens, daß sein Apfelbaum im Garten die
Hinaufsteigenden auf die gleiche Weise[6] nicht herablasse; drittens, daß aus
seinem Kohlensack keiner herauskäme[7], den er nicht selbst befreite°.
Diese drei Bitten gönnte auch der Fremde und ging weg°.
    Es dauerte auch nicht lange, so kam der Tod[8] und wollte den Schmied
15 holen. Der Schmied aber bat° ihn, da er sicher von der Reise zu ihm
ermüdet[9] sei, sich noch ein wenig auf seinem Stuhl zu erholen°; da setzte

---

1. fromm: pious   2. heilig: holy   3. die Herberge (n): lodging   4. drei Bitten gönnen: to
grant three wishes   5. auf dem er . . . auszuruhen pflegte: on which he was accustomed to rest
6. auf . . . Weise: in the same way   7. herauskäme: would get out   8. es . . . Tod: it wasn't long
before Death came   9. ermüdet: tired

sich dann der Tod auch nieder, und als er nachher wieder aufstehen
wollte, saß er fest. Nun verlangte der Tod, doch wieder befreit zu werden,
aber der Schmied wollte es zuerst nicht zulassen°. Nachher aber ließ er ihn
20 gehen unter der Bedingung°, daß der Tod ihm noch zehn Jahre schenke.
Damit war der Tod zufrieden, der Schmied löste[10] ihn, und er ging davon.

Als nun die zehn Jahre vorbei waren, kam der Tod wieder. Da sagte ihm
der Schmied, er solle doch erst auf den Apfelbaum im Garten hinaufsteigen°,
um einige Äpfel herunterzuholen, die würden ihnen wohl auf der langen
25 Reise schmecken; das tat der Tod, und nun saß er wieder fest[11]. Jetzt rief
der Schmied seine Gesellen[12] herbei, die mußten mit schweren eisernen[13]
Stangen[14] gewaltig° auf den Tod losschlagen[15], daß er ach und weh schrie
und den Schmied flehentlich bat, ihn doch nur freizulassen, er würde ja
gern nie wieder zu ihm kommen. Als nun der Schmied hörte, daß der Tod
30 ihn ewig[16] leben lassen wollte, hieß[17] er die Gesellen einhalten[18] und
entließ° den Tod vom Baum.

Der Tod zog lendenlahm[19] davon und kam nur mit Mühe vorwärts. Da
begegnete ihm unterwegs der Teufel, dem er sogleich sein Herzeleid[20]
klagte°; aber der Teufel lachte ihn nur aus, daß er so dumm gewesen sei,
35 sich von dem Schmied überlisten° zu lassen, und der Teufel meinte, er
würde schon bald mit diesem Schmied fertig° werden.

Darauf ging der Teufel in die Stadt und bat den Schmied um ein
Nachtlager[21]. Nun war's schon spät in der Nacht und der Schmied erklärte,
er könnte die Haustür nicht mehr öffnen; wenn sein unverhoffter° Gast
40 jedoch zum Schlüsselloch[22] hineinfahren könnte, so dürfte er hereinkommen.
Das war nun für den Teufel ganz leicht, und sogleich huschte[23] er durch.
Der Schmied war jedoch klüger° als er und hielt seinen Kohlensack vor das
Loch. Sobald der Teufel darin saß, band der Schmied den Sack schnell zu,
warf ihn auf den Amboß[24] und ließ seine Gesellen wacker[25] drauflos-
45 schmieden[26]. Da flehte° der Teufel zwar jämmerlich[27] und erbärmlich[28], sie
möchten doch aufhören°; aber sie ließen erst nach°, als ihnen die Arme von
dem Hämmern müde waren und der Schmied ihnen befahl aufzuhören.
So war des Teufels Keckheit[29] und Vorwitz[30] gestraft°, und der Schmied ließ
ihn nun frei. Doch mußte er zu demselben Loch wieder hinaus, wo er
50 hineingeschlüpft[31] war. Auf einen zweiten Besuch beim Schmied hatte er
wohl keine Lust° mehr.

---

10. lösen: to release   11. festsitzen (saß fest, festgesessen): to be stuck, to sit tight   12. der
Geselle (n, n): journeyman, assistant   13. eisern: iron   14. die Stange (n): rod, stake   15.
losschlagen (ä, u, a): to begin to beat   16. ewig: eternally   17. *dat.* heißen (ie, ei): to order
18. einhalten (hält, ie, a): to stop   19. lendenlahm: lame, *cf.* die Lende (n): loin, hip   20. das
Herzeleid (s, *no pl.*): plight   21. das Nachtlager (s, -): a place to stay for the night   22. das
Schlüsselloch (s, ¨er): keyhole   23. huschen: to scurry, to whisk   24. der Amboß (sses, sse):
anvil   25. wacker: boldly   26. drauflosschmieden: to whale away at   27. jämmerlich: mis-
erably, wretchedly   28. erbärmlich: pitiably, pitifully   29. die Keckheit (*no pl.*): impudence
30. der Vorwitz (es, *no pl.*): impertinence   31. hineinschlüpfen: to slip in

WIE GUT HABEN SIE DEN SCHWANK VERSTANDEN?

1. Wie belohnte der heilig aussehende Mann den Schmied für seine Herberge?
   a. Er gönnte dem Schmied drei Bitten.
   b. Er gab dem Schmied magische Kräfte.
   c. Er ließ den Teufel den Schmied holen.
2. Wie vermied der Schmied, daß der Tod ihn beim ersten Besuch holte?
   a. Er bewirtete den Tod, so gut er konnte.
   b. Er versteckte sich im Apfelbaum.
   c. Er lud den Tod ein, im magischen Stuhl zu sitzen.
3. Warum gelang es dem Tod auch beim zweiten Besuch nicht, den Schmied zu holen?
   a. Diesmal blieb er im Schlüsselloch stecken.
   b. Er blieb diesmal im Apfelbaum festsitzen.
   c. Er saß noch einmal im magischen Stuhl fest.
4. Was versprach der Tod dem Schmied nach seinem zweiten Besuch?
   a. Er würde das nächste Mal den Teufel an seiner Stelle schicken.
   b. Er würde den Schmied zu seinem Gesellen machen.
   c. Er würde den Schmied ewig leben lassen.
5. Wie reagierte der Teufel auf die Geschichte des Todes?
   a. Er sagte, er würde mit dem Schmied fertig werden.
   b. Der Schmied hatte ihn auch schon überlistet.
   c. Er klagte dem Tod sein Herzeleid.
6. Was gab der Teufel dem Schmied, damit er ihn freiließe?
   a. einen Sack voll Geld
   b. das Vergnügen, ihn schreien zu hören
   c. drei Bitten

CLASSROOM ACTIVITIES

1. Your instructor will divide the class into five or six groups and assign these roles: **Schmied, Gast, Tod I, Tod II, Teufel, Gesellen** (optional). Each group will compose a lively dialogue for its role, and select an actor for that role. Then the elected actors can present the story in drama form to the rest of the class.
2. **Aufsatz.** Schreiben Sie eine dramatisierte Fassung des Schwanks! Benutzen Sie Dialog statt indirekter Beschreibung! In der nächsten Stunde verteilen Sie die Rollen und führen Sie die jeweiligen Fassungen auf!

VOKABELÜBUNGEN

I. Welche sind rein menschliche Tätigkeiten, und welche sind normalerweise für andere Lebewesen auch möglich? (*Which are solely human activities, and which apply to other creatures as well?*)

a. bitten	**e.** weggehen	**i.** danken	**m.** gönnen
b. steigen	**f.** zulassen	**j.** bewirten	**n.** festhalten
c. schreien	**g.** rufen	**k.** schmieden	**o.** überlisten
d. werfen	**h.** aufhören	**l.** hören	**p.** begegnen

II. Das Wort **lassen** kommt in dem Schwank einfach und mit sechs Präfixen in acht Bedeutungen vor. Finden Sie sie, und schreiben Sie einen eigenen Satz für jede Bedeutung! (*In this tale, the word **lassen**, alone or attached as a prefix, takes eight different meanings. Find them and form a new sentence for each different meaning.*)

WIE GUT KENNEN SIE DIE VOKABELN?

I. Bilden Sie Wortpaare, die entweder Steigerungen (warm-heiß) oder Synonyme darstellen (*represent*)! Verwenden Sie jedes Wort nur einmal!

a. nachlassen	**e.** verlangen	**i.** bitten um
b. schenken	**f.** flehen	**j.** weggehen
c. sich erholen	**g.** sich ausruhen	**k.** gönnen
d. davonziehen	**h.** aufhören	**l.** bitten

II. Welcher Satz drückt am besten den Inhalt des Schlüsselworts aus?

1. klagen
   - **a.** Der Schmied ließ den Tod einen Apfelbaum hinaufsteigen.
   - **b.** Geben Sie mir sofort das, was ich will!
   - **c.** Der kleine Bruder sagte: „Das ist unfair! Ich darf nie mitspielen."
   - **d.** Er legte sich hin und schlief fest ein.
2. zulassen
   - **a.** Ja, Sie dürfen zwei Flaschen Wein ins Land bringen.
   - **b.** Langsam tat der Arm weniger weh.
   - **c.** Die Ärzte sagten ihm, er müsse zwei Tage im Krankenhaus bleiben.
   - **d.** Ich will sofort ein Eis haben!
3. flehen
   - **a.** Lassen Sie diesen Mann sofort herein!
   - **b.** Er ist schon unterwegs.
   - **c.** Er lief weg, so schnell er nur konnte.
   - **d.** Im Namen Gottes, bitte lassen Sie mich gehen!
4. aufhören
   - **a.** Wir sprachen sehr laut, weil er schwerhörig war.
   - **b.** Nach einer Stunde stritten sie sich nicht mehr.
   - **c.** Mein Bruder darf heute nicht mitkommen, weil er unseren Vater gestern angeschrien hat.
   - **d.** Der Vater bat seine Tochter, nicht so laut zu schreien, aber sie schrie immer weiter.

5. klug
   a. Er klagt jeden Tag über etwas anderes. Jetzt ist aber genug!
   b. Sie geht jeden Sonntag in die Kirche.
   c. Max tat alles, was man ihm sagte.
   d. Der Schmied konnte den Tod und den Teufel überlisten.

6. sich erholen
   a. Sie hat drei Monate Tag und Nacht gearbeitet.
   b. Sie hat drei Wochen nur am Strand in Italien gelegen.
   c. Sie hat früher viel gearbeitet, aber seit drei Jahren macht sie nichts mehr.
   d. Sie hustet immer noch und scheint mir krank zu sein.

7. Max sieht nicht gut aus.
   a. Sein Gesicht ist bleich und die Augen müde.
   b. Max ist fast blind.
   c. Max ist gesund und hat eine schöne Bräunung (*sun tan*).
   d. Max kann seine Schlüssel nicht finden; er weiß nie, wo er suchen soll.

14

Das Märchen vom Glück

ERICH KÄSTNER

Erich Kästner wurde 1899 in Dresden geboren, studierte von 1919 bis 1925 Germanistik, Geschichte und Philosophie und arbeitete als Redakteur[1] bei der „Neuen Leipziger Zeitung". Von 1933 bis zum Kriegsende durfte er keine Bücher in Deutschland, ab 1942 auch nicht mehr im Ausland veröffentlichen. Nach dem Krieg war er in München Mitbegründer[2] und Mitarbeiter des literarischen Kabarettes „Die Schaubude" sowie Feuilleton[3]-Redakteur und Präsident des deutschen Schriftstellerverbandes PEN. Einige seiner bekanntesten Werke sind der Roman *Fabian* (1931), der auch ein erfolgreicher Film wurde, und die Kinderbücher *Emil und die Detektive* (1928) und *Das fliegende Klassenzimmer* (1933). Zu seinen Auszeichnungen[4] gehören der Münchner Kunstpreis (1955) und der Georg-Büchner-Preis (1957). Kästner starb 1974 in München.

---

1. der Redakteur (s, e): editor   2. der Mitbegründer (s, -): co-founder   3. das Feuilleton (s, s): feuilleton, feature section   4. die Auszeichnung (en): award

Das Märchen vom Glück

ZIELVOKABULAR: Target Vocabulary

CHARAKTERZÜGE: Character Traits

albern: silly
die Ausnahme (n): exception

acc. frei haben: to have available
gutmütig: kind, big-hearted

EMOTIONEN UND REAKTIONEN: Emotions and Reactions

dat. auf die Nerven gehen (ging, ist
    gegangen): to get on someone's
    nerves
das Glück (s, *no pl.*): happiness
neidisch: envious

die Unzufriedenheit (*no pl.*): discontent
dat. Vorwürfe machen: to reproach
der Wunsch (es, ⁼e): wish; sich (*dat.*)
    wünschen: to wish (for oneself)
dat. + zumute sein (wie + *dat.*): to feel
    (like)

GEBÄUDE UND HAUSRAT: Buildings and Household Goods

die Kneipe (n): pub

INTELLEKT: Intellect

absichtlich: intentionally, on purpose
betrachten: to regard, to look over

sich (*dat.*) überlegen: to consider, to
    think over

SINNLICHE WAHRNEHMUNG: Sensory Perception

an + *dat.* leiden (litt, gelitten): to suffer
    from

dat. übel werden vor Schreck: to
    become sick with fright

TÄTIGKEITEN UND EREIGNISSE: Actions and Events

sich erfüllen: to come true
mit + *dat.* vorsichtig umgehen (ging
    um, umgegangen): to be careful with

verschleudern: to waste

VERSTÄNDIGUNG: Communication

hervorstoßen (ö, ie, o): to blurt out

stottern: to stutter

ZWISCHENMENSCHLICHE BEZIEHUNGEN UND INTERAKTIONEN: Human Relations and Interactions

acc. angehen (ging an, ist angegangen): to concern, to be someone's business

duzen: to address someone with „du"

dat. schuldig sein: to owe

SCHON BEKANNTE ZIELVOKABELN: Target Vocabulary from Preceding Stories

schütteln (1)
der Schluck, *cf.* schlucken (1)
verschwinden (3)

schneien (5)
flüstern (6)
der Schinken (7)

wütend (9)
zittern (9)
prüfen (10)

Das Märchen vom Glück

Siebzig war er gut und gern, der alte Mann, der mir in der verräucherten[1] Kneipe° gegenübersaß. Sein Schopf[2] sah aus, als habe es darauf geschneit, und die Augen blitzten wie eine blankgefegte[3] Eisbahn[4]. „Oh, sind die Menschen dumm", sagte er und schüttelte den Kopf, daß ich dachte, gleich
5 müßten Schneeflocken aus seinem Haar aufwirbeln[5].

„Das Glück° ist ja schließlich[6] keine Dauerwurst[7], von der man sich täglich eine Scheibe[8] herunterschneiden[9] kann!" — „Stimmt", meinte ich, „das Glück hat ganz und gar nichts Geräuchertes an sich[10]. Obwohl . . ."
— „Obwohl?" — „Obwohl gerade Sie[11] aussehen, als hinge bei Ihnen zu
10 Hause der Schinken des Glücks im Rauchfang."[12] — „Ich bin eine Ausnahme",° sagte er und trank einen Schluck. „Ich bin die Ausnahme. Ich bin nämlich der Mann, der einen Wunsch° frei hat."°

Er blickte mir prüfend ins Gesicht[13], und dann erzählte er seine Geschichte. „Das ist lange her"[14], begann er und stützte[15] den Kopf in beide Hände,
15 „sehr lange. Vierzig Jahre. Ich war noch jung und litt° am Leben wie an einer geschwollenen Backe[16]. Da setzte sich, als ich eines Mittags verbittert auf einer grünen Parkbank hockte[17], ein alter Mann neben mich und sagte beiläufig[18]: ‚Also gut. Wir haben es uns überlegt°. Du hast drei

---

1. verräuchert: smoke-filled   2. der Schopf (s, ⸚e): shock of hair   3. blankgefegt: swept smooth and shiny   4. die Eisbahn (en): ice-skating rink   5. aufwirbeln: to swirl up   6. schließlich: after all   7. die Dauerwurst (⸚e): hard salami (usually strongly smoked)   8. die Scheibe (n): slice   9. herunterschneiden (schnitt herunter, heruntergeschnitten): to slice off   10. das Glück . . . sich: there's absolutely nothing smoked about happiness.   11. gerade Sie: you of all people   12. als hinge . . . Rauchfang: as if the ham of luck were hanging in your chimney at home   13. er . . . Gesicht: he searched my face   14. das ist lange her: it was a long time ago   15. stützen: to support   16. eine geschwollene Backe: a swollen cheek (toothache)   17. hocken: (*colloquial*) to slump, to sit hunched over   18. beiläufig: in passing, casually

Wünsche frei.' Ich starrte[19] in meine Zeitung und tat, als hätte ich nichts
20 gehört. ,Wünsch° dir, was du willst', fuhr er fort[20], ,die schönste Frau oder
das meiste Geld oder den größten Schnurrbart — das ist deine Sache[21]. Aber
werde endlich glücklich! Deine Unzufriedenheit° geht uns auf die Nerven°.
Er sah aus wie der Weihnachtsmann[22] in Zivil[23]. Weißer Vollbart, rote
Apfelbäckchen, Augenbrauen wie aus Christbaumwatte[24]. Gar nichts Ver-
25 rücktes. Vielleicht ein bißchen zu gutmütig.° Nachdem ich ihn eingehend[25]
betrachtet° hatte, starrte ich wieder in meine Zeitung. ,Obwohl es uns
nichts angeht°, was du mit deinen drei Wünschen machst', sagte er, ,wäre
es natürlich kein Fehler, wenn du dir die Angelegenheit[26] vorher[27] genau
überlegtest. Denn drei Wünsche sind nicht vier Wünsche oder fünf, sondern
30 drei. Und wenn du hinterher[28] noch neidisch° und unglücklich wärst,
könnten wir dir und uns nicht mehr helfen.' Ich weiß nicht, ob Sie sich in
meine Lage[29] versetzen[30] können. Ich saß auf einer Bank und haderte[31]
mit Gott und der Welt. In der Ferne[32] klingelten die Straßenbahnen. Die
Wachtparade[33] zog irgendwo mit Pauken und Trompeten[34] zum Schloß. Und
35 neben mir saß nun dieser alte Quatschkopf!"[35]

„Sie wurden wütend?"

„Ich wurde wütend. Mir war zumute° wie einem Kessel[36] kurz vorm
Zerplatzen[37]. Und als er sein weißwattiertes[38] Großvatermündchen[39] von
neuem aufmachen[40] wollte, stieß ich zornzitternd[41] hervor°: ,Damit Sie alter
40 Esel mich nicht länger duzen°, nehme ich mir die Freiheit[42], meinen
ersten und innigsten[43] Wunsch auszusprechen[44] — scheren Sie sich zum
Teufel!'[45] Das war nicht fein und höflich[46], aber ich konnte einfach nicht
anders. Es hätte mich sonst zerrissen."[47]

„Und?"

45 „Was ,Und'?"

„War er weg?"

„Ach so! — Natürlich war er weg! Wie fortgeweht[48]. In der gleichen
Sekunde. In nichts aufgelöst[49]. Ich guckte[50] sogar unter die Bank. Aber dort
war er nicht. Mir wurde ganz übel vor lauter Schreck°. Die Sache mit den
50 Wünschen schien zu stimmen![51] Und der erste Wunsch hatte sich bereits

---

19. starren: to stare   20. fortfahren (ä, u, a): to continue (talking)   21. deine Sache: your
business   22. der Weihnachtsmann (s, ⸚er): Santa Claus   23. in Zivil: in civilian clothes   24.
die Christbaumwatte (*no pl.*): cotton (on a Christmas tree)   25. eingehend: thoroughly   26.
die Angelegenheit (en): matter   27. vorher: beforehand   28. hinterher: afterwards   29. die
Lage (n): situation   30. sich versetzen: to put oneself in another's place   31. hadern: to
wrangle   32. die Ferne (en): distance   33. die Wachtparade (n): changing of the guard   34.
mit Pauken und Trompeten: with kettledrums beating and trumpets blasting   35. der Quatschkopf (s, ⸚e): chatterbox   36. der Kessel (s, -): kettle   37. kurz vorm Zerplatzen: about to explode
38. weißwattiert: decorated with white cotten (weiße Watte)   39. Großvatermündchen: (*con-
temptuous*) little grandfather(ly) mouth   40. aufmachen: to open   41. zornzitternd: quivering
with anger   42. nehme . . . Freiheit: I'll take the liberty   43. innig: sincere   44. aussprechen
(i, a, o): to express   45. scheren . . . Teufel: go to hell!   46. höflich: polite   47. zerreißen
(zerriß, zerrissen): to tear to pieces   48. fortgeweht: blown away   49. in nichts aufgelöst:
dissolved into nothing 50. gucken: (*colloq.*) to look 51. schien zu stimmen: seemed to be true

erfüllt°! Du meine Güte[52]! Und wenn er sich erfüllt hatte, dann war der gute,
liebe, brave Großpapa, wer er nun auch sein mochte[53], nicht nur weg,
nicht nur von meiner Bank verschwunden, nein, dann war er beim Teufel!
Dann war er in der Hölle! ‚Sei nicht albern'°, sagte ich zu mir selber. ‚Die
55 Hölle gibt es gar nicht, und den Teufel auch nicht.' Aber die drei Wünsche,
gab's denn die? Und trotzdem war der alte Mann, kaum hatte ich's
gewünscht[54], verschwunden . . . Mir wurde heiß und kalt. Mir schlotterten[55]
die Knie. Was sollte ich machen? Der alte Mann mußte wieder her[56], ob's
nun eine Hölle gab oder nicht. Das war ich ihm schuldig°. Ich mußte
60 meinen zweiten Wunsch dransetzen[57], den zweiten von dreien, o ich Ochse!
Oder sollte ich ihn lassen, wo er war? Mit seinen hübschen, roten Apfelbäckchen? ‚Bratapfelbäckchen'[58], dachte ich schaudernd[59]. Mir blieb keine
Wahl[60]. Ich schloß die Augen und flüsterte ängstlich: ‚Ich wünsche mir, daß
der alte Mann wieder neben mir sitzt!' Wissen Sie, ich habe mir jahrelang,
65 bis in den Traum hinein[61], die bittersten Vorwürfe° gemacht, daß ich den
zweiten Wunsch auf diese Weise[62] verschleudert° habe, doch ich sah
damals keinen Ausweg[63]. Es gab ja auch keinen . . .''
„Und?''
„Was ‚Und'?''
70 „War er wieder da?''
„Ach so!—Natürlich war er wieder da! In der nämlichen Sekunde. Er saß
wieder neben mir, als wäre er nie fortgewünscht gewesen. Das heißt, man
sah's ihm schon an[64], daß er irgendwo gewesen war, wo es verteufelt,
ich meine, wo es sehr heiß sein mußte[65]. O ja. Die buschigen, weißen
75 Augenbrauen waren ein bißchen verbrannt[66]. Und der schöne Vollbart hatte
auch etwas gelitten. Besonders an den Rändern[67]. Außerdem roch's wie
nach versengter Gans[68]. Er blickte mich vorwurfsvoll an. Dann zog er ein
Bartbürstchen[69] aus der Brusttasche, putzte sich Bart und Brauen und sagte
gekränkt[70]: ‚Hören Sie, junger Mann—fein war das nicht von Ihnen!' Ich
80 stotterte° eine Entschuldigung. Wie leid es mir täte[71]. Ich hätte doch nicht
an die drei Wünsche geglaubt. Und außerdem hätte ich immerhin versucht,
den Schaden[72] wiedergutzumachen[73]. ‚Das ist richtig', meinte er. ‚Es wurde
aber auch höchste Zeit.' Dann lächelte er. Er lächelte so freundlich, daß mir
fast die Tränen[74] kamen. ‚Nun haben Sie nur noch einen Wunsch frei',
85 sagte er, ‚den dritten. Mit ihm gehen Sie hoffentlich ein bißchen vorsichtiger

---

52. du meine Güte!: (*exclamation of astonishment*) Oh my! Good Lord!   53. wer . . . mochte:
whoever he might be   54. kaum hatte ich's gewünscht: no sooner had I wished it   55.
schlottern: to quake   56. mußte wieder her: had to come (be brought) back   57. dransetzen:
to risk, to use   58. der Bratapfel (s, ⁼): baked apple   59. schaudernd: shuddering   60. Mir
blieb keine Wahl: I had no choice.   61. bis in den Traum hinein: even in my dreams   62.
auf diese Weise: in this way   63. der Ausweg (s, e): alternative, way out   64. man sah's ihm
schon an: you could notice   65. wo es . . . mußte: where it had to have been hotter than hell, I
mean, very hot   66. verbrennen (verbrannte, verbrannt): to burn   67. der Rand (s, ⁼er): edge
68. roch's . . . Gans: it smelled like singed goose   69. die Bürste (n): brush   70. gekränkt:
insulted, hurt   71. wie leid es mir täte: how sorry I was   72. der Schaden (s, ⁼): harm, damage
73. wiedergutmachen: to compensate for, to make up for   74. die Träne (n): tear

um°. Versprechen[75] Sie mir das?' Ich nickte und schluckte. ‚Ja', antwortete ich dann, ‚aber nur, wenn Sie mich wieder duzen.' Da mußte er lachen. ‚Gut, mein Junge', sagte er und gab mir die Hand[76]. Leb wohl[77]. Sei nicht allzu unglücklich. Und gib auf deinen letzten Wunsch acht[78].' ‚Ich verspreche
90 es Ihnen', erwiderte[79] ich feierlich[80]. Doch er war schon weg. Wie fortgeblasen.'[81]

„Und?"

„Was ‚Und'?"

„Seitdem sind Sie glücklich?"

95 „Ach so. Glücklich?" Mein Nachbar stand auf, nahm Hut und Mantel vom Garderobenhaken[82], sah mich mit seinen blitzblanken[83] Augen an und sagte: „Den letzten Wunsch hab' ich vierzig Jahre lang nicht angerührt[84]. Manchmal war ich nahe daran[85]. Aber nein. Wünsche sind nur gut, solange man sie noch vor sich hat. Leben Sie wohl." Ich sah vom Fenster aus, wie er über die
100 Straße ging. Die Schneeflocken umtanzten ihn. Und er hatte ganz vergessen, mir zu sagen, ob er wenigstens glücklich sei. Oder hatte er mir absichtlich° nicht geantwortet? Das ist natürlich auch möglich.

WIE GUT HABEN SIE DIE GESCHICHTE VERSTANDEN?

1. Womit kann man das Glück nicht vergleichen?
 a. mit dem Leben
 b. mit einer Dauerwurst
 c. mit einem Spiel
2. Wie reagierte der junge Mann auf das Angebot des Alten?
 a. Er war ihm dankbar.
 b. Er wollte ihm nicht glauben.
 c. Er setzte sich verbittert auf eine Parkbank.
3. Was wünschte er sich mit dem ersten Wunsch?
 a. daß der Alte zum Teufel ginge
 b. daß er ganz viel Geld bekäme
 c. daß er eine schöne Frau hätte
4. Warum wünschte er den Alten zurück?
 a. Es tat ihm leid um den Alten.
 b. Er hatte Angst vor dem Alten.
 c. Er wollte den Alten duzen.
5. Was hat der Erzähler mit dem letzten Wunsch gemacht?
 a. Er hat gewünscht, daß der Alte ihn wieder duzte.
 b. Er hat sich das Glück gewünscht.
 c. Er hat den Wunsch immer noch vor sich.

---

75. versprechen (i, a, o): to promise   76. gab mir die Hand: shook my hand   77. leb wohl!: farewell!   78. und gib ... acht: and mind your last (final) wish!   79. erwidern: to reply   80. feierlich: solemnly   81. wie fortgeblasen: as if blown away   82. der Garderobenhaken (s, -): hook   83. blitzblank: sparkling   84. anrühren: to touch   85. manchmal ... daran: sometimes I have been close to it

ZUR DISKUSSION DES TEXTES

1. Das Märchen vom Glück hat insgesamt[1] vier Personen. Welche äußerlichen Merkmale und welche Charaktereigenschaften[2] hat jede der Personen?
   a. der junge Mann in der Kneipe
   b. der alte Mann in der Kneipe
   c. der junge Mann auf der Parkbank
   d. der alte Mann, der die Wünsche anbietet

2. Wodurch unterscheidet sich der alte Mann in der Kneipe von dem alten Mann, von dem er erzählt? Wodurch unterscheidet sich der junge Mann in der Kneipe von dem jungen Mann auf der Parkbank? Mit welcher Absicht[3] hat Ihrer Meinung nach der Autor die Personen so vermischt[4]? Ist es möglich, daß sich die Geschichte, die der alte Mann in der Kneipe erzählt, nur in der Phantasie[5] des jungen Mannes in der Kneipe zugetragen[6] hat? Warum duzt der Alte den Jüngeren? Erklären Sie Ihre Antwort!

3. Was bedeutet es, wenn der alte Mann in der Kneipe sagt: „Ich bin die Ausnahme"? Was ist die Moral der Geschichte, wenn er die einzige Ausnahme ist?

4. Wie ist die Beziehung zwischen Glück und Wünschen in dieser Geschichte?

5. Welche Wörter im Text deuten darauf hin, daß es ein modernes Märchen ist? Vergleichen Sie dieses Märchen mit dem „Schmied von Jüterbog"! Inwiefern hat Kästner recht, seine Geschichte als Märchen zu bezeichnen[7]? Warum?

6. **Gruppenarbeit.** Teilen Sie sich in Gruppen und erfinden Sie ein Gespräch zwischen dem altgewordenen Mann auf der Parkbank und dem „Weihnachtsmann in Zivil"! Das Gespräch soll jetzt, also vierzig Jahre nach ihrer ersten Begegnung, stattfinden.

7. **Aufsatz.** In der Werbung[8] scheinen alle Leute glücklich zu sein. Sammeln Sie fünf Werbetexte, in denen der Begriff Glück vorkommt und schreiben Sie einen Aufsatz, in dem Sie das Glück, das man in der Werbung verspricht, mit dem Glück in dem Märchen vergleichen!

VOKABELÜBUNGEN

I. Welche Adjektive passen zu welchen Substantiven? Mehrere Antworten können stimmen.

a.	frei	d.	prüfend	g.	höflich
b.	zerplatzend	e.	blitzend	h.	albern
c.	gutmütig	f.	geräuchert	i.	vorwurfsvoll

---

1. insgesamt: in all   2. die Charaktereigenschaft (en): characteristic, trait   3. die Absicht (en): intention   4. vermischen: to mingle   5. die Phantasie (n): imagination   6. zutragen (ä, u, a): to happen   7. bezeichnen: to call, to refer to   8. die Werbung (en): (world of) advertising

1. ein _____-er Blick
2. eine _____-e Dauerwurst
3. ein _____-er Wunsch
4. ein _____-er Mann
5. ein _____-er Weihnachtsmann
6. eine _____-e Idee
7. _____-e Augen
8. ein _____-er Kessel

II.   Welche Adjektive beschreiben den jüngeren Mann? Welche den „Weihnachtsmann"? Schreiben Sie sie in zwei Spalten wieder auf!

1. verbittert	5. verrückt	9. wütend	13. unglücklich
2. zufrieden	6. neidisch	10. freundlich	14. geräuchert
3. unzufrieden	7. vorwurfsvoll	11. höflich	15. jung
4. gutmütig	8. gekränkt	12. ängstlich	16. alt

WIE GUT KENNEN SIE DIE VOKABELN?

I.   Welches Adjektiv beschreibt am besten den Inhalt des Satzes?

a. gutmütig   **b.** neidisch   **c.** vorsichtig   **d.** wütend

1. Mama, Ernst hat mehr Kuchen gekriegt, als ich!
2. Hier mußt du aber gut aufpassen!
3. Scher' dich zum Teufel!
4. Du kannst ruhig einschlafen. Ich passe auf.
5. Das war wirklich albern von dir! Kannst du dir nichts Besseres ausden-
ken?
6. Ich hatte keine Chance; die anderen waren schneller.
7. Komm doch, ich helfe dir dabei.
8. Nicht so schnell! Willst du dir den Fuß brechen?
9. Ich weiß nicht, wie die Sache ausgehen wird, aber ich hoffe auf das Beste.
10. Verdammt noch mal! Ich kann deine Verrücktheit nicht leiden!

II.   Bringen Sie die Sätze in die richtige Reihenfolge!

BEISPIEL: a. Er ist sehr neidisch auf sie. (1)
b. Sein Wunsch erfüllt sich. (3)
c. Er wünscht sich ihren Erfolg. (2)

1. **a.** Sie sind ganz verrückt.
b. Ich werde wütend auf Sie.
c. Sie gehen mir auf die Nerven.

2. **a.** Ich machte mir Vorwürfe wegen des Zeitverlusts.
   b. Ich hatte den Nachmittag frei.
   c. Ich verschleuderte meine Zeit.

3. **a.** Ihm wurde übel vor Schreck.
   b. Er erschrak.
   c. Ein Schlag traf ihn, und er starb.

4. **a.** Er entschuldigte sich vielmals.
   b. Ich wurde gekränkt.
   c. Seitdem geht er vorsichtiger mit mir um.

5. **a.** Der Fremde duzte mich.
   b. Ich betrachtete den Fremden mit Erstaunen.
   c. Der Fremde bat mich um Verzeihung.

15

Ein ganz anderer Brief

BRIGITTE SCHWAIGER

Brigitte Schwaiger, 1949 in Freistadt (Oberösterreich) geboren, hat nach ihrem Studium Deutsch und Englisch in Spanien unterrichtet. Sie hat später an der Pädogogischen Akademie in Linz studiert und arbeitete als Schauspielerin, Regieassistentin und Sekretärin. Sie lebt heute als freie Schriftstellerin in Wien. Sie hat Theaterstücke (*Nestwärme* und *Liebesversuche* sowie die Einakter *Die Klofrau* und *Büroklammern*) und Hörspiele (z.B. *Steirerkostüm* und *Murmeltiere*) geschrieben. Ein großer Erfolg war ihr erster Roman *Wie kommt das Salz ins Meer?* (1977), der eine Ehe schildert, die an einer konsumorientierten, in Klischees erstarrten Umwelt zugrundegeht[1]. In ihren erzählenden Texten in *Mein spanisches Dorf*, dem der folgende Text entnommen ist, beschreibt sie mit intimem Blick die provinzielle Existenz der Kleinstädter.

---

1. zugrundegehen (ging zugrunde, zugrundegegangen): to fail, to be ruined

Ein ganz anderer Brief

ZIELVOKABULAR: Target Vocabulary

CHARAKTERZÜGE: Character Traits

sich ändern: to change
die Ehre (n): honor

(un)erfahren: (in)experienced

EMOTIONEN UND REAKTIONEN: Emotions and Reactions

acc. zu + *dat.* bewegen (o, o): to induce,
   to move (someone) to do (something)
sich (*dat.*) erlauben: to take the liberty
   of

gedrängt: pressed, compelled
das Unglück: misfortune, unhappiness
verehren: to honor, to esteem

GRUSSFORMEL FÜR BRIEFE: Salutation for Letters

Sehr geehrte(r) Frau (Herr): Dear Mrs.
   (Mr.) (formal address used for those
   outside your family whom you do
   not know well)

HANDEL UND WANDEL: Trade and Commerce

das Anliegen: request, concern
besorgen: to purchase

beim Geschäftshandel: while (in the
   course of) doing business
der Umsatz (es, ¨e): sales volume,
   turnover

INTELLEKT: Intellect

erfahren (ä, u, a): to find out, to learn
   of; to experience
gedenken (gedachte, gedacht) + *inf.*: to
   intend

gen. gedenken (gedachte, gedacht): to
   remember, to think of
wählen: to choose, to elect

MENGENBEGRIFFE: Quantities

knapp: almost, just under

TÄTIGKEITEN UND EREIGNISSE: Actions and Events

anläßlich: on the occasion of

der Fall (s, ¨e): case, instance

ZEITBEGRIFFE: Concepts of Time

einst: at one time in the past
in (der) Eile sein: to be in a hurry
das Jahrzehnt (s, e): decade
die Jugend (*no pl.*): youth

längst zu spät: far too late
vorausbestimmt: destined
die Zeiten (*pl.*): the times

ZWISCHENMENSCHLICHE BEZIEHUNGEN UND INTERAKTIONEN: Human Relations and Interactions

heiraten: to marry
die Hochzeit (en): wedding

Kommen Sie mit mir auf einen Kaffee!:
    Come, have coffee with me!
plaudern: to chat

SCHON BEKANNTE ZIELVOKABELN: Target Vocabulary from Preceding Stories

sich + *adj.* fühlen (1)
sich an + *acc.* erinnern (4)

das Gedächtnis (10)

leidend, *cf.* an + *dat.* leiden
    (14)

Ein ganz anderer Brief

Graz, am 18. Januar 1978

Sehr geehrte° Frau Dr. Cermak!

Mein Name wird Ihnen vielleicht nicht mehr im Gedächtnis sein, und
doch fühle ich mich gedrängt°, Ihnen zu schreiben, denn es ist so viel
5 Unausgesprochenes[1] zwischen uns, und unsere Leben waren vor etwa
vierzig Jahren so nahe dran, sich zu kreuzen, sich zu vereinen vielleicht
sogar[2], kurz, ich erlaube° mir diesen Brief, nachdem es längst zu spät° ist.
Wenn ich auf meine letzten Jahrzehnte° zurückblicke, so könnte ich mich
buchstäblich[3] in den H. beißen[4], verehrteste° Frau Doktor. Aber was weiß
10 man, wenn man jung und unerfahren° ist.
Damals, als Sie den Schuhabstreifer[5] bei mir im Hofe ausklopften[6], da
stand mein Sinn nur nach Reinhaltung meines Geschäftsgebäudes[7], und ich
war noch blind für das Ideale in dieser Welt. Ich hätte nichts sagen sollen.
Oder vielmehr[8], ich hätte sagen sollen: Fräulein, kommen Sie mit mir auf
15 einen Kaffee°! Das wäre es gewesen, und da hätte sich mein ganzes Leben

---

1. das Unausgesprochene: unspoken (thoughts)   2. so nahe . . . sogar: so close to crossing, perhaps even to being united   3. buchstäblich: literally   4. sich (*acc.*) in den H(intern) beißen (biß, gebissen): to kick oneself   5. der Schuhabstreifer (s, -): door mat   6. ausklopfen: to beat (a rug, carpet, etc.)   7. da stand . . . Geschäftsgebäudes: I was set only on keeping my place of business clean.   8. oder vielmehr: or rather

zum Guten gewendet. Und was sagte ich statt dessen? Da dürfen Sie das
nicht ausklopfen, habe ich Ihnen gesagt.

Dann heiratete° ich, und das Unglück° war doppelt, denn wie Sie sich
jetzt schon erinnern werden, war es eine Doppelhochzeit°. Weder mir noch
20 meinem Bruder, keinem von uns war das Eheglück vorausbestimmt°. Wir
haben nicht die richtige Frau gefunden. Schnell und ungestüm[9] ist die
Jugend°, und oft wählt° man falsch, weil man in der Eile ist°. Wir waren in
der Eile, weil in beiden Fällen° schon etwas unterwegs war.

Denn damals waren wir noch keine Idealisten.

25 Die Zeiten° haben sich geändert°, hier in Graz[10] wie überall. Mein Geschäft
blüht[11] nicht mehr wie früher, die Umsätze° sind permanent im Sinken, und
nun will ich Ihnen auch sagen, was mich bewogen° hat, Ihnen zu schreiben.

Verehrteste! Vor einigen Tagen besuchte mich eine Frau Elisabeth
Hofmann. Wir kamen beim Geschäftshandel° (sie besorgte° sich zwecks[12]
30 Reparatur ihres Gartenhäuschens[13] eine Beißzange[14]) ins Plaudern°, und
von ihr erfuhr° ich, daß Sie, meine Gnädigste[15], mich einst als junges Mädchen
geliebt haben und sich anläßlich° unserer Doppelhochzeit vom Kirchenchor[16] zu stürzen[17] gedachten°.

Schauen Sie, hochverehrte[18] Frau Doktor, ich bin heute knapp° dreiund-
35 siebzig. Und schwer leidend. Meine Frau ist vor vier Jahren für immer
von mir gegangen. Meine Kinder hat mir das Fernweh entzogen[19]. Auch
mein seliger[20] Bruder erreichte nur das Alter von neunundsechzig. Seine
Frau folgte ihm kurz danach. Und nun, meine Gnädigste, komme ich
mit einem sehr großen Anliegen° zu Ihnen. Wenn Sie sich noch an den
40 Gröblhofer Franz erinnern und noch fühlen, wie sehr Sie ihn einst° geliebt
haben, dann gedenken° Sie jetzt seiner und schicken Sie mir ein paar
Ärztemuster[21] Schlafpulver[22].

Es grüßt Sie ergebenst[23] und mit dem Ausdruck meiner völligen
Hochachtung[24] Ihr

45   Franz Gröblhofer
                                             Eisenwaren[25] en gros en detail[26]
                                             Graz, Jakominiplatz

P.S. Leide auch an Rheumatismus und Blasenschwäche[27]. Vielleicht hätte
der Herr Gemahl[28], den ich leider persönlich nicht die Ehre° habe zu
50 kennen, auch da ein Pulverl[29].

                                             Gröblhofer

---

9. ungestüm: impetuous   10. Graz: the capital of Styria, in southeastern Austria   11. blühen:
to thrive, to do well   12. zwecks: for the purpose of   13. das Gartenhäuschen (s, -): summer
cottage   14. die Beißzange (n): pliers   15. Gnädigste (n): most gracious lady   16. der Kirchenchor (s, ⸚e): choir loft.   17. sich stürzen: to throw oneself   18. hochverehrt: highly respected, most esteemed (in addresses, usually "my dear," but not in this context)   19. Meine
Kinder . . . entzogen: wanderlust has taken my children from me   20. selig: blessed, late   21.
das Ärztemuster (s, -): physician's sample   22. das Schlafpulver (s, -): sleeping capsules   23.
ergebenst: most humbly   24. völlige Hochachtung: greatest respect   25. die Eisenwaren (pl.):
hardware   26. en gros en detail: wholesale/retail   27. die Blasenschwäche (no pl.): weak
bladder   28. der Gemahl (s, e): (literary) husband   29. das Pulverl (s, -): (diminutive of Pulver)
a bit of powder, a capsule or two

WIE GUT KENNEN SIE DIE GESCHICHTE?

1. Wie alt ist Franz Gröblhofer?
   a. nur 53 Jahre
   b. erst 69 Jahre
   c. knapp 73 Jahre
2. Welches Verhältnis hatte Franz Gröblhofer zu Frau Dr. Cermak?
   a. Sie hat ihn einst sehr geliebt.
   b. Sein Bruder hat sie früher geheiratet.
   c. Sie war damals seine Ärztin.
3. Franz Gröblhofer ist heute
   a. unerfahren.
   b. Eisenwarenhändler.
   c. kein Idealist.
4. Wie schildert Gröblhofer sein Leben?
   a. Seine Familie ist ihm eine Freude.
   b. Das Geschäft blüht.
   c. Er lebt unglücklich und allein.
5. Warum schrieb Herr Gröblhofer an Frau Dr. Cermak?
   a. Er wollte sie endlich heiraten.
   b. Er bat um Schlafpulver.
   c. Er mußte ihr eine Beißzange schicken.

ZUR DISKUSSION DES TEXTES

1. Was für Gefühle haben Sie beim Lesen dieses Briefes?
2. Durch welche Worte und Anreden kann man bestimmen[1], wie Gröblhofer der Ärztin entgegentritt[2]? Beschreiben Sie den Umgangston[3]!
3. Wie beschreibt Franz Gröblhofer den Ablauf seines Lebens? Finden Sie Worte für die Gefühle, die sein Leben bestimmen!
4. Was bedeutet die wiederholte Versicherung[4] im Brief „damals waren wir noch keine Idealisten"?
5. Welchen Konflikt löst Gröblhofer mit seiner Bitte um Medikamente und Schlafpulver bei der Ärztin aus? Betrachten Sie diesen Konflikt unter persönlichen und unter ärztlich-beruflichen Gesichtspunkten[5]!
6. **Gruppenarbeit I.** Eine Gruppe diskutiert, ob Gröblhofers Bitte um Medikamente nur ein Vorwand[6] ist, um erneuten Kontakt aufzunehmen. Eine zweite diskutiert, ob Gröblhofer nur ein Opportunist ist, der Medikamente sucht, die er in jeder Apotheke kaufen könnte. Eine dritte Gruppe diskutiert die Möglichkeit, daß Gröblhofer Selbstmord begehen will. Jede

---

1. bestimmen: to determine   2. *dat.* entgegentreten (tritt entgegen, trat entgegen, entgegengetreten): to approach   3. der Umgangston (s, ¨e): (conversational) tone   4. die Versicherung (en): assurance   5. der Gesichtspunkt (s, e): point of view, aspect   6. der Vorwand (¨e): pretext

Gruppe soll den anderen Pro- und Kontra-argumente vorführen. Dann soll die Klasse wählen, welche Erklärung der Geschichte am besten paßt.

7. **Gruppenarbeit II.** Dieser Brief beginnt mit dem für formale Korrespondenz üblichen Gruß. Auch für weniger formale Briefe gibt es eine entsprechende Formel:

> **Liebe(r) Frau (Herr):** *Dear Mrs. (Mr.)* (informal address used for family members and others whom you know well; may also be followed by the person's first name: „Liebe Helga," „Lieber Max")

Auch einen angemessenen Schluß gibt es für jeden Brief:

> **Hochachtungvoll:** *Most respectfully* (usually reserved for use in highly formal correspondence such as that with public officials)
>
> **Mit freundlichen Grüßen:** *Sincerely* (standard closing for business letters and for letters to people whom you do not know well; not to be used for public officials)
>
> **Mit herzlichen Empfehlungen:** *With best (kind) regards* (closing for letters to people with whom you are moderately familiar or with whom you have frequent professional but not social contact)
>
> **Viele herzliche Grüße:** *Affectionately yours* (reserved for letters to people with whom you are quite close)
>
> **Viele liebe Grüße:** *Love, lots of love;* **Alles Liebe:** *All my love* (used only when closing a letter to someone with whom you are on more or less intimate terms)

Teilen Sie sich in Kleingruppen auf! Jede Gruppe wählt einen der oben erklärten Briefschlüsse und schreibt einen dazu passenden Brief. Der Gruppensprecher liest diesen Brief in der nächsten Stunde ohne den Schluß vor. Die anderen Studenten hören ihn an und sagen, welchen Briefschluß die Gruppe gewählt hat.

8. **Aufsatz.** Versetzen Sie sich in die Lage der Ärztin! Würden Sie als Ärztin Gröblhofer die Schlafmittel geben? Begründen[7] Sie Ihre Stellungnahme[8]!

VOKABELÜBUNGEN

I. Lesen Sie den folgenden Brief! Verbessern Sie die kursivgeschriebenen (*italicized*) Stellen nur, wenn es nötig ist!

Rom, (1) Juli 15, 1983

(2) *Sehr geehrter Karl,*
ich weiß, daß dieser Brief (3) *Lang zu spät* ankommt. Der Tag meiner Abfahrt liegt schon 2 Wochen zurück. Damals wußte ich vom Reisen nicht viel; ich war noch sehr (4) *erfahren.* Seit dem Tag habe ich viel gemacht und viel gelernt — auch über Freundschaft — habe aber trotzdem vergessen Dir, meinem besten Freund, davon zu erzählen. Immer (5) *bin ich eilig;* so ist die Jugend. Jetzt

---

7. begründen: to justify   8. die Stellungnahme (n): position

aber warte ich frustriert wegen eines Streiks schon stundenlang auf den nächsten Zug nach Graz. (6) *entweder* der Schaffner *oder* der Bahnhofsvorstand *nicht* weiß, wann die Züge wieder fahren. Es kann noch Tage dauern. Ja, (7) *die Zeit hat sich verändert.* Einmal konnte man einfach die (8) *An- und Abfahrtszeiten* der Züge lesen und so eine Reise planen. Jedenfalls gibt es heute (9) *nach* viel Zeit, Dir etwas über die letzen zwei Wochen zu schreiben.

. . .

Wie du siehst, mußte ich diesen Brief unterbrechen. Der Zug (10) *nach* Graz war plötzlich angekommen und alle Passagiere mußten schnell (11) *einsteigen.* Der Streik ist vorbei. Bald bin ich wieder zu Hause und kann Dir alles persönlich erzählen.

(12) Mit freundlichen Grüßen,
Johann

II. Ergänzen Sie mit einem Antonym aus der nachstehenden Liste!

a. Anteilnahme   **b.** Besonnenheit   **c.** Entscheidungsfreiheit   **d.** Freude
e. Geborgenheit   **f.** Glück   **g.** Heiterkeit   **h.** Hoffnung   **i.** Idealismus
j. Lebensfreude   **k.** Phantasie   **l.** Tätigkeit   **m.** Ungebundenheit

Das Leben von Franz Gröblhofer war voller . . .	Als Idealist wünschte er sich ein Leben voller . . .
Beispiel: Bitterkeit	Lebensfreude
1. Unüberlegtheit	_____
2. Traurigkeit	_____
3. Hoffnungslosigkeit	_____
4. Verzweiflung	_____
5. Langeweile	_____
6. Leid	_____
7. Verlassenheit	_____
8. Resignation	_____
9. Pflichtgefühl	_____
10. Konformität	_____
11. Materialismus	_____
12. Disziplin	_____

WIE GUT KENNEN SIE DIE VOKABELN?

I. Finden Sie den Satz, der einen Gegensatz des Leitwortes ausdrückt!

1. ein Unglück
   a. Er kam längst zu spät an.

    b. Jeden Monat steigt der Umsatz.

    c. Er war zu einem frühen Tod vorausbestimmt.

    d. Im Krieg hat er alles verloren.

2. plaudern

    a. Sie erklärte dem Polizisten schnell ihr Anliegen.

    b. Beim Geschäftshandel sprachen die beiden Männer vom Wetter und von Ihren Familien.

    c. „Man sagt, daß Helga heiraten mußte, weil etwas schon unterwegs ist!"

    d. Er hat stundenlang von seiner Jugend erzählt.

3. sich nicht ändern

    a. Seit seiner Geburt ist er in Eile.

    b. Hans ist heute immer noch unerfahren.

    c. Sie haben beim Geschäftshandel schon wieder einen betrogen; sie können es einfach nicht anders.

    d. Christa war einst ein nettes Mädchen.

4. die Ehre

    a. Er betrügt immer beim Geschäftshandel.

    b. Sie hat Karl wie versprochen als Assistenten gewählt.

    c. Rolf gedenkt nicht, seine Freunde zu verraten.

    d. Sylvia sagt, was sie meint, und tut, was sie sagt.

5. erfahren *(als Verb)*

    a. Wir haben gestern gehört, daß du kommst.

    b. Die Eltern wissen noch nicht von der Hochzeit.

    c. Meine Nachbarn haben mir bereits alles gesagt.

    d. Von Zeitungen lernt man von den Ereignissen des Tages.

II. Welches Adjektiv beschreibt am besten den Inhalt des Satzes?

    a. erfahren   **b.** unerfahren   **c.** leidend   **d.** vorausbestimmt
    e. gedrängt

1. Der Alte hat starken Rheumatismus.

2. Ich habe immer gewußt, dies würde passieren.

3. Er ist ein Neuling dabei.

4. Sie arbeitet schon zehn Jahre als Ärztin.

5. Versuche noch einmal! Du mußt es noch heute erlernen!

6. Für sie ist das Leben seit dem Tod ihres Mannes sehr hart.

7. Als Kind hat er immer im Geschäft seines Vaters mitgeholfen. Natürlich wurde er auch Kaufmann!

8. Sie haben schnell geheiratet, weil etwas schon unterwegs war.

16

Renata

GÜNTER DE BRUYN

Günter de Bruyn, 1926 in Berlin geboren,
war nach dem zweiten Weltkrieg als Lehrer und
Bibliothekar tätig und lebt seit 1961 als freier
Schriftsteller in Berlin (Ost). Seine bekanntesten
Werke sind Erzählungen — „Wiedersehen an
der Spree" (1960), „Hochzeit in Weltzow" (1960)
und „Ein schwarzer, abgrundtiefer See" (1963)
— sowie sein Kriegsroman *Der Hohlweg* (1963),
für den er 1964 den Heinrich-Mann-Preis
erhielt. Seine ironischen Romane *Buridans
Esel* (1968) und *Die Preisverleihung* (1972)
analysieren private Moralvorstellungen und
Verhaltensweisen, Denk- und Handlungsmotive[1].
In seinen Erzählungen bemüht er sich
um präzise und genaue Darstellung der indivi-
duellen Konflikte.

---

1. die Handlung (en): action

Renata: Erster Teil

ZIELVOKABULAR: Target Vocabulary

DIE ARBEITSWELT: The World of Work

der Dienst (s, e): work (shift)

CHARAKTERZÜGE: Character Traits

(un)aufdringlich: (un)obtrusive

(un)höflich: (im)polite

EMOTIONEN UND REAKTIONEN: Emotions and Reactions

die Entschlossenheit (*no pl.*):
determination, resolve
die Scham (*no pl.*): shame

überwinden (a, u): to overcome, to get
over
verwirren: to fluster, to confuse

INTELLEKT: Intellect

die Erwartung (en): expectation

KONFLIKT UND GEWALT: Conflict and Violence

die Feindlichkeit (en): hostility
die Kollektivschuld (*no pl.*): collective
guilt felt by individuals for crimes
committed by fellow citizens and
officials of their own country

das Ostgebiet (s, e): eastern territory
dat. schaden: injure, harm
die Wehrmacht (*no pl.*): German Armed
Forces (1935 – 45)

KÖRPERTEILE UND -PFLEGE: Parts and Care of the Body

kämmen: to comb

die Toilette (n): washroom, lavatory

REISEN UND TRANSPORT: Travel and Transportation

das Abteil (s, e): compartment (in a
passenger train)
der Koffer (s, -): suitcase

Verspätung haben: to be overdue,
delayed

SINNLICHE WAHRNEHMUNG: Sensory Perception

auf + *acc.* achten: to watch out for, to
pay attention to

empfinden (a, u): to sense, to perceive
spüren: to feel, to sense

VERSTÄNDIGUNG: Communication

ansprechen (i, a, o): to address, to
  speak to
eine Frage an + *acc.* richten: to direct
  a question at someone

unterbrechen (i, a, o): to interrupt
sich verständigen: to make oneself
  understood

SCHON BEKANNTE ZIELVOKABELN: Target Vocabulary from Preceding Stories

dauern (1)
nach + *dat.* fragen: (1)
sich (*dat.*) vorstellen (2)
ängstlich (3)
streicheln (3)
verschwinden (3)
sich wundern (3)

die Bewegung *cf.* sich
  bewegen (4)
dat. einfallen (4)
sich an + *acc.* erinnern (4)
erschrecken (4)
(los)reißen, *cf.* reißen (4)
feststellen (8)

die Angst (9)
der Krieg (9)
Angst haben vor + *dat.* (9)
anzünden (9)
sich wünschen (14)
dat. zumute sein (14)

Renata: Erster Teil

Da mein Dienst° an diesem Montag erst mittags begann, konnte ich den
Zug benutzen[1], der gegen zehn Uhr in Krakau[2] ist. Ich kam rechtzeitig
zum Bahnhof. Eine Minute später stand ich in der Tür des Abteils°, in dem
der junge Mann saß, dessen Blick mich so verwirrte°, daß ich die Frage,
5 ob der Platz ihm gegenüber noch frei sei, nur an ihn richtete°. Er tat, als
hätte er nicht gehört, half mir jedoch, den Koffer° ins Gepäcknetz zu legen,
und ich dankte ihm. Ich spürte° Angst, nicht zu gefallen, und wünschte mir
einen Spiegel, um sehen zu können, ob ich schön genug war.

Ich diesem Augenblick wandte[3] er den Kopf, und unsere Blicke trafen
10 sich[4] wieder. Es dauerte lange, bis ich mich losreißen konnte von seinem
Blick. Es machte mich glücklich, daß er mich weiter ansah. Es war gut unter
seinem Blick zu sitzen, weil nichts Aufdringliches° darin war.

Mir fiel ein, daß ich sicher schlecht gekämmt° war. Ich nahm mein
Waschzeug[5] heraus und ging zur Toilette°. Auf dem Gang sah ich ihn dann
15 rauchend am Fenster. Würde mir eine Entgegnung[6] einfallen, wenn er mich
jetzt anspräche°? Ich fürchtete mich davor, aber gleichzeitig hatte ich Angst,
daß er diese Gelegenheit[7] könnte vorübergehen lassen und wir uns in
Krakau trennen würden ohne Aussicht[8], uns jemals wiederzusehen.

Aber in diesem Augenblick sprach er. Seine Stimme war tief und etwas
20 heiser[9], aber das stellte ich erst später fest. Denn das einzige, was ich in
diesem Moment dachte, war: Er ist Deutscher! Und ich erschrak. Ich dachte

---

1. benutzen: to use   2. Krakau: Cracow, city in southwestern Poland   3. wenden (wandte,
gewandt): to turn   4. unsere Blicke trafen sich: our eyes met   5. das Waschzeug (s, *no pl.*):
cosmetics kit, toiletries   6. die Entgegnung (en): reply   7. die Gelegenheit (en): opportunity
8. die Aussicht (en): prospect   9. heiser: hoarse

nicht: Er ist Ausländer[10], es wird schwierig sein, sich mit ihm zu verständi-
gen°, er wird bald wieder wegfahren. Nein, ich dachte: Er ist Deutscher, und
mir fiel Papa ein und die Zeit der Besetzung[11]. Es ist nun einmal so, daß
25 die Gedankenverbindung[12] zwischen Deutschland und Wehrmacht° so eng
ist wie zwischen Krieg und Tod. „Sie wollen auch nach Krakau?" fragte ich
schließlich.

„Ja. Es soll eine schöne Stadt sein", antwortete er. Ich sah, daß er an
anderes dachte.

30 „Krakau ist schön, ich liebe es sehr, aber auch Katowice ist schön, nur
anders. Vielleicht ist jede Stadt schön, die man genau kennt." Dann war es
wieder still zwischen uns. Ich empfand° sein Schweigen auch nicht als
Unhöflichkeit°; ich hatte nur Angst, daß wir zu schnell in Krakau sein
würden.

35 „Sie können sich nicht vorstellen, wie einem Deutschen in Polen zumute
ist", sagte er.

„Haß?" fragte ich und hatte Angst vor seiner Antwort.

„Nein. Ich erinnere mich ja kaum daran. Ich glaube nicht an die
Kollektivschuld°. Wir waren Kinder damals. Aber trotzdem brennt das in
40 einem, wenn einer sagt Auschwitz[13] oder Warschau[14]. Ich bin Lehrer und
erzähle den Kindern jedes Jahr von den ehemaligen[15] deutschen Ostgebieten°
ganz objektiv, mit Zahlen, Daten. Ist das ein Grund zur Scham?"°

„Vielleicht ist das, was Sie objektiv nennen, nur die halbe Wahrheit?"[16] Er
antwortete nicht, zündete sich eine neue Zigarette an. Dann sagte er: „Es
45 wäre noch viel zu reden darüber, aber wir sind wohl schon in Krakau?
Haben Sie Zeit für mich?"

„Leider muß ich gleich zum Dienst. Wie lange bleiben Sie hier?"

„Ich wollte abends wieder fahren", sagte er zögernd. „Übermorgen läuft
mein Visum[17] ab."[18]

50 „Holen Sie mich um zwanzig Uhr beim Spital[19] ab"[20], sagte ich. „Nein, es
ist schwer zu finden. Seien Sie um halb neun am Französischen Hotel, ja?
Nach dem Hotel Francuski müssen Sie fragen. Dort im Café, ja?" Ich sah,
daß der Zug Verspätung° hatte und ich laufen mußte, um den Bus noch zu
bekommen.

55 „Do widzenia! Auf Wiedersehen!"

„Auf Wiedersehen! Sie kommen bestimmt?"

„Bestimmt! Auf Wiedersehen!"

Renata hatte sich in die Menge[21] gedrängt[22], die jetzt dem Ausgang[23]
zuflutete[24]. Noch einige Male hatte ich ihr helles Haar gesehen, dann war

---

10. der Ausländer (s, -): foreigner   11. die Besetzung (en): (military) occupation   12. die
Gedankenverbindung (en): mental association   13. Auschwitz: a large Nazi concentration camp
in southwestern Poland   14. Warschau: Warsaw, capital of Poland, whose large Jewish ghetto
was destroyed by German troops in 1943   15. ehemalig: former   16. die Wahrheit (en): truth
17. das Visum (s, Visa *or* Visen): visa   18. ablaufen (äu, ie, au): to expire, to lapse   19. das
Spital (s, ⁼er): hospital   20. abholen: to pick up someone or something   21. die Menge (en):
crowd   22. (sich) drängen: to press, to push one's way   23. der Ausgang (s, ⁼e): exit   24.
zufluten: to stream toward

60 sie verschwunden. Es regnete langsam und gleichmäßig[25], die Luft war lau[26]
und ohne Bewegung. Ich ging, ohne auf den Regen zu achten°, durch die
Altstadt und dachte an Renata. Ich versuchte alles so zu sehen, wie Renata
es sah, das alles so zu lieben, wie Renata es liebte. Später saß ich auf der
Mauer[27] und sah hinunter auf die Stadt Krakau, die im Nebel[28] unter

65 mir lag. Die Frage kam wie von selbst: Was war der Grund meiner Scham?
Weder ich noch mein Vater hatten damals auf Juden Treibjagden[29]
veranstaltet[30]. Gewiß war ich, ein Kind, das kaum lesen konnte, von der
Polenfeindlichkeit° angesteckt[31] worden. Aber wem hatte das geschadet°?

Aber als ich im Sprühregen[32] die steile[33] Straße zur Stadt hinunterging,
70 war wieder nur noch Renata in meinen Gedanken. Ich lächelte, wenn
ich an ihre Augen dachte. Die Erwartung° des Abends war so groß, daß
Gedanken darüber, was danach sein würde, keinen Platz mehr hatten.
Schon vor 20 Uhr saß ich im Café des Französischen Hotels und wartete auf
sie. Gegen halb neun kam sie dann wirklich. Sie trug noch immer den
75 roten Pullover mit der schwarzen Kette[34]. Sie streckte mir ihre Hand
entgegen und ich faßte[35] sie vorsichtig[36], wie etwas Zerbrechliches[37].

Der Nachmittag wurde mir sehr lang. Als ich am Abend in das Café trat,
überfiel mich mit einem Mal die Angst, daß er nicht da sein könnte. Aber er
war da. Wir setzten uns und sahen uns an.

80 „Was haben Sie von Krakau gesehen?" fragte ich. Als er mir antwortete,
freute ich mich, daß die Stadt ihm gefiel. Aber ich hörte doch nur halb hin,
weil ich ihn immer ansah dabei und mich wunderte, wie vertraut[38] mir sein
Gesicht schon war.

„Aber ich weiß noch nicht einmal, wie Sie heißen", unterbrach° er.
85 „Sie haben an mich gedacht? Ich habe auch an Sie gedacht. Aber wie
heißen Sie?"

„Michel Schwarz. Sagen Sie bitte Micha zu mir, so werde ich zu Hause
gennant."

Für einen Augenblick war ein Abgrund[39] zwischen uns, als er seinen
90 Namen nannte. Aber ich unterdrückte[40] die Frage und sagte ihm meinen
Namen. Ich bat ihn, mich Renia zu nennen, und war froh, daß eine plötzlich
aufkommende[41] Erinnerung nichts zerstört[42] hatte.

Später standen wir an der Bar, um die sich viele Menschen drängten,
und tranken Wodka. Dann tanzten wir und tranken wieder; wir tranken,
95 tanzten und lachten und hielten uns fest, damit wir einander nicht verloren
im Gewühl[43]. Als ich sie an unseren Tisch zurückzog, legte sie ihren Kopf

---

25. gleichmäßig: steadily   26. lau: mild   27. die Mauer (n): wall   28. der Nebel (s, -): mist,
fog   29. die Treibjagd (en): roundup   30. veranstalten: to organize   31. anstecken: to infect
32. der Sprühregen (s, -): light rain, drizzle   33. steil: steep   34. die Kette (n): necklace   35.
fassen: to take hold of   36. vorsichtig: carefully   37. zerbrechlich: fragile   38. vertraut:
familiar   39. der Abgrund (s, ⁻e): abyss   40. unterdrücken: to suppress   41. aufkommen
(kam auf, aufgekommen): to arise, to surface   42. zerstören: to destroy   43. das Gewühl (s,
no pl.): crush

an meine Schulter. Mir war leicht und wirbelig[44] im Kopf. Ich redete viel, sagte ihr, wie schön sie war und wie glücklich sie mich machte. Ich streichelte ihr Haar, ich küßte sie, und wir wußten nicht mehr, daß wir
100 nicht allein waren.

Und dann sah ich plötzlich, daß sie weinte. Ich wollte ihr die Tränen wegküssen, aber sie wandte sich ab. Sie sah mich an wie einen Fremden. Angst war in diesem Blick und Entschlossenheit°, sie zu überwinden°, aber keine Spur[45] mehr von dem Glück der letzten Stunden. Sie saß etwas
105 geduckt[46] neben mir und umklammerte[47] mit den Händen die Tischplatte[48]. Dann fing sie an zu erzählen.

Fortsetzung folgt . . .

WIE GUT HABEN SIE DEN ERSTEN TEIL DER GESCHICHTE VERSTANDEN?

1. Warum sagte der junge Mann nichts, als Renata ihn im Zug fragte, ob der Platz ihm gegenüber noch frei sei?
  a. Der junge Mann war in Gedanken vertieft.
  b. Der junge Mann fand sie ausgesprochen schön.
  c. Der junge Mann verstand zu wenig Polnisch.
2. Warum mußte Renata schnell aus dem Zug?
  a. Der Zug hatte Verspätung, und sie mußte zum Dienst.
  b. Die Gestapo war gerade eingestiegen und durchsuchte den Zug.
  c. Sie hatte sich mit dem jungen Mann gestritten.
3. Sollten sie sich noch einmal sehen?
  a. Nein, mit Ausländern konnte man nichts anfangen.
  b. Ja, aber es ging nicht, denn sein Visum lief am nächsten Tag ab.
  c. Ja, sie verabredeten sich für den Abend im Café.
4. Was fragte sich der junge Mann, als er allein die Stadt besichtigte?
  a. Was ist der Grund meiner Scham?
  b. Wie heißt das Mädchen überhaupt?
  c. Wo ist das Französische Hotel?
5. Was machten die beiden jungen Leute am Abend?
  a. Nichts. Er mußte am Abend schon abfahren.
  b. Sie tanzten, tranken und lachten.
  c. Sie fuhren nach Krakau und heirateten.

VOKABELÜBUNGEN ZUM ERSTEN TEIL

I. Ergänzen Sie den Satz mit einer passenden Präposition!

  1. Sie müssen _____ dem Hotel Francuski fragen.
  2. Der junge Mann achtete nicht _____ den Regen.

---

44. wirbelig: giddy, dizzy   45. die Spur (en): trace   46. etwas geduckt: with her head lowered
47. umklammern: to clutch, to clench   48. die Tischplatte (n): table top

3. Er dachte nur _____ ihre Augen.
4. Ich glaube nicht _____ die Kollektivschuld.
5. Sie richtete ihre Frage _____ den Deutschen.
6. Fürchtest du dich _____ mir?
7. Wir müssen _____ den Zug warten.
8. Ich begegnete Renata _____ einem Montag.
9. Erinnerst du dich noch _____ die Deutschen?
10. Der Reisende drängte sich _____ die Menge und verschwand.

II. Welches Verb paßt am besten zum Substantiv?

1. große Angst
   a. verständigen
   b. spüren
   c. verwirren
   d. drängen
2. Verspätung
   a. bringen
   b. sein
   c. geben
   d. haben
3. die reine Wahrheit
   a. dauern
   b. aussprechen
   c. sich treffen
   d. verschwinden
4. traurige Gefühle
   a. unterdrücken
   b. hinhören
   c. streichen
   d. festhalten
5. eine Zigarette
   a. brennen
   b. veranstalten
   c. anzünden
   d. festhalten

6. einen grauen Pullover
   a. zufluten
   b. wenden
   c. tragen
   d. anstecken
7. den Blick
   a. ansprechen
   b. abwenden
   c. erzählen
   d. zurückziehen
8. die Scham
   a. herausnehmen
   b. erschrecken
   c. antworten
   d. empfinden
9. die Vergangenheit
   a. überwinden
   b. verschwinden
   c. dauern
   d. trennen
10. einen Bus oder Zug
    a. verwirren
    b. bekommen
    c. spüren
    d. festhalten

WIE GUT KENNEN SIE DIE VOKABELN DES ERSTEN TEILS?

I. Führen Sie die Sätze sinnvoll weiter!

1. Da mein Dienst im Spital an diesem Montag erst mittags begann,
   a. mußte ich die Nacht im Krankenhaus bleiben.

   b. war ich gegen zehn Uhr schon da.

   c. konnte ich den Morgen für die Zugfahrt benutzen.

2. Als der Mann mich ansprach, sagte ich nichts, weil

   a. mir keine Entgegnung einfiel.

   b. ich sicherlich nicht schön genug war.

   c. ich seinen Blick so unaufdringlich fand.

3. Wir hielten uns beim Tanzen fest, damit wir

   a. einander nicht verloren im Gewühl.

   b. nicht an der Bar stehen mußten.

   c. die anderen Tanzenden drängten.

4. Ich empfand ihn als unaufdringlich,

   a. denn er war sehr höflich.

   b. weil seine Stimme grob und rauh war.

   c. da er einen roten Pullover anhatte.

5. Die Polin achtete nicht auf die zuflutende Menge, weil sie

   a. keine Zeit zum Plaudern hatte.

   b. in die andere Richtung gehen mußte.

   c. in ihre Gedanken vertieft war.

6. Die Antwort verwirrte mich so, daß

   a. ich sofort wußte, was sie bedeutete.

   b. ich mir nicht vorstellen konnte, was sie bedeutete.

   c. mir ihre Bedeutung gleich klar war.

II. Welche der folgenden Ausdrücke hätten politische Bedeutung für Michel Schwarz?

a. die Wehrmacht	**g.** der Gang	**m.** das Ostgebiet
b. die Entschlossenheit	**h.** der Krieg	**n.** die Polenfeindlichkeit
c. die Aussicht	**i.** die Scham	**o.** das Waschzeug
d. das Gepäcknetz	**j.** Warschau	**p.** die Erwartung
e. der Sprühregen	**k.** die Gestapo	**q.** die Besetzung
f. das Abteil	**l.** Auschwitz	**r.** die Kollektivschuld

Renata: Zweiter Teil

ZIELVOKABULAR: Target Vocabulary

DIE ARBEITSWELT: The World of Work

die Nachtschicht (en): night shift

BEWEGUNG: Movement

hinreichen: to hand over

CHARAKTERZÜGE: Character Traits

eintönig: monotonous
trostlos: disconsolate

trübe: dreary
ungemütlich: uncomfortable

INTELLEKT: Intellect

beachten: to pay attention to
das Bewußtsein: awareness,
   consciousness

die Entscheidung (en): decision
fordern: to require, to call for, to
   demand

KONFLIKT UND GEWALT: Conflict and Violence

denunzieren bei + *dat.*: to denounce
   to
ermahnen: to admonish
das Gefängnis (sses, sse): prison

die Strafe (n): punishment
einen Unfall inszenieren: to stage
   (cause) an accident

ZEITBEGRIFFE: Concepts of Time

das Vergangene (n, *no pl.*): past event
Zeit verschenken: to give (throw) away
   time

die Zukunft (¨e): future

ZWISCHENMENSCHLICHE BEZIEHUNGEN UND INTERAKTIONEN: Human Relations and Interactions

abpassen: to wait and watch for
sich bei + *dat.* aufhalten: to spend
   time with, to stay with
die Beständigkeit (*no pl.*): constancy,
   steadfastness

die Entschuldigung (en): excuse
die Freundschaft (en): friendship
vor + *dat.* glänzen: to shine, to look
   good in front of
verbieten (o, o): to forbid

SCHON BEKANNTE ZIELVOKABELN: Target Vocabulary from Preceding Stories

dauern (1)
schreien (1)
rufen (1)
schlucken (1)
sich wundern (3)

(zu)flüstern, *cf.* flüstern (6)
entsetzlich, *cf.* das Entsetzen
   (9)
der Schreck (9)
dat. gelingen (11)

winken (11)
vergebens, *cf.* vergeblich (12)
zornig, *cf.* der Zorn (12)
erfahren (15)

Renata: Zweiter Teil

„Wir waren im Jahre neununddreißig aus unserer Wohnung in der Südvorstadt[1] ausgewiesen[2] worden und wohnten in einem Dienstgebäude[3] der Eisenbahn. Es war eine eintönige° Gegend[4], die einem Angst einjagen[5] konnte, besonders bei trübem° Wetter, wenn der Himmel grau ist wie die
5 Erde und die Häuser. Aus dem Fenster unserer Stube[6] konnte man die Geleise[7] sehen.

Ich ging noch nicht zur Schule. Papa arbeitete als Rangierer[8], Mama in Katowice. Sie ging morgens früh weg und kam abends spät nach Hause, so daß ich sie oft die ganze Woche hindurch nicht sah. Wenn Papa Nachtschicht°
10 hatte, spielte er tagsüber viel mit mir. Aber wenn er Normalschicht hatte, war ich den ganzen Tag allein in dem ungemütlichen° Haus. Stundenlang saß ich dann bei regnerischem Wetter am Fenster und starrte[9] hinaus. Heute wundere ich mich darüber, daß meine Augen damals nicht auch grau und trostlos° geworden sind. Manchmal spielten Kinder auf dem
15 schwarzen Schotterweg[10], und ich konnte ihr Jubelgeschrei[11] durch das geschlossene Fenster hindurch hören. Ich preßte meine Nase an der Fensterscheibe platt[12] und zergrübelte mir den Kopf darüber, warum[13] gerade[14] ich dort nicht mitspielen durfte. Papa gab auf meine Fragen keine mir ausreichende[15] Antwort. Es war aber so, daß in diesen Reichsgebieten[16]
20 es bei Strafe° verboten° war, öffentlich[17], das heißt also auf der Straße, beim Einkaufen oder in der Kirche, polnisch zu sprechen. Polnische Kinder, die wie ich kein Wort Deutsch sprachen, konnten also nicht einkaufen gehen oder auf der Straße spielen.

So saß ich also frierend und einsam den Winter und ein regnerisches
25 Frühjahr hindurch. Ich setzte mich ganz in eine Ecke des Fensters, um möglichst weit den Weg entlang sehen zu können, auf dem Papa nach Hause kam. Aber eines Abends wartete ich vergebens auf ihn. Ich saß immer noch am Fenster, als die Mama kam, die weiß vor Schreck wurde, mich an die Hand nahm und mit mir zum Rangierbahnhof[18] lief, wo uns ein Arbeiter
30 hinter der vorgehaltenen Hand[19] zuflüsterte, daß die Deutschen Papa und fünf andere Kollegen abgeholt und zum Gefängnis° gebracht hatten.

---

1. die Südvorstadt: southern (nicer) suburb   2. ausweisen (ie, ie): to expel   3. das Dienstgebäude (s, -): office (building)   4. die Gegend (en): area   5. *dat.* Angst einjagen: (*colloq.*) to haunt   6. die Stube (n): room   7. das Geleise (s, -) (*literary for* **das Gleis**): rails, train tracks   8. der Rangierer (s, -): switchman   9. starren: to stare   10. der Schotter (s, -): gravel   11. das Jubelgeschrei (s, *no pl.*): shouts of joy, elated shouting   12. platt: flat   13. zergrübelte...warum: wracking my brains trying to understand why   14. gerade: of all people   15. ausreichend: adequate   16. das Reichsgebiet (s, e): territory governed by the German Reich   17. öffentlich: in public   18. der Rangierbahnhof (s, ⁼e): switching station   19. hinter...Hand: with his hand held in front of his mouth

Die Zeit danach wurde dann sehr schlimm. Zwar durfte ich im Garten spielen, aber die Tage wurden entsetzlich lang.

Zu unseren Nachbarn gehörte ein dunkelhaariger Junge, der nur wenig
35 älter war als ich. Oft sah ich ihn allein, mit seiner Mutter oder mit anderen Kindern im Garten spielen, aber er nahm keine Notiz von mir. An einem Abend erzählte mir Mama, daß der Vater des Jungen tot sei. Wie ich später erfuhr, hatte dieser Mann, um sich bei seinen Vorgesetzten beliebt zu machen[20], polnische Arbeiter des Rangierbahnhofes, darunter auch den
40 Papa, bei der Gestapo denunziert°. Da hatten unsere Leute einen Unfall inszeniert°, der ihn das Leben gekostet hatte. Aber davon wußte ich damals natürlich nichts. Ich dachte nur daran, daß der Junge nun auch keinen Vater mehr hatte, und stellte mich am nächsten Morgen, als die Mama zur Arbeit gegangen war, vor die Haustür, um ihn abzupassen°, wenn er zur
45 Schule ging.

Erst am Nachmittag öffnete sich die Tür, und er ging mit einem Eimer[21] zur Müllgrube[22]. Als der Junge zurückkam, sah er mich, ging langsamer, blieb schließlich stehen und sah mich mit zur Seite geneigtem Kopf an.

„Was ist?" fragte er dann möglichst rauh[23] und grob[24].

50 „Du traurig, Papa tot!" sagte ich und mußte einige Male schlucken, ehe die deutschen Wörter heraus waren.

Er sah mich unter zusammengezogenen[25] Brauen an. Dann stellte er den Eimer auf den Weg, wühlte[26] in den Hosentaschen, lief zu mir, drückte mir mit einem „Da!" etwas in die Hand, nahm den Eimer wieder auf und rannte
55 ins Haus. An der Tür sah er sich noch einmal um und winkte.

Er hatte mir einen in Papier gewickelten[27], verschmutzten[28], zerdrückten[29], klebrigen[30] Bonbon geschenkt[31]. Ich legte ihn in die Glasschale[32], die früher immer voller Süßigkeiten[33] gewesen war. Danach, wenn er in den Garten kam, winkte er mir immer zu und lachte. Nie hielt er sich bei mir auf°, nie
60 sprachen wir miteinander, aber ich war trotzdem sehr glücklich über diese Freundschaft°. Bis dann eines Tages alles anders wurde.

Ich glaube, es war ein Sonntag. Ich sammelte Falläpfel[34] in meiner Schürze[35]. Im Nachbargarten waren einige Kinder zu Besuch und saßen auf den Haustürstufen[36]. Mein Freund hatte mit ihnen getobt[37] und mich
65 nicht ein Mal beachtet°. Plötzlich stand er auf und kam auf unseren Garten zu, dabei winkte er und rief: „Komm, Kleine!" Ich lief sofort zum Zaun[38]. Der Junge, freundlich lachend, reichte mir in der geschlossenen Hand etwas hin°. Plötzlich änderte sich sein Gesichtsausdruck[39]. Aus dem Lachen wurde

---

20. um sich...machen: to ingratiate himself with his superiors   21. der Eimer (s, -): bucket
22. die Müllgrube (n): garbage dump   23. rauh: rough, gruff   24. grob: rude   25. zusam-
menziehen (zog zusammen, zusammengezogen): to draw together, to knit (one's brows)   26.
wühlen: to dig around   27. gewickelt: wrapped   28. verschmutzt: dirtied   29. zerdrückt:
squashed   30. klebrig: sticky   31. schenken: to give as a present   32. die Schale (n): bowl
33. die Süßigkeit (en): candy   34. der Fallapfel (s, ⸚): fallen apple   35. die Schürze (n): apron
36. die Stufe (n): step   37. toben: to play wildly, to romp   38. der Zaun (s, ⸚e): fence   39.
der Ausdruck (s, ⸚e): expression

ein häßliches Grinsen[40] und die Augen zogen sich zusammen. Er schrie
70 mir mit verzerrtem[41] Mund ein schmutziges Schimpfwort[42] zu und warf mir
den Sand ins Gesicht. Die anderen Kinder schrien mit, bis die Erwachsenen[43]
den Krach[44] hörten und sie zur Ruhe ermahnten°; aber sie taten es lachend
und gar nicht zornig. Ich aber stand beschmutzt[45] und verlassen[46], starr
vor Schreck[47]. In diesen Sekunden brannte sich etwas in mein Herz, was
75 nicht gelöscht[48] werden kann."

  Ich erinnerte mich wieder jeder Einzelheit[49], der Farbe des Bonbonpapiers,
des Kleidchens, das sie trug, des Ausdrucks ihrer Augen, als sie das
Schimpfwort hörte. Ich hätte ihr sagen können, wie ich vor den anderen
Jungen glänzen° wollte, und wie lange es dauerte, ehe der eklige[50]
80 Geschmack[51] im Mund wegging. Aber ich sagte nichts davon, weil jedes
Wort wie eine Entschuldigung° geklungen[52] hätte.
  „Du brauchst nichts zu sagen, Micha!"
  „Du wußtest es?"
  „Ich fürchtete es."
85 „Und nun?"
  Sie lehnte schweigend ihren Kopf an meine Schulter.
  „Das wirst du niemals vergessen können!" sagte ich.
  „Nein! Aber ich liebe dich."

  Liebe braucht in jedem Augenblick das Bewußtsein° ihrer Beständigkeit°,
90 sie will Zukunft°, fordert° deshalb Entscheidungen°. Unsere forderte sie
schnell und mußte dabei noch Vergangenes° überwinden. Ich wußte, als ich
nach meiner Erzählung sein Gesicht sah, daß ich es konnte. Ich liebte ihn
nicht weniger als vorher und sah keinen Grund, die Stunde, die uns
noch blieb, zu verschenken°.
95 Er aber glaubte mir nicht. Ihm schien seine Schuld stärker als unsere
Liebe, und da wußte ich plötzlich, daß das die Schönheit dieser Stunde
töten würde.
  „Kannst du auch wirklich vergessen, was war?" fragte er.
  „Vergessen nicht, aber überwinden", sagte ich und hoffte plötzlich wieder,
100 daß es auch ihm gelingen könnte. Aber dann sah ich an seinen Augen, daß
er mir nicht glaubte.
  „Wir brauchen Zeit dazu", sagte er. „Ich komme wieder."
  Er ging in den Regen hinaus. Vor der Tür blieb er stehen, um sich den
Mantelkragen[53] hochzuschlagen[54]. Noch einmal sah er mich an. Aber er kam
105 nicht zurück.

---

40. häßliches Grinsen: grimace   41. verzerrt: contorted   42. das Schimpfwort (s, ⸚er): curse
43. der Erwachsene (n): grownup   44. der Krach (s, e): noise, racket   45. beschmutzt: dirtied
46. verlassen: abandoned   47. starr vor Schreck: paralyzed with fright   48. löschen: to extinguish   49. die Einzelheit (en): detail   50. eklig: disgusting   51. der Geschmack (s, ⸚er): taste
52. klingen (a, u): to sound   53. der Mantelkragen (s, -): coat collar   54. hochschlagen (ä, u,
a): to turn up

WIE GUT HABEN SIE DEN ZWEITEN TEIL
DER GESCHICHTE VERSTANDEN?

1. In der Wohnung blieb Renata immer am Fenster, denn
   a. das Wetter draußen war kalt und regnerisch.
   b. sie durfte auf der Straße kein Polnisch sprechen.
   c. beide Eltern mußten den ganzen Tag arbeiten.
2. Warum haben die Deutschen Renatas Vater abgeholt?
   a. Er hat öffentlich polnisch gesprochen.
   b. Er arbeitete als Rangierer am Rangierbahnhof.
   c. Er wurde von einem Kollegen denunziert.
3. Woher hatten sich Renata und Micha gekannt?
   a. Als Kinder waren sie Nachbarn.
   b. Er war früher ihr Lehrer gewesen.
   c. Sie hatte von ihm gehört.
4. Warum hatte Micha ihr Sand ins Gesicht geworfen?
   a. Er wollte sie verletzen.
   b. Er wollte vor den anderen Kindern glänzen.
   c. Die Erwachsenen hatten ihn zur Ruhe ermahnt.
5. Warum mußte Renata ihre Geschichte erzählen?
   a. Sie wollte, daß Micha sofort nach Hause führe.
   b. Die Eltern verstanden nicht, warum sie ihn liebte.
   c. Sie mußte ihm klar machen, daß sie ihn trotzdem liebte.
6. Um Renata lieben zu können, mußte Micha Vergangenes
   a. vergessen.
   b. wiederholen.
   c. überwinden.

ZUR DISKUSSION DES TEXTES

1. Welche Gefühle kommen in dieser Geschichte vor?
2. Renata und Michel reden beide von der Schuld, aber wer redet mehr davon? Warum? Über welche Gefühle redet der/die andere?
3. Schreiben Sie Wörter in der Geschichte auf, die sich auf Schuld beziehen!
4. Worunter hat Renata in ihrer Kindheit leiden müssen? BEISPIEL: Sie durfte nicht auf der Straße spielen, weil man auf der Straße kein Polnisch sprechen durfte.
5. Was sind die zwei Arten von Schuld in der Geschichte? Welche verschiedenen Formen haben sie?
6. Was wird in der Geschichte als objektive Wahrheit bezeichnet und woran erkennt man sie?

7. Renata bringt Micha darauf[1], daß diese Wahrheit nur die halbe Wahrheit sei. Was wäre die andere Hälfte der Wahrheit? Woran erkennt man sie?

8. Warum kann es für Renata möglich sein, die Erlebnisse ihrer Kindheit zu überwinden, für Michel aber nicht?

9. Wie kann ein Mensch oder — durch die Kollektivschuld — ein ganzes Land seine Vergehen[2] oder Verbrechen[3] überwinden?

10. **Aufsatz.** Weiß Michel, daß sein Vater in einem von den Polen inszenierten Unfall um das Leben gekommen ist? Wenn er das wüßte, wäre seine Schuld dann geringer[4]? Warum?

VOKABELÜBUNGEN ZUM ZWEITEN TEIL

I. Ergänzen Sie mit einem sinnvollen Wort! Es können jeweils mehrere Möglichkeiten richtig sein. Ihre Antwort sollte logisch und grammatisch zu vertreten sein.

Es war genau acht Uhr fünfundvierzig als ich Renata zum erstenmal (1) _____. Ich weiß (2) _____ genau, denn der (3) _____ verließ pünktlich (4) _____ diese Zeit den Bahnhof Katowice, und Renata betrat im gleichen (5) _____ das Abteil. Ich sah sie in der Tür (6) _____ und dachte an (7) _____ anderes mehr.

Bevor sie (8) _____ auf den freien Platz zwischen zwei ältere Frauen setzte, hob sie ihr Köfferchen, um es in das Gepäcknetz zu (9) _____. (10) _____ sprang auf und half (11) _____. Sie wandte mir ihr blasses Gesicht zu, lächelte mit ihrem großen, gar nicht kindlichen (12) _____ und (13) _____ etwas, was wohl "Danke" bedeuten konnte. Ich (14) _____ zurück und schwieg. Ich (15) _____, daß der Zug fast zwei Stunden bis Krakau fuhr und daß ich diese zwei (16) _____ nicht würde vergessen können, auch wenn ich nicht den Mut fände, mich (17) _____ ihr bekannt zu machen.

II. Geben Sie für jedes Substantiv das entsprechende Adjektiv an! Dann benutzen Sie dieses Adjektiv in einem Satz, der sich auf die Geschichte „Renata" bezieht (*relates to*)!

BEISPIEL: die Vorsicht: **vorsichtig**   Michel faßte **vorsichtig** Renatas Hand.

1. das Bewußtsein
2. die Beständigkeit
3. die Entschlossenheit
4. die Schwierigkeit
5. die Wahrheit

---

1. auf + *acc.* bringen (brachte, gebracht): to suggest to   2. das Vergehen (s, -): offense
3. das Verbrechen (s, -): crime   4. geringer: less

WIE GUT KENNEN SIE DIE VOKABELN DES ZWEITEN TEILS?

I. Bilden Sie Gegensätze!

BEISPIEL: die Feindlichkeit   **c. die Freundschaft**

1.	sich verständigen	**a.**	beachten
2.	die Normalschicht	**b.**	sich erinnern
3.	der Krieg	**c.**	die Freundschaft
4.	vergessen	**d.**	der Frieden
5.	die Zukunft	**e.**	das Lächeln
6.	erfolgreich	**f.**	die Nachtschicht
7.	erlauben	**g.**	sich mißverstehen
8.	ignorieren	**h.**	vergebens
9.	ein häßliches Grinsen	**i.**	die Vergangenheit
		j.	verbieten

II. Führen Sie den Satz sinnvoll weiter!

1. Es war eine eintönige Gegend
    a. mit vielen verschiedenen Gebäuden.
    b. und die Häuser sahen alle gleich aus.
    c. und der Bahnhof war nicht weit.

2. Ich hörte das Jubelgeschrei der Kinder,
    a. die verschmutzt und verlassen dastanden.
    b. die im Garten tobten.
    c. die am Zaun laut weinten.

3. Mama kam weiß vor Schreck nach Hause
    a. und sagte mir, sie habe Falläpfel gesammelt.
    b. und zeigte mir die anderen Kinder im Garten.
    c. und erzählte vom Vater und vom Gefängnis.

4. Er hat nichts mehr gesagt,
    a. weil wir uns verständigen wollten.
    b. nachdem ich ihn unterbrochen hatte.
    c. obwohl er die ganze Geschichte weiter erzählte.

III. Ergänzen Sie mit dem richtigen Wort aus der nachstehenden Liste!

a.	inszenierten	**g.**	Entscheidung	**m.**	Haß	**s.**	Zukunft
b.	verzerrt	**h.**	beachtet	**n.**	verboten	**t.**	Unhöflichkeit
c.	vielleicht	**i.**	sich entschuldigt	**o.**	Scham	**u.**	vergebens
d.	Nachtschicht	**j.**	bei	**p.**	winkte	**v.**	zu
e.	eintönig	**k.**	überwinden	**q.**	ungemütlich	**w.**	das Vergangene
f.	verschenken	**l.**	ansprach	**r.**	verwirrte	**x.**	auf

1. Du sollst deine Zeit nicht _____ ; es gibt zu viel zu tun!
2. Beim Tanzen trat er mir auf die Füße, aber er hat _____ .
3. Nur eine starke Person kann solche Angst _____ .
4. Renata versuchte _____ , Freundschaften mit anderen Kindern zu schließen.
5. Die Mutter hat ihrer Tochter _____ , mit anderen Kindern zu spielen.
6. Die polnischen Rangierer _____ einen Unfall, weil ein deutscher Mitarbeiter einige polnische Kollegen _____ der Gestapo denunziert hatte.
7. Wir können nicht länger warten. Sie müssen jetzt ihre _____ treffen!
8. Sein Gesicht war in ein häßliches Grinsen _____ .
9. Er ließ seinen Kopf vor _____ hängen.
10. Ohne Licht und Wärme war das Zimmer recht _____ .
11. Das Kind _____ und lief seiner Mutter entgegen.
12. Ich kann morgen abend leider nicht mitfeiern. Ich habe _____ .
13. Vergessen wir, was war! Wenden wir uns lieber der _____ zu!
14. Ich habe es ihm gesagt, aber er hat meine Warnung nicht _____ .

17

Drei Haare aus des Teufels Bart

NACHERZÄHLT* VON JOSEF GUGGENMOS

Josef Guggenmos ist 1922 in Irsee (Allgau) geboren. Er studierte Germanistik und Kunstgeschichte und war vorübergehend als Lektor bei Verlagen[1] tätig. Heute lebt er in Irsee. Josef Guggenmos verfaßte vor allem Kinderbücher, darunter *Was denkt die Maus am Donnerstag?; Ein Elefant marschiert durchs Land; Theater, Theater!; Das & Dies* und *Es gingen drei Kinder durch den Wald*. Zu seinen Auszeichnungen zählen die Prämie[2] zum deutschen Jugendbuchpreis (1968), der europäische Jugendbuchpreis (1980) und der Preis der Akademie Amriswil (1980).

---

*Some passages of the original text have been altered with the kind permission of the author.
1. der Verlag (s, e): publishing company   2. die Prämie (n): prize, award

Drei Haare aus des Teufels Bart

ZIELVOKABULAR: Target Vocabulary

BERUFE, BESCHÄFTIGUNGEN UND AUFGABEN: Professions, Occupations, and Responsibilities

die Wache (n): guard

Wache halten (hält, ie, a); Wache stehen (stand, gestanden): to keep watch, to stand guard

BEWEGUNG: Movement

schreiten (schritt, ist geschritten): to step, to stride

sich auf den Weg machen: to set out

CHARAKTERZÜGE: Character Traits

kurios: strange, odd

EMOTIONEN UND REAKTIONEN: Emotions and Reactions

hassen: to hate

GEBÄUDE UND HAUSRAT: Buildings and Household Goods

das Schloß (sses, ⁼sser): palace, castle

HANDEL UND WANDEL: Trade and Commerce

der Besitzer (s, -): owner

der Lohn (s, ⁼e): reward

INTELLEKT: Intellect

träumen: to dream

KONFLIKT UND GEWALT: Conflict and Violence

sich streiten (stritt, gestritten): to argue, to quarrel

KÖRPERLICHE MERKMALE UND ZUSTÄNDE: Physical Features and Conditions

ausgetrocknet: dried up (out)

RELIGION: Religion

die Hölle (n): hell

der Teufel (s, -): devil

SCHIMPFWÖRTER: Terms of Abuse

dumme Gans: silly goose
dummer Bursche: dumb fellow

schleichender Hund: slinking dog

TÄTIGKEITEN UND EREIGNISSE: Activities and Events

ablösen: to replace (take over for)
    someone

ziehen (zog, gezogen): to pull

ZWISCHENMENSCHLICHE BEZIEHUNGEN UND INTERAKTIONEN: Human Relations and Interactions

Alles Gute und nichts für ungut!: No
    hard feelings!
der Schwiegersohn (s, ⸚e): son-in-law

der Schwiegervater (s, ⸚): father-in-law
Soll geschehen!: I'll see to that!

SCHON BEKANNTE ZIELVOKABELN: Target Vocabulary from Preceding Stories

dauern (1)
schreien (1)
sich freuen über + *acc.* (1)
gesund (1)
rufen (1)
meinetwegen (2)

schimpfen (3)
reißen (4)
einschlafen (5)
holen (9)
das Versteck (9)

an + *dat.* vorbeikommen/
    vorbeigehen (11)
dat. einen Gefallen tun (11)
den Hut ziehen (11)
befehlen (12)

Drei Haare aus des Teufels Bart[1]

   Es war einmal ein böser, alter Mann, der seinen Schwiegersohn° haßte°. Einmal, als sie sich stritten°, schrie der Schwiegervater°: „Pack dich auf der Stelle fort[2], du schleichender Hund°, und fahr direkt zur Hölle° und hole mir meinetwegen drei Haare aus des Teufels° Bart!"

---

1. der Bart (s, ⸚e): beard   2. Pack...fort!: Get the hell out of here!

5   „Wie du meinst und willst, Herr", sagte Michel, „wenn du mich nicht länger als Schwiegersohn haben willst, so bist du mein Schwiegervater gewesen[3]. Alles Gute und nichts für ungut!"° Er packte seine Sachen und sagte seiner traurigen Frau Lebewohl.

    Nachdem er einige Zeit gegangen war, kam er an einem Schloß° vorbei.

10 Da rief eine Stimme vom Fenster aus: „He du, wohin geht die Reise?"[4]

    „In die Hölle zum Teufel."

    „So sei doch so gut und tu mir einen Gefallen!"

    „Ja, warum auch nicht, das geht in einem[5]. Was ist es denn?"

    „Oh, ich habe einen Garten; der könnte der schönste auf der ganzen Welt

15 sein, aber die Quelle[6], die früher in seiner Mitte floß[7], ist ausgetrocknet°. Blumen und Bäume sterben, und alles wird zu Wüste[8]. Frag doch, was man machen muß, damit die Quelle wieder fließt!"

    „Soll geschehen!°" rief Michel und wanderte weiter.

    Bald danach kam er durch eine kleine Stadt. Da rief aus einem Hause

20 eine Frau: „He du, wohin geht die Reise?"

    „In die Hölle zum Teufel!"

    „So sei so gut und tu mir einen Gefallen."

    „Ja, warum auch nicht, es ist *eine* Arbeit. Was ist es denn?"

    „Seit sieben Jahren ist meine Tochter krank und kann nicht leben aber

25 auch nicht sterben, und kein Arzt kann ihr helfen. Frag doch, was zu tun ist, damit sie wieder gesund wird!"

    „Soll geschehen!" rief Michel und wanderte weiter.

    Endlich kam er vors Höllentor. Da stand ein Mann davor und hielt Wache°. „He du, wohin geht die Reise?"

30   „In die Hölle zum Teufel."

    „So sei doch so gut und tu mir einen Gefallen. Seit sieben Jahren stehe ich hier schon Wache, und niemand löst mich ab°. Frag doch, was ich tun soll, damit man mich endlich ablöst!"

    „Soll geschehen!" rief Michel und schritt° durch das Tor[9] in die Hölle

35 hinunter.

    Aber als er zum Haus des Teufels kam, war dieser gerade ausgegangen, um einen Menschenbraten zum Mittagessen zu holen, aber die Frau war zu Hause. Und das war ein großes Glück.

    Michel zog[10] höflich den Hut, verbeugte sich[11], wie es sich gehört[12], und

40 sagte: „Wenn ich darf, gnädige Frau[13], ich bin hierher geschickt[14], um drei Haare aus dem Bart Eures[15] Mannes zu holen, und dann soll ich auch noch fragen, warum der Brunnen[16] in jenem Garten ausgetrocknet ist und wie

---

3. so . . . gewesen: then you are no longer my father-in-law.   4. Wohin geht die Reise?: Where are you headed for?   5. das geht in einem: I can do it in one trip   6. die Quelle (n): spring, well   7. fließen (floß, geflossen): to flow   8. die Wüste (n): desert   9. das Tor (s, e): gate   10. zog: (*here*) doffed   11. sich verbeugen: to bow   12. wie es sich gehört: as is proper   13. gnädige Frau: ma'am   14. hierher schicken: to send here   15. Eures: (*archaic polite form*) your (*gen.*)   16. der Brunnen (s, -): well, spring

die Tochter in jenem Haus wieder gesund werden kann und was die Wache vor dem Tor draußen tun muß, um abgelöst zu werden."

45 „Ja, mein guter Freund, das ist eine böse Sache", antwortete die Frau.

„Mein Mann ist zwar eben ausgegangen, aber wenn er nach Hause kommt und dich hier findet, so ist es aus mit dir."[17] Und sie befahl Michel, sich unter dem Bett zu verstecken und ruhig[18] zu sein. Und richtig, es dauerte nicht lange, da kam der Teufel mit Donnergepolter[19] nach Hause.

50 „Ich riech'[20] . . . ich riech' Christenblut!" schrie er, daß alles im Hause klapperte[21]. Und er schnüffelte[22] in der Luft herum, daß die Vorhänge[23] flatterten[24].

„Ach, was du nur denkst, hier ist weit und breit[25] keine Christenseele",[26] sagte die Frau und machte ihm das Bett. „Es ist Zeit, schlafen zu gehen, 55 und du wirst müde sein, denke ich."

Der Teufel schimpfte noch ein bißchen, ging zu Bett und schlief ein. Ritsch[27] – da riß ihm die Frau ein Haar aus dem Bart. Der Teufel fuhr auf[28] und schrie: „Was ist? Was ziehst° du[29] an meinem Bart?"

„Ach, ich habe so kurios° geträumt°, daß der schönste Garten der Welt 60 eingegangen[30] ist, weil die Quelle darin ausgetrocknet ist und nicht mehr fließt."

„Oh", sagte der Teufel, „der Dummkopf, dem der Garten gehört, muß nur den Baum umpflanzen[31], der darüber gewachsen ist, dann wird sie wieder fließen wie vorher."

65 Dann drehte er sich um[32] und schlief wieder ein.

Da riß ihm die Frau – ritsch – ein zweites Haar aus.

„Was ziehst du schon wieder an meinem Bart?" schrie er.

„Ach, ich habe so kurios geträumt, daß es ein Haus gibt, und darin ist eine Tochter seit sieben Jahren krank und kann weder leben noch sterben. 70 Und ihre Mutter weiß nicht, was sie tun soll, denn kein Arzt kann ihr helfen."

„Ach was, die dumme Gans°. Das Mädchen ist auf eine Hostie[33] getreten[34], und die ist an ihrem Schuh kleben geblieben[35]. Das Mädchen soll sie essen, dann wird sie sofort gesund."

75 Dann schlief er weiter.

Ritsch – jetzt riß ihm die Frau das dritte Haar aus.

„Was ziehst du schon wieder an meinem Bart? Jetzt ist es aber genug!" rief der Teufel.

„Ach, ich habe schon wieder so kurios geträumt."

---

17. Es ist aus mit dir: It's all over for you   18. ruhig: quiet   19. das Donnergepolter (*no pl.*): thundering rumble, din   20. riechen (o, o): to smell   21. klappern: to rattle   22. schnüffeln: to sniff   23. der Vorhang (s, ⸗e): curtain   24. flattern: to flap, to flutter   25. weit und breit: far and wide   26. die Seele (n): soul   27. ritsch! rip!   28. auffahren (ä, u, a): to rise up suddenly   29. Was ziehst du: Why are you pulling   30. eingehen (ging ein, eingegangen): to die (plants and domestic animals)   31. umpflanzen: to transplant, to replant   32. sich umdrehen: to turn over   33. die Hostie (n): communion wafer   34. auf + *acc.* treten (tritt, trat, getreten): to step on   35. kleben bleiben (ie, ie): to get stuck

80   „So? Was hast du denn geträumt?"

„Ich habe geträumt, daß eine Wache draußen vor dem Tor steht und nicht weiß, was sie tun soll, damit man sie ablöst."

„Eh, der dumme Bursche°, der soll zu dem ersten besten[36], der vorbeigeht, sagen: ‚Bleib hier und warte, bis ich wiederkomme!' "

85   Am nächsten Morgen, nachdem der Teufel ausgegangen war, hieß die Frau Michel, der alles mitgehört hatte, aus seinem Versteck unter dem Bett hervorkommen[37] und gab ihm die drei Haare. Michel dankte ihr, und sagte ihr Lebewohl.

Als er durch das Höllentor ging, sagte er zu der Wache: „So gib mir nun
90   meinen Lohn°, und ich sage dir, wie du abgelöst werden kannst." Der Mann gab ihm einen ganzen Sack voll Gold.

„Sag dem ersten besten, der vorbeigeht: ‚Bleib hier und warte, bis ich wiederkomme!' "

„So bleib du hier!" rief die Wache, aber da war Michel schon weit und rief
95   zurück: „Warte auf den Nächsten!"

Als er wieder durch die Stadt kam, ging er in das Haus zu jener Frau und machte ihre Tochter schnell gesund. Da bekam er wieder einen Sack voll Gold. Dann half er dem Besitzer° des Gartens, den Baum umzupflanzen— und siehe da[38], die Quelle sprudelte[39] wie vorher. Voller Freude[40] gab
100   ihm der Herr auch einen Sack voll Gold.

Als nun[41] Michel mit seinem vielen Gold gesund nach Hause kam, freute sich seine Frau sehr. Der alte Schwiegervater bekam die drei Haare aus des Teufels Bart. Als er aber das viele Gold sah, fragte er, woher Michel es habe.[42]

105   „Oh, das bekommt man, wenn man in die Hölle geht und wieder zurückkommt, aber man muß alles tun, was einem die Leute unterwegs sagen", sagte Michel. Da dachte der Alte keinen Augenblick[43] länger nach, sondern[44] machte sich sofort auf den Weg° in die Hölle, so schnell er laufen konnte. Und als er zum Höllentor kam, da sprach die Wache zu ihm: „Bleib
110   hier und warte, bis ich wiederkomme!" Und da mußte halt der böse Alte dort Wache stehen, und da steht er heute noch.

WIE GUT HABEN SIE DEN SCHWANK VERSTANDEN?

1.   Warum ging Michel in die Hölle?
   a.   Er wollte seinem Schwiegervater gehorsam sein.
   b.   Er hoffte, dafür viel Gold zu bekommen.
   c.   Er hatte damals viel Wanderlust.

---

36. der erste beste: the first one to come along   37. hervorkommen (kam hervor, hervorgekommen): to come out   38. siehe da!: lo and behold!   39. sprudeln: to bubble   40. voller Freude: full of joy   41. als nun: now when   42. woher Michel es habe: where Michel got it   43. der Augenblick (s, e): moment   44. sondern: (but) rather

2. Warum hatte Michel nichts dagegen, noch etwas in der Hölle zu machen?
   a. Er hatte keine Hoffnung zurückzukommen.
   b. Er freute sich auf den Besuch beim Teufel.
   c. Er meinte, es ginge sowieso in einem.
3. Warum hat Michel dem Teufel nicht selbst die Fragen gestellt?
   a. Der Teufel würde aus ihm einen Menschenbraten machen.
   b. Der Teufel sagte nur seiner Frau die Wahrheit.
   c. Der Teufel verstand kein Deutsch.
4. Wie bekam die Frau die Antworten auf Michels drei Fragen?
   a. Sie gab dem Teufel einen Schlaftrunk und bekam sie so.
   b. Für jedes Haar, das sie ausriß, stellte sie noch eine Frage.
   c. Sie fragte ihn offen beim Abendessen, und er antwortete.
5. Wie kam Michel zu seinem Gold?
   a. Der Teufel hat Michel das Gold gegeben.
   b. Michel hat das Gold auf dem Weg gefunden.
   c. Dankbare Leute haben es Michel gegeben.
6. Was interessierte den Schwiegervater am meisten, als Michel nach Hause kam?
   a. die drei Haare aus des Teufels Bart
   b. die Antworten auf die Fragen, die Michel in der Hölle stellte
   c. das viele Gold, das Michel mitbrachte

CLASSROOM ACTIVITIES

Role assignments. Because the story is cyclical, it lends itself well to re-enactment in class. Form teams of eight, with each member selecting and preparing one of the following roles for reenactment in the next class session.

Roles: **Schwiegervater, Michel, Michels Frau, Teufel, Teufels Frau, Schloß-stimme, Mutter, Wache.**

ZUR DISKUSSION DES TEXTES

1. Was symbolisiert Michels Gold in dieser Legende?
2. Wie vertritt die Legende die folgenden Werthaltungen[1]? Liebe? Bereitwilligkeit, andern zu helfen? Gehorsamkeit? die Heiligkeit der Religion? Findigkeit[2]? Klugheit?
3. Finden Sie typische Kennzeichen des Mittelalters in der Geschichte!

---

1. die Werthaltung (en): values   2. die Findigkeit (en): resourcefulness

VOKABELÜBUNGEN

I.   Welche Verben haben mit Sprechakten zu tun?

1.	sich streiten	**6.**	packen	**11.**	helfen	**16.**	sprechen
2.	schleichen	**7.**	fragen	**12.**	ablösen	**17.**	schreien
3.	sagen	**8.**	danken	**13.**	schimpfen	**18.**	klappern
4.	stehen	**9.**	rufen	**14.**	dauern	**19.**	schnüffeln
5.	meinen	**10.**	fließen	**15.**	befehlen	**20.**	einschlafen

II.   Das Wort **werden** findet man oft in dieser Geschichte, aber es hat drei verschiedene Funktionen. Schreiben Sie die Sätze in der Geschichte auf, die die jeweiligen Fälle (*each case*) illustrieren! Geben Sie den Zeilenhinweis an!

Main Verb	**Future**	**Passive**
(e.g., *to become ill*)	(e.g., *I will help*)	(e.g., *Michel is rewarded*)

III.   Der Autor verwendet viele wichtige Bindewörter (*conjunctions*) in dieser Geschichte: und (*and*), aber (*but*), sondern (*but rather*), oder (*or*), denn (*for*). Welches schafft die logische Verbindung in den folgenden Satzpaaren?

1. Michels Schwiegervater ist böse, _____ der Teufel ist noch böser.
2. Das Mädchen schlief sofort ein, _____ sie war sehr müde.
3. Der Brunnen trocknete aus, _____ die Bäume im Garten gingen ein.
4. Willst du das Schloß sehen, _____ willst du heute in die Stadt?
5. Der Arzt kann dir helfen, _____ sein Rat ist teuer!
6. Der Schwiegervater liebt Michel nicht, _____ er liebt nur Michels Gold.
7. Du mußt dich verstecken, _____ es ist aus mit dir, _____ mein Mann haßt dich.
8. Man kann viel Geld haben, _____ man kann viel wissen, _____ ohne Liebe kann man nicht glücklich sein.
9. Sie ist nicht reich, _____ ganz arm.
10. Ihr könnt das Schloß sehen, _____ ihr könnt durch den Garten gehen, _____ wir haben keine Zeit, beides zu tun.

IV.   Versuchen Sie es auch mit den folgenden Bindewörtern: dann (*then*), als (*when, as, while*), da (*since*), damit (*so that, in order that*), wenn (*if*), weil (*because*), um . . . zu (*in order to*)!

1. _____ wir aus dem Schloß kamen, fing es an zu regnen.
2. Schlafen Sie jetzt erst ein bißchen, _____ Sie für den langen Weg etwas frischer sind!

3. _____ der Teufel Christen haßte, mußte Michel sich verstecken.

4. Michel machte die Tochter gesund, _____ gab ihm ihre Mutter einen Sack Gold.

5. _____ es morgen wieder so naß ist, können wir draußen nicht spielen.

6. Das Mädchen ist krank, _____ sie auf eine Hostie getreten hat.

7. Er benutzte das große Messer, _____ den Braten richtig schneiden _____ können.

8. Gib mir bitte eine Briefmarke, _____ ich den Brief abschicken kann!

9. _____ kannst du gehen?

10. Sie kam erst herein, als er fertig war, _____ sie solche Arbeit haßte.

11. Ich bringe dich morgen in die Stadt, _____ du mein Auto reparierst.

12. Michel mußte sich verstecken, _____ sich vor dem Teufel _____ retten.

WIE GUT KENNEN SIE DIE VOKABELN?

I Finden Sie die beste Definition der folgenden Wörter!

1. dein Schwiegersohn
    a. ein stiller, sehr ruhiger Mensch
    b. der Vater deiner Tochter oder deines Sohnes
    c. jemand, der immer viel Geld hat
    d. der Mann deiner Tochter

2. sich streiten
    a. ein anderer Ausdruck für „Alles Gute und nichts für ungut"
    b. wenn zwei oder mehr Menschen heftig diskutieren und dabei schreien
    c. was man mit einem Baum macht, damit er nicht eingeht
    d. man muß es tun, um glücklich zu sein

3. die Wache
    a. so heißt der Weg in die Hölle
    b. das Gegenteil von **einschlafen**
    c. jemand, der vor einem Tor aufpaßt
    d. ein böser Schwiegervater

4. einschlafen
    a. das, was eine Wache nicht machen sollte
    b. der gesunde Mensch braucht regelmäßig etwa 8 Stunden davon
    c. das Gegenteil von **hassen**
    d. die Bäume im Garten tun es, wenn sie kein Wasser bekommen

5. ein Schloß
    a. das Ende eines Buches oder Films
    b. es ist größer und schöner als ein Haus
    c. ein kleines Gebäude in fast jeder Stadt
    d. man kann es frisch oder getrocknet im Laden kaufen

II. Welche Person aus der Geschichte könnte der Sprecher sein? Michel? Der Schwiegervater? Michels Frau? Der Teufel? Der Autor?

1. „Sag mir, wo du das viele Gold bekommen hast!"
2. „Ich bin so glücklich, daß du wieder da bist!"
3. „Wir sollten heute frischen Menschenbraten zum Mittagessen haben!"
4. „Auf dem Wege in die Hölle hörte ich vom Schloß eine Stimme."
5. „Raus aus dem Haus! Ich hasse dich!"
6. „Und als er eingeschlafen war, riß sie ihm ein Haar aus dem Bart."
7. „Ich bin müde und will jetzt einschlafen."
8. „Streitet euch nicht immer so!"
9. „Was hast du denn schon wieder so kurios geträumt?"

18

Die Geschichte von Isidor

MAX FRISCH

Max Frisch ist 1911 in Zürich geboren. Er studierte Germanistik und arbeitete später als Journalist. Nach seiner Ausbildung als Architekt gründete Frisch in Zürich ein Architektenbüro. Er etablierte[1] sich literarisch mit dem Schauspiel *Nun singen sie wieder* (1945). 1955 gab er seinen Beruf als Architekt auf und wurde Berufsschriftsteller. Sein Ruf wuchs mit den Theaterstücken *Biedermann und die Brandstifter* (1958) und *Andorra* (1961) sowie den Romanen *Homo Faber* (1957) und *Mein Name sei Gantenbein* (1964). Der folgende Auszug[2] ist seinem wohl bekanntesten Roman *Stiller* (1954) entnommen. Max Frisch hat mehrere Auszeichnungen erhalten, so den Züricher Literaturpreis (1958), den Großen Kunstpreis für Literatur des Landes Nordrhein-Westphalen (1962) sowie den Großen Schillerpreis Zürich (1974). Frisch lebt heute in Berzona im Tessin (Schweiz).

---

1. etablieren: to establish   2. der Auszug (s, ̈e): excerpt

Die Geschichte von Isidor

ZIELVOKABULAR: Target Vocabulary

BERUFE, BESCHÄFTIGUNGEN UND AUFGABEN: Professions, Occupations, and Responsibilities

der Apotheker (s, -): pharmacist, druggist

der (Rechts)Anwalt (s, ⁻e): lawyer, attorney

CHARAKTERZÜGE: Character Traits

die Anständigkeit (*no pl.*): decency
getreu: faithful, loyal
gewissenhaft: conscientious

(un)verantwortlich: (ir)responsible
zärtlich: tender, affectionate

EMOTIONEN UND REAKTIONEN: Emotions and Reactions

in Aufregung geraten (ä, ie, a; ist): to get excited or alarmed
er läßt sich (*dat.*) nichts anmerken: he doesn't show any emotion
die Flucht (en): flight, escape
rasend: mad, raging, furious

die Reue (*no pl.*): remorse
der Trotz (es, *no pl.*): defiance, spite
vertragen (ä, u, a): to tolerate, to stand, to endure
zögern: to hesitate

INTELLEKT: Intellect

sich in + *acc.* vertiefen: to engross oneself in, to become absorbed in

KONFLIKT UND GEWALT: Conflict and Violence

der Streit (s, e): argument, quarrel

ORDNUNG UND BEHÖRDEN: Order and Authorities

sich bei + *dat.* melden: to report in, to respond to

die Ordnung (*no pl.*): order

VERSTÄNDIGUNG: Communication

befragen: to query

erwähnen: to mention

ZWISCHENMENSCHLICHE BEZIEHUNGEN UND INTERAKTIONEN: Human Relations and Interactions

die Ehe (n): marriage
gestatten: to allow, to permit

die (Miß)Billigung (*no pl.*): (dis)approval
die Scheidung (en): divorce

SCHON BEKANNTE ZIELVOKABELN: Target Vocabulary from Preceding Stories

die Dauer, *cf.* dauern (1)
schreien (1)
verdienen (1)
sich aufregen (2)
sich (*dat.*) vorstellen (2)

erschrecken (4)
meinen (6)
acc. gewöhnt sein (8)
raten (8)
holen (9)

acc. zur Rede stellen (12)
träumen (17)
schreiten (17)
lohnen, *cf.* der Lohn (17)

Geschichte von Isidor

Ich werde ihr die kleine Geschichte von Isidor erzählen. Eine wahre Geschichte! Isidor war Apotheker°, ein gewissenhafter° Mensch also, der dabei nicht übel verdiente[1], Vater von etlichen[2] Kindern und Mann in bestem Mannesalter, und es braucht nicht betont[3] zu werden, daß Isidor
5 ein getreuer° Ehemann war. Trotzdem vertrug° er es nicht, immer befragt° zu werden, wo er gewesen wäre. Darüber konnte er rasend° werden, innerlich[4] rasend, äußerlich[5] ließ er sich nichts anmerken°. Es lohnte keinen Streit°,[6] denn im Grunde[7], wie gesagt, war es eine glückliche Ehe°.

Eines schönen Sommers unternahmen[8] sie, wie es damals gerade Mode[9]
10 war, eine Reise nach Mallorca[10], und abgesehen von[11] ihrer steten Fragerei, die ihn im stillen ärgerte, ging alles in bester Ordnung°. Isidor konnte ausgesprochen[12] zärtlich° sein, sobald er Ferien hatte. Das schöne Avignon entzückte[13] sie beide; sie gingen Arm in Arm. Isidor und seine Frau, die man sich als eine sehr liebenswerte Frau vorzustellen hat[14], waren genau
15 neun Jahre verheiratet, als sie in Marseille ankamen. Das Mittelmeer[15] leuchtete[16] wie auf einem Plakat[17]. Zum stillen Ärger seiner Gattin[18], die

---

1. der . . . verdiente: who didn't earn badly at it   2. etliche: several   3. betonen: to emphasize, to stress   4. innerlich: inwardly   5. äußerlich: outwardly   6. es lohnte keinen Streit: it wasn't worth a fight (quarrel).   7. im Grunde: basically   8. eine Reise unternehmen: to go on a trip   9. die Mode (n): fashion   10. Mallorca: Majorca, resort island southeast of Spain   11. abgesehen von: aside from   12. ausgesprochen: positively   13. entzücken: to captivate, to enchant   14. die man . . . hat: whom one must imagine as (being) a very amiable woman   15. das Mittelmeer: the Mediterranean Sea   16. leuchten: to sparkle   17. das Plakat (s, e): poster   18. die Gattin (nen): (*literary*) wife

bereits auf dem Mallorca-Dampfer[19] stand, hatte Isidor noch im letzten
Moment irgendeine Zeitung kaufen müssen. Ein wenig, mag sein, tat er es
aus purem Trotz° gegen ihre Fragerei, wohin er denn ginge. Weiß Gott, er
20 hatte es nicht gewußt; er war einfach, da ihr Dampfer noch nicht fuhr, nach
Männerart[20] ein wenig geschlendert[21].

   Aus purem Trotz, wie gesagt, vertiefte° er sich in eine französische
Zeitung, und während seine Gattin tatsächlich nach dem malerischen[22]
Mallorca reiste, fand sich Isidor, als er endlich von einem dröhnenden
25 Tuten[23] erschreckt aus seiner Zeitung aufblickte, nicht an der Seite seiner
Gattin, sondern auf einem ziemlich dreckigen[24] Frachter[25], der, übervoll
beladen mit lauter Männern[26] in gelber Uniform, ebenfalls unter Dampf[27]
stand. Und eben wurden die großen Taue[28] gelöst[29]. Isidor sah nur noch,
wie die Mole[30] sich entfernte[31]. Ob es die hundsföttische[32] Hitze oder der
30 Kinnhaken[33] eines französischen Sergeanten gewesen, was ihm kurz
darauf das Bewußtsein nahm[34], kann ich nicht sagen; hingegen wage[35] ich
mit Bestimmtheit zu behaupten, daß Isidor, der Apotheker, in der
Fremdenlegion[36] ein härteres Leben hatte als zuvor[37].

   An Flucht° war nicht zu denken. Das gelbe Fort, wo Isidor zum Mann
35 erzogen[38] wurde, stand einsam[39] in der Wüste[40], deren Sonnenuntergänge[41]
er schätzen[42] lernte. Gewiß dachte er zuweilen[43] an seine Gattin, wenn er
nicht einfach zu müde war, und hätte ihr wohl auch geschrieben; doch
Schreiben war nicht gestattet. Frankreich kämpfte noch immer gegen den
Verlust[44] seiner Kolonien, so daß Isidor bald genug in der Welt herumkam,
40 wie er sich nie hätte träumen lassen.

   Er vergaß seine Apotheke, versteht sich[45], wie andere ihre kriminelle
Vergangenheit[46]. Mit der Zeit verlor Isidor sogar das Heimweh nach dem
Land, das seine Heimat zu sein den schriftlichen Anspruch stellte[47], und es
war — viele Jahre später — eine pure Anständigkeit° von Isidor, als er eines
45 schönen Morgens durch das Gartentor trat, bärtig, hager wie er nun war,
den Tropenhelm[48] unter dem Arm, damit die Nachbarn seines Eigenheims[49],
die den Apotheker längstens zu den Toten rechneten[50], nicht in Aufregung

---

19. der Dampfer (s, -): steamer (ship)   20. nach Männerart: the way men do   21. schlendern:
to amble, to saunter   22. malerisch: picturesque   23. von einem dröhnenden Tuten: by the
roar of a ship's horn   24. dreckig: dirty, filthy   25. der Frachter (s, -): freighter   26. beladen
mit lauter Männern: loaded with nothing but men   27. unter Dampf sein: to be under steam
28. das Tau (s, e): hawser (rope for mooring a ship)   29. lösen: to untie, to loosen   30. die
Mole (n): jetty   31. sich entfernen: to pull away   32. hundsföttisch: beastly   33. der Kinnhaken (s, -): uppercut, blow to the chin   34. was...nahm: that knocked him unconscious
shortly thereafter   35. wagen: to dare   36. die Fremdenlegion (en): foreign legion   37.
zuvor: before   38. erziehen (erzog, erzogen): to bring up, to rear   39. einsam: solitary   40.
die Wüste (n): desert   41. der Sonnenuntergang (s, ⸚e): sunset, sundown   42. schätzen: to
appreciate   43. zuweilen: now and then   44. der Verlust (es, e): loss   45. versteht sich: it
goes without saying   46. die Vergangenheit (*no pl.*): the past   47. das seine...stellte: that
made claim on paper to be his homeland   48. der Tropenhelm (s, e): pith helmet   49. das
Eigenheim (s, e): private home (house)   50. die den Apotheker...rechneten: who had long
counted the pharmacist among the dead

gerieten° über seine immerhin ungewohnte[51] Tracht[52]; selbstverständlich trug er auch einen Gürtel[53] mit Revolver.

50 Es war ein Sonntagmorgen, Geburtstag[54] seiner Gattin, die er, wie schon erwähnt°, liebte, auch wenn er in all den Jahren nie eine Karte geschrieben hatte. Einen Atemzug[55] lang, das unveränderte Eigenheim vor Augen, die Hand noch an dem Gartentor, das ungeschmiert[56] war und girrte[57] wie je, zögerte° er. Fünf Kinder, alle nicht ohne Ähnlichkeit[58] mit ihm, aber alle um

55 sieben Jahre gewachsen, so daß ihre Erscheinung[59] ihn befremdete[60], schrien schon von weitem: Der Papi! Es gab kein Zurück[61]. Und Isidor schritt weiter als Mann, der er in harten Kämpfen[62] geworden war, und in der Hoffnung, daß seine liebe Gattin, sofern sie zu Hause war, ihn nicht zur Rede stellen würde. Er schlenderte den Rasen[63] hinauf, als käme er wie

60 gewöhnlich aus seiner Apotheke, nicht aber aus Afrika und Indochina. Die Gattin saß sprachlos unter einem neuen Sonnenschirm[64]. Auch den köstlichen[65] Morgenrock[66], den sie trug, hatte Isidor noch nie gesehen. Ein Dienstmädchen[67], ebenfalls eine Neuheit[68], holte sogleich eine weitere[69] Tasse[70] für den bärtigen Herrn, den sie ohne Zweifel[71], aber auch ohne

65 Mißbilligung° als den neuen Hausfreund[72] betrachtete[73].

Kühl sei es hierzulande, meinte Isidor, indem er sich die gekrempelten[74] Hemdärmel[75] wieder herunter machte. Die Kinder waren selig[76], mit dem Tropenhelm spielen zu dürfen, was natürlich nicht ohne Zank[77] ging, und als der frische Kaffee kam, war es eine vollendete[78] Idylle, Sonntagmorgen

70 mit Glockenläuten[79] und Geburtstagstorte[80]. Was wollte Isidor mehr!

Ohne jede Rücksicht auf[81] das neue Dienstmädchen, das gerade noch das Besteck[82] hinlegte, griff Isidor nach[83] seiner Gattin. „Isidor!" sagte sie und war außerstande[84], den Kaffee einzugießen[85], so daß der bärtige Gast es selber machen mußte. „Was denn?" fragte er zärtlich, indem er auch ihre Tasse füllte. „Isidor!" sagte sie und war dem Weinen nahe[86]. Er umarmte[87]

75 sie. „Isidor!" fragte sie, „Wo bist du nur so lange gewesen?"

Der Mann, einen Augenblick lang wie betäubt[88], setzte seine Tasse nieder; er war es einfach nicht mehr gewöhnt, verheiratet zu sein, und stellte sich

---

51. ungewohnt: unusual   52. die Tracht (en): dress, uniform, garb   53. der Gürtel (s, -): belt   54. der Geburtstag (s, e): birthday   55. der Atemzug (s, ̈e): breath   56. ungeschmiert: ungreased   57. girren: to squeak   58. die Ähnlichkeit (en): likeness, resemblance   59. die Erscheinung (en): appearance   60. befremden: to take (someone) aback   61. Es gab kein Zurück: There was no turning back   62. der Kampf (s, ̈e): battle   63. der Rasen (s, -): lawn   64. der Sonnenschirm (s, e): parasol   65. köstlich: exquisite   66. der Morgenrock (s, ̈e): dressing gown   67. das Dienstmädchen (s, -): maidservant   68. eine Neuheit: something new   69. weiter: additional   70. die Tasse (n): cup   71. der Zweifel (s, -): doubt   72. der Hausfreund (s, e): (colloq.) lover   73. betrachten: to regard   74. gekrempelt: rolled-up   75. der Hemdärmel (s, -): shirt sleeve   76. selig: thrilled   77. der Zank (s, ̈e): bickering   78. vollendet: perfect   79. das Glockenläuten (s, no pl.): ringing bells   80. die Torte (n): cake   81. ohne jede Rücksicht auf: without any consideration for   82. das Besteck (s, e): silverware   83. greifen (griff, gegriffen) nach: to reach for   84. außerstande sein: to be unable   85. eingießen (goß ein, eingegossen): to pour   86. war dem Weinen nahe: was about to cry   87. umarmen: to embrace   88. betäubt: stunned

vor einen Rosenstock[89], die Hände in den Hosentaschen. „Warum hast du
80 nie auch nur eine Karte geschrieben?" fragte sie. Darauf nahm er den
verdutzten[90] Kindern wortlos den Tropenhelm weg, setzte ihn mit dem
knappen Schwung der Routine[91] auf seinen eigenen Kopf, was den Kindern
einen für die Dauer ihres Lebens[92] unauslöschlichen[93] Eindruck hinterlassen
haben soll, Papi mit Tropenhelm und Revolvertasche, alles nicht bloß
85 echt[94], sondern sichtlich[95] vom Gebrauche etwas abgenutzt[96], und als die
Gattin sagte: „Weißt du, Isidor, das hättest du wirklich nicht tun dürfen!"
war es für Isidor genug der trauten Heimkehr[97], er zog (wieder mit dem
knappen Schwung der Routine, denke ich) den Revolver aus dem Gurt, gab
drei Schüsse[98] mitten in die weiche, bisher noch unberührte[99] und mit
90 Zuckerschaum[100] verzierte[101] Torte, was, wie man sich wohl vorstellen kann,
eine erhebliche[102] Schweinerei[103] verursachte.

„Also Isidor!" schrie die Gattin, denn ihr Morgenrock war über und über
von Schlagrahm[104] verspritzt[105], ja, und wären nicht die unschuldigen
Kinder als Augenzeugen[106] gewesen, hätte sie jenen ganzen Besuch, der
95 übrigens kaum zehn Minuten gedauert haben dürfte[107], für eine Halluzination
gehalten. Von ihren fünf Kindern umringt, einer Niobe ähnlich[108], sah sie
nur noch, wie Isidor, der Unverantwortliche°, mit gelassenen Schritten[109]
durch das Gartentor ging, den unmöglichen[110] Tropenhelm auf dem Kopf.
Nach jenem Schock konnte die arme Frau nie eine Torte sehen, ohne an
100 Isidor denken zu müssen, ein Zustand[111], der sie erbarmenswürdig[112]
machte, und unter vier Augen[113], insgesamt etwa unter sechsunddreißig
Augen[114], riet man ihr zur Scheidung.

Noch aber hoffte die tapfere[115] Frau. Die Schuldfrage[116] war ja wohl klar.
Noch aber hoffte sie auf seine Reue°, lebte ganz den fünf Kindern[117], die von
105 Isidor stammten[118], und wies[119] den jungen Rechtsanwalt°, der sie nicht
ohne persönliche Teilnahme[120] besuchte und zur Scheidung° drängte[121], ein
weiteres Jahr lang ab, einer Penelope ähnlich[122]. Und in der Tat[123], wieder
war's ihr Geburtstag, kam Isidor nach einem Jahr zurück, setzte sich

---

89. der Rosenstock (s, ¨e): rosebush   90. verdutzt: bewildered   91. der knappe Schwung der
Routine: a snappy motion, honed by routine   92. für . . . Lebens: for the rest of their lives   93.
unauslöschlich: inextinguishable, unforgettable   94. echt: genuine   95. sichtlich: visibly
96. abgenutzt: worn   97. die Heimkehr (en): homecoming   98. gab drei Schüsse: fired three
shots   99. unberührt: untouched   100. der Zuckerschaum (s, ¨e): icing   101. verziert:
decoriert   102. erheblich: considerable   103. die Schweinerei (en): (*colloq.*) awful mess
104. der Schlagrahm (s, *no pl.*): whipped cream   105. verspritzt: spattered   106. der Augenzeuge (n, n): witness   107. der übrigens . . . dürfte: which, incidentally, probably lasted scarcely
ten minutes   108. einer Niobe ähnlich: like Niobe (the mother in Greek mythology who sacri-
ficed all for her children)   109. mit gelassenen Schritten: with easy strides   110. unmöglich:
here: preposterous   111. der Zustand (s, ¨e): state of affairs   112. erbarmenswürdig: pitiful
113. unter vier Augen: in private   114. sechsunddreißig Augen: i.e., eighteen people (presumably
the wife's family and friends)   115. tapfer: valiant, gallant   116. die Schuldfrage (n): question
of guilt   117. lebte . . . Kindern: lived totally for the five children   118. stammen: to come
from   119. abweisen (ie, ie): to refuse, to decline   120. die Teilnahme (*no pl.*): interest   121.
drängen: to press, to urge   122. einer Penelope ähnlich: like Penelope (who held off a marriage
proposal, waiting for her long-absent husband Ulysses to return)   123. in der Tat: indeed

nach üblicher[124] Begrüßung[125], krempelte die Hemdärmel herunter[126] und
110 gestattete° den Kindern abermals[127], mit seinem Tropenhelm zu spielen,
doch dieses Mal dauerte ihr Vergnügen, einen Papi zu haben, keine drei
Minuten. „Isidor!" sagte die Gattin, „wo bist du denn jetzt wieder gewesen?"
Er erhob sich[128], ohne zu schießen, Gott sei Dank, auch ohne den
unschuldigen Kindern den Tropenhelm zu entreißen[129], nein, Isidor erhob
115 sich nur, krempelte seine Hemdärmel wieder herauf und ging durchs
Gartentor, um nie wiederzukommen. Die Scheidungsklage[130] unterzeich-
nete[131] die arme Gattin nicht ohne Tränen, aber es mußte ja wohl sein,
zumal[132] sich Isidor innerhalb der gesetzlichen Frist[133] nicht gemeldet°
hatte, seine Apotheke wurde verkauft, die zweite Ehe in schlichter[134]
120 Zurückhaltung[135] gelebt und nach Ablauf[136] der gesetzlichen Frist auch
durch das Standesamt[137] genehmigt[138], kurzum, alles nahm den Lauf[139] der
Ordnung, was ja zumal für die heranwachsenden Kinder so wichtig war.
Eine Antwort, wo Papi sich mit dem Rest seines Erdenlebens herumtrieb[140],
kam nie. Nicht einmal eine Ansichtskarte[141]. Mami wollte auch nicht, daß
125 die Kinder danach fragten; sie hatte ja Papi selber nie danach fragen dürfen.

WIE GUT HABEN SIE DIE GESCHICHTE VERSTANDEN?

1. Was störte Isidor an seiner Frau?
  a. Geld
  b. ihre Schweinerei
  c. ihre ewige Fragerei
2. Warum kam Isidor in die Fremdenlegion?
  a. aus Interesse an den Franzosen
  b. aus purem Trotz
  c. aus Wanderlust
3. An welchem bestimmten Tag kehrte Isidor wieder heim?
  a. an seinem Hochzeitsjubiläum
  b. am Geburtstag seiner Frau
  c. genau sieben Jahre nach seinem Verschwinden
4. Warum kam Isidor wieder nach Hause?
  a. aus purer Anständigkeit
  b. Er hatte großes Heimweh.
  c. Er war sehr, sehr neugierig.

---

124. üblich: customary   125. die Begrüßung (en): greeting   126. herunterkrempeln: to roll
down   127. abermals: again   128. sich erheben (o, o): to rise   129. entreißen (entriß,
entrissen): to snatch   130. die Scheidungsklage (n): divorce suit   131. unterzeichnen: to sign
132. zumal: particularly since   133. die gesetzliche Frist: the interval required by law   134.
schlicht: modest   135. die Zurückhaltung (no pl.): reserve, restraint   136. der Ablauf (s, no
pl.): expiration   137. das Standesamt (s, ̈er): registry office   138. genehmigen: to legalize
139. der Lauf (s, ̈e): course   140. herumtreiben (ie, ie): to roam about   141. die Ansichtskarte
(n): picture postcard

5. Warum ging Isidor wieder fort?
   a. Seine Frau stellte ihn wieder zur Rede.
   b. Seine Frau hatte einen Anwalt geheiratet.
   c. Die Kinder hatten den Tropenhelm gestohlen.
6. Was passierte genau ein Jahr nach Isidors Heimkehr?
   a. Die Frau ließ sich scheiden.
   b. Das gleiche, nur schoß er diesmal auf die Geburtstagstorte nicht.
   c. Sie feierten den Geburtstag ohne Torte.
7. Wann heiratete die Frau den Anwalt?
   a. erst nach der gesetzlichen Frist
   b. sofort, da Isidor kein getreuer Ehemann war
   c. sobald die Schuldfrage klar war

ZUR DISKUSSION DES TEXTES

1. Welche Worte innerhalb der Geschichte deuten Ordnung und Regelmäßigkeit an?
2. Welchen Kontrast zur bürgerlichen Ordnung erlebte Isidor in der Fremdenlegion?
3. Welche Werte galten in Isidors Leben als Apotheker? Welche Werte galten in Isidors Leben in der Fremdenlegion?
4. Was bedeutet die Frage nach dem „gewesen sein"?
5. Warum haßte Isidor diese Frage?
6. Was wäre passiert, wenn Isidor, noch bevor er zur Fremdenlegion ging, diese Frage nicht beantwortet hätte?
7. Warum ist der Ausbruch aus der Idylle so extrem geschildert? Welche anderen Auseinandersetzungsmöglichkeiten hätte der Mann gehabt?
8. Welches Frauenbild wird in der Erzählung vermittelt?
9. Kann die Geschichte auch ein Traum von Isidor sein? Wenn es ein Traum wäre, wie würde Isidors Leben weitergehen?
10. **Gruppenarbeit.** Erfinden Sie ein Gespräch, das Isidor nach einem solchen Traum mit seiner Frau führen würde!
11. **Aufsatz.** Welche Kritik übt die Erzählung an der bürgerlichen Ordnung und an der Fremdenlegion?

VOKABELÜBUNGEN

I. Führen Sie den Leitgedanken sinnvoll weiter!

1. Es lohnte keinen Streit, denn
   a. sie liebten sich trotzdem sehr.
   b. Isidors Gattin ärgerte sich im Stillen darüber.
   c. Isidor haßte die Fragerei.

2. Warum hast du nie auch nur eine Karte geschrieben?
   a. Du warst doch die ganze Zeit zu Hause!
   b. Hast du denn gar nicht an mich gedacht?
   c. Kartenschreiben war nur sonntags gestattet.

3. Die Nachbarn rechneten Isidor zu den Toten, denn sie
   a. kamen oft zu Kaffee und plauderten lange.
   b. hatten ihn seit seiner Kindheit gekannt.
   c. hatten ihn seit Jahren nicht mehr gesehen.

4. Wären nicht die Kinder als Augenzeugen gewesen,
   a. hätte die Frau gar nichts bemerkt.
   b. meinte sie, sie hätte das ganze geträumt.
   c. hätten die Nachbarn alles gesehen.

5. Jürgen drängte zur Scheidung, denn
   a. die Schuldfrage war klar.
   b. er hoffte auf Reue.
   c. er liebte seine Gattin noch sehr.

II. Finden Sie die sechs Antonympaare und sechs Synonympaare unten!

1. Ärger	**7.** gewissenhaft	**13.** befremden	**19.** Scheidung
2. Ehe	**8.** ungebraucht	**14.** Bestimmtheit	**20.** Trotz
3. Streit	**9.** sprachlos	**15.** wortlos	**21.** unverantwortlich
4. Zweifel	**10.** befreunden	**16.** Mißbilligung	**22.** wesentlich
5. schweigend	**11.** Respekt	**17.** verdutzt	**23.** selbstverständlich
6. erheblich	**12.** versteht sich	**18.** abgenutzt	**24.** Zank

III. Ergänzen Sie mit den richtigen Wörtern aus der nachstehenden Liste!

a. unmöglich	**e.** den Eindruck	**i.** entzückt	**m.** den neuen Morgenrock
b. verspritzt	**f.** die Ordnung	**j.** Geburtstag	**n.** schlenderte
c. verziert	**g.** setzten sich	**k.** getreu	**o.** eingoß
d. eine Torte	**h.** vertiefte sich	**l.** trug	**p.** betrachten

Isidors Frau wurde am 10. November 1923 geboren, und jedes Jahr feierte Isidor mit ihr _____. Sie hatten immer _____ mit Kerzen und tranken dazu Tee. Immer gab Isidor seiner Frau sein Geschenk, während sie den Tee _____. Voriges Jahr, bevor Isidor verschwand, war es auch so. Zum richtigen Moment _____ Isidor auf seine Art ins Zimmer und gab seiner Frau sein Geschenk, welches er unter dem Arm _____. Sie machte den Karton _____ auf und zog sich _____ an, der mit Silber und Gold _____ war. Isidor und seine Frau _____ dann am Tisch. Die ganze Zeremonie gab _____ einer besonders glücklichen Ehe. Man könnte es damals sogar als eine wahre Idylle _____.

WIE GUT KENNEN SIE DIE VOKABELN?

I. Wählen Sie die beste Umschreibung (*reformulation*) der *kursivgeschriebenen* Redewendung!

1. *Ohne jede Rücksicht auf das Dienstmädchen* umarmte Isidor seine Frau.
a. Isidor hat das Dienstmädchen nicht gesehen.
b. Es war Isidor egal, daß das Dienstmädchen zuschaute.
c. Isidor liebte das Dienstmädchen mehr als seine Gattin.

2. Er war innerlich rasend; *äußerlich ließ er sich nichts anmerken.*
a. Er sah wütend aus, war es aber nicht.
b. Er war etwas erregt, aber nicht außer sich.
c. Es gelang ihm, ruhig auszusehen.

3. Ich wage *mit Bestimmtheit zu behaupten*, daß er ein hartes Leben hatte.
a. Ich bin ganz sicher, daß sein Leben hart war.
b. Ich bin nicht ganz überzeugt, daß er ein hartes Leben hatte.
c. Ich glaube, daß er ein hartes Leben führte.

4. *Zum stillen Ärger seiner Gattin* antwortete Isidor nicht darauf.
a. Sie schimpfte laut und lang über sein Schweigen.
b. Sie wurde rasend.
c. Sie sagte nichts, aber war doch böse auf ihn.

II. Welche Wörter deuten auf eine bürgerliche Idylle und welche auf Isidors Leben in der Fremdenlegion? Schreiben Sie sie entsprechend auf!

a. gewissenhaft
b. Geburtstagskuchen
c. kämpfen
d. verheiratet
e. schießen
f. der Ehemann
g. der Apotheker
h. Glocken
i. die Ehe
j. der Tropenhelm
k. Afrika
l. getreu
m. der Kinnhaken
n. zur Rede stellen

19

Das abenteuerliche Leben und schreckliche Ende von Doktor Johann Faustus

AUS DER LEGENDENSAMMLUNG VON JOSEF GUGGENMOS* UND AUS DEM *FAUSTUS VOLKSBUCH* (1587)

Der Sage nach[1] war Johann Faust ein Bauernsohn aus Rod bei Weimar, der seine Seele dem Teufel verschrieb. Dadurch wurde Mephistopheles Fausts Diener, erfüllte ihm sein Leben lang jedes Begehren[2]—sei es nach Geld und Lebensgenuß, sei es nach Erkenntnis der Welt—und nahm ihm am Ende seine Seele. Tatsächlich lebte am Anfang des 16. Jh. ein reisender Halbgelehrter namens Johann Faust, der sich mit Zauberwesen und Horoskopen beschäftigte. Seine erstmalige Verbindung mit dem Teufelsbund-Motiv im Volksbuch von 1587 ist sehr wohl darauf zurückzuführen, daß er seinen Zeitgenossen[3] ebenso unbegreiflich und unheimlich erschien wie die Figur und die Begebenheiten[4] in den folgenden Nacherzählungen.

---

*Some passages of the original texts have been altered with the kind permission of the author.
1. der Sage nach: according to legend   2. das Begehren (s, -): desire, wish   3. der Zeitgenosse (n, n): contemporary   4. die Begebenheit (en): occurrence

Wie Doktor Faust vier Zauberern ins Handwerk pfuschte

ZIELVOKABULAR: Target Vocabulary

BEWEGUNG: Movement

aufsetzen: to set (place, put) onto

CHARAKTERZÜGE: Character Traits

frech: insolent

GEBÄUDE UND HAUSRAT: Buildings and Household Goods

das Gefäß: (sses, sse): vessel, container

HANDEL UND WANDEL: Trade and Commerce

die Messe (n): fair

verschreiben (ie, ie): to sign over, to sell (one's) soul

KONFLIKT UND GEWALT: Conflict and Violence

abhauen (haute ab, abgehauen): to cut off
hinrichten: to execute
köpfen: to behead

der Schaden (s, ¨): damage
das Schwert (s, er): sword
zerschlitzen: to slash (to ribbons)

DIE NATUR: Nature

blühen: to bloom, to blossom
grünen: to become green

verderben (i, a, o): to ruin something, to rot
die Wurzel (n): root

RELIGION: Religion

belohnen: to reward
die Fastenzeit (en): Lent
die Gotteslästerung (en): blasphemy

die Sünde (n): sin
übel: evil

(ÜBER)NATÜRLICHE PHÄNOMENE: (Super)Natural Phenomena

(hervor)zaubern: to conjure (up)

der Zauberer (s, -): sorcerer, magician

ZEITBEGRIFFE: Concepts of Time

darauf: then, next   zuletzt: last

SCHON BEKANNTE ZIELVOKABELN: Target Vocabulary from Preceding Stories

ärgern (1)   verschwinden (3)   überbringen (12)
                                                                        der Teufel (17)

Wie Doktor Faust vier Zauberern° ins Handwerk pfuschte[1]

Einmal kam Faust in der Fastenzeit° nach Frankfurt auf die Messe°. Da
erzählte man ihm, wie vier Zauberer einander die Köpfe abschlügen[2]
und diese zum Barbier schickten, wobei[3] viele Menschen zusahen.

Diese Nachricht[4] gefiel Faust gar nicht, sondern ärgerte ihn sehr. Er
5 meinte doch, er allein wäre beim Teufel Hahn im Korb[5]. Er ging hin, um
zuzusehen, und die Zauberer waren schon dabei[6], einander die Köpfe
abzuhauen°.

Auf dem Tisch hatten sie ein gläsernes Gefäß° mit destilliertem Wasser. In
dieses zauberte° der Anführer[7] der Zauberer für den ersten seiner Gefährten[8]
10 eine Lilie, die er Wurzel° des Lebens nannte. Diese grünte° und blühte° in
dem Glas. Darauf° richtete° er den ersten Zauberer mit dem Schwert° hin,
überbrachte den Kopf dem Barbier, der ihn barbierte und wusch, und
setzte ihn hernach[9] dem Zauberer wieder auf°. Sogleich verschwand die
Lilie, und der Kopf saß wieder fest auf dem Rumpf[10], als wäre er nie
15 von ihm getrennt.

So machte es der Anführer auch mit dem zweiten und dritten Zauberer:
jeder bekam seine Lilie ins Glas und wurde dann vom Anführer geköpft°,
der dem Barbier den Kopf überbrachte, und ihn dem Zauberer hernach
wieder aufsetzte.

20 Zuletzt° kam der oberste Zauberer an die Reihe. Auch seine Lilie blühte
und grünte im Glas, und er ließ sich lachend und mit frechen° Gottesläste-
rungen° den Kopf abhauen. Da nahm Doktor Faust ein Messer, stach auf die
Blume ein[11] und zerschlitzte° den Blumenstengel[12], ohne daß ein Mensch
es merkte[13].

---

1. *dat.* ins Handwerk pfuschen: to interfere with   2. abschlagen (ä, u, a): to cut off   3. wobei:
here: while   4. die Nachricht (en): news   5. er . . . Korb: that he was the only chosen one of
the Devil   6. dabei sein: to be doing something, to have already begun   7. der Anführer
(s, -): leader   8. der Gefährte (n, n): companion   9. hernach: afterwards   10. der Rumpf
(es, ⁼e): trunk of the body   11. einstechen (i, a, o): to pierce   12. der Stengel (s, -): stem
13. ohne . . . merkte: without anyone noticing it

25   Da hatten die Zauberer den Schaden°,[14] ihre Kunst[15] war erfolglos, denn sie konnten ihrem Gefährten den Kopf nicht mehr aufsetzen. So mußte also der böse Mensch in Sünde° sterben und verderben°, wie denn der Teufel alle seine Diener[16] am Ende übel° belohnt°. Von den Zauberern aber wußte keiner, wie es mit dem zerschlitzten Blumenstengel passiert war[17], und
30 keiner meinte, daß Doktor Faust damit etwas zu tun gehabt hätte.

---

14. die Zauberer hatten den Schaden: the laugh was on the sorcerers   15. die Kunst (¨e): art; *here;* magic   16. der Diener (s, -): servant   17. wie es . . . war: how the flower's stem got slashed to pieces

WIE GUT HABEN SIE DIE LEGENDE VERSTANDEN?

1. Wann kam Faust nach Frankfurt auf die Messe?
    a. schon im Sommer
    b. in der Fastenzeit
    c. zu Weihnachten
2. Wozu stand ein gläsernes Gefäß auf dem Tisch?
    a. Faust wollte seinen Kopf darauf setzen.
    b. Der Barbier mußte es waschen und es den Zauberern überbringen.
    c. Der Anführer zauberte darin eine Lilie, die grünte und blühte.
3. Was tat der oberste Zauberer mit den Köpfen, die er abhaute?
    a. Er ließ sie sofort verschwinden.
    b. Er überbrachte sie dem Barbier.
    c. Er schickte sie dem Teufel.
4. Wie wurde die Kunst der Zauberer zunichte?
    a. Faust zerschlitzte den Stengel der „Wurzel des Lebens".
    b. Der Anführer war so frech, daß Gott sich an ihm rächte.
    c. Der Teufel starb und verdarb.
5. Wer hatte den Schaden?
    a. die Menschen, die zusahen
    b. Faust selbst
    c. der Anführer und seine Gefährten

ZUR DISKUSSION DES TEXTES

1. Warum regte sich Faust über das Hinrichten und Auferstehenlassen[1] so gewaltig auf?
2. Liegt Ihre Sympathie eher bei den Zauberern oder bei Dr. Faust? Warum?
3. Was für eine Rolle spielte der Barbier in dieser Legende?
4. Welche Kunstwerke, z.B. Romane und Theaterstücke, oder Sprüche[2] beziehen sich auf die Faustlegende?

---

1. das Auferstehenlassen (s, -): causing to rise from the dead   2. der Spruch (s, ¨e): saying

5. Vergleichen Sie diese Faustlegende mit den Eulenspiegellegenden, die Sie in diesem Buch gelesen haben: **a.** Wie vollziehen die Figuren ihre Missetaten? **b.** Wie unterscheiden sich die Gründe, aus denen die Opfer in den jeweiligen Legenden ihr Schicksal verdienen?

6. **Gruppenarbeit.** Jeder Student führe einen Zaubertrick vor der Klasse auf und erkläre, auf deutsch natürlich, wie man ihn macht.

7. **Aufsatz.** Erzählen Sie eine Faustgeschichte nach, die Sie schon früher gelesen oder gehört haben!

VOKABELÜBUNGEN

I. Schreiben Sie jeweils das entsprechende Verb auf!

1. der Zauberer — **zaubern**
2. grün
3. die Hinrichtung
4. der Schaden
5. der Lohn
6. der Anführer
7. der Schlag
8. der Kopf
9. der Bericht
10. der Diener

II. Schreiben Sie jeweils ein entsprechendes Substantiv auf!

1. nennen — **der Name**
2. blühen
3. erzählen
4. zusehen
5. frech
6. sterben
7. waschen
8. belohnen
9. wiederholen
10. tun

III. Ergänzen Sie das fehlende Wort des Paares!

1. **Ein Teil** :: **das Ganze**
   a. _____ :: der Körper
   b. die Gotteslästerung :: _____
   c. die Wurzel :: _____
   d. _____ :: das Jahr

2. **Das Mittel** :: **der Zweck**
   a. _____ :: waschen
   b. das Schwert :: _____
   c. _____ :: zerschlitzen
   d. _____ :: enthalten

WIE GUT KENNEN SIE DIE VOKABELN?

I. Welche Wörter bezeichnen Menschen? Welche bezeichnen Gegenstände? Welche bezeichnen weder Menschen noch Gegenstände?

a.	hinrichten	**e.**	die Nachricht	**i.**	der Diener
b.	das Gefäß	**f.**	das Schwert	**j.**	zuletzt
c.	wieder	**g.**	der Zauberer	**k.**	die Wurzel
d.	der Schaden	**h.**	die Sünde	**l.**	die Zauberei

II. Wie kann man es anders sagen? Ersetzen sie den kursivgeschriebenen Ausdruck durch ein passendes Wort aus dem Zielvokabular!

BEISPIEL: Plötzlich *war* die Blume *nicht mehr da*.
      Plötzlich verschwand die Blume.

1. *Als Letzter* kam ich an die Reihe.
2. Im Frühling *werden* viele Pflanzen *grün*.
3. Der Dieb nahm ein Messer und *stach mehrmals* auf das Gemälde *ein*.
4. Der Anführer hat den anderen Zauberen mit einem Schwert *den Kopf abgehauen*.
5. Wegen seiner *vielen bösen Taten* mußte der Anführer sterben und verderben.
6. Der Anführer *ließ* jedem seiner Gefährten eine Lilie *aus dem Nichts erscheinen*.
7. Die Sprüche des Anführers bei seiner Hinrichtung waren *zynisch und schamlos*.

Doktor Faust schenkt den Leipziger Studenten ein Faß Wein

ZIELVOKABULAR: Target Vocabulary

BERUFE, BESCHÄFTIGUNGEN UND AUFGABEN: Professions, Occupations, and Responsibilities

der Geschäftsmann (es, Geschäftsleute): merchant, businessman

der Weinhändler (s, -): wine merchant

CHARAKTERZÜGE: Personal Traits

faul: lazy

gehen (ging, ist gegangen) um + *acc:* to be about, to concern

geschickt: clever, adroit

läppisch: foolish, insipid

EMOTIONEN UND REAKTIONEN: Emotions and Reactions

hoffen: to hope

ungehalten: indignant

wissen . . . zu . . . : to know how to: to be able to

GEBÄUDE UND HAUSRAT: Buildings and Household Goods

der Eimer (s, -): bucket, pail

das Faß (sses, ⁼sser): vat, cask

KONFLIKT UND GEWALT: Conflict and Violence

der Zank (s, ⁼e): squabble, bickering

MENGENBEGRIFFE: Quantities

enthalten (ä, ie, a): to contain

TÄTIGKEITEN UND EREIGNISSE: Actions and Events

schaffen: to succeed, to manage to do

ZWISCHENMENSCHLICHE BEZIEHUNGEN UND INTERAKTIONEN: Human Relations and Interactions

auf + *acc.* eingehen (ging ein, ist eingegangen): to agree to, to accept (an idea, a plan)

dat. Gesellschaft leisten: to keep company

dat. überlassen: to relinquish, to hand over something to someone

mit + *dat.* umgehen (ging um, ist umgegangen): to associate with

ein Versprechen (ein)halten (ä, ie, a): to keep a promise

SCHON BEKANNTE ZIELVOKABELN: Target Vocabulary from Preceding Stories

sich + *adj.* anstellen (1)
spazieren, *cf.* spazierengehen (3)

sich wundern (3)
erschrecken (4)

an + *dat.* vorbeikommen (10)
bitten (13)

Doktor Faust schenkt den Leipziger Studenten ein Faß Wein

Einige Studenten aus Ungarn, Polen und Kärnten[1], die in Wittenberg viel mit Doktor Faust umgingen°, baten ihn, mit ihnen zur Leipziger Messe zu reisen, denn sie wollten sehen, wie es dort wäre und was für Geschäftsleute° zusammenkämen; auch hofften° einige, dort Geld zu bekommen. Doktor
5 Faust ging darauf ein° und leistete ihnen Gesellschaft°.

Als sie nun in Leipzig hin und her spazierten und die Universität, die Stadt und die Messe ansahen[2], kamen sie an einem Weinkeller vorbei. Da waren einige Fuhrleute[3] am Hantieren mit[4] einem großen Weinfasse°, das sechzehn oder achtzehn Eimer° enthielt°. Sie wollten es aus dem Keller
10 bringen, schafften° es aber nicht.

Das sah Doktor Faust und sagte: „Wie stellt ihr euch so läppisch° an[5], und seid doch so viele? Es könnte leicht einer allein dieses Faß herausbringen, wenn er es geschickt° anstellte."

Die Fuhrleute waren über diese Rede ungehalten° und warfen mit
15 Schimpfworten um sich[6], weil sie Faust nicht kannten.

Als aber der Weinhändler° hörte, worum der Zank° ging°, sagte er zu

---

1. Kärnten: Carinthia (a province in southern Austria)   2. ansehen (ie, a, e): to look at, view
3. der Fuhrmann (s; Fuhrleute): wagoner   4. am Hantieren mit: monkeying around with   5.
wie . . . an: you're really going about it foolishly   6. warfen . . . sich: they made free use of profanity

Faust und seinen Gefährten: „Gut, wer von euch dieses Faß allein heraus-
bringt, der soll's haben!"

Faust war nicht faul°, ging sofort in den Keller, setzte sich auf das Faß,
20 wie auf ein Pferd und ritt[7] es schnell aus dem Keller, worüber sich alle
wunderten.

Der Weinhändler erschrak, denn er hatte nicht gedacht, daß so etwas
möglich wäre, er mußte aber sein Versprechen halten° und Faust das Faß
mit Wein überlassen°. Faust gab es seinen Wandergesellen, und sie luden
andere lustige[8] Gesellen[9] ein, und so lebten sie einige Tage in Saus und
25 Braus[10] und wußten° noch lange von dem guten Leben in Leipzig zu reden.

WIE GUT HABEN SIE DIE LEGENDE VERSTANDEN?

1. Die Studenten reisten zur Leipziger Messe, denn
  a. sie wollten Doktor Faust Gesellschaft leisten.
  b. einige von ihnen hatten die Hoffnung, Faust zu sehen.
  c. sie waren neugierig, was für Geschäftsleute zusammenkämen.
2. Warum konnten die Fuhrleute das Faß nicht aus dem Keller holen?
  a. Es enthielt sechzehn Eimer Wein.
  b. Sie waren alle viel zu faul.
  c. Der Weinhändler hatte nicht gedacht, daß es möglich wäre.
3. Wie konnte Faust das Faß geschickt herausholen?
  a. Er wurde ungehalten und schimpfte.
  b. Er bat die Studenten, ihm zu helfen.
  c. Er setzte sich allein darauf und ritt es wie ein Pferd.
4. Der Weinhändler hat Faust das Faß Wein überlassen, denn
  a. Faust lud andere lustige Gesellen ein.
  b. er mußte sein Versprechen einhalten.
  c. alle wunderten sich sehr.
5. Was machten Faust und die Studenten mit dem Weinfaß?
  a. Sie brachten es zur Messe, um es zu verkaufen.
  b. Sie luden andere Gesellen ein und tranken es leer.
  c. Sie schickten es sofort nach Wittenberg.

ZUR DISKUSSION DES TEXTES

1. Wie unterscheiden sich die Figuren in dieser Legende von denen in der
  Faustlegende „Wie Faust vier Zauberern ins Handwerk pfuschte"?
2. Inwiefern beeinflußt Ihre Antwort auf Frage 1 Ihre Meinung über die Unterschiede zwischen den Legendenfiguren Faust und Eulenspiegel?

---

7. reiten (ritt, geritten): to ride (an animal)   8. lustig: merry, jolly   9. der Geselle (n, n): (*archaic*)
companion   10. in Saus und Braus leben: to (really) live it up

3. Welche Einzelheiten[1] dieser Geschichte scheinen Ihnen besonders typisch für das späte Mittelalter oder die Renaissance?
4. **Aufsatz.** Wer ist die Ihnen sympathischere[2] Figur, Faust oder Eulenspiegel? Warum?

VOKABELÜBUNGEN

I. Suchen Sie in der Geschichte das Synonym für die folgenden Ausdrücke! Geben Sie die entsprechende(n) Zeilennummer(n) an!

1. von einem Ort zum anderen eine Strecke zurücklegen
2. mit jemandem gehen oder bei jemandem bleiben
3. mit etwas gefüllt sein
4. das tun, was man versprochen hat
5. mit Schimpfworten um sich werfen
6. eilig
7. energisch
8. man kann es machen
9. erstaunt sein
10. einem anderen etwas geben

II. Ergänzen Sie die Sätze mit der richtigen Präposition oder Vorsilbe!

durch   für   gegen   ohne   um

aus   bei   seit   mit   nach   von   zu   gegenüber

über   unter   in   an   auf   zwischen   neben   vor   hinter

1. Die Studenten, die viel _____ Doktor Faust _____ gingen, kamen _____ verschiedenen Ländern.
2. Wohin wollen Sie? Ich will _____ dem Bahnhof.
3. Meine Frau bat mich, _____ ihr zu fahren. Da es nicht spät war, konnte ich dar _____ eingehen.
4. _____ Berlin kann man auch _____ die Staatsoper gehen.
5. Sie konnte das Paket nicht _____ dem Auto her _____ holen, weil es zu schwer war.
6. Der erschöpfte Direktor mußte sich _____ den Stuhl setzen und die Entscheidung seinen Kollegen _____ lassen.

WIE GUT KENNEN SIE DIE VOKABELN?

I. Welches Wort oder welche Redewendung ist gemeint? Benutzen Sie Ihre Antwort in einem synonymen Satz!

---

1. die Einzelheit (en): detail   2. sympathisch: likable

BEISPIEL: Der Weinhändler *konnte nicht glauben,* daß Faust das Faß aus dem Keller holte.

a. sich wundern **b.** läppisch **c.** eine Zusage **d.** halten **e.** mitgehen

Antwort: Der Weinhändler wunderte sich, . . .

1. *Drei oder vier Studenten* gingen zum Lehrer und baten ihn, die Aufgabe nochmals zu erklären.
   a. allein **b.** sofort **c.** einige **d.** möglich **e.** einer
2. Im Keller steht ein Tank, der *mit 100 Liter Öl gefüllt* ist.
   a. enthalten **b.** ungehalten **c.** sich setzen **d.** schnell **e.** auf etwas eingehen
3. Während der langen Nacht *ist Helga bei ihrer alten Mutter geblieben.*
   a. allein **b.** einladen **c.** bitten **d.** jemandem etwas überlassen **e.** jemandem Gesellschaft leisten
4. Erika wollte Urlaub in Paris machen. Ihr Mann *sagte ,ja',* und sie bestellten sofort die Fahrkarten.
   a. reiten **b.** denken **c.** möchten **d.** auf etwas eingehen **e.** einladen
5. „Am Freitagabend feiern wir mit vielen Gästen", erklärte Herr Stolz. *„Es wäre schön, wenn auch Sie dabei sein könnten, Herr Maier."*
   a. die Hoffnung **b.** läppisch **c.** einladen **d.** einer **e.** bitten
6. Das Kind *ist fähig,* sich anständig zu benehmen.
   a. versucht **b.** weiß **c.** denkt **d.** wundert **e.** bittet
7. Herr Klinger *schimpfte laut,* weil ihn sein Nachbar beleidigt hatte.
   a. geschickt antworten **b.** sich wundern **c.** ungehalten werden **d.** sofort kommen **e.** seine Zusage halten

II. Verbessern Sie die folgenden Sätze mit Worten aus dem Zielvokabular!

1. Der Geschäftsmann hat die schwierigsten Entscheidungen seiner Frau verlassen.
2. Du hast es mir versprochen. Jetzt mußt du dein Versprechen enthalten.
3. Das Faß war nicht schwer. Es unterhält 10 Eimer, war aber diesmal leer.
4. Er hat seine Aufgabe geschickt gemacht, weil er zu faul ist, zu denken.
5. Sie kann sehr gut mit ungehaltenen Menschen eingehen.
6. Der alte Mann muß jeden Tag allein in seinem Zimmer liegen; deswegen will Heidi ihm etwas Gesellschaft überlassen.
7. Dieser Plan ist mir recht. Ich gehe daran um.
8. Die Fuhrleute verkaufen viel Wein zu Messezeit.

Das schreckliche Ende von Doktor Faustus
(nach dem deutschen Volksbuch von 1587)

ZIELVOKABULAR: Target Vocabulary

CHARAKTERZÜGE: Character Traits

schrecklich: terrible
stolz: haughty, proud

trotzig: headstrong, obstinate
unheimlich: eerie

EMOTIONEN UND REAKTIONEN: Emotions and Reactions

greulich: dreadful, horrible

die Stimmung (en): mood, spirits

KONFLIKT UND GEWALT: Conflict and Violence

die Gefahr (en): danger

KÖRPERTEILE UND -PFLEGE: Parts and Care of the Body

die Haut (ӟe): skin
der Leib (es, er): body

der Leichnam (s, e): corpse

NAHRUNG: Food and Nutrition

köstlich: rare and costly; delicious
die Speise (n): food

speisen: to dine

RELIGION: Religion

der Geist (es, er): spirit, ghost
das Los (es, e): fate
die Seele (n): soul

segnen: to bless
dat. vergeben (i, a, e): to forgive
die Verzeihung (*no pl.*): forgiveness

TÄTIGKEITEN UND EREIGNISSE: Actions and Events

begraben (ä, u, a): to bury

fertig sein: to be ready, to be finished

VERSTÄNDIGUNG: Communication

an + *acc.* erinnern: to remind of

verkünden: to announce

ZWISCHENMENSCHLICHE BEZIEHUNGEN UND INTERAKTIONEN: Human Relations and Interactions

der Pakt (s, e): pact
umarmen: to embrace
das Versprechen (s, -); die
  Versprechung (en): promise

vertraut: intimate, close
der Vertraute (n, n): intimate friend,
  confidant

SCHON BEKANNTE ZIELVOKABELN: Target Vocabulary from Preceding Stories

schreien (1)
bezahlen (1)
schlagen (1)

trösten (2)
begreifen (4)
das Dorf (5)

zittern (9)
bitten (13)
der Teufel (17)

Das schreckliche Ende von Doktor Faustus
(nach dem deutschen Volksbuch von 1587)

    Als für Doktor Faust die 24 Jahre seines Paktes° mit dem Teufel fast zu
Ende waren, erschien[1] vor ihm sein Geist°, der ihn an sein Versprechen°
erinnerte° und verkündete°, daß der Teufel in der zweiten Nacht seinen
Leib° holen würde. Doktor Faust klagte und weinte die ganze Nacht.
5   An seinem letzten Tag ging Doktor Faust zu seinen vertrauten° Gesellen
und Studenten. Sie wußten nicht, daß er sein Versprechen mit seiner Haut°
würde bezahlen müssen. Er bat sie, mit ihm ins Dorf zu gehen und dort mit
ihm zu essen. Sie gingen also und frühstückten mit köstlichen° Speisen°
und Wein. Faust war guter Stimmung° mit ihnen (doch nicht aus rechtem
10 Herzen[2]). Er bat sie alle, mit ihm auch am Abend zu essen und die Nacht
bei ihm zu bleiben. Er erklärte, er müsse ihnen etwas Wichtiges sagen. Sie
sagten zu[3], blieben bei ihm bis zum Abend und speisten° mit ihm. Als
sie fertig° waren, bezahlte Faust den Wirt und ging mit seinen Vertrauten° in
eine andere Stube[4], wo er ihnen sein Los° erklärte.
15   Als sie begriffen, in welcher Gefahr° Fausts Seele° und Leib waren, sagten
sie zu ihm:
    „Sie sollten Gott anrufen[5] und ihn im Namen seines Sohnes Jesu Christi
um Verzeihung° bitten, damit er Ihre Seele rette, selbst wenn Sie Ihren Leib
dem Teufel lassen müssen."
20   „Das möchte ich wohl," antwortete Faust, „aber meine Sünden sind zu
groß, daß Gott sie vergeben° könnte."

---

1. erscheinen (ie, ie): to appear   2. nicht aus rechtem Herzen: not wholeheartedly   3. zusagen:
to consent   4. die Stube (n): room   5. anrufen (ie, u): to call upon

Die Studenten und guten Herren weinten; sie umarmten° und segneten° Doktor Faust. Er blieb in der Stube, als sie zu Bett gingen. Sie konnten aber nicht schlafen, weil sie den Ausgang der Sache hören wollten[6]. Es
25 geschah[7] zwischen zwölf und ein Uhr in der Nacht, daß ein starker, ungestümer[8] Wind gegen das Haus kam und es an allen Seiten umgab[9], als ob alles abgerissen[10] werden würde. Die Studenten sprangen aus ihren Betten, versuchten einander zu trösten und wollten nicht aus ihrer Kammer. Sie hörten aus dem Zimmer von Doktor Faust ein greuliches° Pfeifen und
30 Zischen[11], als ob das Haus voller Schlangen[12] wäre. Inzwischen[13] ging die Tür zum Zimmer des Doktors auf. Er fing an, um Hilfe zu schreien, aber kaum mit halber Stimme. Bald hörte man ihn nicht mehr.

Am nächsten Tag gingen die Studenten, die die ganze Nachte nicht geschlafen hatten, ins Zimmer von Faust. Er war nicht mehr da; das Zimmer
35 war voll Blut bespritzt[14], und Hirn[15] klebte an der Wand, weil der Teufel Faust von einer Wand an die andere geschlagen hatte. Es lagen auch seine Augen und etliche[16] Zähne da — ein greulicher Anblick. Die Studenten klagten, weinten und suchten Faust überall. Endlich fanden sie seinen Leichnam° draußen beim Misthaufen[17]. Er war so schrecklich° anzusehen,
40 daß die Studenten zitterten.

Fausts Freunde ließen ihn im Dorf begraben°.[18] Darauf gingen sie nach Wittenberg in sein Haus. Sie fanden Doktor Fausts Geschichte, von ihm selbst geschrieben — ohne sein Ende, welches sie hinzufügten[19]. Seitdem war es im Hause des Doktors so unheimlich°, daß darin niemand wohnen
45 konnte.

So endet die wahre Geschichte des Doktor Fausts. Jeder Christ, besonders alle, die stolz° und trotzig° sind, sollen daraus lernen, Gott zu fürchten, Zauberei und anderes Teufelswerk zu lassen und den Teufel nicht zu Gast einzuladen. Amen, Amen!

WIE GUT HABEN SIE DIE LEGENDE VERSTANDEN?

1. Wer erinnerte Faust an sein Versprechen?
   a. der Teufel selbst
   b. Fausts Studenten
   c. Fausts Geist
2. Warum wollte Faust, daß seine Studenten und Vertrauten am Abend bei ihm bleiben sollten?
   a. Er wollte ihnen etwas erklären.

---

6. weil sie . . . wollten: because they wanted to know how things would turn out   7. geschehen (ie, a, e): to occur, to happen   8. ungestüm: *here:* vehement, violent   9. umgeben (i, a, e): to surround   10. abreißen (riß ab, abgerissen): to tear down   11. das Zischen (s, *no pl.*): hissing 12. die Schlange (n): snake, serpent, viper   13. inzwischen: meanwhile   14. bespritzen: to splatter   15. das Hirn (s, e): brains   16. etliche: several   17. der Misthaufen (s, -): manure pile, dung heap   18. ließen ihn im Dorf begraben: had him buried in the village   19. hinzufügen: to add

    b. Sie sollten für die Speisen und den Wein bezahlen.

    c. Sie sollten ihn vor dem Teufel retten.

3. Die Studenten konnten nicht schlafen, weil sie

    a. Fausts Ende hören wollten.

    b. am Abend zuviel gegessen hatten.

    c. die ganze Nacht Gott um Verzeihung baten.

4. Was hörten die Vertrauten, als der Teufel Faust holte?

    a. nur einen ungestümen Wind

    b. Zischen, Schreien und Pfeifen

    c. das laute Beten von Doktor Faust

5. Wo wurde Fausts Leichnam gefunden?

    a. auf dem Bett in seiner Kammer

    b. in seinem Haus zu Wittenberg

    c. beim Misthaufen draußen

ZUR DISKUSSION DES TEXTES

1. Was hat Faust mit seinem Teufelsbund im Endeffekt erreicht?

2. Was wären im 20. Jahrhundert plausible Beweggründe, „die Seele dem Teufel zu verschreiben"?

3. **Gruppenarbeit.** Spätere Verfasser[1] der Faust-Legende haben Faust sein schreckliches Schicksal[2] entkommen lassen. Nehmen wir an, Sie sind ein moderner Autor: Wie würden Sie die Legende ausgehen lassen? Verfassen[3] Sie einige neue Ausgänge der Handlung!

4. Vergleichen Sie diesen Teil der Legende mit dem Leben und Tod Christi! Inwiefern können solche Parallele ein Grund sein für unser Mitleid mit Faust?

5. **Aufsatz.** Erzählen Sie eine persönliche Anekdote der Versuchung[4] und ihres Ausganges nach! Würden Sie auch heute auf die Versuchung eingehen? Erklären Sie!

VOKABELÜBUNGEN

I. Welche Verben beziehen sich auf die Verständigung durch die menschliche Stimme?

1. bezahlen	**6.** erinnern	**11.** wissen	**16.** erklären
2. begreifen	**7.** pfeifen	**12.** begraben	**17.** sagen
3. anrufen	**8.** zischen	**13.** verkünden	**18.** frühstücken
4. retten	**9.** klagen	**14.** weinen	**19.** bespritzen
5. bitten	**10.** speisen	**15.** bleiben	**20.** schreien

1. der Verfasser (s, -): author   2. das Schicksal (s, e): fate   3. verfassen: to compose, to write
4. die Versuchung (en): temptation

II. Tragen Sie die richtigen Wörter aus dem Zielvokabular ins Kreuzwort-rätsel ein!

Waagerecht (*across*)

1. Faust mußte seinen Leib und seine ＿＿＿ dem Teufel lassen.

2. wie die Studenten vor Angst reagieren, als sie Fausts Leichnam fanden

3. Ein intimer Freund ist ein ＿＿＿.

4. das, was man morgens ißt

5. der bestimmte Artikel des Wortes „Leichnam"

6. der Geschmack von sehr teuren Speisen und Getränken

7. Der Teufel kam, um Faust zu ＿＿＿.

8. Nachdem der Teufel mit Faust ＿＿＿ gewesen war, lagen nur Zähne und Augen auf dem Boden.

9. ein Synonym für das Wort **verzeihen**

Senkrecht (*down*)

a. Faust glaubte, Gott könnte ihm keine ＿＿＿ vergeben.

b. Faust wollte nach dem Abendessen den Studenten sein ＿＿＿ erklären.

c. Wer hat Faust an seinen Pakt mit dem Teufel erinnert?

d. Eine feste Zusage ist ein ＿＿＿.

e. Wenn jemand weint, sollte man versuchen, ihn zu ＿＿＿. (Sehen Sie hierzu Kapitel 2!)

f. Diese Legende ist eine Warnung an Christen, die stolz und ＿＿＿ sind.

g. das Organ, das den ganzen Körper überzieht und ihn gegen die Außenwelt schützt

h. ein Synonym für den Ausdruck **der menschliche Körper**

III. Welche Satzpaare haben eine ähnliche Bedeutung?

1. Er mußte für sein Versprechen sterben.
Er mußte sein Versprechen mit der Haut bezahlen.

2. Faust war guter Stimmung mit ihnen.
Bei ihnen war Faust gut gelaunt.

3. Sie speisten mit ihm.
Sie blieben den Abend bei ihm.

4. Sie wollten den Ausgang der Sache hören.
Sie wollten hören, wie die Sache endete.

5. Er fing an zu schreien, aber kaum mit halber Stimme.
Er begann sehr laut zu schreien.

6. Fausts Freunde ließen ihn im Dorf begraben.
Die Freunde haben ihn selbst im Dorf begraben.

7. Die Studenten fügten das Ende der Geschichte hinzu.
Die Studenten konnten die Geschichte nicht zu Ende schreiben.

IV. Jeder Ausdruck in Liste A gehört mit einem in Liste B zusammen, aber mit welchem?

A	B
	begraben
	verkünden
	bespritzt
die Sünden	umarmen
um Verzeihung	bleiben
die Seele	vergeben
den Leichnam	lernen
der Ausgang	essen
mit Blut	retten
aus der Geschichte	einer Sache
	erscheinen
	bitten

WIE GUT KENNEN SIE DIE VOKABELN?

I. Führen Sie den Satz sinnvoll weiter!
1. Die Studenten frühstückten
    a. mit köstlichen Speisen.
    b. aus rechtem Herzen.
    c. auf Pfeifen und Zischen.

2. Faust war guter Stimmung mit ihnen und
   a. regte sich über sie auf.
   b. kümmerte sich sehr um die Zukunft.
   c. freute sich, sie zu sehen.
3. Sie segneten Dr. Faust und
   a. schimpften über ihn.
   b. beteten für ihn.
   c. lachten ihn aus.
4. Der Leichnam war so schrecklich anzusehen, daß man
   a. zittern mußte.
   b. vor Jubel krähte.
   c. guter Stimmung wurde.
5. Es war im Hause des Doktors so unheimlich, daß man
   a. die Geschichte erzählen mußte.
   b. da nicht wohnen konnte.
   c. da ein Gasthaus aufmachte.

II.   Ersetzen Sie in jedem Satz den sinnlosen Ausdruck durch den logischen.

Leichnam	Gefahr	Verzeihung	umarmen
erklären	köstlich	trösten	fertig sein
greulich	segnen	holen	Vertrauten

1. Vor dem Tod will man meist von Feinden umgeben sein.
2. Der Teufel kam, um Fausts Seele zu begraben.
3. Fausts Gäste waren sehr zufrieden, da sie bei ihm schlechte Speisen aßen.
4. Wie kann ich schon beginnen? Ich habe noch nicht angefangen!
5. Ich hatte meinen Freund so lange nicht gesehen, daß ich ihn vor Freude schlagen wollte.
6. Haben Sie keine Angst! Sie sind nicht in Stimmung.
7. Ein weinendes Kind sollte man ignorieren.

20

Die Krähe

CHRISTOPH MECKEL

Christoph Meckel ist 1935 in Berlin geboren und in Bayern aufgewachsen. Er studierte Malerei und Graphik in Freiburg und München. Seine Werke wurden in über 30 Ausstellungen in Europa, Afrika, den USA und im Nahen Osten gezeigt. Seit 1956 ist er auch schriftstellerisch tätig, wobei seine Werke oft eigene Zeichnungen enthalten. Zu seinen bekanntesten Veröffentlichungen als Autor gehören die Gedichtbände *Nebelhörner* (1959) und *Säure* (1979), die Erzählungsbände *Kranich* (1973) und *Tunifers Erinnerungen* (1980) sowie der Roman *Bockshorn* (1973) und die literarische Arbeit *Suchbild. Über meinen Vater* (1980). Meckel wohnt heute in Berlin (West) und Südfrankreich.

Die Krähe: Erster Teil

ZIELVOKABULAR: Target Vocabulary

BEWEGUNG: Movement

durchqueren: to pass through, to cross

torkeln (ist): to reel, to totter

GERÄUSCHE: Sounds

brüllen: to roar, to bellow
brummen: to hum, to buzz, to drone

das Gemurmel (s, *no pl.*): murmuring
pfeifen (pfiff, gepfiffen): to whistle

HANDEL UND WANDEL: Trade and Commerce

besitzen (besaß, besessen): to own, to
   possess

INTELLEKT: Intellect

vermuten: to suppose, to presume, to
   surmise

KONFLIKT UND GEWALT: Conflict and Violence

der Jäger: (s, -): hunter
schlachten: to slaughter, to butcher

zerreißen (zerriß, zerrissen): to tear (rip)
   to shreds

KÖRPERLICHE MERKMALE UND ZUSTÄNDE: Physical Features and Conditions

erschöpft: exhausted

DIE NATUR: Nature

der Ast (es, ⸚e): bough, limb, main
   branch
das Dickicht (s, e): thicket

das Unterholz (es, *no pl.*): underbrush
der Waldhügel (s, -): a hill or knoll in
   the forest

TÄTIGKEITEN UND EREIGNISSE: Actions and Events

hocken: (*birds*) to perch; (*humans*) to
   squat, to crouch, to sit hunched
(sich) in + *acc.* verwandeln: to
   transform (oneself), to change
   (oneself) into

vorgehen (ging vor, ist vorgegangen): to
   take place; to go on

DAS TIERREICH: The Animal Kingdom

der Fuchs (es, ⸚e): fox   die Krähe (en): crow

VERSTÄNDIGUNG: Communication

heranwinken: to beckon (signal)   sich verabreden: to arrange a meeting,
  someone to come   to make an appointment or date

SCHON BEKANNTE ZIELVOKABELN: Target Vocabulary from Preceding Stories

schreien (1)   füttern (6)   nicken (11)
verlassen (1)   vorhaben (8)   vergeblich (12)
rufen (1)   (auf)fressen (9)   sich aufmachen, *cf.* sich auf
(zu)humpeln (1)   klettern (9)   den Weg machen (17)

Die Krähe°: Erster Teil

    Ich durchquerte° die Wälder im Sommer, es waren dichte[1] Wälder, die
kein Ende nahmen. Und an einem Morgen traf ich einen Mann, der mit
zerfetzter[2] Jacke und schmutzigen[3] Stiefeln[4] im Unterholz° stand; er schrie
und pfiff° durch die Finger (das hatte mich auch von meinen Wegen[5]
5 gelockt[6]) und rief viele Namen wieder und wieder in die endlosen Wälder
voller Gemurmel° und Gebalz[7], Geknister[8] und grünem Schweigen[9]. Als ich
in seine Nähe[10] kam, winkte er mich heran° und sagte, er suche einen Tiger.
    Es gab in diesen Wäldern keine großen Tiere und keine Raubtiere[11], aber
ich fragte nicht lange und half dem Mann den Tiger suchen. Ich lief durch
10 Gestrüpp[12] und hohes, schneidendes[13] Gras und rief die Namen des
Tigers umher in der Windstille und hörte, wie der Mann sich entfernt[14] von
mir durch das Dickicht° arbeitete, pfeifend und schreiend, und nach
langer Zeit vergeblichen Suchens in den Wäldern traf ich ihn wieder, und er
sagte: Wir müssen jetzt einen Bären suchen, ich habe auf den Waldhügeln°
15 einen Bären laufen sehn, und das heißt, daß der Tiger sich verwandelt°
hat, es gibt keinen Tiger mehr.
    Und wir machten uns von neuem[15] auf in die Wälder, gingen getrennte[16]
Wege. Als ich den Mann im schwarzen Innersten der Wälder wiedertraf,

---

1. dicht: thick, dense   2. zerfetzt: ragged, tattered   3. schmutzig: dirty   4. der Stiefel
(s, -): boot   5. von meinen Wegen: from my path   6. locken: to lure   7. das Gebalz
(es, *no pl.*): noise   8. das Geknister (s, *no pl.*): rustling   9. das Schweigen (s, *no pl.*):
silence   10. die Nähe (*no pl.*): vicinity   11. das Raubtier (s, e): predator   12. das Gestrüpp (s, e): brush   13. schneidend: sharp-edged   14. entfernt: at a distance   15. von
neuem: anew   16. getrennt: separate

sagte er: Ich habe einen weißen Elefanten durch die Büsche gehen sehn, es
20 gibt jetzt keinen Bären mehr. Und wir trennten uns wieder und kämpften
uns durch[17] Wald und wieder Wald, endlos und kühl, riefen viele Namen
und suchten den Elefanten und fanden ihn nicht. Und nach Stunden sagte
der Mann: Von jetzt ab müssen wir einen Wolf suchen, und wir suchten
nach dem Wolf, und am Nachmittag fand ich den Mann erschöpft° auf
25 einem Baumstumpf sitzend, und er sagte: Ich habe den Wolf sich nahe[18] vor
mir verwandeln sehn, jetzt müssen wir einen schwarzen Fuchs° suchen. Mit
Ästen° und Stöcken[19] stießen[20] wir in die Sandgruben[21] und Baumwurzel-
schächte[22], in die ungangbaren[23] Dickichte und Tümpelinseln[24], und ich
kletterte auf einen Baum, saß hoch über dem Waldboden[25], sah weit über
30 die Wälder und in den durchlichteten[26] Himmel, stieg wieder ab, kroch[27] über
die Moose[28] und durch die Farnfelder[29], aber ich fand keinen schwarzen
Fuchs.

Was soll ich mit dem Fuchs machen, wenn ich ihn finde, fragte ich den
Mann. Du mußt mich rufen, sagte er, du mußt ihn festhalten, bis ich
35 komme. Also lief ich von neuem durch die Wälder, jetzt sehr müde, und traf
gegen Abend eine mannsgroße Krähe im Unterholz, reglos[30] stehend, und
ich blieb stehen und fragte: Bist du es, Krähe, die hier gesucht wird?

Die Krähe nickte und humpelte auf mich zu.

Weiß der Mann schon, daß du eine Krähe bist, fragte ich, hat er dich
40 schon gesehen?

Nein, sagte die Krähe, er sucht den schwarzen Fuchs, jetzt noch. Die
Krähe schien sehr erschöpft zu sein.

Ich helfe suchen, sagte ich, das weißt du vermutlich[31], oder?

Ja, ich weiß es, sagte die Krähe, ich sah dich an mir vorbeilaufen, als ich
45 Bär war und hinter einem Steinhaufen[32] verschnaufte[33].

Du hättest mich leicht zerreißen° können, sagte ich.

Ja, sagte die Krähe, das hätte ich leicht tun können, aber es lag mir nicht
viel daran[34]. Jetzt könnte ich dich zerhacken[35], aber es liegt mir nicht viel
daran.

50 Ich wußte nicht recht, was ich mit dem Tier anfangen sollte[36], ich sagte:
Wenn du willst, sage ich dem Mann nichts davon, daß ich dich als Krähe
getroffen habe. Du kannst hierbleiben, ich werde den Mann von dir
fernhalten[37]. Ich weiß ja eigentlich gar nicht, was hier vorgeht°. Du kannst
verschnaufen, aber du mußt wach[38] bleiben. Ich komme wieder.

---

17. sich durch + *acc.* kämpfen: to fight one's way through   18. nahe: close
(s, ⸚e): stick   20. stoßen (ö, ie, o): to poke   21. die Sandgrube (n): sandpit   22. der Baum-
wurzelschacht (s, ⸚e): hollow among tree roots   23. ungangbar: impassable   24. die Tüm-
pelinsel (n): island in a marsh or bog   25. der Boden (s, ⸚): ground, floor   26. durchlichtet:
illuminated   27. kriechen (o, o): to creep, to crawl   28. das Moos (es, e): moss   29. das
Farnfeld (s, er): field of ferns   30. reglos: motionless   31. vermutlich: probably   32. der
Steinhaufen (s, -): pile of stones   33. verschnaufen: to catch one's breath   34. es . . . daran: I
didn't much care to; I didn't much feel like doing it   35. zerhacken: to hack to bits
36. was . . . sollte: what I should do with the animal   37. fernhalten (ä, ie, a) to keep away from
38. wach: awake

55   Die Krähe trat von einem Bein auf das andere.

Was wird der Mann mit dir tun, wenn er dich findet, fragte ich, was hat er vor?

An die Kette[39] legen oder in einen Verschlag[40] stecken, antwortete die Krähe, ich vermute° es nur. Ich weiß es nicht genau. Er kann mich auch

60   schlachten° und auffressen, es kommt darauf an[41], was ihm einfällt, wenn er mich als Krähe findet.

Hat er ein Recht auf[42] dich, fragte ich, ich meine, hat er dir einen schönen Verschlag gebaut, als du Tiger warst, hat er dich gefüttert?

Er hat mich schon gejagt, bevor ich Tiger war, sagte die Krähe, er ist ein

65   großer Jäger°.

Ich fragte die Krähe: Hast du noch einmal vor, dich zu verwandeln, Krähe?

Sie antwortete: Ich kann es noch einmal tun, ein einziges[43] Mal noch.

Gut, sagte ich, ich werde also den Mann weiterhin nach dem schwarzen

70   Fuchs suchen lassen. Und ich ging durch die Wälder, traf den Mann heiser[44] vom Brüllen° und müde, und wir verabredeten° uns, weiter nach dem schwarzen Fuchs zu suchen.

Ich habe den Tiger gejagt und alle Tiere davor, sagte der Mann. Ich habe den Bären gejagt und den Elefanten, jetzt jage ich den schwarzen Fuchs.

75   Ich bin Jäger, davon lebe ich, und ich brauche das Tier, ich will es besitzen.°

Und sollte es als Papagei[45] auf den Türmen Pekings hocken°, ich würde es jagen.

Was hast du mit ihm vor, fragte ich.

Was ich mit ihm vorhabe? Das ist doch ganz gleich, rief der Mann

80   ungeduldig[46], haben muß ich es, besitzen will ich es; und nun geh und such den schwarzen Fuchs! Und wir trennten uns, und während der Jäger nach dem schwarzen Fuchs in den Wäldern brüllte, lief ich zu der Krähe. Ich war jetzt selber besessen[47], die Krähe für mich zu haben. Sie stand noch am alten Fleck[48]. Willst du mit mir kommen, fragte ich sie, du gefällst mir,

85   du würdest nicht mehr gejagt werden[49]...

Die Krähe sah mich an und nickte mit dem großen Kopf. Wir gingen nun, die Krähe torkelnd° und schläfrig[50] an meiner Seite, den Ausgang[51] der Wälder suchen, fanden ihn spät am Abend, als die Dämmerung den Wald schon finster machte und gingen hinaus in die Ebene.[52]

90   Der Jäger wird die Wälder nicht verlassen, sagte ich, hier kannst du verschnaufen. Und die Krähe legte sich ins Gras, ich legte meinen Kopf

---

39. die Kette (n): chain   40. der Verschlag (s, ⸚e): cage, place to be locked up in   41. es kommt
darauf an: it depends   42. ein Recht auf + *acc.* haben: to have a right to   43. einzig: single;
(*here*) last   44. heiser: hoarse   45. der Papagei (en, en): parrot   46. ungeduldig: impatiently
47. besessen: obsessed   48. der Fleck (s, e): spot   49. du . . . werden: you would not be hunted
anymore   50. schläfrig: sleepy   51. der Ausgang (s, ⸚e): exit, way out   52. die Ebene (n):
plain, flatland

unter den Flügel der Krähe, die Nacht über schliefen wir in der Ebene nahe den Wäldern, aus denen es schrie und brummte°, und am nächsten Morgen standen wir auf und gingen zusammen fort.

95 Fortsetzung folgt ...

WIE GUT HABEN SIE DEN ERSTEN TEIL DER GESCHICHTE VERSTANDEN?

1. Warum verließ der Erzähler den Weg und sprach mit dem Jäger?
   a. Der Erzähler sammelte exotische Tiere.
   b. Der Erzähler hörte den Jäger schreien und pfeifen.
   c. Der Erzähler suchte den richtigen Weg aus dem Wald.
2. In was verwandelte sich das Tier *nicht?*
   a. in einen Wolf
   b. in einen Bären
   c. in einen Hund
3. Die Krähe war etwas Besonderes, weil sie
   a. sich in verschiedene Tiere verwandeln konnte.
   b. außerordentlich hoch fliegen konnte.
   c. nicht schwarz, sondern schön grau und blau war.
4. Was hatte der Jäger vor, wenn er das Tier fangen sollte?
   a. Er wollte es in einen Verschlag stecken.
   b. Er wollte es schlachten und aufessen.
   c. Er wußte es nicht, er wollte es nur besitzen.
5. Wo hat der Erzähler die Nacht verbracht?
   a. in einem Gasthaus
   b. unter dem Flügel der Krähe
   c. hoch in einem Baum

VOKABELÜBUNGEN ZUM ERSTEN TEIL DER GESCHICHTE

I. Finden Sie die folgenden Redewendungen in der Erzählung! Bilden Sie für jede Redewendung einen neuen Satz!

1. sich aufmachen
2. an etwas liegt jemandem nicht viel
3. etwas mit etwas anzufangen wissen
4. etwas vorhaben
5. jemandem etwas einfallen

II. Bilden sie aus jedem Verb ein Sammelwort (*collective noun*), und übersetzen Sie ins Englische!

	German Verb	Collective Noun	English Equivalent
BEISPIEL:	murmeln	**das Gemurmel**	*murmuring*
1.	knistern	. . .	. . .
2.	balzen	. . .	. . .
3.	brüllen	. . .	. . .
4.	dulden	. . .	. . .
5.	brummen	. . .	. . .

III. Welches Wort paßt semantisch nicht zu den anderen?

1. **a.** humpeln **b.** schreien **c.** brummen **d.** brüllen **e.** rufen **f.** pfeifen

2. **a.** der Jäger **b.** der Vorschlag **c.** die Kette **d.** der Verschlag **e.** festhalten **f.** schießen

3. **a.** müde **b.** reglos **c.** erschöpft **d.** verschnaufen **e.** besessen **f.** schläfrig

4. **a.** trennen **b.** meinen **c.** denken **d.** glauben **e.** vermuten **f.** verstehen

WIE GUT KENNEN SIE DIE VOKABELN DES ERSTEN TEILS?

I. Ordnen Sie die folgenden Wörter nach Lautstärke! (1 = das leiseste Geräusch; 6 = das lauteste Geräusch)

____ das Gemurmel   ____ brüllen   ____ schweigen

____ schreien   ____ flüstern   ____ brummen

II. Welche Wörter haben mit dem Wald zu tun?

a. dicht	**e.** die Vermutung	**i.** der Baumstumpf	**m.** die Ausrede
b. die Ebene	**f.** das Gestrüpp	**j.** der Brunnen	**n.** der Ast
c. das Unterholz	**g.** der Baum	**k.** das Dickicht	**o.** die Nähe
d. die Dämmerung	**h.** der Schluck	**l.** die Vorsicht	**p.** der Schatten

III. Ergänzen Sie das Synonym!

1.	erschöpft	**a.**	besitzen
2.	reglos	**b.**	das Dickicht
3.	torkeln	**c.**	das Geknister
4.	das Gestrüpp	**d.**	müde
5.	das Gemurmel	**e.**	planen
6.	vorhaben	**f.**	schwanken
7.	haben	**g.**	still

Die Krähe: Zweiter Teil

ZIELVOKABULAR: Target Vocabulary

BEWEGUNG: Movement

auffliegen (flog auf, ist aufgeflogen): to
   take wing
sich drehen: to turn, to rotate
hüpfen (ist): to hop
schleifen: to drag along, to trail
schwanken: to sway
springen (a, u; ist): to leap, to spring
der Sprung (s, ⸚e): leap
sich verkriechen (o, o): to crawl away,
   to hide

zucken: to jerk, to twitch
zurückschrecken (i, schrak zurück, o)
   here: zurückschreckte: to recoil from
zurückweichen (i, i; ist
   zurückgewichen): to fall back, to
   retreat
zusammenstauen: to jam together, to
   crowd together

CHARAKTERZÜGE: Character Traits

auffällig: striking, eye-catching

schwerfällig: awkward, clumsy; heavy

KÖRPERLICHE MERKMALE UND ZUSTÄNDE: Physical Features and Conditions

gesträubt: bristling
heiser: hoarse

qualvoll: agonizing, excruciating
riesig: enormous

KÖRPERTEILE UND -PFLEGE: Parts and Care of the Body

die Augenhöhle (n): eye socket

DAS TIERREICH: The Animal Kingdom

fauchen: to spit, to hiss
die Feder (n): feather

sich rekeln: to stretch one's limbs
der Schnabel (s, ⸚): bill, beak

SCHON BEKANNTE ZIELVOKABELN: Target Vocabulary from Preceding Stories

führen (1)
merken, *cf.* sich (*dat.*) merken
   (1)
schreien (1)
verlassen (1)
schütteln (1)
der Schluck, *cf.* schlucken (1)

verlegen (3)
verschwinden (3)
sich bewegen (4)
zittern (9)
(sich) ausruhen (13)
sich (*dat.*) überlegen (14)

erfahren (15)
auf + *acc.* achten (16)
verwirren (16)
sich entschuldigen, *cf.* die
   Entschuldigung (16)
der Stolz, *cf.* stolz (19)

Die Krähe: Zweiter Teil

Und wir liefen durch den heißen Tag, der auf der Ebene leuchtete[1]. Am Rand[2] des flachen[3] Landes verschwanden die Wälder klein und grau, um uns war spärliches[4] Gras, das sich im Wind bewegte. Und nach Stunden des Laufens durch die Ebene fragte ich die Krähe, ob sie nicht auffliegen°
5   könne, um nachzusehen[5], wo wir uns befänden[6].

Ich kann nicht fliegen, sagte die Krähe.

Ich bat die Krähe, es wenigstens zu versuchen. Sie schüttelte ihre Flügel, schlug[7] um sich, hüpfte°, sie drehte sich° schwerfällig°, zog die Füße ein[8], schleifte° mit den Flügeln am Boden, daß es staubte[9], aber es kam nicht
10   mehr zustande[10] als ein paar meterhohe, kurze, ungeschickte Sprünge°. Die Krähe atmete rasselnd[11] und hatte wilde Augen.

Ja, du kannst wirklich nicht fliegen, sagte ich, laß es also sein. Und wir gingen weiter in der großen Hitze[12]. Nach Stunden kamen wir in ein Dorf. Dort waren Bäume, in deren Schatten wir uns ausruhten. Wir wuschen uns
15   an einem Brunnentrog[13]. Die Krähe sprang°, nachdem ich getrunken hatte, in das Wasser, schlug mit den Flügeln, schüttelte sich, stäubte[14] Wasser umher[15], zog in großen, langen Schlucken[16] Wasser durch den Schnabel°. Es versammelten sich[17] viele Leute in den Haustüren und um den Brunnen, zeigten mit Fingern auf die Krähe und lachten, umringten[18] sie ohne
20   Vorsicht[19], aber die Krähe merkte es nicht oder achtete nicht darauf. Ich erklärte den Leuten, daß ich das Tier zu einem Zirkus in die Stadt brächte. Ich verspreche mir eine Menge[20] Geld, sagte ich. Nach kurzer Zeit verließen wir das Dorf (die Leute wichen nur widerwillig[21] vor der Krähe zurück°, und ich entschuldigte mich bei der Krähe: Du mußt mich nicht falsch verstehn,
25   Krähe, sagte ich, ich brauche eine Ausrede für die Leute.

Das habe ich schon verstanden, sagte die Krähe. Sie schien nicht besonders verlegen zu sein. Und wir gingen weiter in der Ebene, kamen durch leichte Hügel, und es wurde Nachmittag. Ich will dir einen Vorschlag machen, sagte ich, du hast doch noch eine Verwandlung[22] übrig[23], nicht
30   wahr, du hast es gesagt.

Ja, sagte die Krähe, warum willst du es wissen?

---

1. leuchten: to shine   2. der Rand (s, ⸚er): edge   3. flach: flat   4. spärlich: sparse
5. nachsehen (ie, a, e): to check   6. sich befinden (a, u): to be (located)   7. schlagen (ä, u, a):
to beat, to flap (wings)   8. einziehen (zog ein, eingezogen): to pull in   9. stauben: to raise
dust   10. zustande kommen (kam, gekommen): to happen, to result   11. rasselnd atmen: to
wheeze   12. die Hitze (no pl.): heat   13. der Brunnentrog (s, ⸚e): trough by a spring
14. stäuben: to splash, to spray   15. umher: all around   16. der Schluck (s, e): swallow
17. sich versammeln: to gather   18. umringen: to surround   19. die Vorsicht (no pl.): care,
caution   20. eine Menge: a lot of   21. widerwillig: reluctantly, unwillingly
22. die Verwandlung (en): transformation   23. übrig haben (hatte übrig, übrig gehabt): to have
left (over)

Was für eine ist es, fragte ich weiter, ist es eine auffällige°? Ist es
unbedingt[24] nötig[25], daß du es weißt, fragte die Krähe. Siehst du, Krähe,
sagte ich, das wäre ein Vorschlag, hör ihn dir an: Wir werden jetzt durch
35 viele Dörfer kommen und gelegentlich[26] in eine Stadt. Wir werden viele
Leute sehen, tausend und mehr an einem Tag, du verstehst. Es wäre
einfacher[27], wenn du dich noch einmal verwandelst, falls dich das unauffälliger machen würde.

Warum, fragte die Krähe, ich bin eine Krähe, jeder kann sich mit einer
40 Krähe sehen lassen.

Das schon, sagte ich, aber hast du mal eine richtige Krähe gesehen?

Nein, sagte die Krähe, ich weiß sehr wenig von Krähen. Ich erfahre von
dir zum ersten Mal, daß ich Krähe bin und Krähe heiße. Siehst du, das
ist es, sagte ich. Die richtigen Krähen sind klein, du bist dreißigmal, vielleicht
45 vierzigmal so groß wie eine gewöhnliche Krähe. Und du bist die einzige[28]
Krähe, die je[29] so groß gewesen ist. Deshalb bist du, wenn wir länger unter
den Leuten sind, als Krähe ungültig[30]. Als Hund zum Beispiel würdest du
kaum auffallen, denn es gibt hunderterlei[31] Hunde, sehr große, sehr kleine.
Aber es gibt nur eine Krähensorte[32], jeder kennt sie. Die Krähe lief neben
50 mir her und grübelte lange. Ich verstehe dich nicht ganz, sagte sie dann. Ich
will mir meinen letzten Teil noch aufheben[33], verstehst du, weil er der letzte
ist. Früher habe ich schnell und unbedenklich[34] gewechselt[35], aber jetzt
muß ich mir lange überlegen, ehe ich etwas aufgebe. Das ist das eine. Das
andere ist: Warum soll ich nicht die Krähe bleiben, die ich bin. Ich bin
55 gerne Krähe, wie ich zum Beispiel gerne Elefant war und nur ungern
Wolf nach dem Elefanten wurde. Ich möchte schon am liebsten Krähe
bleiben, auch in den Städten, durch die wir kommen werden, wie du sagst.

Du könntest wieder gejagt werden[36], sagte ich.

Daran habe ich nicht gedacht, sagte die Krähe.

60 Es wäre aber gut, daran zu denken, sagte ich.

Wir übernachteten in einer Hütte[37] in der Nähe eines Flußes, in der
Nacht kam Regen nieder, der leise auf das Blechdach[38] der Hütte dengelte[39].
Und am Morgen sagte mir die Krähe: Du mußt mich nicht falsch verstehen,
ich habe auch meinen Stolz als Krähe, ich möchte Krähe bleiben, auch
65 wenn wir in eine Stadt kommen, in der man so große Krähen nicht kennt.
Ich bleibe Krähe.

Gut, sagte ich, du sollst Krähe bleiben. Wenn ich könnte, würde ich dich
zur Verwandlung zwingen, aber ich kann es nicht. Und dein Stolz macht
mir auch Freude. Ein paar Tage gingen wir durch Gras und Ebenen
70 flußabwärts[40].

---

24. unbedingt: absolutely   25. nötig: necessary   26. gelegentlich: maybe, occasionally   27.
einfach: simple   28. einzig: only   29. je: ever   30. ungültig: unacceptable, invalid, not
credible   31. hunderterlei: a hundred kinds of   32. die Sorte (n): kind, sort   33. aufheben
(o, o): to save, to keep for later   34. unbedenklich: without hesitation   35. wechseln: to change
36. gejagt werden: to be hunted, chased   37. die Hütte (n): cabin   38. das Blechdach (s, ⁼er):
tin roof   39. leise dengeln: to patter   40. flußabwärts: downstream

Wir kamen später in eine Stadt, es war Frühherbst und die Nächte waren kühl geworden. Ich führte die Krähe über die großen Straßen. Sie war noch nie in einer Stadt gewesen, aber schien nicht besonders verwirrt, sondern lief mit hellen[41], ruhigen Augen neben mir her. Am Abend des ersten Tages

75 warf man Steine auf uns; die Krähe zuckte zusammen. Wir waren bald von vielen Menschen eingekreist[42], wurden schneller und schneller durch die Straßen getrieben[43]. Ich wurde bald festgehalten.

Ich kenne die Stadt nicht, Krähe, sagte ich, als die Leute näher kamen, ich weiß nicht, wo du dich verkriechen° könntest.

80 Die Krähe blieb schweigsam[44] und unruhig[45] in meiner Nähe.

Verwandle dich jetzt, sagte ich, als die Leute mich wegdrängten[46], verwandle dich, schnell!

Nein, sagte die Krähe. Ich sah, daß sie anfing zu zittern. Ihre Flügelspitzen[47] zuckten°. Sie versuchte mit den Flügeln zu schlagen. Es flogen nun schon

85 viele Steine auf die Krähe. Ihr Schnabel stand weit offen. Verwandle dich doch, schrie ich, los, verwandle dich!

Aber die Krähe lief und hüpfte schwerfällig weiter die Straße entlang[48], die Menge wich vor ihr zurück, so weit sie konnte. Es folgten der Krähe immer mehr Leute und immer schneller, und immer mehr Steine prasselten[49]

90 auf die Krähe, die unter den Steinschlägen schwankte° und torkelte.

Da sah sich die Krähe nach mir um[50]. Sie suchte mit ihren kleinen wilden, ratlosen[51] Augen, bis sie mich in der Menschenmenge gefunden hatte. Dann verwandelte sie sich. Es ging sehr langsam, sie rekelte° sich qualvoll°, schwarze Krähenfedern wirbelten[52] über der Menge, die entsetzt

95 zurückschreckte° und sich zu einem Knäuel[53] zusammenstaute°. Die Krähe veränderte sich lautlos[54], beulte sich ein und aus[55], dann war sie fertig. Eine riesige° schwarze, blinde Katze stand allein gegen die Menge mit nassen, leeren[56] Augenhöhlen° und gesträubten° Haaren, in denen Krähenfedern° hingen. Sie fauchte° in lauten, heiseren° Stößen[57]. Sie bewegte sich nicht

100 vom Fleck, tastete[58] nur ein wenig am Boden um sich her.

Ich verstand die Krähe jetzt besser. Die Leute warfen nun wieder Steine auf die Katze, immer mehr Steine. Die Katze drehte sich auf dem Fleck fauchend um sich selber, bis sie umfiel[59]. Es flogen immer noch Steine und Krähenfedern herum. Man hatte mich längst losgelassen. Und ich lief

105 davon[60] durch die fremde[61] Stadt.

---

41. hell: bright　　42. einkreisen: to surround　　43. getrieben werden: to be driven　　44. schweigsam: silent　　45. unruhig: restless　　46. wegdrängen: to push away, to crowd away　　47. die Flügelspitze (n): wingtip　　48. entlang: along　　49. prasseln: to pelt, to shower down　　50. sich nach + *dat.* umsehen (ie, a, e): to look around for　　51. ratlos: helpless　　52. wirbeln: to swirl　　53. das Knäuel (s, -): knot, ball　　54. lautlos: without a sound　　55. sich ein- und ausbeulen: to bulge in and out　　56. leer: empty　　57. der Stoß (es, ̈e): (*here*) gasp　　58. tasten: to feel, to touch　　59. umfallen (ä, ie, a): to fall over　　60. davon: (*here*) away　　61. fremd: alien

WIE GUT HABEN SIE DEN ZWEITEN TEIL DER GESCHICHTE VERSTANDEN?

1. Was sagte der Erzähler, als die Krähe wirklich nicht fliegen konnte?

   a. Dummes Tier, alle Krähen können fliegen.

   b. Ich kann es nicht glauben. Du willst nur nicht!

   c. Laß es sein.

2. Wie reagierten die Dorfleute auf die Krähe?

   a. Sie warfen Steine und jagten das arme Tier.

   b. Sie versammelten sich um die Krähe und lachten.

   c. Sie bekamen Angst und liefen schnell weg.

3. Was sagte der Erzähler den Dorfleuten über die Krähe?

   a. Er nehme die Krähe mit zu einem Zirkus.

   b. Er rette die Krähe vor einem bösen Jäger.

   c. Die Krähe sei wirklich ein verwandelter Tiger.

4. Warum schlug der Erzähler vor, daß die Krähe sich verwandeln sollte?

   a. Sie sei zu auffällig.

   b. Sie könne nicht fliegen.

   c. Sie wolle ihn doch zerhacken.

5. Wie reagierten die Stadtbewohner auf die Krähe?

   a. Sie ließen sie ohne weiteres gehen.

   b. Sie brachten sie zum Zirkus.

   c. Sie töteten sie.

6. In was verwandelte sich die Krähe am Ende?

   a. in einen kleinen hilflosen Fuchs

   b. in eine riesige blinde Katze

   c. in einen großen schwarzen Hund

ZUR DISKUSSION DES TEXTES

1. Beschreiben und begründen Sie Ihre erste Reaktion nach dem Lesen der Geschichte!

2. Schreiben Sie die verschiedenen Tiere, die in der Geschichte vorkommen, an die Tafel und beschreiben Sie ihre besonderen Merkmale[1]! z.B. der Tiger: schnell, gefährlich, lebensfähig[2], unauffällig (normalaussehend).

3. Was für eine Entwicklung ist in dem Verwandlungsprozess in der Geschichte zu erkennen?

4. **Gruppenarbeit.** In der Geschichte gibt es drei Lebensbereiche[3]: Wald, Ebene und Stadt. Teilen Sie sich in drei Gruppen auf, die diese drei Bereiche abdecken. Jede Gruppe soll **a.** ihren Lebensbereich beschreiben,

---

1. das Merkmal (s, e): characteristic   2. lebensfähig: viable, able to survive   3. der Bereich (s, e): realm

b. sich überlegen, welchen emotionalen Eindruck man bei der Betrachtung dieses Lebensbereiches hat und **c.** sich fragen, in welcher Beziehung das Individuum zur Umwelt, beziehungsweise zur Gesellschaft steht. Schreiben Sie Ihre Antworten auf diese Fragen in Stichworten an die Tafel. In der folgenden Diskussion sollen die Antworten verglichen werden.

5. Wie beschreibt der Jäger sich selbst? Wie beschreibt die Krähe den Jäger? Wie würden Sie den Jäger beschreiben?

6. Inwiefern ist der Erzähler eine positive oder eine negative Figur? Begründen Sie Ihre Antwort! Worin besteht der Unterschied zwischen dem Jäger und dem Erzähler?

7. Erfinden Sie möglichst viele Antworten auf die Frage: Warum schreckt die Krähe vor der letzten Verwandlung zurück?

8. **Aufsatz.** In der Geschichte wird die Frage gestellt: „Hat der Jäger ein Recht auf dich, Krähe?" Wie würden Sie diese Frage beantworten? Warum?

VOKABELÜBUNGEN ZUM ZWEITEN TEIL

I. Was ist das? Die Antworten sind im zweiten Teil der Erzählung zu finden.

1. Ein Vogel hat sie, damit er fliegen kann.
2. die dunkle Form, die man auf dem Boden sieht, wenn man in der Sonne steht
3. In Dörfern holt man Wasser daraus.
4. ein Ort, wo viele Menschen wohnen
5. das Flachland, meist nur mit Gras bewachsen
6. die Zeit zwischen 12 und 18 Uhr
7. eine große Anzahl von Menschen
8. sofort bemerkbar
9. nicht schwer
10. das Gegenteil von falsch
11. sehr groß
12. Wenn eine Flasche nichts enthält, ist sie ...

II. Schreiben Sie das entsprechende Verbum! (*What verb is at the root of each of these adjectives?*)

		German Verb	English Equivalent
1.	auffällig	**auffallen**	*to attract attention*
2.	reglos	...	...
3.	ungangbar	...	...
4.	schweigsam	...	...
5.	spärlich	...	...
6.	ungeduldig	...	...
7.	schwerfällig	...	...
8.	unbedenklich	...	...

WIE GUT KENNEN SIE DIE VOKABELN DES ZWEITEN TEILS?

I.   Womit ließe sich der kursivgeschriebene Ausdruck am besten ersetzen?

1.   Ich habe ihm gesagt, er sollte es wenigstens einmal *versuchen*.
   a.   erfahren
   b.   nachsehen
   c.   probieren
   d.   anfangen

2.   Wir *ruhten uns* im Schatten der Bäume *aus*.
   a.   verschnauften
   b.   legten uns
   c.   rekelten uns
   d.   verkrochen uns

3.   Einsam und ohne Bäume streckte sich *die Ebene* meilenweit zwischen dem Meer und den Bergen.
   a.   die Straße
   b.   das Flachland
   c.   der Brunnen
   d.   das Dorf

4.   Der Vogel öffnete *den Mund* weit und pfiff eine laute Warnung.
   a.   den Vorschlag
   b.   den Schnabel
   c.   die Feder
   d.   den Stolz

5.   Wir haben erst gestern *erfahren*, daß die Krähe tot ist.
   a.   gehört
   b.   gewußt
   c.   darauf geachtet
   d.   gesagt

6.   Wir kamen um die Ecke und sahen plötzlich einen *sehr großen* Hund.
   a.   auffälligen
   b.   verwirrten
   c.   ungeschickten
   d.   riesigen

7.   Er *sprang* von einem Fuß auf den anderen.
   a.   drehte sich
   b.   schüttelte sich
   c.   hüpfte
   d.   rekelte sich

II.   Welcher Satz entspricht dem Leitsatz am besten?

1.   Er winkte mich heran.
   a.   Er nahm Abschied von mir.

b. Er wollte, daß ich mich ihm näherte.

c. Wir verabredeten uns für den nächsten Tag.

2. Wir machten uns von neuem auf.

    a. Wir suchten weiter.

    b. Wir gaben die Suche wieder auf.

    c. Wir begannen, wieder zu suchen.

3. Der Mann saß erschöpft auf einem Baumstumpf.

    a. Der Mann war frisch und munter.

    b. Der Mann war sehr müde.

    c. Der Mann hatte sich in seine Gedanken vertieft.

4. Es lag mir nicht viel daran.

    a. Ich hatte keine Lust.

    b. Ich hatte es nie vermutet.

    c. Es kam auf mich nicht an.

5. Ich war jetzt selber besessen, die Krähe für mich zu haben.

    a. Ich hatte kein Interesse mehr an die Krähe.

    b. Ich mußte die Krähe unbedingt selbst haben.

    c. Ich hatte die Krähe besessen und wollte sie wieder haben.

6. Du bist als Krähe ungültig.

    a. Die Leute erkennen dich als Krähe nicht an.

    b. Als Krähe bist du nicht zufrieden.

    c. Mannsgroße Krähen werden viel gejagt.

7. Die Krähe hat noch eine Verwandlung übrig.

    a. Sie kann sich nur noch einmal verwandeln.

    b. Sie hat keine Verwandlungen mehr.

    c. Ihre letzte Verwandlung ist zu auffällig.

21

Die Prinzessin auf der Erbse oder Heimat/weiblich. Eine Collage

CLAUDIA STORZ

Geboren 1948 in Zürich, ist Claudia Storz im Juradorf Küttigen (Kanton Aargau) aufgewachsen. An der Universität Zürich studierte sie Anglistik und belegte[1] die Nebenfächer[2] Germanistik und Kunstgeschichte. Neben englischer Literatur and deutscher Malerei und Lyrik des 20. Jahrhunderts interessieren sie die Frauenbewegung[3] und die Rechte der Unterprivilegierten. Die Autorin wohnt in Aargau und hat sich lange auch in Israel, Griechenland, Italien, der Tschechoslowakei und England aufgehalten. Ihr erster Roman, *Jessica mit Konstruktionsfehlern* (1977) erhielt den Rauriser Sonderpreis für Literatur; ihr zweiter, *Auf der Suche nach Lady Gregory*, den Conrad-Ferdinand-Meyer Preis.

---

1. belegen: to enroll in, to take (courses)   2. das Nebenfach (s, ⸚er): minor field of study
3. die Frauenbewegung (en): women's movement

Die Prinzessin auf der Erbse oder Heimat/weiblich.
Eine Collage

ZIELVOKABULAR: Target Vocabulary

EMOTIONEN UND REAKTIONEN: Emotions and Reactions

die Besorgnis (se): concern

das Unbehagen (s, *no pl.*): uneasiness, discomfort

GEBÄUDE UND HAUSRAT: Buildings and Household Goods

das Kernkraftwerk (s, e): atomic (nuclear) power plant

INTELLEKT: Intellect

dat. aufgehen (ging auf, ist aufgegangen): to dawn on
forschen: to research
die Untersuchung (en): investigation; untersuchen: to investigate

sich vornehmen (nimmt vor, nahm vor, vorgenommen): to intend, to resolve to

KÖRPERLICHE MERKMALE UND ZUSTÄNDE: Physical Features and Conditions

(un)fruchtbar: (in)fertile, (un)productive

MENGENBEGRIFFE: Quantities

die Minderheit (en): minority
der Rückgang (s, ⁼e): decrease
das Überhandnehmen (s, -): rapid, uncontrolled increase

verringern: to decrease, to diminish
die Verringerung (en): decrease

DIE NATUR: Nature

die Umwelt (*no pl.*): environment

RELIGION: Religion

taufen: to baptize

POLITISCHE EINRICHTUNGEN UND PROZESSE: Political Institutions and Processes

die Bevölkerung (en): population

die Gemeinde (n): township, municipality

die Politik (en): politics, policy

TÄTIGKEITEN UND EREIGNISSE: Actions and Events

die Maßnahme (n): measure, action

das Verhalten: (s, Verhaltensweisen): behavior

sich verhalten: (ä, ie, a): to behave; to conduct oneself

zeugen: to produce, to beget (children)

VERSTÄNDIGUNG: Communication

bekanntgeben (i, a, e): to announce, to proclaim

besprechen (i, a, o): to discuss

ZWISCHENMENSCHLICHE BEZIEHUNGEN UND INTERAKTIONEN: Human Relations and Interactions

austauschen: to exchange

die Behandlung (en): treatment

verhüten: to use contraceptive measures

verweigern: to refuse

SCHON BEKANNTE ZIELVOKABELN: Target Vocabulary from Preceding Stories

der Unterricht (1)

verkaufen (1)

der Rat: advice (1)

feststellen (8)

sich an + *acc.* gewöhnen, *cf.* *acc.* gewöhnt sein (8)

sich kennen (8)

beschließen (9)

wünschen (14)

träumen (17)

Prinzessin auf der Erbse[1] oder Heimat/weiblich[2].

Eine Collage

In diesem Land

liege ich weich auf Matratzen[3].

In diesem Land — Schweiz

liege ich oben.

5 Und immer noch

---

1. die Erbse (n): pea   2. weiblich: female   3. die Matratze (n): mattress

spüre ich die Erbse,
die mich nicht schlafen läßt.

Ich wohne im Kanton Aargau[4].
Der Poet Albin Zollinger hat diesen Kanton den
10   „grünäugigen[5] Kanton" genannt.
Unsere Regierung nennt ihn den „Kulturkanton",
weil er beinahe ein Prozent der Steuereinnahmen[6] an
                              Künstler[7] weggibt.
Es gibt hier keine Palmen (wie im Kanton Tessin)
15 und keine Bergbahnen[8] (wie in der Zentralschweiz),
deshalb wurde die Landschaft[9] nicht als Erholzone[10] eingestuft[11].
Und wir nennen ihn jetzt den „Kernkraftkanton"[12].
Ich wohne in der Alarmzone II von Kernkraftwerk° Gösgen[13],
diese schneidet sich mit[14] der Alarmzone III von Beznau
20 und Alarmzone III von Leibstadt,
bald wird von der Regierung beschlossen werden,
ob Kaiseraugst gebaut werden wird.
Für die Endlagerung[15] des Atommülls[16]
wurden die Kantone Solothurn und Aargau
25 zu Probebohrungen[17] ausersehen[18].
Die Solothurner haben diese verweigert°.
Die Aargauer sagen:
Irgendwo muß ja der Dreck[19], den wir machen,
                              vergraben[20] werden.

30 Allgemeiner[21] Alarm: Verhalten°:
                              Radio hören
Strahlenalarm[22]:   Der Keller ist aufzusuchen[23]
                              Mitnehmen:
                              Radio, Luftmatratze, warme
35   Kleider, Trinkwasser,
                              verpackte[24] Lebensmittel[25] für zwei
                              Tage etc.

---

4. Kanton Aargau: the Swiss province located east of Basel and northwest of Zurich   5. grünäugig: green-eyed   6. die Steuereinnahme (n): tax revenue   7. der Künstler (s, -): artist   8.
die Bergbahn (en): mountain railroad   9. die Landschaft (en): countryside, landscape   10.
die Erholzone (n): recreational zone   11. einstufen: to classify, to designate   12. die Kernkraft
(no pl.): atomic power   13. Gösgen, Beznau, Leibstadt, Kaiseraugst: sites of atomic power plants
14. sich schneiden (schnitt, geschnitten) mit: to overlap   15. die Endlagerung (no pl.): final
(long-term) storage   16. der Müll (s, no pl.): waste   17. die Probebohrung (en): test drilling
18. ausersehen (ie, a, e): to designate   19. der Dreck (s, no pl.): filth, muck   20. vergraben (ä,
u, a): to bury   21. allgemein: general   22. der Strahlenalarm (s, e): radiation alarm   23.
aufsuchen: to seek out   24. verpackt: packaged   25. die Lebensmittel (pl.): food(stuffs), pro-
visions

—Das Kernkraftwerk Gösgen mußte innerhalb des letzten Monats zweimal wegen eines Lecks[26] abgestellt[27] werden.

40 —Während des letzten Jahres hatten wir zweimal Strahlenalarm. Die Ursachen[28] dieses Fehlalarms[29] konnten nicht gefunden werden. Doch die Bevölkerung° reagierte nicht nach dem Merkblatt[30].

Science Fiction I: Variationen zum Geburtenrückgang

1995

Niemand wußte mehr, wie das Thema zur Sprache gekommen[31] war—es
45 war ein fröhlicher Abend gewesen, vier Ehepaare[32], die sich schon lange kannten und glaubten, sich gut zu kennen[33]—, und doch war da ein Unbehagen° gewesen, als Alfred sagte: „Und ihr seid auch schon zehn Jahre verheiratet und immer noch unternehmungslustig[34]—bald hier, bald dort—, keine Kinder weit und breit?" Man kannte Alfreds etwas brüske Art[35] und
50 doch—plötzlich ging es allen acht auf°, daß sie vielleicht ähnliche Probleme haben könnten. „Wir wünschen uns jetzt ein Kind, das heißt, seit etwa zwei Jahren ...", sagte Lydia, „es braucht eben doch etwas länger, wenn man so lange verhütet° hat ..." „Wir sind in einer Fruchtbarkeitsbehandlung"°, sagte Peter, „der Arzt hat uns Hormone verschrieben"[36]. „Wir
55 bleiben zu zweit"[37], sagte Martin, „wir haben von Anfang an nie verhütet und wollten alles dem Zufall[38] überlassen. Aber nichts geschah, und wir haben auch nicht geforscht° warum, wir bleiben zu zweit ... wir haben uns daran gewöhnt." Es schien ein brennendes Thema zu sein, und es war gut, daß die acht darüber sprechen konnten, sie wollten auch weiterhin[39]
60 Neuigkeiten[40] und Ratschläge darüber austauschen°, und sie gingen etwas stiller auseinander als sonst.

Fünf Jahre später ...

Der Bundesrat gibt nach dem Communique der Untersuchungsgruppe[41] bekannt, daß die sogenannten „Pillenkinder", d.h. die Kinder, die in den
65 Jahren der Hochblüte[42] der empfängnisverhütenden[43] Pille in einer Pillenpause gezeugt° worden waren, daß diese Kinder jetzt als Erwachsene

---

26. das Leck (s, e): leak   27. abstellen: to switch off, to close down   28. die Ursache (n): cause   29. der Fehlalarm (s, e): false alarm   30. das Merkblatt (s, ¨er): sheet of instructions; nach dem Merkblatt: as instructed   31. zur Sprache kommen (kam, gekommen): to come up (in a discussion)   32. das Ehepaar (s, e): married couple   33. und glaubten ... kennen: and thought they knew each other well   34. unternehmungslustig: enterprising, adventurous   35. die Art (en): manner   36. verschreiben (ie, ie): to prescribe   37. wir bleiben zu zweit: we're staying a family of two   38. der Zufall (s, ¨e): chance   39. weiterhin: further, moreover; weiterhin austauschen: to continue exchanging   40. die Neuigkeit (en): (piece of) news   41. die Untersuchungsgruppe (n): fact-finding committee   42. die Hochblüte (*no pl.*): heyday   43. empfängnisverhütend: contraceptive

unfruchtbar° sind. Der bedenkliche Rückgang°[44] der Geburten ist auf diese
Tatsache zurückzuführen[45]. Der Bundesrat nimmt sich vor°, Maßnahmen°
zu treffen.

70 *Nach weiteren fünf Jahren . . .*
Die Zeugen Jehovas[46] geben bekannt°, daß sie, da sie—wie bekannt—ihre
Körper von empfängnisverhütenden Mitteln reingehalten[47] und auch durch
die Jahre hindurch nur Heiraten zwischen gläubigen[48] Brüdern und
Schwestern gefördert[49] haben, bereit sind, den Schweizer Staat zu retten
75 und ab sofort, gegen geringfügige Bedingungen[50], jedes Jahr eine höchst-
mögliche Anzahl gesunder und in Glauben und Liebe gezeugter[51] Kinder an
Schweizer Eltern zur Adoption freizugeben[52].

Science Fiction II

1981. Taufgeläute[53]
—Ich taufe° dich auf den Namen Sophie Hartmann, des Peter und der
80 Frederike geborene Moser[54].
—Ich taufe dich auf den Namen Anna-Maria Kuhn, des Martin und der
Marlene geborene Niemeyer.
—Ich taufe dich auf den Namen Petra Merz, des Gustav und der Rosmarie
geborene Wehrli.
85 —Ich taufe dich auf den Namen Evelyne Parker, des Michael und der
Sybille geborene Iberg.
—Ich taufe dich auf den Namen Sandra Wälchli, des Hansjörg und der
Daniela geborene Wirz.
—Ich taufe dich auf den Namen Martin Spielmann, des Erhard und der
90 Regula geborene Sulzer.
—Ich taufe dich auf den Namen Elisabeth Sascha Steigmeier, des Bruno
und der Karin geborene Nöthiger.

1982. Statistik Zivilstandsnachrichten[55]
—In der Gemeinde° Rohr haben im Jahr 1982 18 Mädchen und 2 Knaben
95 das Licht der Welt erblickt[56].

---

44. bedenklicher Rückgang: alarming decline   45. auf + *acc.* zurückführen: to trace back to, to
attribute to   46. die Zeugen Jehovas: Jehovah's Witnesses   47. reinhalten (ä, ie, a) von: to
keep pure (free) of   48. gläubig: devout   49. fördern: to support, to encourage   50. gegen
geringfügige Bedingungen: in return for minimal concessions   51. in Glauben und Liebe gezeugt: conceived in faith and love   52. zur Adoption freigeben: to make available for adoption
53. das Taufgeläut (s, e): baptismal chime(s)   54. geborene Moser: née Moser; official records
bear the woman's maiden name (in this case, Moser) in addition to her married name (in this
case, Hartmann).   55. die Zivilstandsnachricht (en): (*Swiss*) census report   56. das Licht der
Welt erblicken: to be born

—In der Gemeinde Stauffen haben im Jahr 1982 7 Mädchen und 1 Knabe das Licht der Welt erblickt.

—In der Gemeinde Büren haben im Jahr 1982 11 Mädchen und 2 Knaben das Licht der Welt erblickt.

100 —In der Gemeinde Buchs haben im Jahr 1982 14 Mädchen und 5 Knaben das Licht der Welt erblickt.

1984. Anfrage[57] an den Bundesrat

Anfrage an den Bundesrat des Nationalrats Hans Schüpbach[58] CVP[59]: Ich habe mit Besorgnis° mit der Verringerung° der Geburtenzahlen auch
105 ein Überhandnehmen° der Mädchengeburten festgestellt[60]. Ich beantrage[61] deshalb eine gesamtschweizerische Statistik der Geburten der letzten zehn Jahre und die Einberufung[62] einer medizinischen Untersuchungskommission.

1989. Bericht der medizinischen Untersuchungskommission

Die vom Bundesrat beauftragte medizinische Untersuchungskommission
110 gibt bekannt, daß sich in tausend Proben[63] der Spermienflüssigkeit der männlichen[64] Bevölkerung der Schweiz die Lebensfähigkeit[65] und Beweglichkeit[66] der Y-Spermien, das heißt der männlichen Spermien, verringert° hat. Der Grund[67] dieser besorgniserregenden[68] Tatsache konnte bis jetzt nicht festgestellt[69] werden, doch dürfen Umwelteinflüsse°[70] nicht ausgeschlossen[71] werden.

115

1996. Kindergärtnerinnen unter sich

A: Wie viele Buben[72] hast du dieses Jahr im Unterricht?

B: Zwei, und du?

A: Drei! Zwei davon sind recht normal und können sich wehren, doch einer
120 möchte mir immer auf dem Schoß[73] sitzen.

B: Bei mir reagiert einer ausgesprochen[74] aggressiv auf die Übermacht[75] der Mädchen, der andere ist äußerst klein und wird verwöhnt[76] von den andern Kindern.

A: Hast du gesehen, daß es jetzt für Lehrer psychologische Kurse über „Die
125 Behandlung der Minderheit° der männlichen Schüler im Unterricht" gibt?

---

57. die Anfrage (n): inquiry   58. Anfrage [an den Bundesrat des Nationalrats] Hans Schüpbach: inquiry addressed to the Executive Federal Council by National Councilman Hans Schüpbach
59. CVP (= Christlichdemokratische Volkspartei): Christian Democratic People's Party (in Switzerland)   60. feststellen: to notice, to note   61. beantragen: (ä, u, a): to apply for, to make a motion for   62. die Einberufung (en): appointment (of a commission, committee, etc.)   63. die Probe (n): sample   64. männlich: male   65. die Lebensfähigkeit (*no pl.*): viability, vitality
66. die Beweglichkeit (*no pl.*): mobility   67. der Grund (es, ̈e): reason, cause   68. besorgniserregend: worrisome   69. feststellen: to establish   70. der Umwelteinfluß (sses, ̈sse): environmental impact   71. ausschließen (schloß aus, ausgeschlossen): to exclude (from consideration)   72. der Bub (en, en): boy, lad (*Swiss, Austrian* and *southern German*)   73. der Schoß (es, ̈e): lap   74. ausgesprochen: downright, outright   75. die Übermacht (*no pl.*): (pre)dominance, preponderance   76. verwöhnen: to spoil, to pamper

2000. Das EMD stellt eine Forderung auf
Das Eidgenössische[77] Militärische Departement fordert[78] in Anbetracht[79] der geringen[80] zu erwartenden Rekrutenbestände[81] einen gewaltigen Ausbau[82] der FHD[83] oder die Militärdienstpflicht[84] für Frauen.

130 *2000. Futurologische Studien. Bücher auf dem Büchermarkt:*
— „Das Reich der Bienen[85], mit besonderer Studie der Behandlung der Drohnen"[86], Ruth Bührer, Heym Verlag[87].
— „Das Matriarchat bei den Naturvölkern"[88], Anita Hilfiker, Ullmann Verlag.
— „Die Amazonen, Untersuchung° einer Sage"[89], Anna Hauri, Bertelsmann
135 Verlag.
— „Wohngemeinschaften[90] als Lebensform bei Männerrückgang", Annemarie Peterhans, Benziger Verlag.
— „Veränderung der Wirtschafts[91]- und Finanzpolitik° seit Überhandnehmen der weiblichen Politiker", Marthe Ackeret, Zytglogge Verlag.

140 *2010. Berichterstattung[92] in der Presse*
Seit den Ständerats[93]- und Nationalratswahlen von 2009 gehören 50% der Politiker im Bundeshaus dem weiblichen Geschlecht[94] an. Wegen der zunehmenden[95] Vergreisung[96] des männlichen Anteils[97] wird ein Überhand-nehmen der weiblichen Politiker und damit eine Beeinflussung besonders
145 der Militär-, Energie- und Finanzpolitik befürchtet[98]. Maßnahmen zur Politisierung der männlichen Jugend wurden im Bundeshaus besprochen°.

Abschluß[99] mit Selbstporträt

Ich bin der Clown
der die Manege[100] haßt.
Ich bin der Elfenbeinturmdichter[101]

---

77. eidgenössisch: (*Swiss*) federal, confederate; (*Swiss*) (die Schweizerische Eidgenossenschaft: the Swiss Confederacy; the Helvetic Confederation; Switzerland)   78. fordern: to call for, to request   79. in Anbetracht + *gen.*: in view of, given   80. gering: minimal   81. der Rekrutenbestand (s, ⁼e): number of recruits   82. gewaltiger Ausbau: massive expansion   83. FHD (= Frauen-hilfsdienst): (*Swiss*) auxiliary military service for women   84. die Militärdienstpflicht: draft, conscription   85. die Biene (n): bee   86. die Drohne (n): drone, sterile worker bee   87. der Verlag (s, e): publishing company   88. das Naturvolk (s, ⁼er): primitive tribe   89. die Sage (n): legend, saga   90. die Wohngemeinschaft (en): communal living arrangement, commune   91. die Wirtschaftspolitik (en): economic policy   92. die Berichterstattung (en): report   93. der Ständerat (s, ⁼e): second chamber of the Swiss parliament   94. das Geschlecht (s, er): sex, gender   95. zunehmen (nimmt, nahm, genommen): to increase   96. die Vergreisung (*no pl.*): senescence, graying   97. der Anteil (s, e): portion; *here:* members   98. befürchten: to fear   99. der Abschluß (sses, ⁼sse): conclusion   100. die Manege (n): ring, circus arena   101. der Elfen-beinturmdichter (s, -): poet in an ivory tower

150   der von der Barrikade träumt.
Ich bin die befleckt Empfangende[102].

Ich bin die Hexe[103]
auf dem Scheiterhaufen[104].
Ich bin die Hure[105]
155   die ihren Geist verkauft[106].
Ich bin der Diener mit dem Essigschwamm[107].

Ich bin der Soldat
der gegen Windmühlen[108] kämpft.
Ich bin die Liebende
160   mit dem gläsernen Herz.
Ich bin die Prinzessin auf der Erbse.

WIE GUT HABEN SIE DIE GESCHICHTE VERSTANDEN?

1. Wie reagierten die vier Ehepaare auf die persönliche Diskussion über ihre Schwierigkeiten, Kinder zu bekommen?
   a. Alle waren verärgert wegen Alfreds brüsker Art.
   b. Keiner konnte das brennende Thema besprechen.
   c. Sie wollten ihre Ideen und Erfahrungen austauschen.
2. Wie erklärten die Experten den Rückgang der Geburten in der Schweiz?
   a. Das Kernkraftwerk Gösgen hatte schon zweimal ein Leck.
   b. Viele Kinder wurden in einer „Pillenpause" gezeugt.
   c. Die Ärzte hatten nicht genug Hormone verschrieben.
3. Da die Rekrutenbestände in Zukunft sonst zu gering werden,
   a. wollen die Zeugen Jehovas Kinder zur Adoption freigeben.
   b. sollte die Regierung die Militärdienstpflicht für Frauen ausbauen.
   c. wird die Einberufung einer Untersuchungskommission beantragt.
4. Wegen der Vergreisung der Männer im Bundeshaus befürchtete man
   a. die Beeinflussung der Finanzpolitik durch die Frauen.
   b. eine Politisierung der männlichen Jugend.
   c. ein Überhandnehmen der Mädchengeburten.
5. Was für eine „Erbse" spürte die Autorin unter der „Matratze"?
   a. politische und gesellschaftliche Probleme
   b. den Wunsch, die Schweiz zu verlassen
   c. Umwelteinflüsse, die man nicht ausschließen kann

---

102. die befleckt Empfangende: the unimmaculate conceiver   103. die Hexe (n): witch   104. auf dem Scheiterhaufen: at the stake   105. die Hure (n): whore   106. die ihren Geist verkauft: who sells her soul   107. der Essigschwamm (s, ⸚e): sponge with vinegar, a reference to part of the torture in the crucifixion of Jesus Christ   108. die Windmühle (n): windmill

ZUR DISKUSSION DES TEXTES

1. Die Autorin erklärt, daß man die Aargauer Kernkraftwerke gebaut hat, weil der Kanton keine „Erholzone" sei. Was halten Sie von dieser Einstufungsmethode? Wenn Sie dagegen sind, schlagen Sie eine Alternative vor!
2. Science Fiction I: Geburtenrückgang. Nennen Sie so viele Umwelteinflüsse wie möglich, die Ihrer Meinung nach die Geburtenzahlen beeinflussen könnten! Welche sind natürlich und welche entstehen[1] durch menschliches Eingreifen[2] in die Natur?
3. Spricht die Autorin sich gegen jede „unnatürliche" Verhütungsmethode aus? Was will sie in „Science Fiction I" ausdrücken? Wie ist Ihre persönliche Reaktion darauf?
4. Was kann die Geburtenstatistiken in „Science Fiction II" beeinflussen?
5. Wie unterscheidet sich Science Fiction I von Science Fiction II? Inwiefern ist der Unterschied ein wesentlicher[3], inwiefern nur oberflächlich[4]?
6. Wie würden Sie selbst reagieren, wenn solche Probleme in Ihrem Heimatland stattfänden? **a.** als Vierzigjähriger? **b.** als Fünfzehnjähriger?
7. Welche Lösung könnten Sie vorschlagen?
8. Abschluß. **a.** Was bedeuten die Kontraste in der ersten Strophe? **b.** Welches gemeinsame Muster[5] — nicht nur die Weiblichkeit — kann man in der „Empfangenden", der Hexe und der Hure erkennen? **c.** Welches gemeinsame Muster gibt es in dem Diener, dem Soldat und dem Liebenden?
9. Was hat jedes dieser Muster mit Kernkraft oder Geburtszahlen zu tun?
10. **Aufsatz.** Erzählen Sie das Märchen von der Prinzessin auf der Erbse nach! Was hat die Autorin dem Märchen entnommen? Was ist für sie die Bedeutung ihrer Aussage: „Ich bin die Prinzessin auf der Erbse"?

VOKABELÜBUNGEN

I. Ergänzen Sie jedes Adjektiv mit einem passenden Substantiv (doch nicht mit dem Beispiel aus der Geschichte), und schreiben Sie einen sinnvollen Satz damit!

BEISPIEL: aggressiv: Er beanfragte die neue Kommission mit einer **aggressiven Stimme.**
  besorgniserregend: Die Lecke in Kernkraftwerken sind ein **besorgniserregender Trend.**

1. still
2. bedenklich
3. gesund
4. normal
5. verwöhnt
6. gewaltig
7. besondere
8. zunehmend

---

1. entstehen (entstand, entstanden): to originate, to arise   2. das Eingreifen (s, *no pl.*): intervention   3. wesentlich: essential, substantial   4. oberflächlich: superficial   5. das Muster (s, -): pattern

II. Bringen Sie die Sätze in die richtige Reihenfolge!

a. Wissenschaftler (*scientists*) beginnen mit ihren Forschungen.
b. Eine Änderung der Energiepolitik wird bekanntgegeben.
c. Eine Untersuchungskommission wird einberufen.
d. Die Regierung trifft neue Maßnahmen.
e. Die Wissenschaftler der Untersuchungskommission schreiben einen Bericht.
f. Die Ursachen des Problems werden festgestellt.
g. Die Politiker sehen ein Problem mit Kernkraftwerken.
h. Die Politiker lesen den Bericht der Untersuchungskommission.

III. Welche Möglichkeiten gibt es, sich mit anderen zu verständigen? Schreiben Sie mindestens zehn Ausdrücke (Substantive, Verben oder Redewendungen) in der Geschichte auf, die das zeigen! Geben Sie dabei die Zeilennummer an!

WIE GUT KENNEN SIE DIE VOKABELN?

I. Welches Wort paßt semantisch nicht zu den anderen?

1. a) die Regierung **b)** die Wahl **c)** der Rückgang **d)** der Politiker **e)** die Politik
2. a) das Ehepaar **b)** die Erwachsene **c)** verheiratet **d)** das Kernkraftwerk **e)** die Familie
3. a) die Forderung **b)** forschen **c)** eine Untersuchung aufstellen **d)** die Tatsachen feststellen **e)** etwas auf seine Ursachen zurückführen
4. a) einen Bericht schreiben **b)** das Licht der Welt erblicken **c)** Neuigkeiten austauschen **d)** einen Beschluß bekanntgeben **e)** ein Thema besprechen

II. Finden Sie die beste Definition!

1. Die Minderheit
  a. ein Schweizer Kanton **b.** weniger als die Hälfte einer Gruppe **c.** ein unwichtiges Thema **d.** alle Politiker des Bundesrats
2. besprechen
  a. sagen **b.** fordern **c.** bekanntgeben **d.** diskutieren
3. die Bevölkerung
  a. alle Einwohner einer Gemeinde **b.** der Name eines Kernkraftwerks **c.** Menschen über 18 Jahre alt **d.** Kinder, die in einer Pillenpause gezeugt wurden
4. forschen
  a. beantragen **b.** verstehen **c.** vergessen **d.** untersuchen
5. Jetzt geht mir auf, was sie damit meinte.
  a. Jetzt muß ich wirklich gehen. **b.** Ich kann ihr jetzt nicht mehr glauben. **c.** Jetzt verstehe ich, was sie sagte. **d.** Ich weiß jetzt, daß sie meint, was sie sagt.

22

Wilhelm Tell

NACHERZÄHLT VON JOSEF GUGGENMOS*

Die wohlbekannte Sage von Wilhelm Tell, dem Jäger aus dem Dorf Bürglen, der einen Apfel vom Kopf seines Sohnes schießt, entwickelte sich über mehrere Jahrhunderte. Das Apfelschuß-Motiv selbst ist uralt, ist aber schon im 13. Jahrhundert in Verbindung mit der Tell-Gestalt zu finden. Der verhaßte[1] Landvogt[2] Geßler, der Tell zwingt, seinen schrecklichen Meisterschuß abzugeben, kommt erst im 14. Jahrhundert hinzu. Damit wird die Tell-Sage zu einem Dokument der Freiheitskämpfe, die die Schweizer-Kantone gegen die Habsburger-Herrschaft[3] führten. Und Wilhelm Tell selbst, der den tyrannischen Geßler tötet und so das Schweizer Volk zum Aufstand[4] motiviert, wird zum Nationalhelden.

---

*Some passages of the original text have been altered with the kind permission of the author.
1. verhaßt: hated   2. der Landvogt (s, ⁼e): magistrate, governor   3. die Herrschaft (en): rule *(in the singular only)*   4. der Aufstand (s, ⁼e): revolt, rebellion, uprising

Wilhelm Tell

ZIELVOKABULAR: Target Vocabulary

BEWEGUNG: Movement

entkommen (entkam, ist entkommen): to escape

stoßen (ö, ie, o): to kick, to shove

CHARAKTERZÜGE: Character Traits

das Geschick (s, *no pl.*): skill
munter: spirited, encouraging

unmenschlich: inhumane, cruel
der Vorteil (s, e): advantage

KONFLIKT UND GEWALT: Conflict and Violence

die Armbrust (-̈e): cross bow
der Köcher (s, -): quiver
der Pfeil (s, e): arrow

treffen (trifft, traf, getroffen): to hit, to strike (a target)
verfehlen: to miss (a target)

TÄTIGKEITEN UND EREIGNISSE: Actions and Events

ablassen (läßt ab, ließ ab, abgelassen): to relent, to desist, to cease
ausweichen (wich aus, ist ausgewichen): to avoid, to evade

sich auf + *acc.* verstehen (verstand, verstanden): to be expert at something

(ÜBER)NATÜRLICHE PHÄNOMENE: (Super)Natural Phenomena

der Sturm (s, -̈e): storm

VERSTÄNDIGUNG: Communication

um Gnade flehen: to beg for mercy
offenbaren: to disclose, to reveal, to divulge

acc. bei + *dat.* verklagen: to tell (report) on someone

ZWISCHENMENSCHLICHE BEZIEHUNGEN UND INTERAKTIONEN: Human Relations and Interactions

behüten: to protect
beweisen (ie, ie): to prove, to show
dat. erlassen (erläßt, erließ, erlassen): to release, to excuse

dat. lieb sein: to be loved by someone
dat. zusichern: to assure, to guarantee someone

SCHON BEKANNTE ZIELVOKABELN: Target Vocabulary from Preceding Stories

zurufen, *cf.* rufen (1)
böse (3)
abnehmen (4)
erschrecken (4)
reißen (4)
schießen, *cf.* auf + *acc.*
  schießen (5)
der Schütze (5)
auf + *acc.* zielen (5)

auf + *acc.* aufpassen (6)
holen (9)
greifen (9)
vorbeigehen, *cf.* an + *dat.*
  vorbeigehen (10)
sich verneigen, *cf.* sich
  (ver)neigen (11)
der Befehl, *cf.* befehlen (12)
die Gewohnheit (12)

flehen (13)
bitten (13)
strafen (13)
achten, *cf.* auf + *acc.* achten
  (16)
überwinden (16)
abpassen (16)
ziehen (17)
schwanken (20)
springen (20)

Wilhelm Tell

Der Kaiser schickte einen Landvogt, genannt Geßler, nach Uri[1] in der
Schweiz.

Nachdem Geßler eine Zeit da gewohnt hatte, ließ er unter der Linde[2], wo
jeder vorbeigehen mußte, einen Pfahl[3] aufstellen und legte einen Hut
5 drauf. Er setzte einen Knecht[4] als Wächter daneben, der öffentlich ausrufen[5]
sollte: „Wer immer vorbeigeht, soll sich vor dem Hut neigen wie vor dem
Herrn selbst." Täte es einer nicht[6], den würde der Landvogt strafen.

Nun war ein wackerer[7] Mann im Lande; der hieß Wilhelm Tell. Er ging an
dem Hut vorbei und neigte sich kein einziges Mal davor. Da verklagte° ihn
10 der Knecht, der beim Hut achtgab, bei dem Landvogt.

Der Landvogt ließ Tell vor sich bringen und fragte ihn, warum er sich vor
dem Pfahl und dem Hut nicht neige, wie es doch Befehl sei. Wilhelm Tell
antwortete: „Lieber Herr, es ist zufällig geschehen[8]; dachte nicht, daß es
Euer Gnad[9] so hoch achten würde."

15 Nun war Tell ein sehr guter Schütze, der beste im Lande, auch hatte er
hübsche Kinder, die ihm lieb waren°. Da ließ der Landvogt die Kinder
holen, und als sie gekommen waren, fragte er Tell, welches Kind ihm das
allerliebste wäre.

„Sie sind mir alle gleich lieb."

20 Da sprach der Herr: „Wilhelm, du bist ein guter Schütze, deinesgleichen[10]
findet man nicht; das wirst du mir jetzt beweisen°. Du sollst einem deiner
Kinder einen Apfel vom Haupte schießen."

Der gute Tell erschrak, flehte um Gnade° und daß man ihm solches

---

1. Uri: a canton in eastern Switzerland   2. die Linde (n): linden tree   3. der Pfahl (s, ⸚e): stake,
post   4. der Knecht (s, e): squire   5. öffentlich ausrufen (ie, u): to proclaim publicly   6.
täte es einer nicht: if anyone should fail to do so   7. wacker: brave   8. es . . . geschehen: it
happened by chance   9. Euer Gnade: Your Grace; Your Lordship   10. deinesgleichen: your
equal

erließe°[11], denn es wäre unmenschlich°. Alles, was der Landvogt ihn sonst
25 hieße, würde er gerne tun[12].

Der Vogt aber zwang ihn mit seinen Knechten und legte selbst einem
Knaben den Apfel aufs Haupt.

Nun sah Tell, daß er nicht ausweichen° konnte, nahm einen Pfeil° und
steckte ihn hinten in seinen Köcher°, einen andern Pfeil nahm er in die
30 Hand, spannte[13] die Armbrust° und bat Gott, daß er sein Kind behüten°
würde; zielte und schoß glücklich den Apfel vom Haupt des Knaben.

Da sprach der Herr, das wäre ein Meisterschuß. „Aber eins[14] wirst du
mir sagen: Wozu[15] hast du den ersten Pfeil hinten in deinen Köcher
gesteckt?"

35 Tell sprach: „Das ist so Schützengewohnheit."[16] Der Landvogt ließ aber
nicht ab° und wollte es genau hören. Zuletzt sagte Tell, der sich fürchtete,
die Wahrheit zu offenbaren°, wenn der Landvogt ihm das Leben zusicherte°,
würde er's sagen.

Als das der Landvogt versprochen hatte, erklärte Tell: „Nun wohl! Ich
40 habe es deswegen getan: Hätte ich den Apfel verfehlt° und mein Kind
getroffen°, so würde ich Euch mit dem andern Pfeil nicht verfehlt haben."

Da sprach der Landvogt: „Dein Leben ist dir zwar zugesagt; aber an einen
Ort werde ich dich legen, wo du weder Sonne noch Mond wieder sehen
wirst." Und er ließ Tell binden und in das Schiff legen, auf dem er zurück
45 nach Schwyz[17] wollte.

Als sie nun auf dem See fuhren, überfiel sie ein fürchterlicher Sturm°.
Das Schiff schwankte so heftig, daß sie um ihr Leben sorgten, denn keiner
wußte mehr das Schiff vor den Wellen zu retten. Dann sprach einer der
Knechte zum Landvogt: „Herr, ließet Ihr dem Tell die Fesseln[18] abnehmen,
50 der ist ein starker, kluger Mann und versteht° sich auf das Wasser; er
könnte uns wohl aus der Not helfen."

Der Herr sprach zu Tell: „Willst du uns helfen und dein Bestes tun, daß
wir heil davonkommen[19], so will ich dich losbinden lassen."

Da sprach der Tell: „Ja, gnädiger Herr, ich will's gerne tun."

55 Da wurde Tell losgebunden. Er stand am Steuer[20] und fuhr mit Geschick°
dahin; doch paßte er dabei auf seinen Vorteil° auf und auf seine Armbrust,
die nahe bei ihm am Boden lag.

Als er nun in die Nähe einer großen Felsplatte[21] kam — die man heute
noch die Tellplatte nennt — bot sich ihm die Gelegenheit zu entkommen°.
60 Er rief allen munter° zu, fest die Ruder zu ziehen, bis sie zur Platte kämen,
denn wenn sie davor wären, hätten sie das Böseste überwunden.

Als sie der Platte nahe waren, riß er mit Gewalt, denn er war ein mächtig

---

11. daß . . . erließe: that he be absolved from such (punishment)   12. was . . . tun: he would gladly
do anything else the governor asked of him   13. spannen: to draw (a bow)   14. eins: one
thing   15. wozu: what for   16. die Schützengewohnheit (en): a custom among archers
17. Schwyz: a canton in central Switzerland   18. die Fessel (n): chain, fetters   19. heil davonkommen: to get out of this safely (alive)   20. das Steuer (s, -): helm   21. die Felsplatte (n):
rocky ledge

starker Mann, den Nachen[22] herum, griff seine Armbrust und sprang auf
die Platte, dabei stieß° er das Schiff von sich und ließ es schwanken auf
65 dem See.

Er lief durch Schwyz, bis er vor Küßnacht[23] in die hohle Gasse[24] kam; da
kam er schon vor dem Herrn an und paßte ihn ab. Und als der Landvogt
mit seinen Dienern[25] geritten kam[26], stand Tell hinter einem Busch und
hörte allerlei[27] Anschläge[28], die gegen ihn gemacht wurden, spannte die
70 Armbrust und schoß einen Pfeil in den Herrn, daß er tot umfiel. Da lief Tell
zurück über die Gebirge nach Uri, fand seine Gesellen und erzählte ihnen,
was geschehen war.

---

22. der Nachen (s, -): boat, skiff   23. Küßnacht (am Rigi): village on the northern shore of Lake
Lucerne   24. die hohle Gasse: empty, narrow lane   25. der Diener (s, -): servant   26. geritten
kam: came riding (along)   27. allerlei: all sorts (kinds) of   28. der Anschlag (s, ⁻e): plot

WIE GUT KENNEN SIE DIE LEGENDE?

1. Was tat Geßler, nachdem er in Uri eine Zeit gewohnt hatte?
   a. Er hieß seinen Knecht einen guten Schützen finden.
   b. Er neigte sich vor dem Landvogt auf der Straße.
   c. Er ließ einen Pfahl aufstellen und setzte einen Hut darauf.
2. Warum ließ Geßler Tell vor sich bringen?
   a. Tell achtete nicht auf den Befehl des Landvogts.
   b. Tell war der beste Schütze im ganzen Land.
   c. Tell hatte den Landvogt beim Kaiser verklagt.
3. Wie reagierte Tell auf das Urteil?
   a. Er schoß sofort mit der Armbrust auf Geßler.
   b. Er sagte, er wolle es gerne tun.
   c. Er flehte vergeblich um Gnade.
4. Wann entkam Tell endlich nach seinem glücklichen Schuß?
   a. während eines heftigen Sturmes auf dem See
   b. gleich nachdem er den Schuß abgegeben hatte
   c. früh am nächsten Morgen, als die Wächter noch schliefen
5. Warum tötete Tell den Landvogt?
   a. Geßler ließ Tells Kind hinrichten.
   b. Geßler machte Anschläge gegen Tell.
   c. Geßlers Knechte schossen auf Tell in Küßnacht.

ZUR DISKUSSION DES TEXTES

1. Die Wilhelm-Tell-Legende ist allgemein bekannt. Wie unterscheidet sich
   diese Fassung[1] aus dem 16. Jh. von der Fassung, die Sie kennen?

---

1. die Fassung (en): version

2. Warum hat sich Tell geweigert[2], sich vor dem Hut zu neigen? Überzeugt[3] Sie seine Erklärung? Was wäre eine andere mögliche Erklärung für sein Verhalten?

3. Was waren Tells Handlungsmöglichkeiten, nachdem man ihn vor den Landvogt geholt hatte? Hat er die beste gewählt? Erklären Sie Ihre Antwort!

4. War es gerecht[4], Geßler am Ende zu töten? Was wäre passiert, wenn Tell Geßler nicht getötet hätte?

5. **Aufsatz.** Die Wilhelm-Tell-Legende bezieht sich sowohl auf politische Tatsachen wie auf persönliche. Wenn Sie Tells Verhalten als Privatmensch rechtfertigen[5] wollen, können Sie seine Handlung mit Rücksicht auf den Schweizer Freiheitskampf verteidigen? Warum oder warum nicht?

VOKABELÜBUNGEN

I. Welche Präpositionen fehlen im Satz?

1. Geßler ließ ausrufen, daß jeder sich _____ dem Hut zu neigen habe.
2. Ich flehe dich an: hilf mir _____ meiner Not!
3. Der Knabe verklagte seine Schwester _____ seiner Mutter.
4. Er spannte den Bogen und zielte _____ den Apfel.
5. Die Suppe schmeckt wunderbar! Du verstehst dich _____ das Kochen.
6. Er sitzt schon zwei Stunden beim Landvogt und bittet _____ Gnade.
7. Der Bote? Ich habe ihn schon längst _____ Uri geschickt.
8. Sie wußten sich nicht _____ dem Sturm zu retten.

II. Welche der Wort- oder Satzpaare bilden Gegensätze? Synonyme? Steigerungen?

1. Strafe :: Gnade
2. Sie versteht sich auf das Autofahren :: Sie hat großes Geschick beim Autofahren.
3. Du bist mir sehr lieb. :: Ich hasse dich.
4. Er nickte dem alten Herrn zu. :: Er neigte sich vor dem alten Herrn.
5. Sie griff ihre Schlüssel und lief aus dem Haus. :: Sie ließ alles liegen und lief aus dem Haus.
6. Wir sollten ihn losbinden :: Wir sollten ihm die Fesseln abnehmen.
7. Er verfehlte den Apfel. :: Er traf den Apfel.
8. Ich bitte dich um Hilfe. :: Ich befehle dir, mir zu helfen.
9. Beweise mir, daß du gut schwimmen kannst! :: Zeige mir wie gut du schwimmen kannst!
10. privat :: öffentlich

2. sich weigern: to refuse   3. überzeugen: to convince   4. gerecht: just, right   5. rechtfertigen: to justify

11. Das hat er mir gestern gesagt. :: Das ließ er gestern ausrufen.

12. Er hörte auf, weiter zu fragen. :: Er ließ ab, weiter zu fragen.

13. Er ist seinen Feinden ausgewichen. :: Er ist seinen Feinden entkommen.

III. Wer spricht mit wem? Tell, Geßler, ein Knecht, der Kaiser, das Kind.

BEISPIEL: „Ich bitte um Eurer Gnaden; das ist eine unmenschliche Strafe!"
      Tell zu Geßler

1. „Er neigt sich nie vor Eurem Hut."

2. „Ich lege seinem Kind einen Apfel aufs Haupt; den muß er abschießen."

3. „Gehen Sie nach Uri als Landvogt! Das ist mein Befehl."

4. „Du bist mir sehr lieb. Ich muß dich behüten."

5. „Und wenn wir ihn wiederhaben, sichere ich ihm sein Leben nicht mehr zu."

6. „Du verstehst dich gut aufs Schießen. Ich weiß, daß du den Apfel nicht verfehlst."

7. „Euer Gnaden sollte ihn losbinden lassen. Er kann uns aus unserer Not retten."

8. „Tot? Dann schicke ich einen zweiten Landvogt nach Uri."

9. „Der zweite Pfeil war für Euch gemeint."

WIE GUT KENNEN SIE DIE VOKABELN?

I. Welche Wörter haben mit Gewalt zu tun? Mit Verständigung? Mit weder dem einen noch dem anderen?

a. die Armbrust	**h.** hören	**o.** die Strafe
b. flehen	**i.** die Anschläge	**p.** überfallen
c. der Sturm	**j.** erzählen	**q.** die Linde
d. heißen	**k.** die Felsen	**r.** die Gebirge
e. bitten	**l.** zwingen	**s.** die Fesseln
f. der Apfel	**m.** ausrufen	**t.** offenbaren
g. binden	**n.** der See	**u.** schießen

II. Führen Sie den Satz sinnvoll weiter!

1. Man merkt, daß Karl sich auf das Schießen nicht versteht, denn er
    a. traf den Apfel kein einziges Mal.
    b. zielte mit großem Geschick.
    c. verfehlte den Apfel nie.

2. Wir waren in Not, weil
    a. er sich auf das Fahren versteht.

     b. meine Kinder dort wohnen.

     c. der Sturm so heftig war.

3. Im Spiel hat Helga ihren großen Vorteil

     a. bewiesen.

     b. abgelassen.

     c. gestoßen

4. Wenn ein Schiff sinkt, sollte sein Kapitän

     a. flehentlich um Gnade bitten.

     b. vergebens seine Befehle ausrufen.

     c. Notsignale senden.

5. Ein guter Schütze muß

     a. jedem immer lieb sein.

     b. oft großes Geschick zeigen.

     c. die höchsten Wahrheiten offenbaren.

23

Geschichten von Herrn Keuner

BERTOLT BRECHT

Bertolt Brecht wurde am 10.02.98 in Augsburg geboren und wurde schon 1922 bekannt mit seinem expressionistischen Drama *Trommeln in der Nacht*, wofür er den Kleist-Preis erhielt. Sein größter Erfolg kam mit der *Dreigroschenoper* (1928) nach der *Beggar's Opera* von John Gay. Während des dritten Reiches emigrierte Brecht zunächst nach Österreich, dann Dänemark. Später floh er nach Schweden, Finnland, der UdSSR und schließlich den USA (Santa Monica, Kalifornien). Im Exil enstanden seine wichtigsten Dramen: *Mutter Courage und ihre Kinder* (1941), *Das Leben des Galilei* (1943) und *Der kaukasische Kreidekreis* (1948). Brecht kam 1948 wieder nach Deutschland, wo er bis zu seinem Tod im Jahre 1956 das Theater am Schiffbauerdamm in Berlin (Ost) leitete[1]. Außer Dramen umfaßt sein Schaffen Gedichte, theoretische Beiträge[2] zum Theater und erzählende Texte wie die „Geschichten vom Herrn Keuner", denen die zwei folgenden Texte entnommen sind.

---

1. leiten: to direct, to lead   2. der Beitrag (s, ⁻e): essay

Maßnahmen gegen die Gewalt

ZIELVOKABULAR: Target Vocabulary

BEWEGUNG: Movement

aufatmen: to draw a deep breath

sich niederlegen: to lie down

CHARAKTERZÜGE: Character Traits

das Rückgrat (s, ¨e): backbone, spine

EMOTIONEN UND REAKTIONEN: Emotions and Reactions

sich hüten vor + *dat.*: to beware of, to
   guard against

KONFLIKT UND GEWALT: Conflict and Violence

beherrschen: to control, to rule
bewachen: to watch over, to guard
vertreiben (ie, ie): to drive away

zerschlagen (ä, u, a): to shatter, to
   smash to smithereens

ORDNUNG UND BEHÖRDEN: Order and Authorities

der Agent (en, en): agent
ausstellen: to issue (documents)

der Schein (s, e): certificate, document

SATZPARTIKEL: Sentence Particle

wohl: indeed, certainly, absolutely
   (emphatic particle)

SINNLICHE WAHRNEHMUNG: Sensory Perception

sich umblicken: to look around

VERSTÄNDIGUNG: Communication

sich aussprechen (i, a, o) für (gegen): to
   speak out for (against)

ZEITBEGRIFFE: Concepts of Time

herum sein: to be over (past)

ZWISCHENMENSCHLICHE BEZIEHUNGEN UND INTERAKTIONEN: Human Relations and Interactions

dat. dienen: to serve
dat. gehorchen: to obey, to be obedient

zudecken: to cover up

SCHON BEKANNTE ZIELVOKABELN: Target Vocabulary from Preceding Stories

merken, *cf.* sich (*dat.*) merken (1)
verlangen (1)
nach + *dat.* fragen (1)

(vor)zeigen (3)
einschlafen (5)
das Befehlen, *cf. dat.* befehlen (12)

verdorben, *cf.* verderben (19)
schleifen (20)
zurückweichen (20)
die Maßnahme (21)

Maßnahmen gegen die Gewalt

Als Herr Keuner, der Denkende, sich in einem Saale vor vielen gegen die Gewalt aussprach°, merkte er, wie die Leute vor ihm zurückwichen und weggingen. Er blickte sich um° und sah hinter sich stehen — die Gewalt.

„Was sagtest Du?" fragte ihn die Gewalt. „Ich sprach mich für die Gewalt
5 aus", antwortete Herr Keuner.

Als Herr Keuner weggegangen war, fragten ihn seine Schüler nach seinem Rückgrat°. Herr Keuner antwortete: „Ich habe kein Rückgrat zum Zerschlagen°. Gerade ich muß länger leben als die Gewalt." Und Herr Keuner erzählte folgende Geschichte:

10 In die Wohnung des Herrn Egge, der gelernt hatte, nein zu sagen, kam eines Tages in der Zeit der Illegalität ein Agent°, der zeigte einen Schein° vor, welcher ausgestellt° war im Namen derer, die[1] die Stadt beherrschten°, und auf dem stand, daß ihm gehören solle jede Wohnung, in die er seinen Fuß setzte; ebenso sollte ihm auch jedes Essen gehören, das er verlange;
15 ebenso sollte ihm auch jeder Mann dienen°, den er sähe. Der Agent setzte sich in einen Stuhl, verlangte Essen, wusch sich, legte° sich nieder und fragte mit dem Gesicht zur Wand vor dem Einschlafen: „Wirst du mir dienen?"

Herr Egge deckte ihn mit einer Decke zu°, vertrieb° die Fliegen[2], bewachte°
20 seinen Schlaf, und wie an diesem Tage gehorchte° er ihm sieben Jahre

---

1. im Namen derer, die: in the name of those who   2. die Fliege (n): fly

lang. Aber was immer[3] er für ihn tat, eines zu tun hütete° er sich wohl[4]:° das war, ein Wort zu sagen. Als nun die sieben Jahre herum° waren und der Agent dick geworden war vom vielen Essen, Schlafen und Befehlen, starb der Agent. Da wickelte ihn Herr Egge in die verdorbene Decke, schleifte ihn
25 aus dem Haus, wusch das Lager[5], tünchte[6] die Wände, atmete auf° und antwortete: „Nein."

---

3. was immer: whatever   4. eines . . . wohl: one thing he made very sure to guard against doing
5. das Lager (s, -): resting place, bed   6. tünchen: to whitewash

WIE GUT HABEN SIE DIE GESCHICHTE VERSTANDEN?

1. Herr Keuner spricht
  a. von seinen Schülern.
  b. sich gegen die Gewalt aus.
  c. über die Politik der Universitäten.
2. Wie bekämpft Herr Keuner, der Denkende, die Gewalt?
  a. Er schweigt.
  b. Er sagt immer „nein".
  c. Er versucht sie zu überleben.
3. Wie unterrichtet er über seine Strategie die Gewalt zu bekämpfen?
  a. Er erzählt eine Geschichte als Beispiel.
  b. Er weicht zurück und geht weg.
  c. Er spricht sich nicht für aber auch nicht gegen die Gewalt aus.
4. Was machte Herr Egge für den Agenten?
  a. Er gab dem Agenten seine Wohnung, und er gehorchte ihm.
  b. Nichts. Er hat sich geweigert, etwas zu tun.
  c. Er wurde sein Diener, dann sein Bekannter und schließlich sein Freund.
5. Was machte Herr Egge *nicht*?
  a. Er hat den Schein des Agenten nicht gelesen.
  b. Er hat das Zimmer nicht gründlich gereinigt.
  c. Er hat kein Wort zu dem Agenten gesagt.

ZUR DISKUSSION DES TEXTES

1. Welche zwei Darstellungsformen[1] von Gewalt gibt es in der Erzählung? Welchen Zweck verfolgt Bertolt Brecht, indem er beide darstellt?
2. Wie unterscheiden sich die Maßnahmen, die Herr Keuner gegen die Gewalt ergreift, von den Maßnahmen, die Herr Egge ergreift?
3. Sowohl Herr Keuner als auch Herr Egge verhalten sich so, als würden sie mit der Gewalt übereinstimmen[2]. Was ist ihr eigentliches Ziel?

---

1. die Darstellung (en): portrayal   2. mit + *dat.* übereinstimmen: to agree with

4. Inwiefern ist ihre Strategie wirksam[3]? Was hätte Herr Egge geleistet, wenn er schon vor dem Agenten gestorben wäre?

5. Worin besteht der Unterschied zwischen Opportunismus (sich der Gewalt anpassen, um eigene Vorteile daraus zu ziehen) und den Maßnahmen, die Herr Keuner und Herr Egge anwenden[4]?

6. Wann—wenn überhaupt—kann man das Lügen rechtfertigen[5]?

7. Welche Alternative gäbe es für Herrn Keuner und Herrn Egge in der jeweiligen Situation?

8. Eine Parabel hat immer eine allgemeine Lehre. Welche Lehre soll der Leser an der Parabel von Herrn Egge ziehen?

9. Im Gegensatz zu der Auffassung[6], daß der Mensch dem Schicksal hilflos ausgeliefert[7] ist, vertritt Bertolt Brecht eine andere Meinung[8] in seiner Erzählung. Welche?

10. **Gruppenarbeit.** Versuchen Sie in Gruppenarbeit die verschiedenen Arten von Gewalt in unserer Gesellschaft herauszuarbeiten; denken Sie über die Ursachen nach!

    Gruppe eins: Gewalt gegen Individuen
    Gruppe zwei: Gewalt gegen Sachen
    Gruppe drei: Gewalt gegen sich selbst
    Gruppe vier: Systemzwang[9]
    Gruppe fünf: Politische Gewalt
    Gruppe sechs: ?

11. **Aufsatz:** Was würden Sie an Herrn Keuners Stelle tun? An Herrn Egges Stelle?

VOKABELÜBUNGEN

I. Erstellen Sie eine Liste von den Tätigkeiten, die typisch für den Agenten sind, also für einen Herrscher, und eine weitere Liste von den Tätigkeiten, die typisch für Herrn Egge sind, also für einen Diener!

1. Essen verlangen	6. Scheine ausstellen	10. gehorchen
2. Essen servieren	7. den Schlaf	11. fragen
3. duzen (du sagen)	bewachen	12. antworten
4. siezen (Sie sagen)	8. Fliegen vertreiben	
5. dienen	9. Befehle geben	

---

3. wirksam: effective   4. anwenden (wandte an, angewandt): to apply   5. rechtfertigen: to justify
6. die Auffassung (en): view   7. ausliefern: to deliver, to hand over   8. eine Meinung vertreten: to take a point of view, to represent an opinion   9. der Systemzwang (s, ⁻e): constraints of a system (such as society)

II. Ergänzen Sie mit einem Wort aus der nachstehenden Liste, und beantworten Sie die vier abschließenden Fragen!

bewältigen Gewalt gewaltig gewalttätig Gewaltherrschaft
vergewaltigt verwaltet Verwalter Verwaltung walten

1. Dieser Verbrecher ist ein _____er Mensch.
2. Gegen die staatliche _____ kann man gesetzlich nichts tun.
3. Er machte einen _____en Eindruck auf mich.
4. Die _____ ist Tyrannei.
5. Er ist ein tüchtiger Mensch und _____ seine Gelder gut.
6. Ein schlechter _____ hat Schwierigkeit bei Entscheidungen.
7. Die _____ ist für das Krankenhaus verantwortlich.
8. Der Mann hat die Frau _____.
9. Hier muß man Vorsicht _____ lassen.
10. Ich kann diese große Portion Käsekuchen nicht _____.

Welche Bedeutung hat die Wurzel -walt-?
Welche der obigen Wörter haben eine positive Bedeutung?
Welche haben eine negative?
Welche sind neutral?

III. Finden Sie eine passende Antwort!

1. Ein Schein ist in dieser Geschichte
   a. ein Lichtstrahl.
   b. eine Banknote.
   c. ein Dokument.
2. Wer gehorcht,
   a. hat nichts zu tun.
   b. macht alles, was befohlen wird.
   c. hört zu und denkt lange darüber nach.
3. Wer Rückgrat hat,
   a. hat Mut.
   b. ißt keinen Fisch.
   c. steht und sitzt aufrecht.
4. Was stellt Scheine aus?
   a. die Sonne
   b. eine Verwaltung
   c. nur eine Bank
5. Wer sich vor Dieben hüten will,
   a. läßt sein Haus gut bewachen.
   b. deckt sich nachts gut zu.
   c. beherrscht sich selbst.

WIE GUT KENNEN SIE DIE VOKABELN?

I.   Finden Sie die Gegensätze!

1. beherrschen	**a.** vorzeigen
2. befehlen	**b.** vertreiben
3. leben	**c.** schleifen
4. bewachen	**d.** dienen
5. einladen	**e.** zudecken
6. sich davor hüten, etwas zu tun	**f.** sterben
7. verstecken	**g.** aufatmen
8. sich aussprechen	**h.** gehorchen
	i. wickeln
	j. Maßnahmen treffen
	k. schlafen
	l. zerschlagen
	m. zurückweichen

II.   Finden Sie die genaueste englische Übersetzung des *kursivgeschriebenen* Satzteils!

1.   Sie hielt an der Ecke und *blickte sich um.*
   a.   turned around
   b.   blinked
   c.   looked about
   d.   waited around

2.   *Der Hund gehorchte seinem Herrn.*
   a.   The dog heard his master.
   b.   The dog listened to his master.
   c.   The dog belonged to his master.
   d.   The dog did what his master told him to do.

3.   Er *vertrieb* die Neugierigen vor seinem Haus.
   a.   dispersed
   b.   spoke to
   c.   forgot about
   d.   ignored

4.   Er hat kein *Rückgrat.*
   a.   backing
   b.   courage
   c.   gratitude
   d.   desire

5.   Sie *hütete sich davor,* ein böses Wort über ihre Eltern zu sagen.
   a.   hesitated

    b. could not help but
    c. tried
    d. declined

6. *Haben Sie gemerkt,* daß sie reich ist?
    a. Did you say
    b. Did you realize
    c. Did you think
    d. Did you know

Wenn die Haifische Menschen wären

ZIELVOKABULAR: Target Vocabulary

BERUFE, BESCHÄFTIGUNGEN UND AUFGABEN: Professions, Occupations, and Responsibilities

der Ingenieur (s, e): technical engineer
die Kunst (⁼e): art

der Offizier (s, e): officer

BILDUNGSWESEN: Education

die Ausbildung (en): training

beibringen (brachte bei, beigebracht): to teach, to instruct

CHARAKTERZÜGE: Character Traits

angenehm: pleasant
gesichert: assured
stumm: mute

trübsinnig: depressed
verschieden: various, different

EMOTIONEN UND REAKTIONEN: Emotions and Reactions

begeistert: enthusiastic

die Neigung (en) zu + *dat.*: tendency to

INTELLEKT: Intellect

an + *acc.* glauben: to believe in

der Unterschied (s, e): difference; es besteht ein Unterschied: there is a difference

KONFLIKT UND GEWALT: Conflict and Violence

(auf)opfern: to sacrifice
erobern: to conquer

Krieg führen: to wage war
verletzen: to injure

ORDNUNG UND BEHÖRDEN: Order and Authorities

das Amt (s, ⁼er): office, position
der Gehorsam (s, *no pl.*): obedience

(dafür) sorgen, daß: to see to it that
verleihen (ie, ie): to confer, to bestow, to award

DAS TIERREICH: The Animal Kingdom

der Hai(fisch) (es, e): shark   der Rachen (s, -): jaws, maw

VERSTÄNDIGUNG: Communication

darstellen: to depict, to portray

SCHON BEKANNTE ZIELVOKABELN: Target Vocabulary from Preceding Stories

unterrichten, *cf.* der   träumerisch, *cf.* träumen (17)   verkünden (19)
  Unterricht (1)   *dat.* melden, *cf.* sich bei +   die Maßnahme (21)
verraten (6)   *dat.* melden (18)   sich hüten vor + *dat.* (23)
fressen (9)

Wenn die Haifische° Menschen wären

„Wenn die Haifische Menschen wären", fragte Herrn K. die kleine Tochter seiner Wirtin, „wären sie dann netter zu den kleinen Fischen?"

„Sicher", sagte er. „Wenn die Haifische Menschen wären, würden sie im Meer für die kleinen Fische gewaltige[1] Kästen[2] bauen lassen, mit allerhand[3]
5 Nahrung drin, sowohl Pflanzen als auch Tierzeug[4]. Sie würden sorgen,° daß die Kästen immer frisches Wasser hätten, und sie würden überhaupt allerhand sanitäre Maßnahmen treffen.[5] Wenn zum Beispiel ein Fischlein sich die Flosse[6] verletzen° würde, dann würde ihm sogleich ein Verband[7] gemacht, damit es den Haifischen nicht wegstürbe vor der Zeit[8].

10 „Damit die Fischlein nicht trübsinnig° würden, gäbe es ab und zu große Wasserfeste[9]; denn lustige Fischlein schmecken besser als trübsinnige.

„Es gäbe natürlich auch Schulen in den großen Kästen. In diesen Schulen würden die Fischlein lernen, wie man in den Rachen° der Haifische schwimmt. Sie würden zum Beispiel Geographie brauchen, damit sie die
15 großen Haifische, die faul irgendwo liegen, finden könnten. Die Hauptsache[10] wäre natürlich die moralische Ausbildung° der Fischlein. Sie würden unterrichtet werden, daß es das Größte und Schönste sei, wenn ein Fischlein

---

1. gewaltig: massive   2. der Kasten (s; ¨): crate, box   3. allerhand: a lot, a great (good deal)
4. das Tierzeug (s, e): animal matter   5. treffen: (i, traf, o): *here:* to take   6. die Flosse (n): fin
7. der Verband (s, ¨e): bandage   8. damit . . . Zeit: so that it wouldn't die off on the sharks
prematurely   9. das Wasserfest (s, e): water festival   10. die Hauptsache (n): main point

sich freudig[11] aufopfert°, und daß sie alle an die Haifische glauben° müßten,
vor allem, wenn sie sagten, sie würden für eine schöne Zukunft sorgen. Man
20 würde den Fischlein beibringen°, daß diese Zukunft nur gesichert° ist,
wenn sie Gehorsam° lernten. Vor allen niedrigen, materialistischen, egoi-
stischen und marxistischen Neigungen° müßten sich die Fischlein hüten
und es sofort den Haifischen melden, wenn eines von ihnen solche
Neigungen verriete.

25   „Wenn die Haifische Menschen wären, würden sie natürlich auch
untereinander Kriege führen°, um fremde Fischkästen und fremde Fischlein
zu erobern°. Die Kriege würden sie von ihren eigenen Fischlein führen
lassen. Sie würden die Fischlein lehren, daß zwischen ihnen und den
Fischlein der anderen Haifische ein riesiger Unterschied° bestehe. Die
30 Fischlein, würden sie verkünden, sind bekanntlich[12] stumm°, aber sie
schweigen in ganz verschiedenen° Sprachen und können einander daher
unmöglich verstehen. Jedem Fischlein, das im Krieg ein paar andere
Fischlein, feindliche, in einer anderen Sprache schweigende Fischlein,
tötete, würden sie einen kleinen Orden[13] aus Seetang[14] anheften[15] und den
35 Titel Held[16] verleihen°.

   „Wenn die Haifische Menschen wären, gäbe es bei ihnen natürlich auch
eine Kunst°. Es gäbe schöne Bilder, auf denen die Zähne der Haifische in
prächtigen[17] Farben, ihre Rachen als reine Lustgärten[18], in denen es sich
prächtig tummeln[19] läßt, dargestellt° wären. Die Theater auf dem Meeresgrund
40 würden zeigen, wie heldenmütige Fischlein begeistert° in die Haifischrachen
schwimmen, und die Musik wäre so schön, daß die Fischlein unter ihren
Klängen[20], die Kapelle voran[21], träumerisch und in allerangenehmste°
Gedanken eingelullt, in die Haifischrachen strömten[22].

   „Auch eine Religion gäbe es ja, wenn die Haifische Menschen wären. Sie
45 würde lehren, daß die Fischlein erst im Bauch der Haifische richtig zu
leben begännen.

   „Übrigens würde es auch aufhören, wenn die Haifische Menschen wären,
daß alle Fischlein, wie es jetzt ist, gleich[23] sind. Einige von ihnen würden
Ämter° bekommen und über die anderen gesetzt werden. Die ein wenig
50 größeren dürften sogar die kleineren auffressen. Das wäre für die Haifische
nur angenehm, da sie dann selber öfter größere Brocken[24] zu fressen
bekämen. Und die größeren, Posten habenden Fischlein würden für die

---

11. freudig: joyfully   12. bekanntlich: as everyone knows   13. der Orden (s, -): medal   14.
der Seetang (s, e): seaweed   15. anheften: to pin on   16. der Held (en, en): hero   17.
prächtig: magnificent; splendid   18. der Lustgarten (s, ¨): pleasure grounds (garden)   19. sich
tummeln: to frolic, to romp   20. der Klang (s, ¨e): sound, strains   21. die Kapelle (n): band;
die Kapelle voran: led by the band   22. strömen: to stream   23. gleich: equal   24. der
Brocken (s, -): morsel (Brecht is drawing on the figurative and colloquial phrase „jemandem
einen Brocken in den Rachen werfen": to throw someone a sop [so that he/she keeps quiet for a
while])

Ordnung unter den Fischlein sorgen, Lehrer, Offiziere°, Ingenieure° im Kastenbau²⁵ usw. werden.

55 „Kurz, es gäbe überhaupt erst eine Kultur im Meer, wenn die Haifische Menschen wären."

---

25. der Kastenbau (s, *no pl.*): crate construction

WIE GUT HABEN SIE DIE GESCHICHTE VERSTANDEN?

1. Wo würden die Fischlein wohnen, wenn die Haifische Menschen wären?
   a. in Schulen
   b. in gewaltigen Kästen
   c. in Lustgärten
2. Wann würde den kleinen Fischen ein Verband gegeben werden?
   a. wenn sie sich die Flosse verletzten
   b. wenn sie im Krieg andere Fischlein töteten
   c. wenn sie Gehorsam lernten
3. Welchen Zweck hätten Wasserfeste?
   a. daß die Fischlein lernten, einen Krieg richtig zu führen
   b. die Fische lustig zu machen, da sie dann besser schmecken
   c. den Fischlein das Schwimmen beizubringen
4. Was würden die kleinen Fische in der Schule lernen?
   a. Sprachen, so daß sie in verschiedenen Sprachen schweigen könnten
   b. Helden zu sein, so daß sie sich freudig aufopfern würden
   c. Geographie, damit sie die großen Haifische finden konnten
5. Wofür würde einem Fisch ein Orden angeheftet werden?
   a. wenn er im Bauch des Haifisches richtig zu leben begänne
   b. wenn er ein paar feindliche Fischlein tötete
   c. wenn er größer würde und die kleinen Fische auffräße
6. Wofür wäre die Kunst da?
   a. um die Haifische in prächtigen Farben darzustellen
   b. damit die Fischlein genug zu fressen bekämen
   c. daß die Haifische für die Ordnung sorgen könnten

ZUR DISKUSSION DES TEXTES

1. **Gruppenarbeit.** Neben Bauten, Feiern und Erziehung führt Herr Keuner fünf weitere Dimensionen des Lebens auf. Schreiben Sie sie auf, und erarbeiten¹ Sie die Beispiele von allen Dimensionen!
2. Welche Funktionen hat jede dieser Dimensionen für die Haifische? Für die kleinen Fische?
3. Welche dieser Einrichtungen dienen den Interessen der Haifische (also

---

1. erarbeiten: to work up, to develop

der Ideologie) und welche dienen den eigenen Interessen der kleinen
Fische?

4. Wie ist die von Brecht beschriebene Gesellschaft strukturiert?

5. Was für ein Menschenbild vertritt Brecht in der Geschichte?

6. Wie unterscheidet sich dieses Menschenbild von dem in „Maßnahmen
gegen die Gewalt"?

7. Aufsatz. Was bezeichnet Brecht als „Kultur" in dieser Geschichte? Inwieweit stimmen Sie mit Brecht überein?

VOKABELÜBUNGEN

I. Schreiben Sie das kursivgeschriebene Wort durch eine verwandte Wortform um!

BEISPIEL: Das Mädchen hat sich beim Spielen schwer *verletzt.*
Das Mädchen hat beim Spielen schwere *Verletzungen*
erlitten.

1. Zwischen Gut und Böse gibt es einen gewaltigen *Unterschied.*
Man muß Gut und Böse scharf _____ .

2. Der Mensch hat heute die Möglichkeit, *Nahrung* vom Meeresgrund zu
gewinnen.
Mit dieser Technologie kann sich der Mensch hauptsächlich vom
Meeresgrund _____ .

3. Er *neigt* stark zum Egoismus.
Er hat eine starke egoistische _____ .

4. Welche *Sprachen* kann sie schon?
Sie _____ deutsch und englisch, aber nicht italienisch.

5. Die Suppe *schmeckt* mir nicht.
Die Suppe hat einen uninteressanten _____ .

6. Helga war von seiner Idee *begeistert.*
Helga zeigte große _____ über seine Idee.

7. „Hinter dieser Mauer bist du bestimmt *sicher*", sagte der Soldat zu seinem
Kameraden.
Der Soldat brachte seinen Kameraden hinter die Mauer in _____ .

8. Er hat zwei völlig *verschiedene* Stücke komponiert.
Die _____ dieser zwei Stücke ist enorm.

II. Konkret oder abstrakt? Erstellen Sie zwei entsprechende Listen!

1. eine Ausbildung	**5.** eine Neigung	**9.** eine Kapelle	**13.** ein Verband
2. die Rachen	**6.** ein Zahn	**10.** die Hauptsache	**14.** die Zukunft
3. der Bauch	**7.** ein Amt	**11.** Gedanken	**15.** ein Hai
4. ein Kasten	**8.** eine Kultur	**12.** der Meeresgrund	**16.** der Gehorsam

WIE GUT KENNEN SIE DIE VOKABELN?

I. Welche Ausdrücke sind für die Ausübung von Kontrolle und Autorität bezeichnend?

a. wegsterben
b. für etwas sorgen
c. sich tummeln
d. lehren

e. Titel verleihen
f. sich verletzen
g. sich aufopfern
h. Krieg führen

i. schmecken
j. unterrichten
k. sich hüten
l. lernen

m. bauen lassen
n. glauben
o. auffressen
p. Orden anheften

II. Finden Sie das Wort, das der Definition am besten entspricht!

1. schweigend, unfähig (*incapable*) zu sprechen
2. Bilder, Theater, Musik
3. ein Verständigungsmittel des Menschen
4. unbekannt; aus einem anderen Land
5. für einen anderen alles tun
6. ein Gegensatz
7. lehren
8. zum Lachen und Fröhlichsein geneigt
9. freudig erregt sein
10. sich versichern, daß etwas geschieht
11. dauernde Aufgaben im Dienste anderer Menschen
12. eine Serie von Aktivitäten, bei denen ein Mensch planmäßig bestimmte Fähigkeiten (*skills*) erwirbt (*acquires*).

a. Ingenieur
b. begeistert
c. erobern
d. beibringen
e. verleihen
f. für etwas sorgen
g. der Unterschied
h. sich aufopfern
i. die Ausbildung
j. verletzen
k. ein Amt
l. die Sprache
m. lustig
n. die Neigung
o. trübsinnig
p. angenehm
q. die Kunst
r. fremd
s. führen
t. stumm

24

So ward Abend und Morgen

HEINRICH BÖLL

Heinrich Böll wurde 1917 in Köln geboren und wurde nach dem Abitur[1] Lehrling im Buchhandel. Er war 1939–45 Soldat und wurde französischer Kriegsgefangener. Nach dem Krieg studierte er Germanistik und arbeitete gleichzeitig in einer Schreinerei[2]. Ab 1947 veröffentlichte er Kurzgeschichten, Hörspiele[3] und Gedichte, war aber vor allem durch seine Romane *Haus ohne Hüter* (1954), *Ansichten eines Clowns* (1963), *Gruppenbild mit Dame* (1971) und *Die verlorene Ehre der Katharina Blum* (1974) bekannt. Ab 1951 lebte er als freier Schriftsteller und Übersetzer in Köln. Heinrich Böll war von 1970–74 Präsident des internationalen Schriftstellerverbandes PEN. Er hatte viele Preise erhalten, darunter den Preis der Gruppe 47 (1951) und den Nobel-Preis für Literatur (1972). Böll wird heute als führender Vertreter der modernen deutschen Literatur betrachtet. Im Juli 1985 starb er in Köln.

---

1. das Abitur (s, *no pl.*): The final examination taken by students of the Gymnasium. Passing it gives the general right to enter the university.   2. die Schreinerei (en): carpentry workshop
3. das Hörspiel (s, e): radio play

So ward Abend und Morgen: Erster Teil

ZIELVOKABULAR: Target Vocabulary

BEWEGUNG: Movement

die Heimkehr (en): homecoming, return home

schlendern (ist): to stroll, to saunter

CHARAKTERZÜGE: Character Traits

unabhängig: independent

(sich) verändern: to alter, to change

EMOTIONEN UND REAKTIONEN: Emotions and Reactions

die Bitternis (ses; *no pl.*): bitterness
erlöst sein: to be released, to be saved
der Frieden (s, *no pl.*): peace
sich vor + *dat.* fürchten: to be afraid of

mißtrauisch: mistrustful
der Schmerz (es, en): pain
stören: to disturb
auf + *acc.* verzichten: to do without

FESTE: Celebrations and Ceremonies

die Beerdigung (en): burial
das Geschenk (s, e): gift

(das) Silvester (s, -): New Year's Eve
(das) Weihnachten: Christmas

INTELLEKT: Intellect

nachrechnen: to recalculate, to check

sich + *gen.* vergewissern: to make sure

REISEN: Travel

der Gepäckschalter (s, -): baggage counter
der Gepäckschein (s, e): baggage claim ticket

die Straßenbahn (en): street car

TÄTIGKEITEN UND EREIGNISSE: Actions and Events

schaffen (schuf, geschaffen): to create

VERSTÄNDIGUNG: Communication

sich erkundigen: to inquire

dat. zu + *dat.* gratulieren: to congratulate someone on something

ZEITBEGRIFFE: Concepts of time

der Alltag (s, e): everyday life

SCHON BEKANNTE ZIELVOKABELN: Target Vocabulary from Preceding Stories

schütteln (1)

schmelzen (2)

sich wundern (3)

der Einfall, *cf. dat.* einfallen (4)

abnehmen (4)

erschrecken (4)

vergessen (4)

bemerken (5)

schießen, *cf.* auf + *acc.* schießen (5)

einschlafen (5)

frieren (5)

der Grabstein (5)

bedienen, *cf.* die Bedienung (8)

nachlesen (10)

nicken (11)

heiraten (15)

die Hochzeit (15)

spüren (16)

zögern (18)

einhalten, *cf.* ein Versprechen (ein)halten (19)

die Verabredung, *cf.* sich verabreden (20)

sich verwandeln, *cf.* (sich) in + *acc.* verwandeln (20)

sich vornehmen (21)

die Stummheit, *cf.* stumm (23)

So ward[1] Abend und Morgen: Erster Teil

Was wichtig war und schwer wog[2],
Geschah unabhängig° vom Kalender.

Erst mittags war er auf den Gedanken gekommen, die Weichnachts-
geschenke° für Anna im Bahnhof am Gepäckschalter° abzugeben[3]; er war
5 glücklich über den Einfall, weil er ihn der Notwendigkeit[4] enthob[5], gleich
nach Hause zu gehen. Seitdem Anna nicht mehr mit ihm sprach, fürchtete°
er sich vor der Heimkehr°; ihre Stummheit wälzte sich[6] über ihn wie ein
Grabstein, sobald er die Wohnung betreten hatte. Früher hatte er sich auf
die Heimkehr gefreut, zwei Jahre lang seit dem Hochzeitstag: er liebte
10 es, mit Anna zu essen, mit ihr zu sprechen, dann ins Bett zu gehen; am
meisten aber liebte er die Stunde zwischen Zu-Bett-Gehen und Einschlafen.
Anna schlief früher ein als er, weil sie jetzt immer müde war—und er lag
im Dunkeln neben ihr, hörte ihren Atem, und aus der Tiefe[7] der Straße
schossen manchmal die Scheinwerfer[8] der Autos Licht über die Zimmerdecke,
15 Licht, das sich senkte[9], wenn die Autos die Steigung[10] der Straße erreicht
hatten, Streifen[11] hellen, gelben Lichts, das für einen Augenblick das Profil
seiner schlafenden Frau an die Wand warf; dann fiel wieder Dunkelheit

---

1. ward: archaic (*Biblical*) past tense of **werden**   2. schwer wiegen (o, o): outweigh, to be important   3. abgeben (i, a, e): to turn in, to surrender   4. die Notwendigkeit (en): necessity   5. entheben (o, o): relieve, release (from)   6. sich wälzen: to roll   7. die Tiefe (n): depth   8. der Scheinwerfer (s, -): headlight   9. sich senken: to lower   10. die Steigung (en): incline   11. der Streifen (s, -): streak

übers Zimmer, und es blieben nur die zarten Kringel[12]: das Muster[13] des
Vorhangs[14], vom Gaslicht der Laterne an die Decke gezeichnet. Diese Stunde
20 liebte er von allen Stunden des Tages am meisten, weil er spürte, wie der
Tag von ihm abfiel, und er in den Schlaf tauchte[15] wie in ein Bad.

Jetzt schlenderte° er zögernd am Gepäckschalter vorbei, sah hinten
seinen Karton noch immer zwischen dem roten Lederkoffer und der
Korbflasche[16] stehen. Der offene Aufzug[17], der vom Bahnsteig[18] herunterkam,
25 war leer, weiß von Schnee: er senkte sich wie ein Blatt Papier in den grauen
Beton[19] des Schalterraums[20], und der Mann, der ihn bedient hatte, kam
nach vorn und sagte zu dem Beamten: „Jetzt wird's richtig Weihnachten°.
Ist doch schön, wenn die Kinder Schnee haben, was?" Der Beamte nickte,
spießte[21] stumm Zettel[22] auf seinen Nagel[23], zählte das Geld in seiner
30 Holzschublade[24] und sah mißtrauisch° zu Brenig hinüber, der den Gepäck-
schein° aus der Tasche genommen, ihn aber dann wieder zusammengelegt
und eingesteckt[25] hatte. Er war schon zum dritten Mal hier, hatte zum
dritten Mal den Zettel herausgenommen und ihn wieder eingesteckt. Die
mißtrauischen Blicke des Beamten störten° ihn, und er schlenderte zum
35 Ausgang, blieb dort stehen und sah auf den leeren Vorplatz[26]. Er liebte den
Schnee, liebte die Kälte; als Junge hatte er sich daran berauscht[27], die kalte
klare Luft einzuatmen, und er warf jetzt seine Zigarette weg und hielt
sein Gesicht in den Wind, der leichte und sehr viele Schneeflocken auf den
Bahnhof zutrieb[28]. Brenig hielt die Augen offen, denn er mochte es, wenn
40 sich die Flocken an seinen Wimpern[29] festklebten[30], immer neue,
während die alten schmolzen und in kleinen Tropfen über seine Wangen[31]
liefen. Ein Mädchen ging schnell an ihm vorbei, und er sah, wie ihr grüner
Hut, während sie über den Vorplatz lief, vom Schnee bedeckt wurde,
aber erst als sie an der Straßenbahnstation° stand, erkannte er in ihrer Hand
45 den kleinen roten Lederkoffer, der neben seinem Karton im Gepäckraum
gestanden hatte.

Man sollte nicht heiraten, dachte Brenig, sie gratulieren° einem, schicken
einem Blumen, lassen blöde[32] Telegramme ins Haus bringen, und dann
lassen sie einen allein. Sie erkundigen° sich, ob man an alles gedacht hat:
50 an das Küchengerät[33], vom Salzstreuer[34] bis zum Herd, und zuletzt
vergewissern° sie sich, ob auch die Flasche mit Suppenwürze[35] im Schrank

---

12. der Kringel (s, -): curl; *here:* squiggly pattern cast on the wall by light shining through lace
curtains   13. das Muster (s, -): pattern   14. der Vorhang (s, ¨e): curtain   15. tauchen: to
submerge   16. die Korbflasche (n): wicker bottle, demijohn   17. der Aufzug (s, ¨e): elevator
18. der Bahnsteig (s, e): platform   19. der Beton (s, s): concrete   20. der Schalterraum (s, ¨e):
office behind the counter   21. spießen: to impale, to spear   22. der Zettel (s, -): slip of paper
23. der Nagel (s, ¨): nail   24. die Schublade (n): drawer   25. einstecken: to put in one's pocket
26. der Vorplatz (es, ¨e): the forecourt, the square in front of a public building   27. sich berauschen: to become intoxicated   28. zutreiben (ie, ie): to drive, to cause to drift toward something   29. die Wimper (n): eyelash   30. festkleben: to adhere, to stick   31. die Wange (n):
cheek   32. blöd: idiotic, stupid   33. das Küchengerät (s, e): kitchen appliance   34. der
Salzstreuer (s, -): salt shaker   35. die Suppenwürze (n): soup seasoning

steht. Sie rechnen nach°, ob man eine Familie ernähren[36] kann, aber was es
bedeutet, eine Familie zu *sein*, das sagt einem keiner. Blumen schicken
sie, zwanzig Sträuße[37], und es riecht wie bei einer Beerdigung°, dann
55 zerschmeißen[38] sie Porzellan vor der Haustür und lassen einen allein.

Ein Mann ging an ihm vorbei, und er hörte, daß der Mann betrunken war
und sang: „Alle Jahre wieder"[39], aber Brenig veränderte° die Lage[40] seines
Kopfes nicht, und so bemerkte er erst spät, daß der Mann eine Korbflasche
in der rechten Hand trug, und er wußte, daß der Karton mit den Weih-
60 nachtsgeschenken für seine Frau jetzt allein oben auf dem obersten Brett[41]
im Gepäckraum stand. Ein Schirm war drin, zwei Bücher und ein großes
Piano aus Mokkaschokolade: die weißen Tasten[42] waren aus Marzipan, die
dunklen aus reinem Krokant[43]. Das Schokoladenpiano war so groß wie
ein Lexikon, und die Verkäuferin hatte gesagt, daß sich die Schokolade ein
65 halbes Jahr hielte[44].

Vielleicht war ich zu jung zum Heiraten, dachte er, vielleicht hätte ich
warten sollen, bis Anna weniger ernst und ich ernster geworden wäre, aber
er wußte ja, daß er ernst genug, und Annas Ernst gerade richtig war. Er
liebte sie deswegen. Um der Stunde vor dem Einschlafen willen hatte
70 er aufs Kino, aufs Tanzen verzichtet°, hatte Verabredungen nicht eingehalten.
Abends, wenn er im Bett lag, kam Frömmigkeit[45] über ihn, Frieden°, und er
wiederholte sich dann oft den Satz, dessen Wortlaut[46] er nicht mehr ganz
genau wußte: „Gott schuf° die Erde und den Mond, ließ sie über Tag und
Nacht walten, zwischen Licht und Finsternis scheiden[47], und Gott sah, saß
75 es gut war. So ward Abend und Morgen." Er hatte sich vorgenommen, in
Annas Bibel den Satz noch einmal genau nachzulesen, aber er vergaß es
immer wieder. Daß Gott Tag und Nacht erschaffen hatte, erschien ihm
mindestens so großartig wie die Erschaffung der Blumen, der Tiere und des
Menschen.
80 Er liebte diese Stunde vor dem Einschlafen über alles. Aber seitdem Anna
nicht mehr mit ihm sprach, lag ihre Stummheit wie ein Gewicht[48] auf ihm.
Hätte sie nur gesagt: „Es ist kälter geworden . . .", oder: „Es wird regnen . . .",
er wäre erlöst° gewesen—hätte sie nur „Ja, ja", oder „Nein, nein" gesagt,
irgend etwas viel Dümmeres als das, er wäre glücklich und der Gedanke an
85 die Heimkehr wäre nicht mehr schrecklich gewesen. Aber ihr Gesicht war
für Augenblicke wie aus Stein, und in diesen Augenblicken wußte er
plötzlich, wie sie als alte Frau aussehen würde; er erschrak, sah sich
plötzlich dreißig Jahre vorwärtsgeworfen in die Zukunft wie in eine
steinerne[49] Ebene[50], sah auch sich alt, mit einem Gesicht, wie manche

---

36. ernähren: support, feed   37. der Strauß (es, ⁻e): bouquet   38. zerschmeißen: to smash
39. „Alle Jahre wieder": The first line of a popular German Christmas song.   40. die Lage (n):
situation, position   41. das Brett (s, er): shelf   42. die Taste (n): piano key   43. der Krokant
(s, *no pl.*): buttercrisp candy   44. sich halten (ä, ie, a): to keep (*said of perishable goods*)   45.
die Frömmigkeit (*no pl.*): piety   46. der Wortlaut (s, *no pl.*): wording   47. scheiden (ie, ie):
divide, to separate   48. das Gewicht (s, e): weight, load   49. steinern: made of stone   50.
die Ebene (n): plain, flat ground

90 Männer es hatten, die er kannte: gerillt[51] von Bitternis°, krämpfig[52] von
verschlucktem[53] Schmerz° und leise mit Galle[54] durchgefärbt[55] bis in die
Nasenflügel[56] hinein: Masken, durch den Alltag° gestreut[57] wie
Totenköpfe[58] . . .

Manchmal auch, obwohl er sie erst seit drei Jahren kannte, hatte er
95 gewußt, wie sie als kleines Mädchen ausgesehen hatte, er sah sie als
Zehnjährige träumend über einem Buch bei Lampenlicht, ernsthaft[59],
dunkel die Augen unter den hellen Wimpern, blinzelnd[60] über dem Gelesenen
mit offenem Mund . . . Oft, wenn er ihr beim Essen gegenübersaß, veränderte
sich ihr Gesicht wie jene Bilder, die sich durch Schütteln verändern, und
100 er wußte plötzlich, daß sie schon als Kind genauso dagesessen hatte,
vorsichtig die Kartoffeln mit der Gabel zerkleinert[61] und die Soße[62] langsam
hatte darübertröpfeln[63] lassen . . . Der Schnee hatte seine Wimpern fast
verklebt[64], aber er konnte noch die 4[65] erkennen, die leise über den Schnee
heranglitt[66] wie ein Schlitten[67].

105 Vielleicht sollte ich sie anrufen, dachte er, sie bei Menders[68] ans Telefon
bitten, dann würde sie mit mir sprechen müssen. Gleich nach der 4 würde
die 7 kommen, die letzte, die an diesem Abend fuhr, aber ihn fror jetzt, und
er ging langsam über den Platz, sah von weitem die hellerleuchtete[69] blaue
7, blieb unentschlossen an der Telefonzelle stehen und sah in ein Schau-
110 fenster hinein, wo die Dekorateure Weihnachtsmänner und Engel[70]
gegen andere Puppen[71] auswechselten[72]: dekolltierte[73] Damen, deren
nackte[74] Schultern mit Konfetti bestreut[75], deren Handgelenke[76] mit
Luftschlangen[77] gefesselt[78] waren. Puppen von Kavalieren mit graume-
liertem[79] Haar wurden hastig auf Barhocker[80] gesetzt, Pfropfen[81] von
115 Sektflaschen[82] auf die Erde gestreut[83], einer Puppe wurden die Flügel und
die Locken[84] abgenommen[85], und Brenig wunderte sich, wie schnell sich ein
Engel in einen Mixer[86] verwandeln ließ. Schnurrbart, dunkle Perücke[87], und
fix[88] an die Wand genagelt[89] den Spruch[90]: „Silvester° ohne Sekt?"

Weihnachten war hier schon zu Ende, bevor es angefangen hatte.
120 Fortsetzung folgt . . .

---

51. gerillt: lined, furrowed   52. krämpfig: cramped   53. verschluckt: repressed   54. die
Galle (*no pl.*): gall, spite   55. leise durchgefärbt: tinted   56. der Nasenflügel (s, -): nostril
57. gestreut: strewn, scattered   58. der Totenkopf (s, ⸚e): skull   59. ernsthaft: seriously   60.
blinzeln: to blink, to squint   61. zerkleinern: to reduce to small pieces, to chop up   62. die
Soße (n): sauce, gravy   63. darübertröpfeln: to dribble   64. verkleben: to stick together   65.
die 4: streetcar #4   66. herangleiten (glitt heran, herangeglitten): to glide up to   67. der
Schlitten (s, -): sled, sleigh   68. Menders: the name of some neighbors   69. erleuchten: to
illuminate   70. der Engel (s, -): angel   71. die Puppe (n): mannequin   72. auswechseln: to
exchange   73. dekolltiert: clad in low-cut dresses   74. nackt: bare   75. bestreuen: to strew
76. das Handgelenk (s, e): wrist   77. die Luftschlange (n): paper streamer   78. fesseln: to
fetter, to put in chains   79. graumeliert: tinged with gray, gray-flecked   80. der Barhocker (s,
-): bar stool   81. der Pfropfen (s, -): stopper, cork   82. der Sekt (s, e): champagne   83.
streuen: to strew, to scatter   84. die Locke (n): curl, ringlet   85. abnehmen (nimmt ab, nahm
ab, abgenommen): to take off   86. der Mixer (s, -): bartender   87. die Perücke (n): wig   88.
fix: quickly   89. nageln: to nail, to tack   90. der Spruch (s, ⸚e): maxim, saying, *here*: message

WIE GUT HABEN SIE DEN ERSTEN TEIL
DER GESCHICHTE VERSTANDEN?

1. Für welches Fest hat Brenig die Geschenke gekauft?
   a. Annas Geburtstag
   b. seine Hochzeit
   c. Weihnachten
2. Warum fürchtete Brenig sich vor der Heimkehr?
   a. Brenig hatte keine passenden Weihnachtsgeschenke für Anna finden können.
   b. Annas Stummheit verdarb ihm die Weihnachtsfeier.
   c. Brenig hatte sich verspätet und wußte, Anna würde böse sein.
3. Warum gab Brenig die Geschenke am Gepäckschalter ab?
   a. Er hatte zu viele Kartons zu tragen.
   b. Dann mußte er nicht gleich nach Hause fahren.
   c. Vor einer Zugfahrt gibt man gewöhnlich das Gepäck ab.
4. Welche anderen Pakete waren in der Gepäckaufbewahrung?
   a. ein Lederkoffer und zwei Holzschubladen
   b. zwei bunte Tüten
   c. eine Korbflasche und ein roter Lederkoffer
5. Warum sah der Schalterbeamte mißtrauisch zu Brenig hinüber?
   a. Brenig schlenderte immer wieder am Gepäckschalter vorbei.
   b. Brenig erzählte ihm über Annas Stummheit
   c. Brenig meinte: „Jetzt wird's richtig Weihnachten."
6. Warum wollte er bei Menders anrufen?
   a. Er wollte Anna am Telefon alles erklären.
   b. Am Telefon bei Menders müßte Anna etwas sagen.
   c. Menders sind Annas beste Freunde.
7. Warum war Weihnachten für die Schaufensterpuppen schon zu Ende?
   a. Die Dekorateure wollten nach Hause gehen.
   b. Die Geschäfte wollten sich auf Silvester vorbereiten.
   c. Silvester ohne Sekt ist einfach undenkbar.

VOKABELÜBUNGEN ZUM ERSTEN TEIL

I. Nennen Sie das Substantiv!

BEISPIEL: steinern   **Der Stein**

1. glücklich	4. ernsthaft	7. stumm
2. sich freuen	5. dunkel	8. mißtrauisch
3. fromm	6. lieben	9. vorsichtig

II. Welches Wort paßt nicht zu den anderen?

1. a. der Schlitten **b.** die Schneeflocken **c.** der Schirm **d.** die Steinwüste **e.** Weihnachten
2. a. der Gepäckschein **b.** die Nacht **c.** die Dunkelheit **d.** das Zu-Bett-
Gehen **e.** das Einschlafen
3. a. das Gesicht **b.** der Mund **c.** die Wimpern **d.** das Haar **e.** der
Lederkoffer
4. a. der Zug **b.** das Geschenk **c.** die Straßenbahn **d.** das Taxi **e.** das
Auto
5. a. Weihnachten **b.** Silvester **c.** der Alltag **d.** die Hochzeit **e.** Ostern
6. a. sich freuen **b.** es wurde ihm leicht ums Herz **c.** mit Galle durchfärbt **d.** er möchte es **e.** er war glücklich

III. Welcher Satz gibt den Sinn des Leitsatzes am besten wieder?

1. Die Ehe geht schief.
  a. Helga liebt ihren Mann sehr. Sie sind sehr glücklich zusammen.
  b. Paul hatte sich früher immer auf die Heimkehr gefreut, aber seit einem
  Jahr will er seine Frau nicht mehr sehen.
  c. Herr und Frau Menzel feiern heute ihren 35. Hochzeitstag.
2. Er fürchtet sich vor der Heimkehr.
  a. Er hat Angst, wieder nach Hause zu gehen.
  b. Er freut sich, seine Familie zu Hause wieder zu sehen.
  c. Er möchte nach Hause gehen, muß aber weiter arbeiten.
3. Angelika kann mit diesem Konflikt nicht fertig werden.
  a. Es gab einen Streit zwischen Angelika und ihrem Mann, aber das ist
  jetzt vorbei.
  b. Angelika hilft ihrem Sohn jeden Tag bei den Schularbeiten, weil er
  Schwierigkeiten in der Schule hat.
  c. Angelika weiß nicht, wie das Problem in ihrer Ehe zu lösen ist.
4. Erst mittags war er auf den Gedanken gekommen, die Geschenke am
Gepäckschalter abzugeben.
  a. Erst mittags erreichte er den Gepäckschalter mit den Geschenken.
  b. Erst mittags fiel es ihm ein, die Geschenke am Gepäckschalter abzugeben.
  c. Erst mittags schlenderte er mit Geschenken am Gepäckschalter vorbei.
5. Um der Stunde vor dem Einschlafen willen hatte er aufs Kino verzichtet.
  a. Filme störten Brenigs Schlaf, denn er konnte nach dem Kino nicht
  einschlafen.
  b. Um diese Zeit zu haben, ging Brenig nicht mehr ins Kino.
  c. Brenig ging zu Bett, unmittelbar (*directly*) nachdem der Film zu Ende
  gewesen war.
6. Ich habe diese Verabredung vergessen!
  a. Mein Freund hat vergeblich auf mich gewartet.

   b. Ich konnte mich nicht an den Text meiner Rede erinnern.

   c. Ich habe vor, heute abend mit Sylvie ins Theater zu gehen.

WIE GUT KENNEN SIE DIE VOKABELN DES ERSTEN TEILES?

  I. Was wird beschrieben? Ergänzen Sie das richtige Wort aus dem Zielvokabular!

  1. Wenn man unsicher ist und nichts Gutes erwartet, ist man _____.

  2. Wenn man Informationen braucht, muß man _____ _____.

  3. Helga hat sich von ihrer Krankheit erholt und _____ _____ alle Medikamente.

  4. Für viele sind Festtage eine Pause im _____.

  5. Zum Geburtstag oder zu Weihnachten bekommt man _____.

  6. Man begrüßt ein neues Ehepaar mit Glückwünschen und Händeschütteln; man _____ ihnen.

  7. Wenn man selbst nachsehen will, um ganz sicher zu sein, möchte man sich _____.

  8. Wer beim Einkaufen wissen möchte, ob das Geld ausreicht, muß _____.

  9. Wenn man allein sein möchte, _____ jeder Besucher.

 10. Wer auf ewig erleichtert ist, ist _____.

  II. Welches Substantiv gehört mit welchem Verb zusammen?

1.	das Gepäck	**a.**	stehen
2.	die Straßenbahn	**b.**	zählen
3.	Weihnachten	**c.**	feiern
4.	den Morgen	**d.**	vorzeigen
5.	am Gepäckschalter	**e.**	abgeben
6.	auf Kaffee	**f.**	verpassen
7.	den Gepäckschein	**g.**	empfinden
8.	die Stunden	**h.**	verbringen
9.	den Schmerz	**i.**	verzichten

So ward Abend und Morgen: Zweiter Teil

ZIELVOKABULAR: Target Vocabulary

CHARAKTERZÜGE: Character Traits

dat. fehlen: to be lacking (missing)

gelten (i, a, o): to be valid, to be in effect

EMOTIONEN UND REAKTIONEN: Emotions and Reactions

erleichtern: to relieve; die Erleichterung (*no pl.*): relief

sich + *adj.* vorkommen, sich wie ein + *noun* vorkommen (kam vor, ist vorgekommen): to feel like

HANDEL UND WANDEL: Trade and Commerce

das Gehalt (s, ⁻er): salary

der Groschen (s, -): ten-pfennig piece, ten pfennige

INTELLEKT: Intellect

erfinden (a, u): to make up, to invent

KONFLIKT UND GEWALT: Conflict and Violence

begehen (beging, begangen): to commit

die Notwehr (*no pl.*): self-defense

ORDNUNG UND BEHÖRDEN: Order and Authorities

die Pflicht (en): duty

zurechtrücken: to straighten, to move into place

SINNLICHE WAHRNEHMUNG: Sensory Perception

auf + *acc.* lauschen: to listen intently for

die Täuschung (en): error in perception, delusion

sich verhören: to hear wrongly, to misunderstand

TÄTIGKEITEN UND EREIGNISSE: Actions and Events

löschen: to put out, to extinguish

schiefgehen (ging, ist gegangen): to go wrong

VERSTÄNDIGUNG: Communication

belügen (o, o): to lie to

die Lüge (n): lie

unter + *dat.* verstehen (verstand, verstanden): to understand by

ZEITBEGRIFFE: Concepts of Time

der Feierabend (s, e): (after hours): evening; (free time): leisure (spare) time; (businesses): (*colloq.*) closing time

ZWISCHENMENSCHLICHE BEZIEHUNGEN UND INTERAKTIONEN: Human Relations and Interactions

ernähren: to support, to feed

SCHON BEKANNTE ZIELVOKABELN: Target Vocabulary from Preceding Stories

sich freuen, *cf.* sich über +
  acc. freuen (1)
über + *acc.* lachen (1)
der Laden (1)
rufen (1)
unrecht haben, *cf.* recht
  haben (2)
der Schirm, *cf.* der
  Regenschirm(stock) (3)
verschwinden (3)
sich wundern (3)
dat. einfallen (4)
erschrecken (4)
vergessen (4)
der Herd, *cf.* der
  (Küchen)Herd (5)
die Schnur (5)
einschlafen (5)

aufpassen, *cf.* auf + *acc.*
  aufpassen (6)
holen (9)
oben (9)
anzünden (9)
die Abfahrt, *cf.* die
  Abfahrtszeit (10)
ankommen (10)
die Ankunft, *cf.* die
  Ankunftszeit (10)
nachlesen (10)
beobachten (11)
Lust auf + *acc.* haben (13)
fertig werden mit (13)
albern (14)
betrachten (14)
wünschen, *cf.* der Wunsch
  (14)
heiraten (15)

die Hochzeit (15)
empfinden (16)
spüren (16)
bestrafen, *cf.* die Strafe (16)
das Gefängnis (16)
die Zukunft (16)
der Haß, *cf.* hassen (17)
die Ehe (18)
die Scheidung (18)
enthalten (19)
die Verzeihung (19)
hocken (20)
sich vornehmen (21)
die Stummheit, *cf.* stumm
  (23)
die Bitternis (24)
der Gepäckschein (24)
das Geschenk (24)
(das) Silvester (24)

So ward Abend und Morgen: Zweiter Teil

Vielleicht, dachte er, ist auch Anna zu jung, sie war erst einundzwanzig, und während er im Schaufenster sein Spiegelbild[1] betrachtete, sah er, daß der Schnee seine Haare wie eine kleine Krone[2] bedeckte — so hatte er es früher auf Zaunpfählen[3] gesehen —, fiel ihm ein, daß die Alten unrecht

5 hatten, wenn sie von der fröhlichen Jugendzeit[4] sprachen: wenn man jung war, war alles ernst und schwer, und niemand half einem, und er wunderte sich plötzlich, daß er Anna ihrer Stummheit wegen nicht haßte, daß er nicht wünschte, eine andere geheiratet zu haben. Das ganze Vokabular, das einem so zugetragen[5] wurde, galt° nicht: Verzeihung,

10 Scheidung, neu anfangen, die Zeit wird helfen — alle diese Worte halfen einem nichts. Man mußte allein damit fertig werden, weil man anders war als die anderen, und weil Anna eine andere Frau war als die Frauen der anderen.

---

1. das Spiegelbild (s, er): reflection   2. die Krone (n): crown   3. der Zaunpfahl (s, ⸚e): fence post   4. die Jugendzeit (en): (time or days of) youth   5. zutragen (ä, u, a): to impart, to give

Flink[6] nagelten die Dekorateure Masken an die Wände, reihten[7]
15 Knallbonbons[8] auf eine Schnur; die letzte 7[9] war längst abgefahren, und der
Karton mit den Geschenken für Anna stand allein oben auf dem Regal[10].

Ich bin fünfundzwanzig, dachte er, und muß für eine Lüge°, eine kleine
Lüge, eine dumme Lüge, wie sie Millionen Männer jede Woche oder
jeden Monat begehen°, so hart bestraft werden: mit einem Blick in die
20 steinerne Zukunft, muß Anna als Sphinx vor dieser Steinwüste[11] hocken
sehen, mich selbst, gelblich[12] durchfärbt[13] von Bitternis als alten Mann. Ja,
immer würde die Flasche mit Suppenwürze im Schrank stehen, der
Salzstreuer am rechten Ort, und er würde längst Abteilungsleiter[14] sein und
seine Familie gut ernähren° können: eine steinerne Sippe[15], und niemals
25 mehr würde er im Bett liegen und in der Stunde vor dem Einschlafen die
Erschaffung des Abends loben, Gott für den großen Feierabend° danken,
und er würde jungen Leuten zur Hochzeit so dumme Telegramme schicken,
wie er sie bekommen hatte ...

Andere Frauen hätten gelacht über eine so dumme Lüge wegen des
30 Gehalts°, andere Frauen wußten, daß alle Männer ihre Frauen belogen°: Es
war vielleicht eine Art naturbedingter[16] Notwehr°, gegen die sie ihre eigenen
Lügen erfanden°, Annas Gesicht aber war zu Stein geworden. Es gab auch
Bücher über die Ehe, und er hatte in diesen Büchern nachgelesen, was man
tun konnte, wenn etwas in der Ehe schiefging°, aber in keinem der Bücher
35 hatte etwas von einer Frau gestanden, die zu Stein geworden war. Es stand
in den Büchern, wie man Kinder bekam und wie man keine Kinder bekam,
und es waren viele große und schöne Worte, aber die kleinen Worte fehlten°.

Die Dekorateure hatten ihre Arbeit beendet: Luftschlangen hingen über
40 Drähten[17], die außerhalb des Blickwinkels[18] befestigt[19] waren, und er sah im
Hintergrund des Ladens einen von den Männern mit zwei Engeln unter
dem Arm verschwinden, während der zweite noch eine Tüte[20] Konfetti über
die nackten Schultern der Puppe leerte[21] und das Schild[22] „Silvester ohne
Sekt?" noch ein wenig zurechtrückte°.

45 Brenig klopfte[23] sich den Schnee von den Haaren, ging über den Platz
zurück in die Bahnhofshalle, und als er den Gepäckschein zum viertenmal
herausgenommen und geglättet[24] hatte, lief er schnell, als habe er keine
Sekunde mehr zu verlieren. Aber der Gepäckschalter war geschlossen, und
es hing ein Schild vor dem Gitter[25]: „Wird 10 Minuten vor Ankunft oder
50 Abfahrt eines Zuges geöffnet." Brenig lachte, er lachte zum erstenmal seit
Mittag und blickte auf seinen Karton, der oben auf dem Regal hinter Gittern

---

6. flink: quickly, nimbly, deftly   7. reihen: to string   8. das Knallbonbon (s, s): fire cracker,
party cracker   9. die letzte 7: the last streetcar #7   10. das Regal (s, e): shelf   11. die
Steinwüste (n): stone wilderness   12. gelblich: yellowish   13. durchfärbt: colored   14. der
Abteilungsleiter (s, -): head of a department   15. die Sippe (n): tribe, clan   16. naturbedingt:
natural, caused by nature   17. der Draht (s, ⸚e): wire, filament   18. der Blickwinkel (s, -): view,
perspective   19. befestigen: to fasten, to attach   20. die Tüte (n): bag   21. leeren: to empty
22. das Schild (s, er): sign   23. klopfen: to knock, *here:* to brush   24. glätten: to smooth out
25. das Gitter (s, -): grating, bars

wie in einem Gefängnis lag. Die Abfahrttafel[26] hing neben dem Schalter,
and er sah, daß der nächste Zug erst in einer Stunde ankam. So lange kann
ich nicht warten, dachte er, und nicht einmal Blumen oder eine Tafel
55 Schokolade werde ich um diese Zeit bekommen, nicht ein kleines Buch,
und die letzte 7 ist weg. Zum erstenmal in seinem Leben dachte er daran,
ein Taxi zu nehmen, und er kam sich sehr erwachsen vor°, zugleich ein
wenig albern, als er über den Bahnhofsvorplatz zu den Taxis lief.

   Er saß hinten im Wagen, hielt sein Geld in der Hand: 10 Mark, sein
60 letztes Geld, das er reserviert hatte, um für Anna noch etwas Besonderes zu
kaufen, aber er hatte nichts Besonderes gefunden, und nun saß er da mit
seinem Geld in der Hand und beobachtete das Taxameter, das in kurzen
Abständen[27] — in sehr kurzen Abständen schien ihm — jedesmal um einen
Groschen° stieg, und jedesmal, wenn das Taxameter klickte, traf es ihn
65 wie ins Herz, obwohl die Uhr erst bei DM 2,80 stand. Ohne Blumen, ohne
Geschenke, hungrig, müde und dumm komme ich nach Hause, und ihm fiel
ein, daß er im Wartesaal[28] sicher eine Tafel Schokolade bekommen hätte.

   Die Straßen waren leer, das Auto fuhr fast geräuschlos[29] durch den
Schnee, und in den Häusern konnte Brenig hinter den erleuchteten[30]
70 Fenstern die Weihnachtsbäume brennen[31] sehen: Weihnachten, das, was er
als Kind darunter verstanden° und an diesem Tag empfunden hatte, das
schien ihm weit weg: was wichtig war und schwer wog[32], geschah unabhängig
vom Kalender, und in der Steinwüste würde Weihnachten wie irgendein
Tag im Jahr und Ostern gleich einem regnerischen[33] Novembertag sein:
75 dreißig, vierzig abgerissene[34] Kalender, Blechhalter[35] mit ausgefransten[36]
Papierresten[37], das würde übrigbleiben[38], wenn man nicht aufpaßte.

   Er erschrak, als der Fahrer sagte: „Da sind wir . . ." Dann war er erleichtert°
zu sehen, daß das Taxameter auf DM 3,40 stehengeblieben war. Er wartete
ungeduldig, bis er auf sein Fünfmarkstück herausbekommen[39] hatte, und es
80 wurde ihm leicht ums Herz[40], als er oben Licht sah in dem Zimmer, wo
Annas Bett neben seinem stand. Er nahm sich vor, nie diesen Augenblick
der Erleichterung° zu vergessen, und als er den Hausschlüssel herauszog,
ihn in die Tür steckte, spürte er wieder dieses dumme Gefühl, das er beim
Besteigen[41] des Taxis gespürt hatte: er kam sich so erwachsen vor, zugleich
85 ein wenig albern.

   In der Küche stand der Weihnachtsbaum auf dem Tisch, und es lagen
Geschenke für ihn da: Strümpfe[42], Zigaretten und ein neuer Füllfederhalter[43]

---

26. die Abfahrttafel (n): departure table   27. der Abstand (s, ⸚e): interval   28. der Wartesaal
(s, Wartesäle): waiting room   29. geräuschlos: silently   30. erleuchtet: illuminated   31.
Weihnachtsbäume brennen: It is tradition in Germany to attach wax candles to the Christmas
tree and then light them as decoration.   32. schwer wiegen (o, o): to be important   33.
regnerisch: rainy   34. abgerissen: torn off   35. der Blechhalter (s, -): metal clamp holding the
pages of a daily calendar   36. ausfransen: to fray (out)   37. der Rest (es, e): remnant, scrap
38. übrigbleiben (ie, ie): to remain, to be left over   39. herausbekommen auf + acc.: to get
change for   40. es wurde ihm leicht ums Herz: he was heartened   41. besteigen (ie, ie): to
climb into   42. der Strumpf (s, ⸚e): sock   43. der Füllfederhalter (s, -): fountain pen

und ein hübscher, bunter Kalender, den er sich im Büro würde über den
Schreibtisch hängen können. Die Milch stand in der Kasserolle auf dem
90 Herd, er brauchte nur das Gas anzuzünden, und die Brote waren fertig
zubereitet⁴⁴ auf dem Teller — aber das war jeden Abend so gewesen, auch
seitdem Anna nicht mehr mit ihm sprach, und das Aufstellen des
Weihnachtsbaumes⁴⁵ und das Zurechtlegen⁴⁶ der Geschenke war wie das
Schmieren⁴⁷ der Brote: eine Pflicht°, und Anna würde immer ihre Pflicht
95 tun. Er hatte keine Lust auf die Milch, und auch die appetitlichen Brote
reizten⁴⁸ ihn nicht. Er ging in die kleine Diele⁴⁹ und sah sofort, daß Anna
das Licht gelöscht° hatte. Die Tür zum Schlafzimmer war aber offen, und er
rief ohne viel Hoffnung leise in das kleine Viereck⁵⁰: „Anna, schläfst du?" Er
wartete, lange schien ihm, als fiele seine Frage unendlich tief, und das
100 dunkle Schweigen in dem dunklen Viereck der Schlafzimmertür enthielt
alles, was in dreißig, vierzig Kalenderjahren noch auf ihn wartete — und als
Anna „Nein" sagte, glaubte er, sich verhört° zu haben, vielleicht war es
eine Täuschung°, und er sprach hastig und laut weiter: „Ich habe eine
Dummheit gemacht. Ich habe die Geschenke für dich bei der Aufbewahrung
105 am Bahnhof abgegeben, und als ich sie holen wollte, war geschlossen, und
ich wollte nicht warten. Ist es schlimm?"

Diesmal war er sicher, ihr „Nein" richtig gehört zu haben, aber er hörte
auch, daß dieses „Nein" nicht aus der Ecke des Zimmers kam, wo ihre
Betten gestanden hatten. Offenbar hatte Anna ihr Bett unters Fenster
110 gerückt⁵¹ „Es ist ein Schirm", sagte er, „zwei Bücher und ein kleines Piano
aus Schokolade, es ist so groß wie ein Lexikon, die Tasten sind aus Marzipan
und Krokant." Er sprach nicht weiter, lauschte auf° Antwort, aber es kam
nichts aus dem dunklen Viereck, aber als er fragte: „Freust du dich?", kam
das „Ja" schneller als die beiden „Nein" vorher . . .
115 Er löschte das Licht in der Küche, zog sich im Dunkeln aus⁵² und legte
sich in sein Bett: durch die Vorhänge⁵³ hindurch konnte er die Weihnachtsbäume im Hause gegenüber sehen, und unten im Haus wurde gesungen,
aber er hatte seine Stunde wieder, hatte zwei „Nein" und ein „Ja", und wenn
ein Auto die Straße heraufkam, schoß der Scheinwerfer für ihn Annas Profil
120 aus der Dunkelheit heraus . . .

WIE GUT HABEN SIE DEN ZWEITEN TEIL
DER GESCHICHTE VERSTANDEN?

    1. Wie versuchte Brenig, Lösungen zu seinem Problem mit Anna zu finden?
       a. Er las in Büchern über die Ehe nach.

---

44. zubereiten: to prepare   45. das Aufstellen des Weihnachtsbaumes: putting up the Christmas
tree   46. das Zurechtlegen: properly placing   47. schmieren: to butter (bread)   48. reizen:
to tempt   49. die Diele (n): hall   50. das Viereck (s, e): square   51. rücken: to move, to
push (furniture)   52. sich ausziehen (zog aus, ausgezogen): to undress   53. der Vorhang (s,
¨e): curtain

   b.   Er nahm sich vor, Menders um Rat zu bitten.

   c.   Er erfand aus Notwehr neue Lügen.

2.   Warum brachte Brenig die Geschenke nicht mit nach Hause?

   a.   Er haßte Anna so, daß er sie ihr nicht geben wollte.

   b.   Der Betrunkene hatte sie an Brenigs Stelle abgeholt.

   c.   Er war zu spät und der Gepäckschalter war schon zu.

3.   Wie beschrieb Brenig die Zukunft?

   a.   voller Eheglück

   b.   voller Sorge für die Familie, die er ernähren müßte

   c.   voller Bitternis und Schmerz

4.   Wo war Anna, als Brenig ankam?

   a.   am Tisch

   b.   bei Freunden

   c.   im Schlafzimmer

5.   Was tat Anna, um Brenig wieder Hoffnung zu geben?

   a.   Sie machte ihm etwas zu essen.

   b.   Sie antwortete ihm auf seine Fragen.

   c.   Sie stellte einen Weihnachtsbaum auf.

ZUR DISKUSSION DES TEXTES

1.   Inwiefern ist das Schweigen eine „passende" Strafe für das Lügen?

2.   Mit welchen Bildern beschreibt Brenig Annas Stummheit?

3.   Unter welcher Metapher lassen sich Brenigs Bilder zusammenfassen?

4.   Vergleichen Sie Brenigs Beschreibung der Schaufensterpuppen mit seiner Beschreibung von Annas Stummheit!

5.   Brenig hofft, diese Metapher durch seine Geschenke zu bekämpfen. Welche Symbole können Sie in den Geschenken entdecken? Was bedeutet es, daß Brenigs Geschenke hinter Gittern verschlossen[1] sind?

6.   Welche symbolische Bedeutung haben für Brenig der Salzstreuer und die Suppenwürze?

7.   In welchem Zusammenhang[2] stehen Annas Geschenke mit ihrem Schweigen? Was drückt sie durch die Geschenke aus?

8.   Gibt es einen Unterschied zwischen Sprache und Sprechen? Geben Sie ein Beispiel aus der Erzählung!

9.   Ist die Stunde vor Brenigs Einschlafen eine Stunde des Schweigens oder des Sprechens? Warum?

10.   Wie stellen Sie sich das Leben für Anna und Brenig nach diesem Weihnachtsabend vor?

11.   **Gruppenarbeit.** Was drücken die Menschen *nicht* durch Sprache aus? Besprechen Sie Situationen und Tätigkeiten, wo Worte versagen[3]!

---

1. verschließen (o, verschlossen): to lock up   2. der Zusammenhang (s, ⸚e): relationship, connection   3. versagen: to fail

12. **Aufsatz.** Schreiben Sie eine Interpretation von Erich Kästners Gedicht „Sachliche[4] Romanze"! Vergleichen Sie das Gedicht mit dieser Erzählung von Heinrich Böll!

Sachliche Romanze

Als sie einander acht Jahre kannten
(und man darf sagen, sie kannten sich gut),
kam ihre Liebe plötzlich abhanden[5].
Wie andern Leuten ein Stock oder Hut.

5   Sie waren traurig, betrugen sich[6] heiter,
versuchten Küsse, als ob nichts sei,
und sahen sich an und wußten nicht weiter.
Da weinte sie schließlich. Und er stand dabei.

Vom Fenster aus konnte man Schiffen winken.
10 Er sagte, es wäre schon Viertel nach Vier
und Zeit, irgendwo Kaffee zu trinken.
Nebenan übte ein Mensch Klavier.

Sie gingen ins kleinste Café am Ort
und rührten[7] in ihren Tassen.
15 Am Abend saßen sie immer noch dort.
Sie saßen allein, und sie sprachen kein Wort
und konnten es einfach nicht fassen[8].

VOKABELÜBUNGEN ZUM ZWEITEN TEIL

I. Bilden Sie Gegensätze!

1.	der Streit	a.	die Ehe
2.	der Haß	b.	die Erleichterung
3.	das Schweigen	c.	das Erwachsensein
4.	das Zögern	d.	der Frieden
5.	die Störung	e.	die Frömmigkeit
6.	die Bitternis	f.	die Hoffnung
7.	die Scheidung	g.	die Liebe
8.	das Zu-jung-sein	h.	das Sprechen
9.	das Aufgeben	i.	tätig sein
10.	die Angst	j.	das Vertrauen
11.	das Mißtrauen	k.	die Zufriedenheit

---

4. sachlich: objective, unemotional   5. abhanden kommen (kam abhanden, abhanden gekommen): to get misplaced   6. sich betragen (ä, u, a): to act   7. rühren: to stir   8. fassen: to understand

II. Ergänzen Sie die folgenden Gleichnisse (*similes*)! Wählen Sie aus der Wortliste A einen Satzanfang und aus der Wortliste B eine passende Satzendung!

BEISPIEL: Ihre Antwort lag auf mir wie **ein Grabstein.**

<table>
<tr><td align="center">Liste A</td><td align="center">Liste B</td></tr>
<tr><td>Im Schlaf</td><td>bei einer Beerdigung</td></tr>
<tr><td>Der Schnee</td><td>ein Teppich</td></tr>
<tr><td>Mit so vielen Sträußen</td><td>ein Toter</td></tr>
<tr><td>Die Frau</td><td>ein Betrunkener</td></tr>
<tr><td>Auch die schwierigste Aufgabe</td><td>einen alten Freund</td></tr>
<tr><td>Den Fremden</td><td>ein Hammer</td></tr>
<tr><td>Sein böser Blick</td><td>ein Gefängnis</td></tr>
<tr><td>Der Beamte</td><td>ein Kinderspiel</td></tr>
</table>

1. _____ sang wie _____.
2. _____ riecht es wie _____.
3. _____ schloß den Gepäckraum wie _____ ab.
4. _____ sah er aus wie _____.
5. _____ traf seine Frau wie _____.
6. _____ war ihm wie _____.
7. _____ bedeckte den Vorplatz wie _____.
8. _____ begrüßte er wie _____.

III. Bilden Sie jetzt Ihre eigenen Gleichnisse mit den folgenden Verben:

1. laufen wie
2. schwimmen wie
3. gehen wie
4. fliegen wie
5. brüllen wie
6. klingen wie
7. springen wie

IV. Bilden Sie ein Substantiv aus dem kursivgeschriebenen Verb und schreiben Sie den Satz entsprechend um!

BEISPIEL: Sie *stellte* den Weihnachtsbaum auf, weil es ihre Pflicht war.
Das Aufstellen des Weihnachtsbaums war ihre Pflicht.

1. Sie *rechnen* die Summe *nach*, weil es Zeit spart.
2. Die Weihnachtsgeschenke *fehlten* noch, was uns Sorgen machte.
3. Unsere Entscheidung *erleichterte* ihn sehr.
4. Er wird Montag *beerdigt*.
5. Er ärgert sich immer, wenn seine Tagesroutine *verändert* wird.

WIE GUT KENNEN SIE DIE VOKABELN DES ZWEITEN TEILS?

I.   Bilden Sie Gegensätze mit den folgenden Ausdrücken aus der Erzählung!

1.	sich freuen	**a.**	hell
2.	gleich etwas tun	**b.**	der Morgen
3.	der Abend	**c.**	sprechen
4.	eine Erleichterung	**d.**	jung
5.	erwachsen	**e.**	der Schnee
6.	dunkel	**f.**	sich vor etwas fürchten
7.	die Hochzeit	**g.**	ihre Stummheit lag wie ein Gewicht auf ihm
		h.	zögern
		i.	die Scheidung
		j.	schnell

II.   Welche der folgenden Sätze haben einen subjektiven Inhalt? Welche einen objektiven?

1.   Brenig sah seinen Karton hinten auf dem Regal.
2.   Annas Schweigen kommt mir wie eine Art Notwehr vor.
3.   Daß Gott Tag und Nacht erschaffen hatte, erschien ihm großartig.
4.   Brenig hat eine Lüge über sein Gehalt begangen.
5.   Ich habe das Gefühl, daß die Ehe zwischen Brenig und Anna schiefgeht.
6.   Die Straßenbahn war leer.
7.   Ich glaube, das ist alles nur eine Täuschung.
8.   Jetzt ist Feierabend!
9.   *Das* ist mir zuviel.
10.   Er nahm den Schlüssel, öffnete die Tür und betrat die Diele.
11.   Nachts im Bett spürte Brenig, wie der Tag von ihm abfiel.
12.   Der Dekorateur rückte ein Schild an der Wand zurecht.
13.   In dem Moment schien sie eine tiefe Erleichterung zu spüren.

Appendix

ANSWER KEY

Wie Eulenspiegel einen Esel das Lesen lehrt
STORY QUIZ: 1c, 2b, 3c, 4a, 5b
VOCABULARY QUIZ: I. 1j, 2f, 3a, 4i, 5g, 6h, 7c, 8e, 9b, 10d II. 1. — 2. lange
3. im Stall 4. in die Futterkrippe 5. morgen nach Berlin 6. noch am
selben Tag 7. kurze Zeit danach 8. zwischen den Seiten 9. — 10. bis
dahin

Wie Eulenspiegel Eulen und Meerkatzen bäckt
STORY QUIZ: 1c, 2c, 3a, 4a, 5b, 6a
VOCABULARY QUIZ: I. 1. afmnop 2. abdehil 3. cgjk II. 1. Laden 2. Wut/
Ärger 3. Brötchen 4. verdient 5. Teig 6. auf und davon/über alle Berge/
weg

Wie Eulenspiegel die Kranken heilt
STORY QUIZ: 1b, 2a, 3b, 4c, 5c, 6a
VOCABULARY QUIZ: I. 1a, 2a, 3b, 4b, 5b, 6ab, 7a, 8b II. Till: abdfijmnp Patienten:
ceghkloqr

Eis
STORY QUIZ: 1a, 2c, 3a, 4b, 5a
VOCABULARY QUIZ: I. acefgim II. 1. Prinzchen ⟶ Eis 2. Stiel ⟶ Trottel
3. Sand ⟶ Ruhe 4. schmelzen ⟶ gefallen 5. Mutter ⟶ Zeitung

Das Märchen vom kleinen Herrn Moritz
STORY QUIZ: 1a, 2c, 3b, 4a, 5a
VOCABULARY QUIZ: I. 1T, 2R, 3R, 4T, 5G, 6T, 7G, 8T, 9G, 10R, 11G, 12R
II. 1. Haare 2. wachsen 3. Kopf 4. nachgewachsen 5. eines Tages
6. rennt 7. geben 8. pflücken 9. Polizist 10. verzweifelt 11. Mantel
12. weh...tun 13. bezahlen 14. vor 15. Ausweis

Der Mann, der nichts mehr wissen wollte
STORY QUIZ: 1a, 2b, 3b, 4a, 5b, 6a
VOCABULARY QUIZ: I. cdfghijlm II. 1a, 2c, 3c, 4a, 5b, 6b

Die Enten an der Schnur
STORY QUIZ: 1c, 2a, 3b, 4b, 5a, 6c
VOCABULARY QUIZ: I. 1e, 2b, 3a, 4c II. 1. Schornsteine ⟶ Enten
2. verschlinge ⟶ schieße 3. glatt ⟶ froh/glücklich/erstaunt
4. Münchhausenbraten ⟶ Feuer 5. schwimme ⟶ sinke

Das Pferd auf dem Kirchturm
STORY QUIZ: 1c, 2b, 3c, 4b, 5c
VOCABULARY QUIZ: I. 1.FSH, 2.W, 3.FS, 4.W, 5.FH, 6.F, 7.S, 8.F, 9.S, 10.F, 11.HW, 12.FSHW
   II. 1, 3, 4, 6

Nachts schlafen die Ratten doch
STORY QUIZ: 1b, 2c, 3b, 4a, 5b, 6c
VOCABULARY QUIZ: I. 1c, 2a, 3d, 4b, 5b, 6d, 7c, 8c, 9a, 10b   II. 1S, 2G, 3K, 4G, 5S,
   6G, 7S, 8S, 9K, 10K, 11G, 12G, 13K, 14G, 15G, 16S

Der Eilbote
STORY QUIZ: 1c, 2b, 3a, 4c, 5c, 6b
VOCABULARY QUIZ: I. 1ac, 2ac, 3bc, 4ab, 5bc   II. 1e, 2c, 3d, 4b, 5h, 6g, 7a, 8f

Kaffee verkehrt
STORY QUIZ: 1b, 2a, 3c, 4a, 5c, 6a
VOCABULARY QUIZ: I. 1n, 2m, 3p, 4d, 5g, 6e, 7i, 8a, 9c   II. 1c, 2a, 3b, 4a, 5a

Die versunkene Glocke
STORY QUIZ: 1c, 2b, 3b, 4a, 5c, 6b
VOCABULARY QUIZ: I. 1a, 2d, 3ab, 4acdfg, 5acd, 6acdegij, 7acgh   II. 6, 3, 7,
   1, 5, 4, 2

Die Schildbürger kaufen sich einen Maushund
STORY QUIZ: 1a, 2c, 3a, 4c, 5d
VOCABULARY QUIZ: I. 1c, 2e, 3b, 4a, 5c   II. 1S, 2T, 3S, 4S, 5T, 6UW, 7UW,
   8UW/S, 9T

Der Mann mit dem Gedächtnis
STORY QUIZ: 1a, 2c, 3b, 4b, 5c, 6c
VOCABULARY QUIZ: I. 1a, 2c, 3a, 4b, 5a   II. 1c, 2d, 3a, 4c, 5b, 6b, 7d, 8d

Das Fenster-Theater
STORY QUIZ: 1c, 2b, 3b, 4a, 5b
VOCABULARY QUIZ: I. 1a, 2b, 3b, 4a, 5c, 6a, 7c, 8b, 9c   II. 1. merkwürdig, oddity,
   odd 2. neugierig, curiosity, curious 3. heftig, forcefulness, forceful
   4. erregt, agitation, agitated 5. die Vergnügtheit, gaiety, cheerfulness
   6. finster, gloominess/darkness, gloom/dark

Der Münchner im Himmel
STORY QUIZ: 1c, 2a, 3b, 4a, 5b, 6b
VOCABULARY QUIZ: I. adghkl   II. 1c, 2b, 3a, 4c, 5c, 6a

Der Schmied von Jüterbog
STORY QUIZ: 1a, 2c, 3b, 4c, 5a, 6b
VOCABULARY QUIZ: I. Steigerungen: ah, lf, ei   Synonyme: bk, cg, dj.   II. 1c, 2a, 3d,
   4b, 5d, 6b, 7a

Das Märchen vom Glück

STORY QUIZ: 1b, 2b, 3a, 4a, 5c

VOCABULARY QUIZ: I. 1b, 2c, 3d, 4a, 5d, 6b, 7a, 8c, 9c, 10d II. 1acb, 2bca, 3bac, 4bac, 5abc

Ein ganz anderer Brief

STORY QUIZ: 1c, 2a, 3b, 4c, 5b

VOCABULARY QUIZ: I. 1b, 2a, 3d, 4a, 5b II. 1c, 2d, 3b, 4a, 5e, 6c, 7d, 8e.

Renata I

STORY QUIZ: 1c, 2a, 3c, 4a, 5b

VOCABULARY QUIZ: I. 1c, 2a, 3a, 4a, 5c, 6b II. ahjklmnqr

Renata II

STORY QUIZ: 1b, 2c, 3a, 4b, 5c, 6c

VOCABULARY QUIZ: I. 1g, 2f, 3d, 4b, 5i, 6h, 7j, 8a, 9e II. 1b, 2b, 3c, 4b III. 1f, 2i, 3k, 4u, 5n, 6aj, 7g, 8b, 9o, 10q, 11p, 12d, 13s, 14h

Drei Haare aus des Teufels Bart

STORY QUIZ: 1a, 2c, 3a, 4b, 5c, 6c

VOCABULARY QUIZ: I. 1d, 2b, 3c, 4a, 5b II. 1S, 2F, 3T, 4M, 5S, 6MA, 7T, 8F, 9T

Die Geschichte von Isidor

STORY QUIZ: 1c, 2b, 3b, 4a, 5a, 6b, 7a

VOCABULARY QUIZ: I. 1b, 2c, 3a, 4c II. Bügerliche Idylle: abdfghiln; Fremdenlegion: cejkm

Wie Doktor Faust vier Zauberern ins Handwerk pfuschte

STORY QUIZ: 1b, 2c, 3b, 4a, 5c

VOCABULARY QUIZ: I. Menschen: agi; Gegenstände: bfk; Weder Menschen noch Gegenstände: cdehjl II. 1. zuletzt 2. grünen 3. zerschlitzte 4. geköpft 5. Sünden 6. zauberte . . . hervor 7. frech

Doktor Faust schenkt den Leipziger Studenten ein Faß Wein

STORY QUIZ: 1c, 2a, 3c, 4b, 5b

VOCABULARY QUIZ: I. 1c, 2a, 3e, 4d, 5c, 6b, 7c II. 1. verlassen : überlassen 2. enthalten : (ein)halten 3. unterhält : enthält 4. geschickt : läppisch 5. eingehen : umgehen 6. überlassen : leisten 7. daran um : darauf ein 8. Fuhrleute : Weinhändler

Das schreckliche Ende von Doktor Faustus

STORY QUIZ: 1c, 2a, 3a, 4b, 5c

VOCABULARY QUIZ: I. 1a, 2c, 3b, 4a, 5b II. 1. Feinden : Vertrauten 2. begraben : holen 3. schlechte : köstliche 4. beginnen : fertig sein 5. schlagen : umarmen 6. Stimmung : Gefahr 7. ignorieren : trösten

Die Krähe I

STORY QUIZ: 1b,   2c,   3a,   4c,   5b

VOCABULARY QUIZ: I. 2 das Gemurmel, 5 brüllen, 1 schweigen, 6 schreien, 3 flüstern, 4 brummen   II. acfgijkn(p)   III. 1d, 2h, 3g, 4b, 5c, 6f, 7e, 8a

Die Krähe II

STORY QUIZ: 1c,   2b,   3a,   4a,   5c,   6b

VOCABULARY QUIZ: I. 1c, 2a, 3b, 4b, 5a, 6d, 7c   II. 1b, 2c, 3b, 4a, 5b, 6a, 7a

Die Prinzessin auf der Erbse oder Heimat/Weiblich. Eine Collage

STORY QUIZ: 1c,   2b,   3b,   4a,   5a

VOCABULARY QUIZ: I. 1c, 2d, 3a, 4b   II. 1b, 2d, 3a, 4d, 5c

Wilhelm Tell

STORY QUIZ: 1c,   2a,   3c,   4a,   5b

VOCABULARY QUIZ: I. Gewalt: abcdgilopsu; Verständigung: bdehijmt   II. 1a, 2c, 3a, 4c, 5b

Maßnahmen gegen die Gewalt

STORY QUIZ: 1b,   2c,   3a,   4a,   5c

VOCABULARY QUIZ: I. 1d, 2h, 3f, 4k, 5b, 6j, 7a, 8m   II. 1c, 2d, 3a, 4b, 5d, 6b

Wenn die Haifische Menschen wären

STORY QUIZ: 1b,   2a,   3b,   4c,   5b,   6a

VOCABULARY QUIZ: I. bdehjmp   II. 1t, 2q, 3l, 4r, 5h, 6g, 7d, 8m, 9b, 10f, 11k, 12i

So ward Abend und Morgen I

STORY QUIZ: 1c,   2b,   3b,   4c,   5a,   6b,   7b

VOCABULARY QUIZ: I. 1. mißtrauisch   2. sich erkundigen   3. verzichten auf   4. Alltag   5. Geschenke   6. gratuliert   7. vergewissern   8. nachrechnen   9. stört   10. erlöst   II. 1e, 2f, 3c, 4h, 5a, 6i, 7d, 8b, 9g

So ward Abend und Morgen II

STORY QUIZ: 1a,   2c,   3c,   4c,   5b

VOCABULARY QUIZ: I. 1f, 2h, 3b, 4g, 5d, 6a, 7i   II. 1O, 2S, 3S, 4O, 5S, 6O, 7S, 8O, 9S, 10O, 11S, 12O, 13S

German-English Glossary

The following alphabetized German-English glossary contains approximately 4,000 words and phrases encountered in this book's reading selections and their accompanying materials. In compiling it, the authors have borne in mind the need of students of German to continue building their German vocabulary and developing their ability to use it appropriately. In many cases, for example, the German entries are provided with a range of English equivalents, registers, and semantic information broader than that found in the glosses, whose purpose, of course, is to present translations only for a specific context. Lack of space, however, has precluded a comprehensive treatment of most entries, so this glossary is not intended as a replacement for a dictionary of the German language. Words appearing only once in the book have not been included below if they were glossed at the time of their occurrence. Compound words have been broken down into their constituent parts, unless any one of those parts takes on a different meaning as part of the compound.

Nouns

The nouns are preceded by their definite article to show gender. The genitive and plural forms for masculine and neuter nouns and the plural form for feminine nouns have been listed in parentheses following the main entry:

> der **Abend** (s, e) evening
> das **Fenster** (s, -) window
> die **Rede** (n) speech

Multiple plural forms and unusual spellings are written out:

> das **Visum** (s, **Visa** *or* **Visen**) visa
> der **Saal** (s, **Säle**) hall
> das **Schloß** (sses, ¨sser) palace
> das **Erlebnis** (ses, se) (intense) experience

Nouns not used in the plural are identified accordingly:

> die **Musik** (*no pl.*) music

Verbs

Vowel changes occurring in the simple past and past participle are indicated in parentheses following the main entry:

> **heben** (o, o) to raise, to lift

When the parentheses contain three vowels, the first refers to the change in the verb's third person singular form in the present tense:

> **verderben** (i, a, o) to ruin, to spoil

Verbs whose perfect tenses are formed with the auxiliary **sein** are identified by the word **ist:**

> **sterben** (i, a, o; ist) to die

The vowel and consonant changes of the twelve strong and irregular weak verbs appearing most frequently in this glossary are grouped below and marked in the following pages by the abbreviation (*irreg.*).*

bringen (brachte, gebracht)	**lassen (läßt, ließ, gelassen)**
denken (dachte, gedacht)	**nehmen (nimmt, nahm, genommen)**
gehen (ging, gegangen; ist)	**sein (ist, war, gewesen; ist)**
haben (hat, hatte, gehabt)	**stehen (stand, gestanden)**
halten (hält, hielt, gehalten)	**tun (tat, getan)**
kommen (kam, gekommen; ist)	**ziehen (zog, gezogen; ist/hat)**

The irregularities of any other verbs are written out:

nennen (nannte, genannt) to call, to name
reißen (riß, gerissen) to rip, to tear
schreiten (schritt, geschritten; ist) to step, to stride
treffen (i, traf, o) to meet, to hit (a target)

Prefixes separated from the verb stem in the past and present tenses are indicated by a mid-line dot:

ab·lösen to relieve (of watch duty)
ein·laden (ä, u, a) to invite
nach·denken (*irreg.*) to ponder

Accompanying reflexive markers (sich) are in plain print, with case being noted in italics when the accusative is not used:

sich (*dat.*) **überlegen** (*insep.*) to consider

A preposition combining with the verb to form an idiomatic verbal phrase is presented in boldface as part of the main entry. When two-way prepositions are involved, an indication of case is given in italics:

sich **an** + *acc.* **erinnern** to remember

Nonobligatory prepositions and their appropriate case are presented in normal script and enclosed in brackets preceding the main entry. The preposition's English equivalent is likewise enclosed in brackets:

[über + *acc.*] **gleiten (glitt, geglitten; ist)** to glide/pass [over/across]

English Equivalents

Synonymous or nearly synonymous English equivalents of the German entry are separated by a comma; nonsynonymous equivalents, by a semicolon:

der **Hahn (s, ⁻e)** rooster; faucet, spigot
[mit + *dat*] **an·stecken** to fasten on(to); to infect [with]
auf (*time*) on, until; (*place*) on top of, at; (*prefix*) up, open

Target Vocabulary

If the main entry appears on one of this book's target vocabulary lists, the number of the corresponding chapter follows the English equivalent(s):

gestatten to allow, to permit (18)

Abbreviations

The following abbreviations are used in this glossary:

acc. = accusative	*intrans.* = intransitive
adv. = adverb	*lit.* = literary
Aust. = Austria	*mil.* = military
colloq. = colloquial	*north.* = northern
compar. = comparative	*pl.* = plural
conj. = conjunction	*poss.* = possessive
contempt. = contemptuous	*prep.* = preposition
dat. = dative	*pron.* = pronoun
fam. = familiar	*sep.* = separable
fig. = figurative	*sing.* = singular
FRG = Federal Republic of Germany	*s.o.* = someone
gen. = genitive	*south.* = southern
GDR = German Democratic Republic	*s.th.* = something
hist. = historical	*subj.* = subjunctive
insep. = inseparable	*Switz.* = Switzerland
inter. = interjection	*trans.* = transitive

A

der **Abbruch (s, ⁻e)** breaking off

ab·decken to uncover, to clear

der **Abend (s, -e)** evening

das **Abenteuer (s, -)** adventure

abenteuerlich adventurous

aber (*conj.*) but, however; (*inter.*) some kind of (6)

abermals again

ab·fahren (ä, u, a; ist) to depart, to leave

die **Abfahrtstafel (n)** departure schedule

die **Abfahrtszeit (en)** departure time (10)

ab·fallen (ä, fiel ab, a; ist) to fall / drop off

ab·fließen (o, abgeflossen; ist) to flow / run off

ab·geben (i, a, e) to hand over, to turn in

abgegriffen worn out

abgenutzt worn

abgesehen von aside from

der **Abgrund (s, ⁻e)** abyss

abgrundtief unfathomable

ab·halten (ä, ie, a) to keep out, to deter

abhanden kommen to get lost, to be misplaced

ab·hauen (haute ab, abgehauen) to chop off (19)

ab·holen to pick up, to go and get

das **Abitur (s, no pl.)** final examination taken by students of the Gymnasium. Passing it gives the general right to enter the university.

ab·lassen (irreg.) to relent, to desist, to cease (22)

der **Ablauf (s, no pl.)** expiration, course (of time, events)

ab·laufen (äu, ie, au; ist) to expire, to run out

die **Ablehnung (en)** rejection, refusal

ab·lösen to relieve (of watch duty) (17)

ab·nehmen (irreg.) to take off; to answer the telephone (4)

ab·passen (paßt ab, paßte ab, abgepaßt) to lie in wait for (16)

ab·pflücken to pick / gather flowers, (3)

ab·reißen (riß ab, abgerissen) to tear down / away / off

ab·schicken to send off, to mail

der **Abschied (s, no pl.)** leave-taking, farewell, departure

ab·schießen (schoß ab, abgeschossen) to shoot (off / down), to fire (a weapon)

dat. + *acc.* **ab·schlagen (ä, u, a)** to refuse a request (2)

ab·schließen (schloß ab, abgeschlossen) to close up, to lock up

der **Abschluß (sses, ⁻sse)** conclusion, ending

ab·setzen to take off / put down

die **Absicht (en)** intention, purpose

absichtlich intentional, on purpose

ab·springen (a, u) to jump off

der **Abstand (s, ⁻e)** interval, distance

ab·stellen to switch off, to close down

das **Abteil (s, e)** compartment (in a railroad car) (16)

der **Abteilungsleiter (s, -)** head of a department

ab·warten to wait for (an event, a moment) **einen Anschluß abwarten** to make a (train) connection (10)

abwechselnd alternatively

ab·weisen (ie, ie) to refuse, to decline

ab·wenden (wandte ab, abgewandt) to turn away from

ab·zeichnen to mark off, to delineate

ach oh!, ah!, alas!

[auf + *acc.*] **achten** to watch out [for], to pay attention [to] (16)

acht·geben (i, a, e) to watch out, to be careful, to take notice

der **Adel (s, *no pl.*)** nobility, aristocracy

die **Adelsfamilie (n)** family of noble lineage

der **Agent (en, en)** agent (18)

ahnen to surmise, to suspect

ähnlich similar

die **Ähnlichkeit (en)** similarity, likeness, resemblance

die **Ahnung (en)** notion, inkling, idea (10)

die **Aktentasche (n)** briefcase

albern silly (14)

die **Albernheit (en)** silliness, absurdity

alle everybody, all

allein alone

allerdings though, however, of course

allerhand a lot, a great / good deal of

allerlei all sorts / kinds of

allerliebst the most beloved of all

alles everything

allgemein general

allmählich gradual

der **Alltag (s, *no pl.*)** everyday life (24)

alltäglich daily; routine; average

allzu far / much too

als when, as, while

als nun now when, now that

als ob as if, as though

alt old

das **Alter (s, *no pl.*)** age

älter elderly

der **Amboß (sses, sse)** anvil

das **Amt (s, ̈er)** office, post, function (23)

amüsieren to amuse, to entertain

an (*prefix*) to, toward; (*prep. + dat. / acc.*) (*time*) on; (*space*) on, at, near; [**an** + *dat.*] **vorbei·kommen / vorbei·gehen** to come / go past

in **Anbetracht** + *gen.* considering, in view of

an·bieten (o, o) to offer

an·binden (a, u) to tie to

der **Anblick (s, *no pl.*)** sight, aspect

das **Andenken (s, -)** souvenir

ander other

andererseits on the other hand

sich **ändern** to change (15)

anders different

die **Änderung (en)** change, alteration

an·drehen to turn on (4)

die **Anerkennung (*no pl.*)** recognition, acknowledgment

an·fahren (ä, u, a) (*intr.*) to drive / roll up; (*trans.*) to snap at (verbally)

an·fangen (ä, i, a) to begin; **er kann damit nichts anfangen** he's unable to do anything with it (12)

an·fassen to take hold of

die **Anfrage (n)** question, poll

an·geben (i, a, e) to give, to state

das **Angebot (s, e)** offer, bid

acc. **an·gehen** (*irreg.*) to concern, to be the business of (14)

die **Angelegenheit (en)** matter

angenehm pleasant, agreeable (23)

angerudert kommen to come rowing / paddling up

die **Anglistik** (*no pl.*) study of the English language or of English literature

die **Angst (̈e)** anxiety, fear (9); *dat.* **Angst einjagen** (*colloq.*) to terrify, to startle (s.o.) **Angst vor** + *dat.* **haben** to be afraid of something (9)

ängstlich fearful, anxious (3)

an·haben (*irreg.*) to have on, to be wearing

an·heften to pin on

an·kommen (*irreg.*) to arrive (10)

an·kreuzen to check (off)

die **Ankunft** (*no pl.*) arrival

die **Ankunftszeit (en)** arrival time (10)

anläßlich + *gen.* on the occasion of

an·lasten to accuse

das **Anliegen (s, -)** request, concern (15)

an·merken to note (down), to mark; **er läßt sich nichts anmerken** he doesn't show any emotion (18)

an·nehmen (*irreg.*) to assume

sich **an·passen (paßt an, paßte an, angepaßt)** to adjust, to adapt, to make fit

an·pflanzen to plant, to grow, to cultivate

an·reden to address, to speak to

an·rufen (ie, u) to call up, to call upon

an·rühren to touch

der **Ansatz (es, ̈e)** approach

an·schauen to look at

der **Anschein (s, *no pl.*)** appearance, semblance;

allem Anschein nach to all appearances

der **Anschlag (s, ⁼e)** attack, conspiracy, designs

sich (*dat.*) **an·sehen (ie, a, e)** to (have a) look at, to look over

an·sengen to singe (9)

die **Ansicht (en)** opinion, view

die **Ansichtskarte (n)** picture postcard

an·sprechen (i, a, o) to address, to speak to (16)

an·springen (a, u) to start (said of motors)

der **Anspruch (s, ⁼e)** claim, demand, pretension

anständig decent, proper (10)

die **Anständigkeit** (*no pl.*) decency, respectability (18)

anstatt (*prep. + gen.*) instead of

[mit + *dat.*] **an·stecken** to fasten on[to]; to infect [with]

sich + *adj.* **an·stellen** to act / pretend to be (+*adj.*) (1)

die **Anstrengung (en)** strain, effort (8)

der **Anteil (s, e)** portion, proportion, share, part

die **Anteilnahme** (*no pl.*) sympathy, interest

an·trocknen to begin to dry

dat. **antworten** to answer (s.o.)

[auf + *acc.*] **antworten** to answer [a question]

das **Antonympaar (s, e)** pair of opposites

der **Anwalt (s, ⁼e)** attorney, lawyer

an·wenden (wandte an, angewandt) to make use of, to apply

die **Anzahl** (*no pl.*) number, quantity

an·ziehen (*irreg.*) to put on (clothes), to wear

an·zünden to ignite (9), to light, to turn on a burner

der **Apfel (s, ⁼)** apple

die **Apotheke (n)** pharmacy (18)

[an + *acc.*] **appellieren** to appeal to

appetitlich appetizing

[an + *dat.*] **arbeiten** to work

der **Architekt (en, en)** architect

der **Ärger (s, *no pl.*)** anger

ärgern to provoke, to irritate (1); **sich über + *acc.* ärgern** to be angry about (1)

arm poor, impoverished

der **Arm (s, e)** arm

die **Armbrust (⁼e)** crossbow (22)

die **Armee (n)** army

der **Ärmel (s, -)** sleeve

die **Art (en)** manner

artig good, well-behaved

der **Arzt (es, ⁼e)** doctor, physician (1)

ärztlich medical

die **Asche (n)** ash

der **Ast (es, ⁼e)** bough, branch (20)

der **Atem (s, *no pl.*)** breath

atemlos breathless, out of breath

der **Atemzug (s, ⁼e)** breath

atmen to breathe

auch also, too

auf (*prep. + dat. / acc.*) (*time*) on, until; (*place*) on top of, at; (*prefix*) up, open; **auf dem Scheiterhaufen** at the stake; **auf die gleiche Weise** in the same way; **auf einmal** all at once; **auf und davon** off and away (1); **auf Wiederhören** goodbye (said in closing a telephone conversation) (7)

auf·atmen to draw a deep breath (23)

die **Aufbewahrung** (*no pl.*) custody, safekeeping, storage

auf·blicken to look / glance up

auf·brauchen to use up

auf·brechen (i, a, o) to break open

aufdringlich insistent, intrusive (16)

die **Auferstehung** (*no pl.*) resurrection

auf·essen (ißt auf, aß auf, aufgegessen) to eat up

auf·fahren (ä, u, a; ist) to rise up suddenly, to fly into a rage

dat. **auffallen (ä, fiel auf, a; ist)** to attract attention, to be conspicuous

auffällig conspicuous (20)

auf·finden (a, u) to find, to discover, to locate

auf·fliegen (o, o; ist) to fly open, to fly up (20)

auf·fressen (frißt auf, fraß auf, aufgefressen) to eat up (said of animals)

auf·führen to perform

die **Aufgabe (n)** task, job, assignment; *dat.* **Aufgaben stellen** to assign tasks (1)

auf·geben (i, a, e) to give up

dat. **auf·gehen** (*irreg.*) to dawn on (21)

aufgeregt excited

aufgetaut thawed

aufgrund + *gen.* (or von + *dat.*) on the basis of, on account of

auf·halten (*irreg.*) to stop, to detain, to hold up / open; **sich bei + *dat.* aufhalten** to spend time with, to stay with (16)

auf·hängen to hang, to string up

auf·heben (o, o) to save, to keep for later

auf·hören to cease, to quit (13)

auf·klären to clear up, to clarify; to enlighten

auf·kommen (*irreg.*) to arise, to surface

auf·legen to hang up the telephone (4)

auf·lösen to dissolve, to disintegrate

auf·machen to open

aufmerksam aware, interested

auf·nehmen (*irreg.*) to receive, to welcome, to take in / up (12)

auf·opfern to sacrifice (23)

[auf + *acc.*] **auf·passen (paßt, auf, paßte auf, aufgepaßt)** to watch out [for], to take care [of] (6)

aufrecht stehen to stand upright

sich **auf·regen** to become excited (2)

die **Aufregung (en)** excitement, agitation; **in Aufregung geraten** to get excited / alarmed (18)

sich **auf·richten** to straighten up

der **Aufsatz (es, ⁼e)** composition, essay

das **Aufsatzthema (s, -themen)** essay topic

auf·schlagen (ä, u, a) to open (a book)

auf·schließen (schloß auf, aufgeschlossen) to open up

auf·sehen (ie, a, e) to look up (at)

auf·setzen to put on, to set up (19)

auf·springen (a, u; ist) to jump upon

auf·stehen (*irreg.*) **(ist)** to get / stand up (6)

auf·steigen (ie, ie; ist) to rise

auf·stellen to put up, to erect

auf·suchen to seek out

auf·tauchen (ist) to come / turn up, to surface

der **Auftrag (s, ⁼e)** assignment, mission; **einen Auftrag besorgen** to carry out an assignment (12)

auf·wachen to wake up (5)

auf·wachsen (ä, u, a; ist) to grow up

auf·wirbeln (hat/ist) to kick up (dust), to swirl up

auf·zählen to enumerate, to specify

der **Aufzug (s, ⁼e)** elevator

das **Auge (s, n)** eye; **das Auge zu·kneifen** to wink (11); **die Augen zusammen·ziehen** to knit one's brow

der **Augenblick (s, e)** moment

die **Augenbraue (n)** eyebrow

die **Augenhöhle (n)** eye socket (20)

der **Augenzeuge (n, n)** eyewitness

aus (*prep. + dat.*) out (of), from, (made) of; **stammen aus** to come from

der **Ausbau (s, Ausbauten)** extension, expansion

aus·brechen (i, a, o) to break out

die **Ausbildung (en)** training (23)

die **Ausbürgerung (en)** expatriation

aus·denken (*irreg.*) to conceive, to devise

aus·drehen to turn out, to extinguish

der **Ausdruck (s, ⁼e)** expression

ausdrücken to express

auseinander apart, one from another

auseinander·falten to unfold

die **Auseinandersetzung (en)** argument, dispute, quarrel

aus·fransen to fray (out)

aus·führen to carry out, to execute (an order, assignment)

der **Ausgang (s, ⁼e)** exit

der **Ausgangspunkt (s, e)** point of departure, starting point

ausgebreitet spread out

aus·gehen (*irreg.*) to go out; to end

ausgeschlossen out of the question, impossible

ausgesprochen positively, downright, outright

ausgetrocknet dried up / out (17)

ausgezeichnet excellent

die **Auskunft (⁼e)** information

aus·lachen to ridicule (10)

das **Ausland (s, no pl.)** foreign countries; **im Ausland leben** to live abroad

der **Ausländer (s, -)** foreigner

aus·liefern to turn over, to deliver

die **Ausnahme (n)** exception (14)

der **Ausnahmefall (s, ⁼e)** exceptional case

aus·räuchern to smoke out

die **Ausrede (n)** excuse

ausreichend adequate, sufficient

aus·reißen (riß aus, ausgerissen) to rip / tear out

aus·rufen (ie, u) to call (out), to exclaim

sich **aus·ruhen** to rest (13)

aus·rutschen to skid

die **Aussage (n)** statement, declaration

aus·schließen (schloß aus, ausgeschlossen) to exclude (from consideration)

aus·schreiten (schritt aus, ausgeschritten; ist) to step out, to leave

aus·sehen (ie, a, e) to look like

die **Außenwelt (no pl.)** outside world

außer + dat. except for; **außer sich vor** beside oneself with (9)

außerdem besides

außergewöhnlich unusual, out of the ordinary

außerhalb + gen. outside, exterior to

äußerlich externally, outwardly

außerordentlich extraordinary, exceptional

außerstande sein to be unable

die **Aussicht (en)** prospect, view

aus·sprechen (i, a, o) to pronounce, to utter; **sich für / gegen + *acc*. aus·sprechen** to express oneself, to give one's opinion (23)

aus·steigen (ie, ie; ist) to get off / out of (a train, bus) (10)

aus·stellen to issue; to exhibit, to display (23)

die **Ausstellung (en)** exhibition

sich (*dat*.) aus·suchen to pick out (6)

aus·tauschen to exchange (21)

aus·trinken (a, u) to drink up

die **Ausübung (*no pl*.)** practice (of a trade)

aus·wandern to emigrate (9)

aus·wechseln to (ex)change, to replace

der **Ausweg (s, e)** alternative, way out

der **(Personal)Ausweis (es, e)** identification papers (3)

aus·weisen (ie, ie) to expel, to deport; **sich aus·weisen** to identify oneself

auswendig by heart, from memory; **auswendig wissen** to know by heart (10); **auswendig lernen** to learn by heart (10)

die **Auszeichnung (en)** medal, distinction, award

aus·ziehen (*irreg*.) to undress **sich aus·ziehen** to get undressed, to undress (oneself)

der **Auszug (s, ⸚e)** excerpt

das **Auto (s, s)** automobile, car

der **Autofahrer (s, -)** driver (of a car)

der **Autor (s, en)** author

die **Autorität (en)** authority

auweh oh dear!; my goodness!

B

die **Backe (n)** cheek

backen (ä, backte / buk, a) to bake (1)

der **Bäcker (s, -)** baker (1)

die **Bäckerei (en)** bakery

der **Bäckermeister (s, -)** master baker

die **Backstube (n)** bakery

das **Bad (s, ⸚er)** bath

baden to swim, to bathe

die **Bahn (en)** railroad

der **Bahnhof (s, ⸚e)** railroad station

die **Bahnhofshalle (n)** station hall

der **Bahnhofsvorstand (s, ⸚e)** station manager

der **Bahnsteig (s, -e)** platform

bald soon; **bald danach** soon afterwards

der **Balken (s, -)** beam, rafter

die **Ballade (n)** ballad, ballade

baltisch Baltic

das **Band (s, ⸚er)** band, ribbon

der **Band (s, ⸚e)** volume, book

die **Bank (⸚e)** bank, bench

die **Bar (s)** bar (in a tavern)

der **Bär (en, en)** bear

der **Bart (s, ⸚e)** beard

bärtig bearded

der **Bauch (s, ⸚e)** belly, abdomen

bauen to build / construct

der **Bauernsohn (s, ⸚e)** son of a peasant

der **Baum (s, ⸚e)** tree

die **Baumspitze (n)** treetop

der **Baumstumpf (s, ⸚e)** tree stump

die **Baustelle (n)** construction site

bayerisch Bavarian

Bayern Bavaria

beachten to pay attention to, to heed (16)

der **Beamte (n, n)** official

beängstigend frightening, alarming

beantragen (ä, u, a) to apply for, to make a motion (in a meeting)

beantworten to answer (a letter)

bearbeiten to treat (a subject), to adapt (material)

der **Beauftragte (n, n)** authorized representative

sich bei + *dat*. bedanken to express one's thanks to s.o.

bedauern to regret

bedeckt covered

bedenklich dubious, serious, disquieting

bedeuten to mean

die **Bedeutung (en)** meaning

bedienen to serve

die **Bedienung (*no pl*.)** service; waiter, waitress (8)

die **Bedingung (en)** condition (13)

bedrohen to threaten, to menace

das **Bedürfnis (ses, se)** need

sich beeilen to hurry

die **Beeinflussung (*no pl*.)** influence

beenden to end, to conclude

die **Beerdigung (en)** burial, interment (24)

der **Befehl (s, e)** order, command

***dat*. befehlen (ie, a, o)** to command, to order (12)

befestigen to fasten, to attach

sich befinden (a, u) to be located

befragen to question, to interview (18)

befreien to liberate (13)

befremden to take aback

sich [mit + *dat*.] befreunden to become friends [with one another]

befriedigend satisfactory

befürchten to fear

die **Befürchtung (en)** fear, apprehension

begabt gifted, talented

die **Begebenheit (en)** incident, occurrence

begegnen to encounter

begehen (*irreg.*) **(hat)** to commit (a crime), to make (a mistake) (24)

begehren to desire, to want [von + *dat.*] **begeistert** enthusiastic, keen [about, on] (23)

beginnen (a, o) to begin

begleiten to escort, to accompany (8)

der **Begleiter (s, -)** companion

begraben (ä, u, a) to bury (19)

begreifen (begriff, begriffen) to comprehend (4)

begründen to base upon, to justify

begrüßen to greet, to welcome, to say hello

die **Begrüßung (en)** greeting

behalten (*irreg.*) to keep, to retain

behandeln to treat, to deal with

die **Behandlung (en)** treatment (21)

behaupten to maintain, to claim

beherrschen to rule, to dominate (23)

die **Behörde (n)** public / government authority

[vor + *dat.*] **behüten** to guard, to protect [from] (22)

bei (*prep.* + *dat.*) (*affiliation*) with, at, among, in; (*space*) near, next to; (*time*) during, upon, while; **bei dieser Hitze** in this heat; **beim Abendessen sitzen** while having supper; **beim Ochsenwirt** at the Oxen Inn

bei·bringen (*irreg.*) to teach (23)

beide both

beieinander next to each other, side by side

beiläufig in passing, casually

das **Bein (s, e)** leg

beinahe nearly, almost

das **Beispiel (s, e)** example

beißen (biß, gebissen) to bite

der **Beitrag (s, ⸚e)** contribution, essay, tract

bejahen to affirm, to approve (of)

bekämpfen to fight / struggle against

bekannt (well-)known

bekannt·geben (i, a, e) to announce, to make known (21)

bekanntlich as everyone knows

acc. mit *dat.* **bekannt machen** to acquaint with (12)

bekommen (*irreg.*) **(hat)** to receive, to get

beladen loaded

die **Beleidigung (en)** insult, affront

beliebt popular, much-liked

bellen to bark

belohnen to reward (19)

die **Belohnung (en)** reward

belügen (o, o) to lie to (24)

bemerkbar noticeable, perceptible

bemerken to notice; to mention, to note, to say (5)

sich **bemühen** to go to trouble, to endeavor (try)

sich **benehmen** (*irreg.*) to behave (oneself) (1)

benennen (benannte, benannt) to name, to designate, to nominate

benutzen to use (5)

beobachten to watch, to observe (11)

der **Berater (s, -)** adviser, counselor

berauschen to intoxicate; **sich berauschen** to get drunk

berechtigt legitimate, rightful

der **Bereich (s, e)** area, field

bereit ready, willing, prepared

bereits already, previously, before

der **Berg (s, e)** mountain

berrichten to report, to inform

die **Berichterstattung (en)** report, reporting

der **Beruf (s, e)** occupation, profession, (*artisan*) trade

beruflich professional, occupational

der **Berufsschriftsteller (s, -)** professional writer

berühmt famous

sich [mit + *dat.*] **beschäftigen** to be busy, to occupy oneself [with]

beschimpfen to call someone names (10)

beschließen (beschloß, beschlossen) to decide (9)

der **Beschluß (sses, ⸚sse)** decision, resolution

beschmutzt dirtied, soiled

beschränkt limited, restricted

beschreiben (ie, ie) to describe

die **Beschreibung (en)** description

beschwören (o, o) to implore, to beseech

besehen (ie, a, e) to look at, to view

besessen obsessed

besetzen to occupy (land, a building, a chair), to take possession of (8); **besetzt sein** to be busy (said of telephone lines)

die **Besetzung (en)** occupation (of a country by troops)

besiegen to defeat, to conquer

der **Besiegte (n, n)** the defeated, the vanquished (9)

besitzen (besaß, besessen) to possess (20)

der **Besitzer (s, -)** owner (17)

besonder special, particular

die **Besonderheit (en)** peculiarity, unusual features
besorgen to tend to; to purchase, to procure (12)
die **Besorgnis (se)** concern, worry (21)
besorgniserregend worrisome
besprechen (i, a, o) to discuss (21)
bespritzen to spatter
besser better
die **Beständigkeit** (*no pl.*) constancy, steadfastness (16)
bestärken to urge on, to encourage
bestaunen to look / gaze at in wonder / astonishment
das **Besteck (s, e)** silverware
bestehen (*irreg.*) to exist; **auf + acc. bestehen** to insist (up)on (7); **es besteht** there exists / is
besteigen (ie, ie) to board (a train, bus, etc.) to get / climb (into a car)
bestellen to order (8)
bestimmen to determine, to decide on
bestimmt for sure
die **Bestimmtheit** (*no. pl.*) certainty, certitude
bestrafen to punish
bestreuen to strew
besuchen to visit, to go see (4)
betäubt sein stunned; anesthetized
beten to pray
betonen to emphasize, to stress
die **Betonung (en)** emphasis, stress, accentuation
betrachten to regard, to look over (14)
betreten (betritt, a, e) to enter, to step on / in, to set foot on / in
betrübt distressed, sad
betrügen (o, o) to cheat; to betray (1)
betrunken drunk
das **Bett (s, en)** bed

die **Bettdecke (n)** bedspread, blanket
sich **beugen** to bend, to bow
beulen to bulge
die **Beurteilung (en)** judgment, assessment, opinion
die **Bevölkerung** (*no pl.*) population (21)
bevor before, until
bewachen to guard (23)
bewältigen to cope with, to manage, to accomplish
bewegen (o, o) to move (to do s.th.) (4)
die **Beweglichkeit** (*no. pl.*) mobility
die **Bewegung (en)** movement, motion, gesture
der **Beweis (es, e)** proof
beweisen (ie, ie) to prove, to show (22)
bewerten to evaluate, to judge
bewirten to host, to make welcome (13)
der **Bewohner (s, -)** / die **Bewohnerin (-nen)** inhabitant
bewundern to admire (9)
bewundernswert admirable
bewußt conscious; **sich + gen. bewußt sein** to be aware of
das **Bewußtsein (s, no pl.)** consciousness, awareness (16)
bezahlen to pay (1)
bezaubert charmed, enchanted
bezeichnen to call (in the sense of applying a name); to designate
sich [auf + *acc.*] **beziehen** (*irreg.*) to refer / relate to
die **Beziehung(en)** relationship, relation, connection
beziehungsweise respectively; or
der **Bezug (s, no pl.)** reference, regard, respect; **in bezug auf + acc.** with respect to, in terms of

bezweifeln to doubt, to call into question
der **Bibliothekar (s, e)** librarian
der **Biedermann (s, Biedermänner)** (*contempt.*) bourgeois, philistine; hypocrite
biegen (o, o) to turn; to curve, to bend
die **Biene (n)** bee
das **Bier (s, e)** beer
das **Bild (s, er)** picture
bilden to form, to make, to constitute
die **Billigung** (*no pl.*) approval, assent
binden (a, u) to tie up, to fasten, to bind
das **Bindewort (s, ⸚er)** conjunction, connective
bis (*prep. + acc.*) (*time*) until, not later than; (*space*) up to, as far as; **bis dahin** by then; **bisher** up to now, so far
ein **bißchen** (*amount*) a little
[um + *acc.*] **bitten (bat, gebeten)** to ask [for], to request (13)
die **Bitterkeit (en)** bitterness
die **Bitternis (se)** bitter (feeling) (24)
die **Blase (n)** bladder, bubble
blaß pale, wan
das **Blatt (s, ⸚er)** page, leaf, sheet of paper (1)
blättern to turn the leaves of a book, to browse
das **Blech (s, e)** sheet metal
bleiben (ie, ie) to stay, to remain
bleich pale, pallid
der **Blick (s, e)** look, glance
der **Blickwinkel (s, -)** view, perspective, angle
blitzen to flash, to sparkle
blöd idiotic, silly
bloß merely, simply
blühen to flourish, to loom, to thrive (19)
die **Blume (n)** flower (3)
das **Blut (s, no pl.)** blood

der **Boden** (s, ⁺) floor, ground

der **Bogen** (s, -) arc, bow, arch

die **Bombe** (n) bomb

der, das **Bonbon** (s, s) candy, bonbon

das **Boot** (s, e) boat

böse ill-tempered, angry (3); das **Böseste** the worst

der **Bote** (n, n) messenger, courier

der **Botengang** (s, ⁺e) mail run (7)

die **Botschaft** (en) message, news

der **Brand** (s, ⁺e) fire, blaze; **in Brand stecken** to set on fire (9)

der **Brandstifter** (s, -) arsonist

der **Bratapfel** (s, ⁺) baked apple

braten (ä, ie, a) to roast, to grill, to broil, to fry

der **Braten** (s, -) roast meat (5)

brauchen to need

die **Bräunung** (no pl.) (sun)tan

brav well-behaved, good (5)

brechen (i, a, o) to break

breit wide, broad

bremsen to brake, to slow down

brennen (**brannte, gebrannt**) to burn (9)

das **(Kisten)Brett** (s, er) board, slat (6)

der **Brief** (s, e) letter

die **Briefmarke** (n) (postage) stamp

der **Briefträger** (s, -) mail carrier

bringen (irreg.) to bring, to fetch

der **Brocken** (s, -) morsel

das **Brot** (s, e) bread; **ein Brot** loaf (of bread); sandwich

das **Brötchen** (s, -) roll (1)

die **Brücke** (n) bridge

der **Bruder** (s, ⁺) brother

brüllen to bellow, to holler, to roar (20)

brummen to growl, to drone, to buzz (20)

der **Brunnen** (s, -) well, spring, fountain

brüsk brusque

die **Brust** (⁺e) breast, bosom

der **Bub** (en, en) (south.) boy, lad

das **Buch** (s, ⁺er) book

der **Buchhandel** (s, no pl.) book trade

die **Buchhandlung** (en) bookstore

der **Buchstabe** (ns, n) letter (of the alphabet)

buchstäblich literally

sich **bücken** to bend over (3)

das **Bündel** (s, -) bundle

das **Bundeshaus** (es, ⁺er) (German) Parliament Building

der **Bundesrat** (in the FRG and Aust.) Bundesrat, Upper House of Parliament; (in Switz.) Executive Federal Council

der **Bundestag** (FRG) Bundestag, Lower House of Parliament

bunt colorful

die **Burg** (en) (fortified) castle, fortress

der **Bürger** (s, -) citizen

bürgerlich middle class, bourgeois, plain

der **Bürgermeister** (s, -) mayor (9)

das **Büro** (s, s) office

der, die **Büroangestellte** (n, n) clerk, office employee

die **Büroklammer** (n) paper clip

die **Bürokratie** (n) bureaucracy

der **Bursche** (n, n) fellow (17)

die **Bürste** (n) brush

der **Busch** (es, ⁺e) bush, shrub

C

das **Chanson** (s, s) chanson

der **Charakterzug** (s, ⁺e) character trait

der **Christ** (en, en) Christian

das **Christenblut** (s, no pl.) Christian blood

D

da (adv.) there, here; (time) then; (conj.) since, because; **da drin** in there; **da unten** under there

dabei in / while doing so, as a result, in the process of; **Er hat dabei nicht übel verdient** He didn't earn badly at it; **dabei sein, zu** to be doing

das **Dach** (s, ⁺er) roof (9)

dadurch thereby; through it

dafür for that (reason), that's why; for it; (conj.) but (then)

dagegen against it / that, opposed to it / that; by comparison

daher therefore, from there, from that place

dahin there, toward that place

dahinter behind it / that, at the bottom of it / that

damals at that time

die **Dame** (n) lady, woman

damit (conj.) so that; (adv.) with it / that

dämmern to dawn, to be twilight; **es dämmert** night is falling; day is breaking

die **Dämmerung** (en) dawn, dusk

der **Dampfer** (s, -) steamship

danach afterward(s), thereafter; according to it / that

daneben next to it / that, alongside it / that; in addition to

der **Dank** (s, no pl.) thanks; **vielen Dank** many thanks

dankbar grateful

dat. **danken** to thank; **danke schön** thanks

dann then

daran on it / that, to it / that; **es liegt mir sehr viel daran** it is very important to me

darauf thereafter, afterward(s); on it / that (19)

daraus out of it / that

darin in it / that

dar·stellen to depict, to portray

die **Darstellung (en)** portrayal, depiction

darüber above it / that, across it / that, over it / that

darüber·tröpfeln to dribble over

darum so, for that reason

darunter beneath it / that; including; **Was verstehst du darunter?** What do you understand by that?

dasselbe the same

das **Datum (s, Daten)** date; datum

die **Dauer** (*no pl.*) duration

dauern to last, to take time (1)

davon (away) from it / that; of it / that, about it / that

davon·fliegen (o, o; ist) to fly (away) (5)

davon·gehen (*irreg.*) to go away, to walk off

davon·kommen (*irreg.*) to get away; to escape

davon·laufen (äu, ie, au; ist) to run off

davon leben to live on / off / from

davon·ziehen (*irreg.*) **(ist)** to move off

davor (*space*) in front of it / that; (*time*) before

dazu for it / that; besides, in addition to

die **Decke (n)** ceiling; blanket

der **Deckel (s, -)** lid, top

dein (*2nd pers. fam. sing.*) your

deinesgleichen your equal

[an + *acc.*] **denken** (*irreg.*) to think [about]; sich (*dat.*) **denken** to imagine (6); bei sich (*dat.*) **denken** to think to oneself (1); [von + *dat.*] **denken** to have an opinion of (2)

denn (*conj.*) for; (*intensifier*) then, so (6)

denunzieren to denounce

derb coarse, uncouth

deren (*gen. sing. and pl. of die*) whose, of which

deshalb therefore

dessen (*gen. sing. of der and das*) whose, of which

desto (all) the (+ *compar.*); **je mehr, desto besser** the more, the better

deswegen for that reason

deutlich clear, distinct

deutsch German

[das] **Deutschland (s, no pl.)** Germany

dicht thick, dense

der **Dichter (s, -)** poet; author, writer

dick thick, fat

das **Dickicht (s, e)** thicket (20)

der **Dieb (s, e)** thief

die **Diele (n)** hall

dat. **dienen** to serve (23)

der **Diener (s, -)** servant

der **Dienst (es, e)** service, duty (16); **im Dienst sein** to be working, to be at work (7)

das **Dienstgebäude (s, -)** office building

das **Dienstmädchen (s, -)** maidservant

der **Dienstmann (s, -männer** *and* **-leute)** porter (12)

die **Dienstpflicht (en)** official duty

diesmal this time

das **Ding (s, e)** thing

diskutieren to discuss

doch (*adv. and conj.*) but, however; (*intensifier*) after all; surely (6)

das **Donnergepolter (s, no pl.)** din

der **Donnerstag (s, e)** Thursday

Donnerwetter! By George!, Wow!

doof (*colloq.*) stupid, foolish, idiotic

doppelt double

das **Dorf (s, ̈er)** village (5)

der **Dorn (s, en)** thorn

dort there

dorther from there

der **Draht (s, ̈e)** wire, filament

das **Drama (s, Dramen)** drama, tragedy

dran (*see* **daran**)

der **Drang (s, rare ̈e)** pressure, urgency

sich **drängeln** to push, to shove (3)

sich **drängen** to crowd, to push

dran·setzen to risk; **alles dransetzen, um** ... to spare no effort to, to do one's utmost to

drauf (*see* **darauf**)

draußen outside, outdoors, out there

der **Dreck (s, no pl.)** filth, muck

drehen to roll, to turn, to rotate (20)

das **Dreiecksverhältnis (ses, se)** ménage à trois, triangular relationship

drin (*see* **darin**)

in + *acc.* **dringen (a, u; hat / ist)** to force one's way in(to) (9)

droben up there, above

dat. **drohen** to threaten, to menace (8)

dröhnen to resound, to hum, to roar

drüben (over) there, on the other side

der **Druck (s, ̈e)** pressure

drucken to print, to publish

drücken to push, to press

der **Duckmäuser (s, -)** pussyfoot, hypocrite (2)

dulden to tolerate, to endure

dumm dumb, stupid, unintelligent

die **Dummheit (en)** foolish mistake, stupidity

der **Dummkopf (s, ̈e)** dumbbell, fool

dunkel dark

die **Dunkelheit** (*no pl.*) darkness, dark

dünn thin

durch (*prep.* + *acc.*) through; (*passive voice*) by, due to, caused by

durch·führen to carry out, to enforce, to implement; to drive through

durch·geben (i, a, e) to pass / send on, to circulate

durch·huschen (ist) to slip / glide through

durch·kämpfen to fight one's way through

durchlichtet (*insep.*) illuminated

durchqueren (*insep.*) to cross, to traverse (20)

sich **durch·setzen** to assert oneself, to get one's own way, to prevail (2)

durchsuchen (*insep.*) to search, to ransack

dürfen to be allowed

der **Durst (es,** *no pl.*) thirst

durstig thirsty

das **Dutzend (s, e)** dozen

duzen to address with "**du,**" to use the familiar form of address (14)

E

eben (*adj.*) even, level, flat; (*adv.*) just (now); **Das ist es eben!** That's just it / the point!

die **Ebene (n)** plain, flat ground

ebenfalls likewise, too, as well

ebenso just as, equally

echt genuine

die **Ecke (n)** corner

egal all the same, no difference (matter)

die **Ehe (n)** marriage (18)

das **Eheglück (s,** *no pl.*) marital happiness

ehemalig former

der **Ehemann (s, -männer)** husband

das **Ehepaar (s, e)** married couple

eher earlier; rather, preferably; more likely, more easily

die **Ehre (n)** honor

eidgenössisch (*Swiss*) federal, confederate, Swiss

eifrig eager, avid, ardent

eigen own, of one's own

das **Eigenheim (s, e)** private home

die **Eigenschaft (en)** feature, characteristic

eigentlich actually, really, in fact

der **Eilbote (n, n)** special (express) courier (7)

der **Eilbrief (s, e)** special delivery letter

die **Eile (n** *no pl.*) haste; **in der Eile sein** to be in a hurry (15)

eilen to hurry, to rush

es eilig haben to be in a hurry

die **Eilsendung (en)** express item

der **Eimer (s, -)** bucket (19)

der **Einakter (s, -)** one-act play

einander each other

ein·atmen to inhale

ein·berufen (ie, u) (*mil.*) to draft; to convene (a meeting)

die **Einberufung (en)** appointment (of a commission, committee)

der **Einbrecher (s, -)** burglar

der **Eindruck (s, ¨e)** impression

einerseits on the one hand, in one respect

der **Einfall (s, ¨e)** idea, thought

dat. **ein·fallen (ä, fiel ein, a; ist)** to occur to (4)

der **Einfluß (sses, ¨sse)** influence

die **Einflußlosigkeit** (*no pl.*) lack of influence

einfühlsam sensitive, empathetic

die **Eingebung (en)** inspiration

ein·gehen (*irreg.*) to die (said of plants and domestic animals); **auf** + *acc.* **eingehen** to agree to something, to accept (an idea, plan) (19)

eingehend thoroughly

eingeschneit snowed in (5)

ein·gießen (o, eingegossen) to pour

ein·halten (ä, ie, a) to keep (an appointment); to adhere to, to comply with

einige some, a few

ein·jagen: *dat.* **einen Schreck ein·jagen** (*colloq.*) to frighten

ein·kaufen to buy, to shop

bei *dat.* **ein·kehren (ist)** to stay at an inn

ein·kreisen to surround

[**zu** + *inf.* / *dat.*] **ein·laden (ä, u, a)** to invite [to]; to pick up the tab [for]

ein·lullen to lull (to sleep)

einmal once; some time

ein·packen to pack up

die **Einrichtung (en)** furnishings; institutions

eins one, one thing; **eins nach dem anderen** one thing at a time, first things first!

einsam lonely, secluded

die **Einschätzung (en)** assessment

ein·schlafen (ä, ie, a; ist) to fall asleep (5)

ein·seifen to lather (7)

die **Einsicht (en)** insight

einsichtsvoll insightful, perceptive

ein·sperren to lock up

einst at one time in the past (15)

ein·stechen (i, a, o) to pierce

ein·stecken to stick into; **sich** (*dat.*) **einstecken** to put into one's pocket

ein·steigen (ie, ie; ist) to board (a train, bus, plane) (10)

die **Einstellung (en)** attitude

einstimmig unanimous

eintönig monotonous, drab (16)

ein·treten (tritt, a, e; ist) to enter

einverstanden sein to agree, to be agreed, to consent (7)

das **Einverständnis (ses,** *no pl.*) agreement, understanding (11)

der **Einwohner (s, -)** resident

die **Einzelheit (en)** detail

ein·ziehen (*irreg.*) to move in(to) (11); to pull in

einzig single, only

das **Eis (es,** *no pl.*) ice; ice cream (2); **ein Eis am Stiel** popsicle, ice cream bar (2)

das **Eisen (s, -)** (cast) iron

die **Eisenbahn (en)** railroad (10)

der **Eisenwarenhändler (s, -)** hardware dealer

eisern iron

eklig disgusting

das **Elend (s,** *no pl.*) misery, distress

die **Eltern** (*pl.*) parents

der **Empfang (s, ⁼e)** reception, welcome

empfangen (ä, i, a) to receive; to conceive

die **Empfängnis** (*no pl.*) conception

empfängnisverhütend contraceptive

empfinden (a, u) to feel (particularly with regard to pain or aesthetics and emotional experience) (16)

das **Ende (s, n)** end, close

endlich at last

endlos endless

der **Engel (s, -)** angel

enorm enormous, immense, huge; (*colloq.*) terrific

entdecken to discover

die **Ente (n)** duck

entfernen to remove, to take away; **sich entfernen** to move out of sight, to pull away

die **Entfernung (en)** distance

entgegen (*adv.*) toward, contrary to, against

entgegnen to answer, to reply, to retort

die **Entgegnung (en)** response, retort

enthalten (ä, ie, a) to contain, to embody (19)

entheben (o, o) to relieve, to release (from)

entkommen (*irreg.*) to escape, to get away (22)

entlang along

entlassen (*irreg.*) to release, to set free (13); to fire

entnehmen (*irreg.*) to remove, to take from / out of; to gather / infer

entreißen (entriß, entrissen) to snatch

die **Entscheidung (en)** decision (16)

die **Entschlossenheit** (*no pl.*) resolve, determination (16)

entschuldigen to excuse, to pardon

die **Entschuldigung (en)** excuse, apology (16)

entsetzen to shock, to apall

das **Entsetzen (s,** *no pl.*) horror, dismay (9)

entsetzlich frightful, terrible

entsetzt horrified

dat. **entsprechen (i, a, o)** to correspond to

entsprechend + *dat.* commensurate with, in keeping with, accordingly

entstehen (*irreg.*) to come into being, to arise, to originate

enttäuscht disappointed, disillusioned

entweder . . . oder either . . . or

entwerfen (i, a, o) to draw up, to design, to devise

entwickeln to develop

entzücken to captivate, to enchant

entzwei in two, in half

erarbeiten to acquire by working; to elaborate (on)

erbarmenswürdig pitiable, pitiful

erbärmlich pitiable, pitiful

erblicken to catch sight of, to lay eyes on

die **Erbse (n)** pea

die **Erde (n)** earth; ground

das **Erdenleben (s, -)** earthly existence, life on earth

das **Ereignis (ses, se)** event, occurrence, incident

erfahren (ä, u, a; hat) to find out, to experience, to learn of (15)

die **Erfahrung (en)** experience

erfinden (a, u) to invent (24)

der **Erfolg (s, e)** success

erfolgen (ist) to happen, to occur

erfolglos unsuccessful, futile

erfolgreich successful

erfreuen to please, to delight; **sich an +** *dat.* **erfreuen** to take pleasure / delight in

erfüllen to fill (9); **sich erfüllen** to be fulfilled, to come true (said of wishes) (14)

ergänzen to fill in, to supply, to add (to)

ergreifen (ergriff, ergriffen) to catch, to seize; to spread to (said of flames)

erhalten (*irreg.*) to obtain, to receive, to preserve

erheben (o, o) to raise, to lift; **sich erheben** to rise (to one's feet), to get up

erheblich considerable

erhitzt heated, excited

die **Erhöhung (en)** rise, elevation, increase

sich **erholen** to relax, to recuperate (13)

[an + *acc.*] **erinnern** to remind of (19); **sich an** + *acc.* **erinnern** to remember (4)

erkennen (erkannte, erkannt) to recognize, to realize

die **Erkenntnis (se)** knowledge, finding, discovery

erklären to explain

die **Erklärung (en)** explanation

erkranken to fall ill

sich nach + *dat.* **erkundigen** to inquire about (24)

erlangen to attain, to gain

erlassen (*irreg.*) to release, to excuse (22)

dat. **erlauben** to allow, to permit; **sich** (*dat.*) + *acc.* **erlauben** to take the liberty of (15)

erleben to learn by experience, to experience (in the sense of an intense or inner experience)

das **Erlebnis (ses, se)** (intense) experience, thrill, adventure

erleichtern to relieve, to facilitate

die **Erleichterung (en)** relief (24)

erleuchten to illuminate

erlösen to release, to save (24)

ermüdet tired

ermahnen to admonish (16)

ermutigen to encourage

ernähren to feed, to nourish, to support (a family) (24)

ernst serious, solemn, severe

erobern to conquer, to overcome (23)

die **Eroberung (en)** conquest

eröffnen to open

erraten (ä, ie, a) to guess

erregt excited, agitated (11)

die **Erregung** (*no pl.*) excitement

erreichen to reach

erschaffen (erschuf, a) to create, to make

die **Erschaffung** (*no pl.*) creation

erscheinen (ie, ie; ist) to appear

die **Erscheinung (en)** appearance

erschöpft exhausted (20)

die **Erschöpfung** (*no pl.*) exhaustion

erschrecken (i, erschrak, o) to be startled / frightened, to terrify (4)

[durch + *acc.*] **ersetzen** to replace, to substitute [with / by]

erst first; not until, only, not later than; **Er ist erst vier** He just turned four; **der erste beste** the first / next one, whoever it is

erstarren (ist) to stiffen, to become rigid

die **Erstaufführung (en)** première

erstaunen to astound, to amaze

erstaunt astonished, amazed (2)

erstens first of all, firstly

erstmalig first, unprecedented

erstmals (for) the first time

erstellen to prepare, to draw up

ertrinken (a, u; ist) to drown, to be drowned

erwachen (ist / hat) to wake up (*trans. / intrans.*) (12)

erwachsen (ä, u, a; ist) to grow up; der, die **Erwachsene (n, n)** grown-up, adult

die **Erwachsenheit** (*no pl.*) adulthood

erwähnen to mention (18)

erwarten to expect, to anticipate

die **Erwartung (en)** expectation, anticipation (16)

die **Erweiterung (en)** extension, enlargement

erwerben (i, a, o) to acquire, to obtain, to purchase

erwiedern to reply

erwischen to nab, to catch; **einen Dorn erwischen** to get pricked by a thorn

das **Erz (es, e)** ore, (*rare*) bronze

erzählen to tell, to relate (1)

der **Erzähler (s, -)** narrator, storyteller

die **Erzählung (en)** narration, (*prose*) narrative, story

der **Erzählungsband (s, ¨e)** book / volume of stories

erziehen (*irreg.*) to bring up, to rear

die **Erziehung** (*no pl.*) upbringing, education, manners

der **Erzschelm (s, e)** out-and-out rogue

es it, there; **es gibt** there is; **es klopft** there is a knock at the door

der **Esel (s, -)** donkey, ass (1)

der **Espresso (s, s)** espresso (coffee)

essen (ißt, aß, gegessen) to eat

das **Essen (s, -)** food, meal

der **Essig (s, e)** vinegar

etabliert established

etliche several

etwa perhaps, by chance

etwas something, somewhat

euch (*acc. / dat.*) you, yourselves

euer (*fam. pl.*) your, yours

Eures (*gen. archaic polite form*) your

die **Eule (n)** owl

ewig eternally

der **Expreßbrief (s, e)** special delivery letter

extra separate, extra

F

fähig capable

die **Fähigkeit (en)** skill, ability

die**Fahrbahn(en)** road(way), pavement, (traffic) lane

fahren (ä, u, a) to go (by bus, train, car, etc.) to travel, to drive

der, die **Fahrende (n, n)** traveler

der **Fahrer (s, -)** driver

die **Fahrkarte (n)** ticket (10)

der **Fahrplan (s, ¨e)** timetable (10); **im Fahrplan stehen** to be in the schedule

das **Fahrrad (s, ¨er)** bicycle, bike

die **Fahrt (en)** journey, trip

die **Fahrzeit (en)** travel time, running time

der **Fall (s, ¨e)** case, instance; fall, tumble

der **Fallapfel (s, ¨)** fallen apple

fallen (ä, fiel, a; ist) to fall (down); **fallen lassen** to drop

falls in case

falsch wrong, incorrect, false

falten to fold

fangen (ä, i, a) to catch (9)

die **Farbe (n)** color, hue, paint

das **Faß (sses, ¨sser)** vat, cask (19)

fassen to grasp

die **Fassung (en)** version, draft

fast almost

die **Fastenzeit (en)** Lent (19)

fauchen to hiss (20)

faul lazy; rotten (19)

die **Faust (ë)** fist

die **Feder (n)** feather; spring (20)

der **Fehlalarm (s, e)** false alarm

dat. **fehlen** to be missing (24)

der **Feierabend (s, e)** (after hours) evening; (free time) leisure / spare time; (businesses, colloq.) closing time (24)

feierlich solemn

feiern to celebrate, to commemorate

fein fine, delicate, exquisite

der **Feind (s, e)** enemy (9)

feindlich hostile

die **Feindlichkeit (en)** hostility (16)

das **Feld (s, er)** field

der **Fels (en, en)** cliff, crag

die **Felsplatte (n)** rocky ledge

das **Fenster (s, -)** window

die **Fensterscheibe (n)** window pane

die **Ferien** (pl.) vacation, holidays

die **Ferne** (no pl.) distance

fern·halten (irreg.) to keep away from

das **Fernsehen (s, no pl.)** television

das **Fernsehgerät (s, e)** television set

das **Fernweh (s, no pl.)** wanderlust

fertig ready, finished, prepared; **mit + dat. fertig werden** to deal / cope with (13)

die **Fessel (n)** chain, fetter, shackle

fesseln to fetter, to put in chains

fest firm, solid

[an + dat.] **fest·binden** to tie (tightly) [to] (5)

fest·halten (irreg.) to hold on to, to hold (fast), to detain

fest·kleben to adhere, to stick

fest·nageln to nail, to pin down

fest·sitzen (saß, gesessen) to be stuck, to sit tight

fest·stellen to ascertain, to establish, to notice (8); **er stellte fest, daß ...** he found that ...

feucht damp, moist

feuchten to dampen

das **Feuer (s, -)** fire

das **Feuilleton (s, s)** feature section (of a newspaper)

die **Figur (en)** figure, shape, stature

die **Finanzpolitik (en)** fiscal policy

finden (a, u) to find

die **Findigkeit (en)** resourcefulness, cleverness

der **Finger (s, -)** finger

finster gloomy, grim (11)

die **Finsternis (se)** dark(ness), gloom(iness), murkiness

der **Fisch (es, e)** fish

fix fixed, set; (colloq.) quick, smart, agile

flach flat

des **Flachland (s, no pl.)** plain; flat country

die **Flamme (n)** flame (9)

die **Flasche (n)** bottle

flattern to flap, to flutter

der **Fleck (s, e)** spot, stain, patch

flehen to beg, to implore (13)

flehentlich beseechingly

das **Fleisch (es, no pl.)** meat, flesh

fliegen (o, o) to fly (5)

fliehen (o, o) to flee

fließen (o, geflossen) to flow

flink quick, nimble

die **Flocke (n)** flake, fluff

die **Flucht (en)** flight, escape (18)

flüchtig hasty, cursory

der **Fluchtversuch (s, e)** escape attempt

der **Flügel (s, -)** wing (5)

der **Fluß (sses, ¨sse)** river, stream

flußabwärts downstream

flüstern to whisper (6)

die **Folge (n)** consequence, result, impact

der **Folgesatz (es, ¨e)** consecutive clause

fordern to call for, to request; to require, to demand (16)

fördern to promote, to encourage

forschen to research (21)

fort gone, away

fortan henceforth, from that time onward

die **Fortbewegung** (*no pl.*) (forward) motion, locomotion, progression

fort·fahren (ä, u, a) to continue talking; to drive on

fort·gehen (*irreg.*) to leave, to go away

fortgeweht blown away

fort·laufen (äu, ie, au; ist) to run away; to continue

fortlaufend continuous, continual, consecutive

fort·schicken to send away

der **Fortschritt (s, e)** progress

die **Fortsetzung (en)** continuation, resumption

die **Frage (n)** question; **eine Frage an** + *acc.* **richten** to direct / address a question to (16); **Fragen stellen** to ask questions (1)

[nach + *dat.*] **fragen** to ask [about] (1)

die **Fragerei (en)** constant questioning

[das] **Frankreich (s,** *no pl.*) France

die **Frau (en)** woman; wife, (*title*) Mrs.

das **Frauenbild (s, er)** image of woman

frech impudent, saucy, fresh (19)

die **Frechheit (en)** (act of) insolence, impudence

frei free; available (14)

die **Freiheit (en)** freedom, liberty

der **Freiheitskampf (s, ⁻e)** war of liberation

der **Freiherr (en, en)** baron

frei·lassen (*irreg.*) to set free

freilich indeed, of course

die **Freistadt (⁻e)** free sovereign city, city-state (*such as* Bremen)

der **Freitag (s, e)** Friday

die **Freizeit** (*no pl.*) leisure, free / spare time

fremd alien, foreign

die **Fremdenlegion (en)** foreign legion

die **Fremdsprache (n)** foreign language

fressen (frißt, fraß, gefressen) to eat (said of animals)

die **Freude (n)** joy

freudig joyfully

sich [über + *acc.*] **freuen** to be glad [about] (1)

der **Freund (s, e)** friend

freundlich friendly

die **Freundschaft (en)** friendship (16)

der **Frieden (s,** *no pl.*) peace, peacetime (24)

friedlich peacefully

frieren (o, o) to be cold, to freeze, to feel cold (5)

frisch fresh

der **Friseur (s, e)** hairdresser, barber

die **Frist (en)** time limit, deadline

die **Frisur (en)** hairdo, hair style

froh glad, happy

fröhlich cheerful, lighthearted

frohlocken to rejoice (12)

fromm pious

der **Frost (es, e)** frost, chill

die **Fruchtbarkeit** (*no pl.*) fertility, fruitfulness

früh early

das **Frühjahr (s, e)** spring

der **Frühling (s, e)** spring(time)

das **Frühstück (s, e)** breakfast

frustriert frustrated

der **Fuchs (es)** fox (20)

sich an + *acc.* **fügen** to join up with

sich + *adj.* **fühlen** to feel (good, bad, etc.) (1)

führen to lead (1); **ein Leben führen** to lead a life (4)

der **Führer (s, -)** leader

der **Fuhrmann (s, -leute)** wagoner

der **Füllfederhalter (s, -)** fountain pen

die **Funktion (en)** function

funktionieren to function, to work, to operate

für for, in favor of

furchtbar terrible, frightful

fürchten to fear; **sich** [vor + *dat.*] **fürchten** to be afraid [of] (24)

fürchterlich dreadful, frightful

der **Fuß (es, ⁻e)** foot

das **Futter (s,** *no pl.*) fodder (1); lining (of a coat) (3)

die **Futterkrippe (n)** feeding trough

füttern to feed (6)

G

die **Gabel (n)** (*silverware*) fork; cradle on a telephone (4)

die **Galle** (*no pl.*) gall, spite

der **Gang (s, ⁻e)** hallway, corridor (11)

die **Gans (⁻e)** goose (17)

ganz complete

gar (*colloq.*) indeed, even; **gar nicht** not at all

die **Garderobe (n)** wardrobe; checkroom

die **Gardine (n)** curtain

der **Garten (s, ⁻)** garden

das **Gartenhäuschen (s, -)** summer cottage

das **Gas (es, e)** gas

die **Gasse (n)** (*Aust. for Straße*) street

der **Gast (es, ⁻e)** guest, company

das **Gasthaus (es, ⁻er)** restaurant, inn, tavern

der **Gasthof (s, ⁻e)** inn

die **Gattin (nen)** (*lit.*) wife

gauklerisch deceptive, delusive

geachtet respected, esteemed

die **Gebärde (n)** gesture (11)

das **Gebäude (s, -)** building, edifice

geben (i, a, e) to give

das **Gebiet (s, e)** area

das **Gebirge (s, -)** mountain range, mountainous area

geboren (*pp of* **gebären**) born; **geborene Moser** née Moser

die **Geborgenheit** (*no pl.*) safety

gebrauchen to use, to make use of

die **Gebühr** (**en**) fee, charge

die **Geburt** (**en**) birth

die **Geburtenzahl** (**en**) birthrate

der **Geburtstag** (**s, e**) birthday

das **Gebüsch** (**es, e**) bushes, shrubbery

das **Gedächtnis** (**ses, se**) memory (10)

die **Gedächtnisplakette** (**n**) memorial plaque

gedämpft muffled

der **Gedanke** (**ns, n**) thought, idea

die **Gedankenverbindung** (**en**) mental association

gedenken + *inf.* to intend (15)

gedenken + *gen.* to remember kindly (15)

das **Gedicht** (**s, e**) poem

gedrängt pressed, compelled (15)

geduckt lowered

geehrt honored; **Geehrte(r) Frau** (**Herr**) (formal salutation in letters) Dear Mrs. (Mr., Sir) (15)

die **Gefahr** (**en**) danger (19)

gefährlich dangerous

der **Gefährte** (**n, n**) companion

dat. **gefallen** (**ä, gefiel, a**) to like, to please; **sich** (*dat.*) *acc.* **gefallen lassen** to put up with (2)

der **Gefallen** (**s, -**) favor; *dat.* **einen Gefallen tun** to do a favor (for) (11)

das **Gefängnis** (**es, se**) prison (16)

das **Gefäß** (**es, e**) vessel, receptacle, container (19)

gefesselt bound

geflickt patched

die **Gefriertruhe** (**n**) freezer

gegen (*prep.* + *acc.*) against, towards, in return / exchange for

gegenüber (*prep.* + *dat.*) (located) opposite

gegenüber·sitzen (**saß, gesessen**) to sit across from / opposite

die **Gegend** (**en**) area

gegeneinander against / across from each other

der **Gegensatz** (**es, ¨e**) contrast, opposite; **im Gegensatz zu** unlike

gegensätzlich contrary, antithetical

das **Gegenteil** (**s, e**) (the) opposite; (the) reverse

die **Gegenwart** (*no pl.*) (the) present (time), presence

das **Gegenwartsproblem** (**s, e**) contemporary problem

das **Gehalt** (**s, ¨er**) pay, salary (24)

das **Gehege** (**s, -**) enclosure

geheim secret, concealed

das **Geheimnis** (**ses, se**) secret, mystery

geheimnisvoll mysteriously

gehen (*irreg.*) to walk, to go; **das geht doch nicht** that just won't do; um + *acc.* **gehen** to be about, to concern (19)

das **Gehirn** (**s, e**) brain

dat. **gehorchen** to obey, to be obedient (23)

dat. **gehören** to belong to

gehorsam obedient

der **Gehorsam** (**s, *no pl.***) obedience (23)

der **Geist** (**es, ¨er**) ghost, spirit; (*sing. only*) mind, spirit (23)

gekennzeichnet labeled, called

das **Geklingel** (**s, *no pl.***) ringing, tinkling

gekränkt insulted, hurt

gekrempelt rolled-up

gekrümmt bent, curved

gelassen calm, unperturbable; indifferent

gelaunt: gut / schlecht gelaunt sein to be in a good / bad mood

gelb yellow, sallow

gelblich yellowish, sallow

die **Gelbsucht** (*no pl.*) jaundice

das **Geld** (**es, er**) money

der **Geldbetrag** (**s, ¨e**) sum of money

die **Geldtasche** (**n**) moneybag

die **Gelegenheit** (**en**) opportunity

gelegentlich maybe, occasionally

der **Gelehrte** (**n, n**) scholar (1)

dat. **gelingen** (**a, u**) to succeed (11)

[für + *acc.*] **gelten** (**i, a, o**) to be worth, to count [for]; to be in effect / force, to hold true [for], to be applicable [to] (24)

der **Gemahl** (**s, e**) (*lit.*) husband

das **Gemälde** (**s, -**) painting, picture

die **Gemeinde** (**n**) local / government authority, township (21); congregation (of a church)

das **Gemurmel** (**s, *no pl.***) murmuring (20)

das **Gemüse** (**s, -**) vegetable

genau precisely, exactly, in detail

genauso exactly / just the same

genehmigen to approve, to permit, to ratify

geneigt inclined, willing

genug enough

genügen to be sufficient / enough

der **Genuß** (**sses, ¨sse**) pleasure, enjoyment

das **Gepäck** (**s, *no pl.***) luggage, baggage

die **Gepäckaufbewahrung** (*no pl.*) baggage check

das **Gepäcknetz** (**es, e**) baggage rack

der **Gepäckraum** (**s, ¨e**) baggage room

der **Gepäckschalter** (**s, -**) baggage counter / room (24)

der **Gepäckschein** (**s, e**) baggage claim check (24)

gerade straight; upright; **gerade genug** just enough; **gerade Sie / ich** you / me of all people

geradestehen to stand (up) straight

geradeaus straight ahead

geräuchert smoked, cured

das **Geräusch** (**es, e**) sound, noise

geräuschlos silently

gerechtfertigt justified, legitimate

gering minimal

geringfügig paltry, slight, trivial

die **Germanistik** (*no. pl.*) study of German(ic) literature(s) and language(s)

gern, gerne with pleasure, gladly

gesamt whole, entire, total, overall

gesamtschweizerisch for all of Switzerland, nationwide (for Switzerland)

der **Gesang** (**s, ⁻e**) song, singing

das **Geschäft** (**s, -e**) business, deal, matter; store

das **Geschäftsgebäude** (**s, -**) place of business

der **Geschäftshandel** (**s, no pl.**) (doing) business

der **Geschäftsmann** (**s, -männer** *or* **-leute**) merchant, businessman (19)

geschehen (**ie, a, e; ist**) to occur, to happen; **Soll geschehen!** I'll see to it / that! (17)

das **Geschenk** (**s, e**) gift, present (24)

die **Geschichte** (**n**) history, story

das **Geschick** (**n, no pl.**) skill, ability, knack (22)

geschickt clever, adroit (19)

das **Geschlecht** (**s, er**) gender

der **Geschmack** (**s, ⁻e**) taste

das **Geschrei** (**s, no pl.**) shout, cry, scream

geschwind quickly, hastily

geschwollen swollen

der **Geselle** (**n, n**) (*archaic*) companion; journeyman, assistant

sich [mit + *dat.*] **gesellen** to associate [with]

sich [zu + *dat.*] **gesellen** to join

die **Gesellschaft** (**en**) society, company; *dat.* **Gesellschaft leisten** to keep s.o. company (19)

gesellschaftlich social

gesetzlich legal, lawful; **die gesetzliche Frist** the period required by law

gesichert assured (23)

das **Gesicht** (**s, er**) face

der **Gesichtsausdruck** (**s, ⁻e**) facial expression

der **Gesichtspunkt** (**s, e**) viewpoint, slant, aspect

das **Gespräch** (**s, e**) conversation, talk

die **Gestalt** (**en**) shape, form, guise

dat. **gestatten** to allow, to permit

die **Geste** (**n**) gesture

gestehen (*irreg.*) to confess

gestern yesterday

gesträubt bristling (20)

gestreut strewn, scattered

gesund healthy

der, die **Gesunde** (**n, n**) healthy person (1)

getaut thawed

das **Getier** (**s, no pl.**) menagerie, animals

das **Getränk** (**s, e**) drink, beverage

die **Getränkekarte** (**n**) list of beverages (8)

getrennt separate

getreu true, faithful (18)

getrocknet dried

die **Gewalt** (**en**) force, violence; power

die **Gewaltherrschaft** (*no pl.*) tyranny, despotic rule

gewaltig violent, massive (13)

gewalttätig violent, brutal

gewandt agile, nimble, adept

das **Gewicht** (**s, e**) weight, load

gewickelt wrapped

gewinnen (**a, o**) to win, to gain

gewiß certain, sure, certainly, surely

gewissenhaft conscientious (18)

die **Gewohnheit** (**en**) habit (12)

gewöhnlich ordinary, usual

acc. **gewöhnt sein** to be used / accustomed to (8)

das **Gewühl** (**s, no pl.**) crush (of people)

gewünscht desired, intended

gießen (**goß, gegossen**) to pour

das **Gitter** (**s, -**) grating, bars

das **Gitterbett** (**s, en**) crib

[vor + *dat.*] **glänzen** shine, to show off [in front of] (16)

das **Glas** (**es, ⁻er**) glass, glass(ware)

gläsern (of) glass, like glass

glatt smooth, slippery (5)

glätten to smooth

die **Glatze** (**n**) bald head

[an + *acc.*] **glauben** to believe [in] (23)

gläubig devout

gleich (*time adv.*) immediately, right away; (*adj.*) equal, same, like; **es ist mir ganz gleich:** it's all the same to me; I don't care (7)

gleichmäßig steadily, even, symmetrical

das **Gleichnis** (**ses, se**) allegory, simile, comparison

gleichzeitig simultaneous

das **Gleis** (**es, e**) (train) track, rail

[über + *acc.*] **gleiten** (**glitt, geglitten; ist**) to glide / pass [over / across]

global global, overall, total

die **Glocke (n)** bell (9)

der **Glockenturm (s, ⁼e)** bell tower, belfry

das **Glück (s,** *no pl.***)** happiness (14)

glücklich fortunate

der **Glückwunsch (es, ⁼e)** congratulations, best wishes

glühen to glow, to be red hot

die **Gnade** mercy, favor, grace

gnädig gracious, merciful

gnädige Frau, Gnädigste (n) ma'am

gönnen to grant

der **Gott (es, ⁼er)** God; god, deity

die **Gotteslästerung (en)** blasphemy, profanity (19)

göttlich divine

der **Grabstein (s, e)** gravestone (5)

die **Graphik (en)** artwork; graphic arts

das **Gras (es, ⁼er)** grass

dat. [zu + *dat.*] **gratulieren** to congratulate [on] (24)

graumeliert tinged with gray, gray-flecked

greifbar tangible, palpable

greifen (griff, gegriffen) to seize, to grasp (9); [nach + *dat.*] **greifen** to reach for

greulich horrible, dreadful, awful (19)

[das] **Griechenland (s,** *no pl.***)** Greece

die **Grimasse (n)** grimace

[über + *acc.*] **grinsen** to grin [at]

groß large, big, sizable

großartig great, marvelous

grob rude

die **Grobheit (en)** rude remark, crudeness

der **Groschen (s, -)** groschen (ten-pfennig coin) (24)

die **Größe (n)** tallness, height

die **Grube (n)** pit, hole

[über + *acc.*] **grübeln** to muse / ponder / brood [over]

die **Grünanlage (n)** park

grünäugig green-eyed

der **Grund (es, ⁼e)** reason, cause

das **Grundrecht (s, e)** basic right

gründen to found, to establish

gründlich thorough, exhaustive

die **Gründung (en)** founding, establishment

grünen to become green (19)

die **Gruppe (n)** group

die **Gruppenarbeit (en)** group work

das **Gruppenbild (s, er)** group portrait

der **Gruß (es, ⁼e)** greeting, (*pl., used as closing to a letter*) regards, respects; **grüß Gott:** (*Aust. and south. Ger.*) hello (7)

gucken (*colloq.*) to look

der **Gulden (s, -)** guilder, gold or silver coin (1)

die **Gummihülle (n)** rubber case

der **Gurt (s, e)** belt, strap

der **Gürtel (s, -)** belt

gut good; **Alles Gute und nichts für ungut!** No hard feelings! (17)

die **Güte** (*no pl.*) kindness, goodness

gutmütig kind, bighearted (14)

H

das **Haar (s, e)** hair

haargenau precise, exact

haben (*irreg.*) to have, to possess

der **Habenichts (-, e)** have-not, pauper

der **Habsburger (s, -)** (member of the House of) Hapsburg (Habsburg) (the ruling family of Austria 1278–1918, Spain 1516–1700, and the Holy Roman Empire 1438–1806)

der **Hafer (s, -)** oats

der **Häftling (s, e)** prisoner, captive

hager lean, thin, lanky

die **Hagerkeit** (*no pl.*) lankiness, leanness

der **Hahn (s, ⁼e)** rooster; faucet, spigot

der **Hai(fisch) (es, e)** shark

der **Haken (s, -)** hook

halb half, semi-

der **Halbgelehrte (n, n)** semieducated person

die **Hälfte (n)** half

die **Halle (n)** hall, lobby, mall

der **Hals (es, ⁼e)** neck, throat; *dat.* **den Hals umdrehen** to wring s.o.'s neck

halten (*irreg.*) to keep (said of perishable goods); *acc.* **für** *acc.* **halten** to consider s.th. / s.o. to be s.th. (2)

die **Haltung (en)** posture, bearing, pose (8)

der **Hammer (s, ⁼)** hammer, mallet

hämmern to hammer

die **Hand (⁼e)** hand; *dat.* **die Hand geben** to hold out one's hand, to shake hands

der **Handel (s,** *no pl.***)** commerce, business, trade

die **Handfläche (n)** palm (of the hand)

das **Handgelenk (s, e)** wrist

die **Handlung (en)** action, plot

das **Handwerk (s, e)** handicraft, trade

hängen (i, a) to hang

der **Hanswurst (es, e)** buffoon, clown (12)

[mit + *dat.*] **hantieren** to monkey around [with]

die **Harfe (n)** harp

hart hard

der **Haß (sses,** *no pl.***)** hate

hassen to hate (17)

häßlich ugly, hideous (16)

die **Hast** (*no pl.*) haste

hastig hasty, hurried

hätte (*1st and 3rd subj. of* **haben**) would have

der **Haufen (s, -)** heap, pile

das **Haupt (s, ⁼er)** (*lit.*) head

der **Hauptglaubensartikel (s, -)** main creed / credo

die **Hauptsache (n)** main point

hauptsächlich mainly,chiefly, principally

das **Haus (es, ⁼er)** house, building

die **Hausfrau (en)** housewife

der **Hausfreund (s, e)** (*colloq.*) lover

die **Hausordnung (en)** house rules and regulations (12)

der **Hausrat (s, *no pl.*)** household goods

die **Haustürstufe (n)** front step

die **Haut (⁼e)** hide, skin (19)

heben (o, o) to raise, to lift (9)

das **Heer (s, e)** army (9)

heftig eager, fervent, impetuous (11)

die **Heftigkeit (*no pl.*)** violence, fierceness, severity

heil unhurt, unscathed; **heil davonkommen** to escape safely / alive

heilen to heal (1)

heilfroh very glad

heilig holy

die **Heiligkeit (*no pl.*)** holiness, saintliness

das **Heim (s, e)** (*for the mentally ill, the elderly, etc.*) home; institution; (*for children*) orphanage

die **Heimat (en)** native country, hometown

die **Heimkehr (*no pl.*)** return home, homecoming (24)

heimlich secret, clandestine, furtive (9)

das **Heimweh (s, *no pl.*)** homesickness, nostalgia

die **Heirat (en)** marriage

heiraten to marry, to get married (15)

heiser hoarse (20)

heißen (ie, ei) to be called;

to mean; *acc.* **heißen** to tell / order

die **Heiterkeit** (*no pl.*) cheerfulness, brightness, laughter

heizen to heat

der **Held (en, en)** hero

heldenmütig heroic, valiant

die **Heldin (nen)** heroine

dat. **helfen (i, a, o)** to help, to assist (1)

hell bright

das **Hemd (s, en)** shirt

der **Henkel (s, -)** handle

her toward the speaker; hither; ago; **es war lange her** it was a long time ago

herab down(wards), from above

herab·hängend hanging, drooping

herab·lassen (*irreg.*) to let down; to lower

heran near, close

heran·gleiten (glitt heran, herangeglitten; ist) to glide up to

heran·wachsen (ä, u, a; ist) to grow up

heran·winken to beckon / signal for s.o. to come (20)

herauf up(wards)

herauf·bringen (*irreg.*) to bring / carry up

herauf·kommen (*irreg.*) to come up

herauf·schicken to send up

heraus out

heraus·arbeiten to elaborate, to bring out (ideas)

heraus·bekommen (*irreg.*) **(hat)** to find out; to get change for

heraus·bringen (*irreg.*) to bring out, to say

heraus·finden (i, a, u) to find out

die **Herausforderung (en)** provocation, challenge

[aus + *dat.*] **heraus·holen** to take out

heraus·nehmen (*irreg.*) to remove

herausragen to stick out

herausragend outstanding

heraus·schauen to look / gaze out

heraus·schneiden (schnitt, geschnitten) to cut out

heraus·ziehen (*irreg.*) to pull out

herbei here

herbei·rufen (ie, u) to call for s.o. to come, to call over

die **Herberge (n)** lodging, hostel

der **Herbst (es, e)** autumn, fall

der **Herd (s, e)** stove

herein in (here); (*command*) come in!

herein·kommen (*irreg.*) to enter, to come in

herein·treten (tritt, a, e; ist) to step in, to enter

her·kommen (*irreg.*) to come (here); to come from

hernach afterwards (29)

heroben (*colloq.*) up here

der **Herr (n, en)** gentleman; (*title*) Mr., sir; master; the Lord

der **Herrgott (s, *no pl.*)** (the) Lord, God

die **Herrschaft (en)** rule, dominion, reign; (ladies and) gentlemen

herrschen to reign, to govern; to be prevalent

herum around, about; **herum sein** (*time*) to be over / up (23)

herum·fahren (ä, u, a; ist) to drive (ride / travel) around

herum·fliegen (o, o; ist) to fly around

herum·gewickelt wound around

[um + *acc.*] **herum·kommen** (*irreg.*) to get around s.th.

herum·stehen (*irreg.*) to stand around

herum·treiben (ie, ie) to roam about

herunter down(wards)

herunter·bringen (*irreg.*) to bring down

herunter·fallen (**ä, ie, a; ist**) to fall down

herunter·holen to fetch down

herunter·kommen (*irreg.*) to come down; (*health*) to be weakened

herunter·krempeln to roll down (sleeves)

herunter·reißen (**riß, gerissen**) to rip / tear down

herunter·schneiden (**schnitt, geschnitten**) to cut down

hervor forth, forward

hervor·holen to bring out

hervor·kommen (*irreg.*) to come out from under / behind

hervor·stoßen (**ö, ie, o**) to blurt out (14)

hervor·zaubern to conjure up, to produce (as if) by magic

das **Herz** (**ens, en;** *dat.* **dem Herzen**) heart; **es wurde ihm leicht ums Herz** he was heartened

herzlich sincere, cordial, kind (13)

der **Herszchlag** (**s,** ⁼**e**) heartbeat; heart attack

heute today

heutzutage these days, nowadays

die **Hexe** (**n**) witch

der **Hieb** (**s, e**) blow, stroke; *dat.* **einen Hieb versetzen** to deal a blow (12)

hier here

hier·bleiben (**ie, ie; ist**) to stay here

hierher·schicken to send (over) here

die **Hilfe** (**n**) help, assistance, aid

hilflos helpless, defenseless

der **Himmel** (**s, -**) sky, heaven(s)

die **Himmelsrichtung** (**en**) direction

himmlisch heavenly

hin away (from the speaker); **hin und her** back and forth

hinab down (there)

hinab·sinken (**a, u; ist**) to sink (*intrans.*) (5)

hinauf up (there)

hinauf·klettern (**ist**) to climb up

hinauf·kommen (*irreg.*) to come up

hinauf·schicken to send up

hinauf·steigen (**ie, ie; ist**) to climb up (13)

hinaus out (there)

hinaus·gehen (*irreg.*) to go / walk out

hinaus·schauen to look / gaze out

hindern to prevent / stop / hinder

hindurch through

hindurch·scheinen (**ie, ie**) to shine through

hindurch·sehen (**ie, a, e**) to look through

hinein in, into

hinein·beißen (**biß, gebissen**) to bite into

hinein·fahren (**ä, u, a; ist**) to drive into

hinein·gehen (*irreg.*) to go / walk into

hinein·schlüpfen (**ist**) to slip in(to)

hinein·sehen (**ie, a, e**) to look in(to)

hingegen however, but

hin·gehen (*irreg.*) to go / walk to

hin·hören to listen closely

sich **hin·legen** to lie down (5)

hin·reichen to give/hand over; to be enough (16)

hin·richten to execute (19)

hin·sollen (*colloq.*) to be supposed to go / be

hin·stellen to put down

hinter behind, beyond, on the other side of

die **Hinterbacke** (**n**) derrière

der **Hintergrund** (**s,** ⁼**e**) background

hinterher afterwards

hinterlassen (*irreg.*) (*insep.*) to leave (behind), to bequeath

hinüber over (there), across (there)

hinüber·steigen (**ie, ie; ist**) to climb over / across

hinunter down(wards)

hinunter·gehen (*irreg.*) to go / walk down

hinunter·schicken to send down

hinweg beyond; away, off

hinzu moreover, in addition, besides

hinzu·fügen to add

das **Hirn** (**s, e**) brain(s) (used normally with reference to animals and food)

die **Hitze** (*no pl.*) heat

hoch high

die **Hochachtung** (*no pl.*) deep respect

hoch·blicken to look up(wards)

die **Hochblüte** (*no pl.*) heyday

hoch·heben (**o, o**) to lift up, to heave

hoch·schlagen (**ä, u, a**) to turn up (a collar)

höchste Zeit high time, about time

hochverehrt (*in addresses*) highly respected, most esteemed

die **Hochzeit** (**en**) wedding (15)

das **Hochzeitsjubiläum** (**s, -jubiläen**) wedding celebration / anniversary

der **Hochzeitstag** (**s, e**) wedding day

hocken (*colloq.*) to slump, to sit hunched over; to perch (20)

der **Hof** (**s,** ⁼**e**) courtyard (11)

das **Hofbräuhaus** Hofbrauhaus (well-known Munich beer hall)

hoffen to hope (19)
hoffentlich hopefully
die **Hoffnung (en)** hope
die **Hoffnungslosigkeit** (*no pl.*) despair, hopelessness
höflich polite, civil, courteous (16)
die **Höflichkeit (en)** politeness; compliment, courtesy
hohl hollow, cupped
holen to come / go and get, to fetch (9)
die **Hölle (n)** hell, inferno, Hades (17)
das **Holz (es, *no pl.*)** wood
horchen to listen / hark
hören to hear; **hören Sie mal!** now listen here!
der **Hörer (s, -)** telephone receiver (4)
das **Hormon (s, e)** hormone
das **Hörspiel (s, e)** radio play
die **Hose (n)** trouser(s), pants, slacks
das **Hotel (s, s)** hotel
hübsch pretty, handsome, good-looking
der **Huf (s, e)** hoof (5)
der **Hügel (s, -)** hill, mound
das **Huhn (s, ¨er)** chicken
humpeln (hat / ist) to hobble, to walk with a limp (1)
der **Hund (s, e)** dog, hound
die **Hundeleine (n)** leash
hundert (one) hundred
hunderterlei a hundred kinds of
hundsföttisch beastly
der **Hunger (s, *no pl.*)** hunger
hungrig hungry
das **Hupen (s, *no pl.*)** honking, two-tone siren
hüpfen to hop, to skip (20)
die **Hure (n)** whore
huschen (ist) to scurry, to whisk
das **Husten (s, *no pl.*)** coughing
der **Hut (s, ¨e)** hat

sich vor + *dat.* **hüten** to beware of / guard against (23)
die **Hütte (n)** cabin, hut, cottage

I

die **Idee (n)** idea
immer always, all the time, forever(more); **immer eifriger** with increasing ardor
immerhin nevertheless, though
immerzu at all times, forever
in (*prep.* + *dat.* / *acc.*) in
indem by, while (+ -ing form of verb), as
der **Ingenieur (s, e)** engineer (23)
der **Inhalt (s, e)** contents; content, subject matter
innen (*on the*) inside, within
innerhalb (*prep.* + *gen.*) (*space*) inside; (*time*) within, inside of
innerlich internally
innig sincere
insbesonder in particular, above all, especially
insgesamt on the whole, (all) in all
inszenieren to stage, to bring about, to produce
das **Interesse (s, n)** interest; **sich für** + *acc.* / **an** + *dat.* **interessieren** to be interested in
intim intimate
inwiefern in what way / respect, how
inwieweit to what extent / degree
inzwischen meanwhile
irdisch earthly, mortal, worldly
irgend possibly, at all; **irgendeinmal** at some point
irgendein some (or other), any

irgendwann anytime, sometime or other; **irgendwann einmal** sometime, at some point
irgendwie somehow (or other)
irgendwo somewhere (or other)
irgendwohin to some place (or other)

J

ja (*unstressed*) indeed (intensifying particle, often used with negatives) (6)
die **Jacke (n)** jacket
die **Jagd (en)** hunt, hunting (5)
jagen to chase / hunt
der **Jäger (s, -)** hunter (20)
das **Jahr (s, e)** year
die **Jahreszeit (en)** season
das **Jahrhundert (s, e)** century
das **Jahrzehnt (s, e)** decade (15)
jämmerlich miserable, wretched
je ever; **je mehr ... um so mehr** the more ... the more
jede, jeder, jedes every, each
jedoch however, nevertheless, still
jemals ever
jemand someone
jetzt now
jeweilig respective, at the moment (*in question*), at the time, at a given time
jeweils each, at the time, at a / one time, simultaneously, each / every time
der **Jubel (s, *no. pl.*)** jubilation, exultation; **vor Jubel krähen** to crow / squeal with delight (11)
jubeln to rejoice, to be jubilant
jubilieren to sing joyfully
der **Jude (n, n)** Jew
die **Jugend** (*no pl.*) youth, young people (15)

der **Jugendbuchpreis (es, e)** juvenile book prize, award for juvenile literature

der, die **Jugendliche (n, n)** adolescent, juvenile

der **Junge (n, n)** boy

K

das **Kabarett (s, e** or **s)** cabaret

das **Kabel (s, -)** cable

der **Kaffee (s,** no pl.) coffee

kahl bald

der **Kaiser (s, -)** emperor

der **Kalender (s, -)** calendar

kalt cold, frigid, indifferent

die **Kälte** (no pl.) cold(ness)

das **Kamel (s, e)** camel

der **Kamerad (en, en)** comrade

kämmen to comb (16)

die **Kammer (n)** small room, storeroom, chamber

der **Kampf (s, ⁼e)** fight, struggle

kämpfen to fight, to struggle

das **Kaninchen (s, -)** rabbit (6)

der **Kaninchenstall (s, ⁼e)** rabbit hutch (6)

die **Kanne (n)** can, jug

die **Kanone (n)** cannon, (colloq.) gun

der **Kanton (s, e)** canton

die **Kapelle (n)** (music) band; chapel

der **Kapitän (s, e)** captain, skipper

kaputt (colloq.) broken, out of order; bushed, done in

die **Kartoffel (n)** potato

der **Karton (s, s** or **e)** cardboard box, carton

der **Käse (s, -)** cheese; (colloq.) nonsense, baloney

der **Käsekuchen (s, -)** cheesecake

die **Kasse** box/ticket office; cash register

die **Kasserolle (n)** casserole

der **Kasten (s, ⁼)** crate, box

die **Katze (n)** cat

der **Kauf (s, ⁼e)** purchase, buy; **einen Kauf rückgängig machen** to cancel a sale (9)

kaufen to buy, to purchase

der **Kaufmann (s, -männer** or **-leute)** businessman, merchant

kaum scarcely, hardly, barely

die **Keckheit** (no pl.) impudence

kegeln to bowl

kehren (ist) to turn

der **Keller (s, -)** cellar

kennen (kannte, gekannt) to be acquainted, to know (a person) (4); **sich kennen** to be acquainted; [**sich**] **kennen·lernen** to get to know / become acquainted with [each other]

die **Kenntnis (se)** knowledge, information; experience (pl.)

das **Kennzeichen (s, -)** characteristic, distinguishing feature; license plate

die **Kerbe (n)** notch

der **Kerl (s, e)** guy, fellow

der **Kern (s, e)** kernel; (fig.) essence, nucleus

kerngesund fit as a fiddle (5)

die **Kernkraft** (no pl.) nuclear / atomic power

das **Kernkraftwerk (s, e)** nuclear power plant

die **Kerze (n)** candle

der **Kessel (s, -)** kettle

die **Kette (n)** chain

das **Kind (s, er)** child

die **Kindergärtnerin (nen)** nursery-school teacher

das **Kinderspiel (s, e)** children's game; (fig.) child's play

der **Kinderwagen (s, -)** baby carriage

die **Kindheit** (no pl.) childhood; infancy

kindlich childlike; childish

das **Kino (s, s)** movie theater / house

die **Kirche (n)** church

der **Kirchenchor (s, ⁼e)** choir loft; church choir

der **Kirchhof (s, ⁼e)** graveyard (5)

der **Kirchturm (s, ⁼e)** church tower, steeple

die **Kirchweih (en)** annual outdoor carnival held to celebrate the feast day of the local patron saint

das **Kissen (s, -)** pillow

das **Kistenbrett (s, er)** slat

klagen to complain, to lament (13)

der **Klang (s, ⁼e)** sound, strains

klappern to rattle

die **Klasse (n)** class (in school or society)

die **Klassenstunde (n)** class lesson, class

das **Klavier (s, e)** (upright) piano

kleben to stick, to glue; **kleben·bleiben** to get stuck

klebrig sticky

das **Kleid (s, er)** dress; (pl.) clothes

die **Kleidung** (no pl.) clothing

klein small, little

kleinbürgerlich petty bourgeois, narrow-minded

der **Kleinstädter (s, -)** resident of a small town

klettern (ist) to climb (9)

klingeln to ring

klingen (a, u) to sound

das **Klischee (s, s)** cliché

klopfen to knock

klug clever, smart, shrewd (13)

die **Klugheit** (no pl.) cleverness, shrewdness

der **Knabe (n, n)** (lit.) boy; chap, fellow

knapp almost, just under, not quite

der, das **Knäuel (s, -)** knot, ball

der **Knecht (s, e)** squire, page

kneifen (kniff, gekniffen) to pinch

die **Kneipe (n)** pub (14)
das **Knie (s, -)** knee
knirschend grating, gnashing
knistern to crackle
der **Knochen (s, -)** bone
knusprig crispy, crunchy (1)
der **Koch (s, ⁼e)** cook (5)
kochen (*trans. / intrans.*) to cook, to boil
der **Köcher (s, -)** quiver (22)
der **Koffer (s, -)** suitcase (16)
der **Kohlensack (s, ⁼e)** coal sack
der **Kollege (n, n)** colleague, associate
komisch comical; strange
kommen (*irreg.*) to come
der **Kommentar (s, e)** comment, commentary
kompliziert complicated
komponieren to compose
der **Konflikt (s, e)** conflict
die **Konformität** (*no pl.*) conformity
der **König (s, e)** king
konkret concrete, literal, precise, definite
können (kann, konnte, gekonnt) to be able to, can, to have mastered, to know (facts) (4)
der **Konstruktionsfehler (s, -)** structural defect / flaw
konsumorientiert consumption-oriented
der **Kontakt (s, e)** contact
die **Kontaktaufnahme** (*no pl.*) approach, establishment of contact
die **Kontaktfähigkeit** (*no pl.*) sociability
die **Kontaktlosigkeit** (*no pl.*) lack of contact
das **Kontraargument (s, e)** rebuttal, counterargument
der **Kontrast (s, e)** contrast
die **Kontrolle (n)** check, checkpoint; supervision, control
die **Konzentration** (**en**) concentration

der **Kopf (s, ⁼e)** head
köpfen to behead (19)
das **Kopftuch (s, ⁼er)** scarf
der **Korb (s, ⁼e)** basket (1)
die **Korbflasche (n)** wicker bottle
der **Körper (s, -)** body, figure; substance, particle
körperlich physical
der **Körperteil (s, e)** part of the body
kosten to cost; to taste, to sample (by taste) (19)
köstlich exquisite
der **Krach (s, e)** noise, racket
die **Kraft (⁼e)** strength, power (13)
der **Kragen (s, -)** collar
die **Krähe (n)** crow (20)
krähen to crow
kramen to rummage around
krampfig cramped
der **Kranich (s, e)** crane
krank sick, ill
das **Krankenhaus (es, ⁼er)** hospital (1)
kratzen to scratch
die **Kreide (n)** chalk
der **Kreis (es, e)** circle
kreuzen to cross, (arms, legs) (11)
das **Kreuzworträtsel (s, -)** crossword puzzle
kribbeln to tickle, to prickle (3)
kriechen (o, o) to creep, to crawl
der **Krieg (s, e)** war (9); **Krieg führen** to wage war (23)
kriegen (*colloq.*) to get
der **Kriegsgefangene (n, n)** prisoner of war, POW
der **Kriegsroman (s, e)** war novel
der **Kriminalkommissar (s, e)** detective superintendent
kriminell criminal
der **Kringel (s, -)** curlicue, doodle, (*hair, smoke*) curl
die **Krippe (n)** manger; day nursery
die **Kritik** (**en**) criticism, critique, review

kritisieren to criticize, to critique, to review
der **Krokus (ses, se)** crocus
die **Krone (n)** crown
krumm bowed, crooked, bent (6)
krummbeinig bowlegged
die **Küche (n)** kitchen; cooking, cuisine
der **Kuchen (s, -)** cake, pastry
das **Küchengerät (s, e)** kitchen appliance
der **Küchenherd (s, e)** (kitchen) stove (5)
die **Kugel (n)** bullet, ball
der **Kugelschreiber (s, -)** ballpoint pen
die **Kuh (⁼e)** cow
kühl cool, chilly, reserved
kühn brave, courageous, bold
die **Kultur** (**en**) culture
sich um + *acc.* **kümmern** to look after, to care for
der **Kunde (n, n)** customer, client
die **Kunst (⁼e)** art, skills (*pl.*) (23)
die **Kunsthochschule (n)** academy of art
der **Künstler (s, -)** artist
kurios strange, odd (17)
kurzweilig interesting, entertaining (8)
kursivgeschrieben italicized
der **Kuß (sses, ⁼sse)** kiss

L

[über + *acc.*] **lächeln** to smile [about]
[über + *acc.*] **lachen** to laugh [about] (1)
der **Laden (s, ⁼)** store (1); shutter (4)
laden (ä, u, a) to load
die **Lage (n)** situation, position
das **Land (s, ⁼er)** land, province, country
landeinwärts inland
die **Landschaft** (**en**) countryside, landscape, scenery

die **Landung (en)** landing
lang long
lange for a long time
[nach + *dat.*] **langen** to reach [for]
die **Langeweile** (*no pl.*) boredom
langsam slow
längst long since; **längst zu spät** far too late (15)
langweilig boring, tedious
läppisch foolish (19)
der **Lärm (s, *no pl.*)** noise
lassen (*irreg.*) to permit; to cause; to let be
die **Laterne (n)** lantern
lau mild
der **Lauf (s, ¨e)** course
laufen (äu, ie, au; ist) to run
die **Laune (n)** mood, humor
[auf + *acc.*] **lauschen** to listen intently [for] (24)
der **Laut (s, e)** sound
läuten to ring (4)
lauter sheer, pure, nothing but
die **Lautstärke (n)** volume, sound intensity
[von + *dat.*] **leben** to live (on)
das **Leben (s, -)** life; **ein Leben führen** to lead a life (4)
lebendig living
der **Lebensbereich (s, e)** milieu, sphere of life
die **Lebenseinstellung (en)** attitude towards life
der **Lebensgenuß (sses, ¨sse)** enjoyment of life
die **Lebensmittel** (*pl.*) food, groceries
die **Lebensweise (en)** way of life, lifestyle
das **Lebewesen (s, -)** living creature
das **Lebewohl (s, e)** farewell
lebhaft lively, vivid
das **Leck (s, e)** leak
leer empty
leeren to empty
legen to lay, to put (flat); **sich ins Bett legen** to go to / get into bed (1)
die **Legende (n)** legend
sich **lehnen** to lean

acc. acc. **lehren** to teach s.o. something (1)
der **Lehrer (s, -)** teacher
der **Lehrling (s, e)** apprentice
der **Leib (s, er)** body, belly (19)
der **Leichnam (s, e)** (dead) body, corpse (19)
leicht light, easy
leichtgläubig gullible
dat. **leid tun** (*irreg.*) to be sorry (2); **es tut mir leid** I'm sorry; **er tut mir leid** I feel sorry for him
[an + *dat.*] **leiden (litt, gelitten)** to suffer [from] (14)
leider unfortunately
leidvoll full of suffering
die **Leine (n)** line, leash (5)
das **Leintuch (s, ¨er)** linen, cloth; bedsheet
leise quiet, soft
leisten to do, to earn, s.th., to accomplish, to achieve (1); *dat.* **Gesellschaft leisten** to keep s.o. company (19)
die **Leistung (en)** performance, achievement
leiten to lead, to manage (a department, etc.)
der **Leitsatz (es, ¨e)** lead sentence
der **Leitsatzgedanke (ns, n)** meaning of the lead sentence
der **Lektor (s, en)** university lecturer; editor for a publishing company
das **Lektorat (s, e)** lectureship; editors' department
lernen to learn / study
lesen (ie, a, e) to read
der **Leser (s, -)** (human) reader
leuchten to sparkle / shine
die **Leute** (*pl.*) people, public
das **Lexikon (s, Lexika)** dictionary; encyclopedia
das **Licht (s, er)** light
licht light, bright
der **Lichtschein (s, *no pl.*)** luster, glow

der **Lichstrahl (s, en)** beam of light
dat. **lieb sein** to be dear to s.o.; to be dear / sweet (22)
die **Liebe (n)** love; **Liebe(r) Frau (Herr) X** (*salutation in a letter*) Dear Mrs. (Mr.) X; **alles Liebe** (*closing to a letter*) all my love
lieben to love, to cherish (an idea)
liebenswert likeable, amiable, lovable
liebenswürdig kind, amiable, charming
die **Liebeslust (¨e)** pleasure of love; yearning for love
das **Liebespaar (s, e)** lovers
lieb·haben to like / be fond of
liebreich loving
das **Lied (s, er)** song
liegen (a, e) to lie / recline
die **Lilie (n)** lily
die **Linde (n)** linden tree
die **Linie (n)** line, rank, lineage
link left
die **Lippe (n)** lip, edge
lispeln to whisper (12); to lisp
die **List (en)** cunning, guile, tricks
die **Liste (n)** list, roll
das **Lob (s, *no pl.*)** praise, commendation
loben to praise (9)
das **Loch (s, ¨er)** hole
die **Locke (n)** lock of hair, curl
locken to entice
der **Löffel (s, -)** spoon, ladle
die **Logik** (*no pl.*) logic
logisch logical
der **Lohn (s, ¨e)** wages, pay(ment), reward (17)
lohnen to compensate / reward; **es lohnt sich [zu]** it's worth it [to]
das **Lokal (s, e)** restaurant, pub, café (8)
das **Los (es, e)** fate (19)
los (*prefix*) loose; to begin
los·binden (a, u) to untie / loosen

löschen to put out / extinguish (24)

lösen to untie / loosen / release

los·lassen (*irreg.*) to release / let go (1)

sich **los·machen** to free (oneself)

los·rennen (rannte los, losgerannt; ist) to take off running

los·schlagen (ä, u, a) to begin to beat

die **Lösung (en)** solution

die **Luft (¨e)** air, breeze

die **Luftblase (n)** air bubble

der **Luftsprung (s, ¨e)** leap into the air

die **Lüge (n)** lie, fib

lügen (o, o) to tell a lie (24)

der **Lügenbaron (s, e)** baron of the tall tale

lügenhaft deceitful, lying, false

der **Lümmel (s, -)** bumpkin, hick, lout (12)

die **Lust (¨e)** desire; **Lust auf + *acc.* haben** to have a desire for something (13)

lustig merry, jolly

lutschen to suck on

der **Luxus (-, *no pl.*)** luxury

M

machen to make / do; **sich auf den Weg machen** to set out (17)

das **Mädchen (s, -)** girl

mager lean, thin

magisch magical

die **Mahlzeit (en)** meal(time)

mal (*particle*) how about? (softens commands) (6)

das **Mal (s, e)** time, incidence

malen to paint, to draw with a brush

die **Malerei (en)** painting

malerisch picturesque

der **Mangel (s, ¨)** defect, flaw

der **Mann (s, ¨er)** man, husband

das **Männlein (s, -)** little man

männlich male, masculine

der **Mantel (s, ¨)** overcoat, coat

das **Märchen (s, -)** fairy tale

die **Mark** mark (German monetary denomination) (*When individual coins are meant* **Markstücke**)

der **Markt (s, ¨e)** marketplace

der **Marktplatz (es, ¨e)** market plaza

das **Maß (es, e)** measure, extent

die **Maß (e, *after numbers* -)** (*south.*) two pints (of beer)

die **Maßnahme (n)** measure (21)

die **Mauer (n)** wall

das **Meer (s, e)** sea, ocean

der **Meeresgrund (s, ¨e)** ocean floor, sea bed

die **Meerkatze (n)** long-tailed monkey

mehrmals several times, repeatedly

meiden (ie, ie) to avoid

meilenweit for miles

meinen to express an opinion, to say (6)

meinetwegen as far as I'm concerned (2)

die **Meinung (en)** opinion, belief

der **Meister (s, -)** master, foreman

melden to report; **sich [bei + *dat.*] melden** to report [to], to check in [with] (18); to answer the telephone [at]

die **Menge (n)** crowd

der **Mensch (n, n)** person, human being

das **Menschenbild (s, er)** image of humanity

die **Menschheit (*no pl.*)** humanity

menschlich humane, human, mortal

die **Mentalität (en)** mentality, attitude

[sich (*dat.*)] **merken** to notice / (take) note (1)

das **Merkmal (s, e)** characteristic

merkwürdig peculiar, odd (11)

die **Merkwürdigkeit (en)** peculiarity

die **Messe (n)** fair (19); Mass

die **Metapher (n)** metaphor

das **Meter (*Swiss der*) (s, -)** meter

die **Miete (n)** rent

die **Milch (*no pl.*)** milk

mildern to mitigate / soften / soothe

die **Million (en)** million

die **Mimik (*no pl.*)** mimicry

die **Minderheit (en)** minority (21)

mindestens at least

die **Minute (n)** minute

mißachten to disregard

die **Mißbilligung (*no pl.*)** disapproval (18)

der **Mißerfolg (s, e)** failure

die **Missetat (en)** misdeed

mißtrauen to mistrust

mißtrauisch distrustful, suspicious (24)

mißverstehen (*irreg.*) to misunderstand

mit (*prefix*) along with, co-; (*prep. + dat.*) with

die **Mitarbeit (*no pl.*)** cooperation, collaboration

der **Mitarbeiter (s, -)** coworker, collaborator, colleague

mit·hören to listen in

das **Mitleid (s, *no pl.*)** pity, compassion

der **Mittag (s, e)** noon

das **Mittagessen (s, -)** dinner, lunch

der **Mittagschlaf (s, *no pl.*)** afternoon nap

die **Mittagspause (n)** lunch break

die **Mitte (n)** middle

dat. **mit·teilen** to communicate / inform

das **Mittelalter (s, *no pl.*)** Middle Ages

mittelalterlich medieval

das **Mittelmeer (s, *no pl.*)** Mediterranean Sea

der **Mittelpunkt (s, e)** center

die **Mitternacht** (¨e) midnight

modern modern, fashionable

mögen (**mag, mochte, gemocht;** *subj.* **möchte** (*desire or fondness*) to like; (*possibility*) may

möglich possible

die **Möglichkeit** (**en**) possibility

möglichst . . . as . . . as possible

die **Mokkaschokolade** (**n**) coffee-flavored chocolate

der **Moment** (**s, e**) moment

der **Monat** (**s, e**) month

der **Mond** (**s, e**) moon

die **Moral** (*no pl.*) morality, moral (of a story)

moralisch moral

moralisierend moralizing

die **Moralvorstellung** (**en**) concept of morality

der **Morgen** (**s, -**) morning

das **Motiv** (**s, e**) motive, subject

motiviert motivated

müde tired, weary

die **Müdigkeit** (*no pl.*) weariness

die **Mühe** (**n**) pains, trouble, difficulty; **sich Mühe geben** to take pains (1)

der **Müll** (**s,** *no pl.*) waste, garbage

die **Müllgrube** (**n**) garbage dump

der **Mund** (**s,** ¨**er**) mouth

mündlich oral

munter cheerful, lively (22)

murmeln to mumble / mutter

die **Musik** (*no pl.*) music

das **Muster** (**s, -**) pattern

der **Mut** (**s,** *no pl.*) courage, spirit

mutig courageous (6)

N

der **Nachbar** (**n, n**) neighbor

das **Nachbardach** (**s,** ¨**er**) adjacent roof

das **Nachbarhaus** (**es,** ¨**er**) house next door

die **Nachbarwohnung** (**en**) apartment next door

nach (*prefix*) again, back, up; (*prep. + dat.*) according to; (*time*) after; (*direction*) to

nachdem after

[über + *acc.*] **nach·denken** (*irreg.*) to ponder, to reflect [on] (1)

nach·erzählen to retell

nachher afterwards

dat. **nach·kommen** (*irreg.*) to come after

nach·lassen (*irreg.*) to subside, to let / ease up (13)

[über + *acc.*] **nach·lesen** (**ie, a, e**) to look up, to read up on (10)

dat. **nach·machen** to imitate (1)

der **Nachmittag** (**s, e**) afternoon

nach·rechnen to check a calculation (24)

die **Nachricht** (**en**) news

nach·rufen (**ie, u**) to call to someone on his or her way out

nach·schlagen (**ä, u, a**) to look up (in a book)

nach·sehen (**ie, a, e**) to check / have a look at

der **Nachteil** (**s, e**) disadvantage (4)

die **Nacht** (¨e) night

das **Nachtlager** (**s, -**) a place to stay for the night

die **Nachtschicht** (**en**) night shift (16)

nach·wachsen (**ä, u, a; ist**) to grow back (3)

nackt naked

der **Nagel** (**s,** ¨) nail

nageln to nail, to tack

nah(e) close; *dat.* **nahe sein** to be close to

die **Nähe** (*no pl.*) vicinity

sich + *dat.* **nähern** to approach

nahrhaft nutritious, nourishing

die **Nahrung** (*no pl.*) food, nutrition

der **Name** (**ns, n**) name

nämlich you know (as if it should be obvious) (4)

der **Narr** (**en, en**) fool, jester

die **Narrheit** (**en**) foolishness, buffoonery

die **Nase** (**n**) nose

der **Nasenflügel** (**s, -**) nostril

naß wet

die **Natur** (**en**) nature

naturbedingt natural, of natural cause

natürlich naturally

der **Nebel** (**s, -**) mist, fog

das **Nebenfach** (**s,** ¨**er**) minor field of study

der **Neger** Negro; (*contempt.*) nigger

nehmen (*irreg.*) to take

neidisch envious (14)

sich **neigen** to bow, to bend

die **Neigung** (**en**) inclination, tendency (23)

nennen (**nannte, genannt**) to call, to name

der **Nerv** (**s, en**) nerve; *dat.* **auf die Nerven gehen** to get on one's nerves (14)

nervös nervous

nett nice

neu new

die **Neugier** (*no pl.*) curiosity

neugierig curious (11)

die **Neuheit** (**en**) innovation

die **Neuigkeit** (**en**) (piece of) news

nicken to nod (11)

nieder·fahren (**ä, u, a**) to run down (with a vehicle)

nieder·legen to set / put down

sich **nieder·legen** to lie down (23)

niedrig low

niemals never

normal normal

normalaussehend average-looking

normalerweise normally

die **Normalschicht** (**en**) normal / day shift

die **Not** (¨e) need, distress

nötig necessary; **nötig haben** to need (2)

die **Notiz (en)** notice

das **Notsignal (s, e)** distress signal, SOS

die **Notwehr** (*no pl.*) self-defense (24)

die **Notwendigkeit (en)** necessity

die **Nummer (n)** number

nun at present, now

die **Nuß (Nüsse)** nut

nützen to be of use (4); **es nützt alles nichts** it's no use

O

oben (*adv.*) above, overhead

oberhalb (*prep. + gen.*) above

obig (*adj.*) above

der **Ochse (n, n)** ox; clumsy fool

der **Ofen (s, ⸚)** stove

offen open

offenbar apparent

offenbaren to reveal, to disclose

offensichtlich obvious, evident

öffentlich public, in public

die **Öffentlichkeit** (*no pl.*) public

der **Offizier (s, e)** officer (23)

öffnen to open

oft often, frequently

das **Ohr (s, en)** ear

das **Opfer (s, -)** victim

opfern to sacrifice (23)

der **Orden (s, -)** medal

ordnen to arrange

die **Ordnung (en)** order (18)

originell original, innovative

der **Ort (s, e)** place

die **Ortsangabe (n)** designation of place, address (on letters)

das **Ostgebiet (s, e)** eastern territory (16)

P

das **Paar (s, e;** *after numbers* **Paar)** pair, couple; **ein paar** a few, some, a couple of; **ein paarmal** a few times

packen to grab, to seize (1)

pädagogisch educational

das **Paket (s, e)** package

der **Pakt (s, e)** pact, agreement

das **Papier (s, e)** paper

der **Papierkorb (s, ⸚e)** wastebasket

die **Parabel (n)** parable

parallel parallel

parken to park

die **Partei (en)** political party

die **Partikel (n)** (sentence) particle

der **Passagier (s, e)** passenger

dat. **passen** to fit, to suit

passend suitable, appropriate

dat. **passieren** to happen

pausenlos ceaseless

pensioniert retired (7)

die **Person (en)** person

der **Personalausweis (es, e)** identification papers

persönlich personal

die **Perspektive (n)** perspective

der **Pfahl (s, ⸚e)** stake, post

pfeifen (pfiff, gepfiffen) to whistle (20)

der **Pfeil (s, e)** arrow (22)

der **Pfennig (s, e)** penny

das **Pferd (s, e)** horse

der **Pfifferling (s, e)** wild mushroom

pflanzen to plant, to grow

die **Pflege (n)** care, nursing

pflegen to take care of; to cultivate (art, friendship); **er pflegte zu** he used to

die **Pflicht (en)** duty, obligation (24)

das **Pflichtgefühl (s, e)** sense of duty

die **Pfote (n)** paw (9)

das **Pfund (s, e;** *after numbers* **Pfund)** pound, half kilo

das **Phänomen (s, e)** phenomenon

die **Phantasie (n)** imagination

der **Pilz (es, e)** mushroom (7)

die **Pistole (n)** pistol

das **Plakat (s, e)** poster, sign

der **Plan (s, ⸚e)** plan

planen to plan

planmäßig according to plan

plärren to yammer (12)

platt flat

der **Platz (es, ⸚e)** place, square

plaudern to make small talk, to chat (15)

die **Politik (en)** politics, policy (21)

die **Polizei (en)** police (department); **die Polizei verständigen** to notify the police (11)

der **Polizeibeamte (n, n)** police (officer)

der **Polizeiwagen (s, -)** squad car

der **Polizist (en, en)** policeman (3)

das **Postamt (s, ⸚er)** post office (7)

der **Postbeamte (n, n)** postal official (7)

der **Postbote (n, n)** mailman (7)

der **Posten (s, -)** position

die **Postgebühr (en)** postal fee

der **Postwagen (s, -)** mail car

prächtig magnificent, splendid

das **Präfix (es, e)** prefix

prägen to stamp, to imprint

praktisch practical

der **Preis (es, e)** prize

die **Preiselbeere (n)** cranberry (5)

der **Preisträger (s, -)** prize winner

die **Preisverleihung (en)** presentation of an award

der **Pressebericht (s, e)** news report

pressen to press

primär primary

der **Primarlehrer (s, -)** elementary-school teacher

das **Prinzchen (s, -)** (*contempt.*) little prince (2)

die **Prinzessin (nen)** princess

die **Probe (n)** sample; rehearsal

probieren to sample, to try out

das **Problem (s, e)** problem

das **Profil (s, e)** profile

promovieren to receive a Ph.D.

der **Prosaband (s, ¨e)** volume of prose

prosten to give a toast

protestieren to protest

provozieren to provoke, to outrage

das **Prozent (s, e)** percentage

prüfen to test, to examine (10)

publizieren to publish, to make public

der **Punkt (s, e)** point, dot, period

pünktlich punctual

putzen to clean

Q

die **Qual (en)** agony, torture

quälen to torture

qualvoll agonizing (20)

R

der **Rachen (s, -)** jaws, maw (23)

rächen to avenge, to take revenge

das **Rad (s, ¨er)** wheel

der **Radfahrer (s, -)** cyclist

der **Radler (s, -)** (*south.*) cyclist

das **Radio (s, s)** radio

ragen to loom (11)

der **Rand (s, ¨er)** edge

rasch quick, hasty

der **Rasen (s, -)** lawn

rasend raging, furious (18)

sich **rasieren** to shave (7)

das **Rasiermesser (s, -)** (straight) razor

der **Rasierschaum (s, ¨e)** shaving lather (7)

der **Rat (s, Ratschläge)** advice (1)

raten (ä, ie, a) to guess (8); *dat.* **zu** + *dat.* **raten** to advise, to counsel

das **Rathaus (es, ¨er)** town / city hall (9)

ratlos helpless, at a loss

der **Ratschlag (s, ¨e)** (piece of) advice, *cf.* **der Rat**

der **Ratschluß (sses, ¨sse)** decision, ruling (12)

das **Rätsel (s, -)** riddle, puzzle

der **Ratsherr (n, en)** (town / city) councilor (9)

der **Ratskeller (s, -)** restaurant in the city hall basement

die **Ratte (n)** rat (6)

das **Raubtier (s, e)** predator

der **Rauch (s, *no pl.*)** smoke

rauchen to smoke

rauf·schicken (*colloq.*) (*see* **herauf·schicken**)

rauh rough, gruff

der **Raum (s, ¨e)** room, space

raus·ragen (*colloq*) to stand / stick out, project

[**auf** + *acc.*] **reagieren** to react [to]

die **Reaktion (en)** reaction

rechnen to figure, to calculate

die **Rechnung (en)** bill, request for payment

das **Recht (s, e)** right; **recht haben** to be right (2); **ein Recht auf** + *acc.* **haben** to have a right to; *dat.* **recht sein** to be OK with s.o. (1)

rechtfertigen to justify

der **Rechtsanwalt (s, ¨e)** attorney, lawyer (18)

die **Rechtspraxis** (*no pl.*) law practice

die **Rechtswissenschaft (en)** law, jurisprudence

rechtzeitig on time, well-timed, opportune

der **Redakteur (s, e)** editor

die **Rede (n)** speech; **zur Rede stellen** to take to task (12)

reden to talk

die **Redewendung (en)** idiom, expression, phrase

das **Regal (s, e)** shelf, bookcase

die **Regelmäßigkeit** (*no pl.*) regularity

sich **regen** to move

der **Regen (s, -)** rain

der **Regenschirm (s, e)** umbrella (3)

der **Regentag (s, e)** rainy day (4)

die **Regieassistentin (nen)** (female) director's assistant

die **Regierung (en)** government (12)

reglos motionless

regnen to rain

reich rich

die **Reihe (n)** series, row

reihen to string, to put in a row; **sich reihen** to line up

die **Reihenfolge (n)** order (in a series), sequence

rein pure

[**von** + *dat.*] **rein·halten** (*irreg.*) to keep pure / free [of]

die **Reinhaltung** (*no pl.*) keeping clean

die **Reise (n)** journey; **eine Reise unternehmen** to go on a trip

das **Reiseerlebnis (ses, se)** event experienced while traveling

reisen (ist) to travel

der, die **Reisende (n, n)** traveler

das **Reiseziel (s, e)** destination

reißen (riß, gerissen) to rip, to tear (4)

reiten (ritt, geritten) (ist / hat) to ride (an animal)

reizen to attract

sich **rekeln** to stretch one's limbs (20)

der **Rektor (s, en)** university president (1)

rennen (rannte, gerannt; ist) to run, to race (1)

die **Reparatur (en)** repair

reparieren to repair

reservieren to reserve

der **Respekt (s, no pl.)** respect

der **Rest (s, e)** residue, scrap

das **Resultat (s, e)** result

retten to save, to rescue

die **Reue (no pl.)** remorse (18)

das **Rezept (s, e)** prescription (1)

[an + acc.] **richten** to direct [to] (16)

richtig correct

die **Richtung (en)** direction

riechen (o, o) to smell

der **Riese (n, n)** giant

riesig gigantic (20)

ringen (a, u) to wrestle

der **Riß (sses, sse)** tear

die **Ritze (n)** crack, cranny (4)

das **Rohr (s, e)** pipe, tube

die **Rolle (n)** role

rollen (ist) to roll

der **Roman (s, e)** novel

romantisch romantic

der **Rosenstock (s, ¨e)** rosebush

rot red

sich **röten** to grow red, to blush

rücken to move, to push (furniture)

der **Rücken (s, -)** back

der **Rückgang (s, ¨e)** decrease, reversal (21)

rückgängig machen to take back, to cancel (9)

das **Rückgrat (s, ¨e)** backbone, spine

der **Rückschluß (sses, ¨sse)** conclusion, inference

die **Rückseite (n)** back / reverse side

die **Rücksicht (no pl.)** consideration; **ohne Rück-**

sicht auf without any consideration for

die **Rücksichtslosigkeit (en)** inconsiderateness

das **Ruder (s, -)** oar

rudern to paddle; to steer (5)

der **Rudersport (s, no pl.)** rowing, boating

rufen (ie, u) to call, to cry out (1)

die **Ruhe (no pl.)** peace, quiet; **in aller Ruhe** very calmly; **in Ruhe lassen** to leave alone / in peace, to stop bothering (2)

ruhen to rest

ruhig (particle) to feel free to, go ahead and (6); (adj.) quiet

der **Ruhm (s, no pl.)** fame, glory

rühren to touch

rum·stehen (colloq.) (see **herum·stehen**)

rund round

runter (colloq.) (see **herunter**)

rutschen (ist) to slide, to slip

S

der **Saal (s, Säle)** ward, hall (1)

die **Sache (n)** matter, thing

sachlich objective

sächsisch Saxon

sagen to say

die **Sage (n)** legend, saga

der **Salat (s, e)** salad

das **Salz (es, e)** salt

der **Salzstreuer (s, -)** salt shaker

sammeln to gather

der **Sammelband (s, ¨e)** anthology

das **Sammelwort (s, ¨er)** collective noun

die **Sammlung (en)** collection

der **Samt (s, e)** velvet

sanft gently, softly

der **Sänger (s, -)** singer

der **Sattel (s, ¨)** saddle

der **Satz (es, ¨e)** sentence

sauber clean

die **Säure (n)** acid

sausen to blow, to whoosh

schade too bad!

der **Schädel (s, -)** skull (8)

dat. **schaden** to harm, to damage (16)

der **Schaden (s, ¨)** harm, damage (19)

schaffen to manage to do (19)

schaffen (schuf, geschaffen) to create

der **Schaffner (s, -)** conductor

der **Schal (s, e)** shawl, scarf

die **Schale (n)** bowl

der **Schalter (s, -)** counter

der, die **Schalterbeamte (n, n)** counter clerk

die **Scham (no pl.)** shame (16)

schamlos shameless, impudent

die **Scharade (n)** charade

scharf sharp, eager

der **Schatten (s, -)** shadow

der **Schatz (es, ¨e)** treasure

schätzen to appreciate; **auf + acc. schätzen** to estimate to be (8)

der **Schauder (s, -)** horror, shudder

[auf + acc.] **schauen** to look [at]

die **Schaubude (n)** display booth

das **Schaufenster (s, -)** display window

das **Schauspiel (s, e)** play, drama

die **Scheibe (n)** pane; slice (4)

scheiden (ie, ie) to part, to separate

die **Scheidung (en)** divorce, separation (18)

die **Scheidungsklage (n)** divorce suit

der **Schein (s, no pl.)** gleam, light (23)

der **Schein (s, e)** bank note, bill; certificate

scheinbar apparent

scheinen (ie, ie) to appear, to seem; to shine

der **Scheinwerfer (s, -)** headlight

der **Scheiterhaufen (s, -)** stake (for burning at)

schenken to give as a present

schicken to send

das **Schicksal (s, e)** fate, destiny

schieben (o, o) to push

schief·gehen (*irreg.*) to go wrong [auf + *acc.* (nach + *dat.*)]

schießen (schoß, geschossen) to shoot [at] (5)

das **Schild (s, er)** sign

Schilda mythical city full of idiots

der **Schildaer (s, -)** citizen of Schilda

schildern to portray, to depict

die **Schilderung (en)** portrayal, description

schimpfen to complain, to grumble (3)

das **Schimpfwort (s, e *or* ˉer)** curse; term of abuse

der **Schinken (s, -)** ham

der **Schirm (s, e)** umbrella

schlachten to slaughter (20)

der **Schlaf (s, *no pl.*)** sleep

schlafen (ä, ie, a) to sleep; **sich schlafen legen** to go to bed

die **Schlafkammer (n)** bedroom

das **Schlafmittel (s, -)** sleeping medicine

schläfrig sleepy

der **Schlaftrunk (s, ˉe)** sleeping potion

das **Schlafzimmer (s, -)** bedroom

der **Schlag (s, ˉe)** blow; stroke; heart attack (12)

schlagen (ä, u, a) to hit, to pound, to beat; to flap (wings)

der **Schlagrahm (s, *no pl.*)** whipped cream

die **Schlange (n)** snake, serpent

schlecht bad

schleichen (i, i; ist) to creep; to sneak (17)

schleifen to drag, to trail (20)

schlendern to amble, to saunter (24)

schlicht modest, unassuming

schließen (schloß, geschlossen) to close, to lock; **auf + *acc.* schließen** to infer; **auf + *acc.* schließen lassen** to imply, to suggest

schließlich after all; finally

schlimm unpleasant, bad

schlingen (a, u) to wrap, to wind

der **Schlitten (s, -)** sled, sleigh

das **Schloß (sses, ˉsser)** palace, castle (17)

schlottern to quake (usually said of knees)

der **Schluck (s, e)** swallow

schlucken to swallow (1)

schlüpfrig slippery (5)

der **Schlüssel (s, -)** key

schmal narrow, slender

schmecken to taste

schmelzen (i, o, o; ist) to melt (2)

der **Schmerz (es, en)** pain (24)

der **Schmied (s, e)** smith (9)

schmieren to lubricate; to butter

schmutzig dirty

der **Schnabel (s, -)** beak, bill (20)

der **Schnee (s, *no pl.*)** snow (5)

die **Schneeflocke (n)** snowflake

schneiden (schnitt, geschnitten) to cut; **sich mit + *dat.* schneiden** to overlap

schneidend sharp-edged

schneien to snow

schnell fast

schnüffeln to sniff

der **Schnupftabak (s, *no pl.*)** snuff

die **Schnur (ˉe)** string, cord (5)

der **Schnurrbart (s, ˉe)** mustache, cat's whiskers

der **Schock (s, s)** shock

schockieren to shock

die **Schokolade (n)** chocolate

das **Schokoladeneis (es, *no pl.*)** chocolate ice cream

schon already

schön beautiful, nice

die **Schönheit (*no pl.*)** beauty

der **Schopf (s, ˉe)** shock of hair

der **Schornstein (s, e)** chimney (5)

der **Schoß (es, ˉe)** lap

der **Schrank (s, ˉe)** closet, cupboard

der **Schreck (s, e)** fright, scare (9); *dat.* **einen Schreck einjagen** to terrify

schrecklich terrible (19)

schreiben (ie, ie) to write

der **Schreibfehler (s, -)** typographical error, misspelling

schreien (ie, ie) to cry, to yell (1)

die **Schreinerei (en)** carpentry shop

schreiten (schritt, geschritten; ist) to step, to stride (17)

die **Schrift (en)** script, writing

schriftlich in writing, written

der **Schriftsteller (s, -)** writer, author

schriftstellerisch literary

der **Schritt (s, e)** step

die **Schublade (n)** drawer

der **Schuh (s, e)** shoe

die **Schuld (en)** guilt, debt, fault

schuldig guilty; *dat.* **schuldig sein** to owe (14)

die **Schule (n)** school

die **Schularbeit (en)** home-
work

der **Schüler (s, -)** pupil (1)

der **Schuljunge (n, n)** schoolboy

der **Schulrektor (s, en)** principal

die **Schulter (n)** shoulder

das **Schulterblatt (s, ̈er)** shoulder blade

die **Schürze (n)** apron

der **Schuß (sses, ̈sse)** shot, round; **einen Schuß (ab)geben (i, a, e)** to fire a shot

der **Schuster (s, -)** shoe-maker (9)

der **Schutt (s, no pl.)** rubble

schütteln to shake (1)

der **Schütze (n, n)** marks-man (5)

der **Schwank (s, ̈e)** humor-ous, didactic folktale; prank, practical joke

schwanken to sway (20)

schweben to be sus-pended, to hover

schweigen (ie, ie) to be si-lent

das **Schweigen (s, no pl.)** si-lence

schweigsam silent, taciturn

das **Schwein (s, e)** pig, hog

die **Schweinerei (en)** (col-loq.) awful mess

schwenken to swing

schwer heavy; difficult

schwerfällig ponderous, clumsy (20)

schwerhörig hard of hear-ing (11)

das **Schwert (s, er)** sword (19)

die **Schwester (n)** sister

der **Schwiegersohn (s, ̈e)** son-in-law (17)

der **Schwiegervater (s, ̈)** father-in-law (17)

schwierig difficult

die **Schwierigkeit (en)** dif-ficulty

schwimmen (a, o) to swim (5)

schwitzen to sweat

der **Schwung (s, ̈e)** swing-ing motion; (fig.) snap, swing

der **See (s, -n)** lake

die **See (no pl.)** sea

die **Seele (n)** soul (19)

segnen to bless (19)

sehen (ie, a, e) to see

sehenswert worth seeing

die **Sehnsucht (̈e)** longing

sei (subj.) (may) be, is said to be; **sei es** be it **sei!** be!

sein (irreg.) to be

sein (poss. pron.) his, its, one's

seitdem ever since then

die **Seite (n)** page; side (1)

der **Sekt (s, e)** champagne

das **Selbstbildnis (ses, se)** self-portrait

der **Selbstmord (s, e)** sui-cide

selbstverständlich obvious

selig blessed; deceased; thrilled

selten rare, seldom

senden (sandte, gesandt) to send

senken to lower

senkrecht vertical

die **Serie (n)** series

servieren to serve

setzen to put, to set; **sich setzen** to sit down

sicher sure, certain

die **Sicherheit (en)** security

sicherlich certainly

sichern to (make) secure

sichtbar visible

sichtlich visible, obvious

siedeln to settle

der **Sieger (s, -)** victor (9)

siezen to address formally with the pronoun "Sie"

das **Silber (s, no pl.)** silver

silbern made of silver

[das] **Silvester (s, -)** New Year's Eve (24)

die **Singstunde (n)** singing lesson

sinken (a, u; ist; intrans.) to sink, to fall

der **Sinn (s, e)** sense, mean-

ing, frame of mind, inten-tion

sinnlich sensual, having to do with senses; sensuous

sinnlos senseless, pointless

sinnverwandt related in meaning

sinnvoll meaningful

sitzen (saß, gesessen) to sit

die **Skala (Skalen)** scale

sobald as soon as

sofern as far as, if, provided that

sofort immediately

sogar even

sogenannt so-called

sogleich at once

der **Sohn (s, ̈e)** son

solange as long as

der **Sommer (s, -)** summer

sondern (but) rather

der **Sonderpreis (es, e)** special prize

die **Sonne (n)** sun

der **Sonnenuntergang (s, ̈e)** sunset, sundown

sonnig sunny

sonst otherwise

sooft every time, whenever

die **Sorge (n)** worry (9)

sich um + acc. **sorgen** to be concerned about; **für** + acc. **sorgen** to provide for (23)

die **Sorgfalt** (no pl.) care, concern; **mit aller Sorg-falt** with utmost care

sorgfältig careful

die **Sorte (n)** kind, sort, spe-cies

die **Soße (n)** sauce, gravy

soviel that much; as far as

sowie as well (as)

sowieso anyway

sowohl . . . als auch as well (as), both . . . and

spalten to split

die **Spalte (n)** column (of print)

spannen to draw (a bow)

sparen to save (money, en-ergy, etc.) (7)

spärlich sparse

der **Spaß (es, ⸚e)** fun (10)

spät late; **längst zu spät** far too late (15)

spazieren·gehen (*irreg.*) to take a walk, to stroll (3)

der **Spaziergang (s, ⸚e)** walk

der **Speck (s, *no pl.*)** bacon (5)

der **Speicher (s, -)** storeroom (9)

die **Speise (n)** food, dish

speisen to dine (19)

der **Speisewagen (s, -)** dining car

spekulieren to speculate

der **Spiegel (s, -)** mirror

das **Spiegelbild (s, er)** reflection

spiegeln to reflect; **sich spiegeln** to be reflected

das **Spiel (s, e)** game

spielen to play

das **Spielfeld (s, er)** playing field

das **Spießbürgertum (s, *no pl.*)** narrow-mindedness

das **Spital (s, ⸚er)** (*Austr.*) hospital

die **Spitze (n)** top

die **Sprache (n)** speech, language

sprachlich linguistic, grammatical

sprachlos speechless

der **Sprechakt (s, e)** speech act

[über + *acc.*] **sprechen (i, a, o)** to speak [about]

springen (a, u) to leap (20)

der **Spruch (s, ⸚e)** maxim, saying

der **Sprühregen (s, -)** light rain, drizzle

der **Sprung (s, ⸚e)** leap, jump (20)

die **Spur (en)** trace

spüren to feel, to sense (16)

der **Staat (s, en)** state, country, government

staatlich belonging to the state, governmental

der **Staatsbürger (s, -)** citizen of a country

die **Staatsoper (n)** national opera

die **Staatsregierung (en)** national government

die **Stadt (⸚e)** city, town

der **Stadtbewohner (s, -)** city dweller

der **Stadtmensch (en, en)** city person

der **Stadtteil (s, e)** part of a city, quarter

der **Stall (s, ⸚e)** stable, stall, hutch

der **Stamm (s, ⸚e)** stem, lineage

[aus / von + *dat.*] **stammen** to come [from]

das **Standesamt (s, ⸚er)** registry office

ständig constant

die **Stange (n)** rod, stake

stark strong

starr rigid

starren to stare

statt·finden (a, u) to happen, to take place, to be held

der **Staub (s, ⸚e)** dust, powder

stauben to raise dust

stäuben to splash, spray

staubig dusty

stechen (i, a, o) to stab, to pierce

stecken to insert, to put

stecken·bleiben (ie, ie; ist) to get stuck

stehen (*irreg.*) to stand; **Wache stehen** to stand watch (17)

stehen·bleiben (ie, ie; ist) to stop, to stand still

stehlen (ie, a, o) to steal

steif stiff

steigen (ie, ie; ist) to rise, to climb

die **Steigerung (en)** increase, intensification

die **Steigung (en)** ascent

steil steep

der **Stein (s, e)** stone

steinern (made of) stone

das **Steirerkostüm (s, e)** Styrian suit

die **Stelle (n)** place, spot

stellen to put, to place, to set; **Aufgaben stellen** to assign tasks (1); *dat.* **Fragen stellen** to ask questions (1); **zur Rede stellen** to take to task (12)

der **Stellenwert (s, e)** rank, value

die **Stellungnahme (n)** position, comment

sterben (i, a, o; ist) to die

der **Stern (s, e)** star

stet constant

das **Steuer (s, -)** helm

die **Steuereinnahme (n)** tax revenue

steuern to steer

das **Steuerrad (s, ⸚er)** steering wheel

das **Stichwort (s, ⸚er)** keyword, cue

der **Stiefel (s, -)** boot

die **Stilisierung (en)** stylization

still quiet

die **Stimme (n)** voice

stimmen to be correct / true; to tune; **Stimmt!** Right!

die **Stimmung (en)** mood, morale (19); tuning of an instrument

die **Stirn (en)** forehead

der **Stock (s, ⸚e)** stick

der **Stock (s, Stockwerke)** story, floor (of a building) (11)

der **Stoff (s, e)** material, fabric

stöhnen to groan

der **Stolz (es, *no pl.*)** pride (20)

stolz haughty, proud (19)

stoppen to stop

stören to disturb (24)

die **Störung (en)** disturbance

der **Stoß (es, ⸚e)** gasp, blow

stoßen (ö, ie, o) to kick, to poke (22)

stottern to stutter (14)

die **Strafe (n)** punishment, fine (16)

strafen to punish (13)

strahlen to beam, to shine (10)

der **Strand (s, ⁻e)** shore, beach

die **Straße (n)** street

die **Straßenbahn (en)** streetcar

der **Strauß (es, ⁻e)** bouquet

die **Strecke (n)** distance, stretch

streicheln to stroke, to caress (3)

streichen (*lit.*) to stroke; to brush (over) (3)

der **Streifen (s, -)** stripe, strip

der **Streik (s, s)** strike

der **Streit (s, e)** argument, quarrel (18)

sich **streiten (stritt, gestritten)** to argue, to fight (17)

strömen to stream

der **Strumpf (s, ⁻e)** stocking

die **Stube (n)** room, parlor

das **Stück (s, e)** piece

das **Stückchen (s, -)** bit

das **Studium (s, Studien)** study

die **Stufe (n)** step

der **Stuhl (s, ⁻e)** chair; **einen Stuhl besetzen** to occupy a chair (8)

stumm speechless, mute (23)

stumpf cut short

die **Stunde (n)** hour

stundenlang for hours

der **Sturm (s, ⁻e)** storm (22)

sich **stürzen** to throw oneself; **ins Zimmer stürzen** to burst into the room

stützen to support

das **Substantiv (s, e)** noun

[nach + *dat.*] **suchen** to search [for], to seek

die **Summe (n)** sum, total

die **Sünde (n)** sin (19)

sündigen to sin

die **Suppe (n)** soup

süß sweet

die **Süßigkeit (en)** candy

die **Sympathie (n)** liking, sympathy

sympathisch likeable, congenial

das **Synonym (s, e)** synonym

T

die **Tabelle (n)** table, chart

der **Tadel (s, -)** blame, fault

die **Tafel (n)** table, blackboard

der **Tag (s, e)** day

tagelang for days

täglich daily

tagsüber during the day

die **Taille (n)** waist (8)

das **Tal (s, ⁻er)** valley

tanzen to dance

tapfer valiant, gallant

die **Tasche (n)** pocket (3)

die **Tasse (n)** cup

die **Taste (n)** piano key

tasten to feel, to touch

die **Tat (en)** deed; **in der Tat** indeed, in fact

tätig employed, occupied (3)

die **Tätigkeit (en)** activity

die **Tatsache (n)** fact

tatsächlich really, in fact

tauchen to submerge

tauen to thaw (5)

taufen to baptize, to christen (21)

täuschen to deceive; **sich täuschen** to be mistaken

die **Täuschung (en)** deception, perceptual error (24)

der **Tee (s, s)** tea

der **Teig (s, e)** dough (1)

der **Teil (s, e)** part

die **Teilnahme** (*no pl.*) interest

der **Teilnehmer (s, -)** participant

die **Telefonzelle (n)** telephone booth

teuer expensive

der **Teufel (s, -)** devil, Satan (17)

der **Teufelsbund (s, ⁻e)** pact with the devil

das **Theater (s, -)** (live) theater

das **Theaterspiel** / das **Theaterstück (s, e)** play, drama

das **Thema (s, Themen)** subject, theme, topic

tief low, deep

die **Tiefe (n)** depth

das **Tier (s, e)** animal

der **Tierfreund (s, e)** animal lover

der **Tisch (s, e)** table

der **Tod (s, Todesfälle)** death

die **Todesangst (⁻e)** mortal fear (9)

die **Toilette (n)** lavatory (16)

der **Ton (s, ⁻e)** tone, sound

die **Tonhöhe (n)** musical pitch

das **Tor (s, e)** gate

torkeln to totter, to reel (20)

töten to kill

der **Totenkopf (s, ⁻e)** skull

der **Totentanz (es, ⁻e)** dance of death

die **Tournee (s** *or* **n)** tour (of performances)

tragen (ä, u, a) to carry, to wear

tragisch tragic

die **Träne (n)** tear

trauen to trust

die **Trauer** (*no pl.*) mourning

der **Traum (s, ⁻e)** dream

träumen to dream (17)

traurig sad (6)

die **Traurigkeit** (*no pl.*) sadness

treffen (i, traf, o) to meet, to hit (a target) (22); **sich treffen** to meet

treiben (ie, ie) to drive (animals)

trennen to separate; **sich trennen** to part company

die **Treppe (n)** stair(s)

die **Treppenstufe (n)** step

[auf + *acc.*] **treten (tritt, a, e; ist)** to step / tread [on]

trinken (a, u) to drink

trocken dry, arid

die **Trommel (n)** drum

die **Trompete (n)** trumpet

tropfen to drip

der **Trost (s,** *no pl.*) comfort, solace

trösten to comfort (2)

trostlos disconsolate, bleak (16)

der **Trottel (s, -)** dope, nincompoop (2)

der **Trotz (es,** *no pl.*) spite, defiance (18)

trotzdem nevertheless, in spite of it

trotzig haughty, proud (19)

trübe dreary, sad (16)

trübsinnig melancholy, gloomy (23)

die **Trümmer** (*pl.*) ruins

das **Tuch (s, ¨er)** cloth, handkerchief

sich **tummeln** to frolic, to romp

tun (*irreg.*) to do; to act; (*colloq.*) to put; *dat.* **weh tun** to hurt (3); *dat.* **leid tun** to feel sorry for (2); **tun als ob** to pretend

der **Turm (s, ¨e)** tower (5)

die **Tüte (n)** (paper) bag

tuten to toot, to honk, to blow

U

übel evil, wicked (19); **übel werden** to become sick (14)

üben to practice (1)

über (*prefix*) over, upon; (*prep. + dat. / acc.*) over; about; via; **über alle Berge** off and away (1)

überall everywhere

überbringen (*irreg.; insep.*) to convey, to deliver (12)

[mit + *dat.*] **überein·stimmen** to agree [with]

überfallen (ä, ie, a; *insep.*) to assault, to raid

überflüssig superfluous, unnecessary

übergeben (i, a, e; *insep.*) to hand (over), to relinquish

das **Überhandnehmen (s,** *no pl.*) rapid, uncontrolled increase (21)

überhaupt at all

dat. **überlassen** (*irreg.; insep.*) to leave to; to relinquish (19)

überleben (*insep.*) to survive

sich (*dat.*) **überlegen** (*insep.*) to consider, to think over (14)

überliefern (*insep.*) to transmit, to hand down

überlisten (*insep.*) to outwit, to dupe (13)

die **Übermacht** (*no pl.*) (pre)dominance, preponderance

übermorgen the day after tomorrow

übernachten (*insep.*) to spend the night

überraschen (*insep.*) to surprise

übersetzen (*insep.*) to translate; (*sep.*) to transfer

übertreiben (ie, ie; *insep.*) to exaggerate

übervoll brimming

überwinden (a, u; *insep.*) to overcome (16)

[von + *dat.*] **überzeugen** (*insep.*) to convince [of]

überziehen (*irreg.; insep.*) to cover, to pull over

üblich customary

übrig·bleiben (ie, ie; ist) to remain, to be left over

übrigens by the way

die **Übung (en)** exercise

das **Ufer (s, -)** river bank

die **Uhr (en)** clock

die **Uhrmacherlehre (n)** watchmaking apprenticeship

um (*sep. prefix*) over, down; (*insep. prefix*) around; (*prep.*) (*place*) around; (*time*) at

umarmen (*insep.*) to embrace (19)

um·blättern to leaf through

sich **um·blicken** to look around / back (23)

um·drehen to turn over; **sich umdrehen** to turn around; *dat.* **den Hals umdrehen** to wring s.o.'s neck

um·fallen (ä, ie, a) to fall over

umfassen (*insep.*) to include, to comprise, to encompass

der **Umgang (s,** *no pl.*) dealings, social intercourse

die **Umgangsform (en)** manners, etiquette (8)

der **Umgangston (s,** *no pl.*) style

[mit + *dat.*] **um·gehen** (*irreg.*) to deal [with], to treat (14); to associate with (19)

umgekehrt reversed, inverted

umher all around

um·kehren (ist) to turn back (5)

um·kippen to tip over

umklammern (*insep.*) to clutch, to clench

umkringeln (*insep.*) to circle (a word)

um·pflanzen to transplant, replant

umringen (*insep.*) to surround

der **Umsatz (es, ¨e)** sales volume, turnover (15)

sich **um·schauen** to look around

um·schlagen (ä, u, a; ist) (weather) to change (5)

um·schreiben (ie, ie) (*sep.*) to rewrite; (*insep.*) to paraphrase

sich [nach + *dat.*] **um·sehen (ie, a, e)** to look around [for]

um·steigen (ie, ie; ist) to change (trains, buses), to transfer (10)

umtanzen (*insep.*) to dance around

sich in + *acc.* **um·wandeln** to change / turn into

die **Umwelt** (*no pl.*) environment (21)

der**Umwelteinfluß**(**sses,-̈sse**) environmental impact

umzingeln (*insep.*) to surround

unabhängig independent (24)

unanständig improper, indecent

unaufdringlich unaggressive (16)

unauffällig unobtrusive

unaufhörlich incessant

unausgesprochen unspoken

unbedenklich absolutely safe / harmless; unscrupulous

unbedingt absolutely

unbegreiflich incomprehensible

das **Unbehagen** (**s,** *no pl.*) discomfort (21)

unbekannt unknown

unberührt untouched

undenkbar unthinkable

unendlich infinite

unentschlossen undecided; indecisive

unerfahren inexperienced (15)

unerhört outrageous

unersättlich insatiable (11)

unfähig uncapable

der **Unfall** (**s,** ̈**e**) accident (16)

unfruchtbar infertile (21)

ungangbar impassable

ungebeten uninvited (13)

die **Ungebundenheit** (*no pl.*) freedom

ungeduldig impatient

ungefähr approximate

ungehalten indignant (19)

ungemütlich uninviting (16)

ungenügend insufficient

ungern unwillingly

ungeschickt clumsy

ungestüm impetuous; vehement

ungewöhnlich unusual

ungewohnt uncustomary

ungezogen rude, ill-bred (2)

unglaublich unbelievable

das **Unglück** (**s, e**) misfortune; unhappiness; disaster (15)

unglücklich unhappy

ungnädig ungracious (12)

ungültig unacceptable, invalid

unheimlich uncanny, eerie (19)

unhöflich rude, impolite (16)

die **Universität** (**en**) university; **die Uni** (**s**) (*colloq.*) university

unmenschlich inhuman, inhumane (22)

unmittelbar direct

unmöglich impossible; preposterous

unrecht unjust

die **Unruhe** (**n**) disturbance, riot; restlessness, unrest

unruhig restless, restive

unschuldig innocent

unselbständig dependent

unsicher uncertain (6)

unsinnig nonsensical

untenstehend following

unter (*prefix and prep.* + *dat. / acc.*) under; among, into

unterbrechen (**i, a, o;** *insep.*) to interrupt (16)

unterbringen (*irreg.; insep.*) to accommodate; to house

unterdrücken (*insep.*) to suppress

der **Untergang** (**s,** ̈**e**) downfall, decline

untergeordnet subordinate

unterhalb + *gen.* below

sich [mit + *dat.*] **unterhalten** (*irreg.; insep.*) to converse [with] (8); to enjoy / entertain oneself [with]

die **Unterhaltung** (**en**) entertainment

das **Unterholz** (**es,** *no pl.*) underbrush (20)

unternehmen (*irreg.; insep.*) to undertake

unterpriviliegiert underprivileged

der **Unterricht** (**s,** *no pl.*) instruction, teaching (1); class session

unterrichten (*insep.*) to teach

unterscheiden (**ie, ie;** *insep.*) to distinguish, to make out

der **Unterschied** (**s, e**) difference (23)

unterschiedlich varying, different

unterschreiben (**ie, ie;** *insep.*) to sign (a letter)

dat. **unterstellen** (*insep.*) to impute / attribute to

unterstreichen (**i, i;** *insep.*) to underline, to emphasize

untersuchen (*insep.*) to investigate, to examine (21)

unterzeichnen (*insep.*) to sign (a treaty, etc.)

die **Unüberlegtheit** (*no pl.*) thoughtlessness, impetuousness

unverantwortlich irresponsible (18)

unverhofft unexpected (13)

unverschämt shameless, impudent

unzufrieden dissatisfied

die **Unzufriedenheit** (*no pl.*) discontent (14)

uralt age-old, ancient

der **Urlaub** (**s, e**) vacation, leave; **Urlaub haben** to have (to be on) vacation / leave (7)

die **Urlaubsvertretung** (**en**) substitute (7)

die **Ursache** (**n**) cause

ursprünglich original

das **Urteil** (**s, e**) judgment, opinion

V

vag vague

der **Vater** (**s,** ̈) father

sich **verabreden** to make an appointment; to arrange (a meeting) (20)

die **Verabredung** (**-en**) appointment, date

sich **verabschieden** to say goodbye (1)

verachten to despise (2)

verändern (*trans.*) to change; **sich verändern** (*intrans.*) to change (24)

die **Veränderung (en)** transformation, change (24)

veranstalten to organize, to hold, to put on (events)

verantwortlich responsible

die **Verantwortung** (*no pl.*) responsibility

verärgert angry, annoyed

der **Verband (s, ⸚e)** bandage; association, federation

verbergen (i, a, o) to conceal

verbessern to correct; to improve

sich **verbeugen** to bow

dat. **verbieten (o, o)** to forbid (16)

verbinden (a, u) to connect, to link

die **Verbindung (en)** connection, link

verbittert embittered

verblüfft astounded, confused

die **Verblüffung** (*no pl.*) consternation

verbrauchen to use up, to consume

verbrechen (i, a, o) to commit a crime

verbreiten to disseminate, to spread, to circulate

verbrennen (verbrannte, verbrannt) to burn, to cremate

verbringen (*irreg.*) to spend (time) (10)

der **Verbstamm (s, ⸚e)** verb stem

verdammt damned, damnable

verderben (i, a, o; ist / hat) to ruin, to spoil (19)

verdienen to earn (1)

die **Verdrängung** (*no pl.*) crowding, pushing aside

verdutzt (*colloq.*) bewildered

verehren to honor, to esteem (15)

sich **vereinen** to unite

verfehlen to miss (a target) (22)

verfeuern to waste (by burning)

verfolgen to pursue; to persecute

verfroren chilled through (5)

das **Vergangene (n,** *no pl.*) past (16)

die **Vergangenheit** (*no pl.*) past

vergeben (i, a, e) to forgive (19); to give away

vergeblich futile, in vain (12)

vergehen (*irreg.*) to pass, to go away (said of pain, anger, etc.)

die **Vergeltung** (*no pl.*) retribution

vergessen (i, a, e) to forget (4)

vergewaltigen to rape

sich + *gen.* **vergewissern** to make sure (24)

vergleichen (i, i) to compare

das **Vergnügen (s, -)** pleasure; *dat.* **Vergnügen bereiten** to give someone pleasure or amusement (11)

vergraben (ä, u, a) to bury

die **Vergreisung** (*no pl.*) senescence, graying

verhaften to arrest

sich **verhalten** (*irreg.*) to behave, to conduct oneself (21)

das **Verhalten (s, -sweisen)** behavior (21)

das **Verhältnis (ses, se)** relationship

verhaßt hated

verhauen (verhaute, verhauen) to spank (2)

verheiratet married

verhören to interrogate; **sich verhören** to hear wrongly, to misunderstand (24)

verhüten to prevent (21)

verkaufen to sell (1)

die **Verkäuferin(nen)** (woman) sales clerk

der **Verkaufsladen (s, ⸚)** store, shop

der **Verkehr (s,** *no pl.*) traffic

der **Verkehrspolizist (en, en)** traffic cop

verkehrt reversed, backward, wrong

[wegen + *gen.*] **verklagen** to accuse [of], to sue [for] (22)

verkleben to stick together; to glue shut

sich **verkriechen (o, o)** to crawl away and hide (20)

verkünden to announce, to proclaim (19)

der **Verlag (s, e)** publishing company

verlangen to demand, to require (1)

verlassen (*irreg.*) to leave (a place) (1); **sich auf + acc. verlassen** to depend on

verlassen (*adj.*) abandoned

die **Verlassenheit** (*no pl.*) loneliness

der **Verlauf (s,** *no pl.*) course

verlegen embarrassed; flustered (3)

die **Verlegenheit** (*no pl.*) embarrassment; difficulty (3)

verleihen (ie, ie) to lend, to bestow, to give (23)

verletzen to injure (23), to offend; to violate (laws)

die **Verletzung (en)** injury, wound

verleugnen to deny

verlieren (o, o) to lose

der **Verlust (s, e)** loss

vermeiden (ie, ie) to avoid

vermischen to mix; **sich vermischen** to mingle

vermissen to miss (people), to be unable to find

vermitteln to arrange; to

convey (impressions), to impart (knowledge)

vermögen (vermag, vermochte, vermocht) to be able to

vermuten to suppose (20)

vermutlich probably

die **Vermutung (en)** assumption, supposition, conjecture

sich **verneigen** to bow (11)

die **Verneinung (en)** denial

vernünftig reasonable

veröffentlichen to publish

verpacken to package

verpassen to miss (a train, bus, etc.) (10)

verprügeln to beat up, to thrash

verraten (ä, ie, a) to betray (6)

verringern to (cause to) decrease (21)

die **Verringerung (en)** decrease (21)

verrückt crazy

die **Verrücktheit** (*no pl.*) craziness, crazy thing

versagen to fail

sich **versammeln** to assemble

versäumen to miss, to pass up (an event, opportunity, etc.)

verschenken to give away; to waste (16)

verscheuchen to disperse

verschieden different, various (23)

verschleudern to waste, to squander (14)

verschlingen (a, u) to gulp, to devour (5)

verschlossen closed, locked

verschluckt suppressed

verschmutzt dirtied

sich **verschnaufen** to catch one's breath

verschränken to fold (arms), to clasp (fingers, hands), to cross (legs)

verschreiben (ie, ie) to prescribe (medicine); to sign

over, to sell (property, one's soul) (19)

verschwinden (a, u) to disappear (3)

das **Versehen (s, -)** mistake, oversight

versengt scorched, singed

versenken (*trans.*) to lower, to sink (9)

versetzen: *dat.* **Hiebe versetzen** to deal blows (12); **sich versetzen** to put (oneself in another's place)

versichern to insure, to assure

die **Versicherung (en)** insurance; assurance

versinken (a, u, ist; *intrans.***)** to sink

sich **verspäten** to be late

die **Verspätung (en)** lateness, delay; **Verspätung haben** to be late (16)

versprechen (i, a, o) to promise

das **Versprechen (s, -)** promise, pledge, vow (19); **ein Versprechen halten** to keep a promise (19)

die **Versprechung (en)** promise (19)

verspritzen to spatter

verständigen to notify (11); **sich verständigen** to communicate (16)

die **Verständigung** (*no pl.*) communication

das **Verständigungsmittel (s, -)** means of communication

verstärken to strengthen, to reinforce, to intensify

verstecken to hide, to conceal (9)

das **Versteck (s, e)** hiding place

[unter + *dat.*] **verstehen** (*irreg.*) to understand [by] (24); **es versteht sich** it goes without saying; **sich auf + *acc.* verstehen** to be expert at (22)

verstorben deceased, late

verstummen to fall silent

versuchen to try, to attempt

der **Verteidiger (s, -)** defender (9)

sich in + *acc.* **vertiefen** to be / become absorbed in (18)

vertragen (ä, u, a) to endure, to tolerate (18)

dat. **vertrauen** to trust

vertraut familiar, intimate

der, die **Vertraute (n, n)** confidant(e) (19)

vertreiben (ie, ie) to drive off (a person, an animal) (23)

vertreten (vertritt, a, e) to represent, to substitute for

der **Vertreter (s, -)** representative; sales person

die **Vertretung (en)** substitute; substitution; representation

verursachen to cause

der **Verwalter (s, -)** administrator, manager (1)

die **Verwaltung (en)** administration

das **Verwaltungsbüro (s, s)** director's office

verwandeln to transform; **sich in + *acc.* verwandeln** to turn / change into (20)

die **Verwandlung (en)** metamorphosis, transformation

der **Verwandlungsprozess (es, e)** process of transformation / change

der, die **Verwandte (n, n)** relative

die **Verwandtschaft (en)** relationship (blood); affinity (ideas)

verweigern to refuse (21)

verwelkt wilted

verwenden to use

verwirren to confuse (16)

verwöhnen to spoil, to pamper

verwundert puzzled, amazed (6)

verwundet injured, wounded

dat. **verzeihen (ie, ie)** to forgive, to excuse (19)

die **Verzeihung** (*no pl.*) forgiveness (19)

verzerren to distort (8)

auf + *acc.* **verzichten** to give up, to do without, to forgo (24)

verzieren to decorate

verzweifelt desperate, despondent (3)

die **Verzweiflung** (*no pl.*) despair (3)

das **Vieh** (**s,** *no pl.*) livestock, domestic animal (9)

vielmehr (*adv.*) rather; (*conj.*) on the contrary; (*intensifier*) moreover

das **Viereck** (**s, e**) square, rectangle, quadrilateral

das **Viertel** (**s, -**) quarter, district

das **Visum** (**s, Visa** *or* **Visen**) visa

der **Vogel** (**s, ¨**) bird

die **Vokabel** (**n**) vocabulary item

das **Vokabular** (**s, e**) vocabulary

das **Volk** (**s, ¨er**) people, nation

das **Volksbuch** (**s, ¨er**) book of popular literature

die **Volksliteratur** (**en**) popular literature

die **Volksschule** (**n**) elementary school

voll full, filled

völlig utter, absolute, quite

volldunkel completely dark

vollenden to complete

vollendet perfect

vollkommen perfect; complete

vollziehen (*irreg.*) to finish, to complete; **sich vollziehen** to happen, to occur

von (*prep* + *dat.*) from, of

vor (*prefix*) before, pre-; (*prep.* + *dat.* / *acc.*) (*place*) in front of, (*time*) before; **vor Wut** out of / in rage (1), enraged

vorausbestimmt (pre)destined (15)

vorbei past; **vorbei sein** to be over with (9)

an + *dat.* **vorbei·gehen** (*irreg.*) to pass, to go by (10)

vorbei·kommen (*irreg.*) to come by

vorbei·laufen (**äu, ie, au; ist**) to run by

sich auf + *acc.* **vor·bereiten** to prepare for

sich **vor·beugen** to bend / lean over

vor·führen to present

vor·gehen (*irreg.*) to precede; to occur (20)

vorgesetzt superior (in rank)

vor·haben to plan, to intend (8)

vorhanden available, on hand

der **Vorhang** (**s, ¨e**) curtain

vorher beforehand, earlier, in advance

vorig previous

vor·kommen (*irreg.*) to occur; **sich** (*dat.*) **vorkommen wie** to feel like (24)

die **Vorlage** (**n**) model; presentation

die **Vorlesung** (**en**) lecture

vorletzt next to the last

die **Vorliebe** (*no pl.*) preference, predilection

sich (*dat.*) **vor·nehmen** (*irreg.*) to intend / resolve to (21)

vornüber·fallen (**ä, ie, a; ist**) to fall forward

der **Vorplatz** (**es, ¨e**) square in front of a public building

der **Vorraum** (**s, ¨e**) anteroom, lobby

der **Vorschlag** (**s, ¨e**) suggestion, proposal

vor·schlagen (**ä, u, a**) to suggest, to propose (7)

der **Vorschuß** (**sses, ¨sse**) advance (payment) (1)

vor·setzen to set in front of

die **Vorsicht** (*no pl.*) care, caution

vorsichtig cautious, careful (14)

die **Vorsilbe** (**n**) prefix

die **Vorsorge** (*no pl.*) precaution, foresight (9)

die **Vorstadt** (**¨e**) suburb

vor·stellen to present, to introduce; **sich** (*dat.*) **vorstellen** to imagine (2)

die **Vorstellung** (**en**) introduction; performance; notion, imagination

der **Vorteil** (**s, e**) advantage (22)

vor·tragen (**ä, u, a**) to recite, to report, to lecture

vorüber·gehen (*irreg.*) to pass by

vorüber·schweben (**ist**) to float by (12)

das **Vorurteil** (**s, e**) prejudice

der **Vorwand** (**s, ¨e**) pretext

vorwärts forward

vorweg·nehmen (*irreg.*) to anticipate

der **Vorwitz** (**es,** *no pl.*) impertinence

der **Vorwurf** (**s, ¨e**) reproach; **Vorwürfe machen** to reproach (14)

vorwurfsvoll reproachfully

vor·zeigen to present, to show (upon demand) (3)

vorzüglich superb, exquisite

W

waagerecht horizontal

wach awake

die **Wache** (**n**) guard (17); **Wache halten** to keep watch (17)

wachen to stay awake, to keep watch

der **Wachmann** (**s, -leute** *or* **-männer**) guard

wachsen (**ä, u, a; ist**) to grow

der **Wächter** (**s, -**) watchman

wacker bold, valiant, brave

wagen to dare

die **Wahl (en)** choice; election

wählen to choose, to elect (15)

wahr true

die **Wahrheit (en)** truth

die **Wahrnehmung (en)** perception

wahrscheinlich probable

der **Wald (s, ⁼er)** woods, forest

der **Waldboden (s, ⁼)** floor of the forest

der **Waldhügel (s, -)** forested hill (20)

walten to govern, to rule

sich **walzen** to roll

die **Wand (⁼e)** wall

der **Wanderer (s, -)** wanderer, wayfarer

wandern (ist / hat) to hike, to wander

der **Wandersmann (s, -leute)** hiker

der **Wandertag (s, e)** day of hiking

die **Wanderung (en)** hike, walk

die **Wange (n)** cheek

[auf + *acc.*] **warten** to wait [for] (6)

der **Wartesaal (s, -säle)** waiting room

die **Wäsche (***no pl.***)** underwear, laundry

waschen (ä, u, a) to wash

das **Waschzeug (s, e)** toilet kit

das **Wasser (s, - or ⁼)** water

die **Wasserpflanze (n)** aquatic plant

wechseln to change, to alternate

wecken to wake

weg gone

der **Weg (s, e)** road, path; **sich auf den Weg machen** to set out (17)

weg·drängen to push away, to crowd away

wegen (*prep. + gen.*) because of

weg·fahren (ä, u, a; ist) to depart

weg·gehen (*irreg.*) to go away (13)

weg·laufen (äu, ie, au; ist) to run away

weg·schmelzen (i, o, o; ist) to melt away

[*dat.*] **weg·sterben (i, a, o; ist)** to die off [on] (3)

[*dat.*] **weh tun** (*irreg.*) to hurt

sich **wehren** to defend oneself

die **Wehrmacht** (*no pl.*) German armed forces (1935 – 1945) (16)

weiblich female

weich weak, soft (2)

sich **weigern** to refuse

die **Weihnachten** (*pl.*) Christmas (24)

der **Weihnachtsabend (s, e)** Christmas Eve

der **Weihnachtsbaum (s, ⁼e)** Christmas tree

die **Weihnachtsfeier (n)** Christmas celebration

das **Weihnachtsgeschenk (s, e)** Christmas present

der **Weihnachtsmann (s, ⁼er)** Santa Claus

die **Weile (n)** while

der **Wein (s, e)** wine

weinen to cry

das **Weinfaß (sses, ⁼sser)** wine cask

der **Weinhändler (s, -)** wine dealer (19)

der **Weinkeller (s, -)** wine cellar

weisen (ie, ie) to direct

die **Weisheit (en)** wisdom; wise saying

weit; **weit und breit;** far and wide / near

weiter further, additional

weiter·fahren (ä, u, a; ist / hat) to continue

weiter·führen to lead on, to continue

weiter·gehen (*irreg.*) to go on

weiterhin further, moreover

weiter·rudern to keep rowing

die **Welle (n)** wave

die **Welt (en)** world

die **Weltanschauung (en)** world view

der **Weltkrieg(s,e)** world war

wenden (wandte, gewandt) to turn

der **Wendepunkt (s, e)** turning point

der **Werbetext (es, e)** advertisement

die **Werbung (en)** advertising

werden (wird, wurde, geworden; ist) to become; (*fut. aux.*) will; (*pass. aux.*) be

[nach + *dat.*] **werfen (i, a, o)** to throw [at]

das **Werk (s, e)** work

die **Werkstatt (⁼en)** workshop

der **Wert (s, e)** value, worth

die **Werthaltung (en)** value system; esteem, values

die **Wertsache (n)** item of value, valuable

wesentlich essential, intrinsic, substantial

die **Weste (n)** vest

das **Wetter (s, -)** weather

der **Wetterhahn (s, ⁼e)** weather vane (5)

der **Wetterumschwung (s, ⁼e)** sudden change in weather

der **Wetterumstand (s, ⁼e)** weather condition

wichtig important

wickeln to roll up, to coil

der **Widerspruch (s, ⁼e)** contradiction

der **Widerstand (s, ⁼e)** resistance

widerwillig reluctant, unwilling

wieder (*adv. and prefix*) again; back; re-

wieder·auf·bauen to rebuild, to reconstruct

wieder·geben (i, a, e) to give back, to return s.th.

wieder·gut·machen to compensate for, to make up for

wieder·haben to have again, to get back

wiederholen (*insep.*) to repeat

das **Wiederhören** (*see* **auf Wiederhören**)

wieder·kommen (*irreg.*) to come again, to return

wieder·sehen (ie, a, e) to see again

wieder·treffen (i, traf wieder, o) to meet again

wiegen (o, o) to weigh

wiehern to neigh (5)

die **Wiese (n)** meadow

die **Wildente (n)** wild duck (5)

willig willing (13)

die **Wimper (n)** eyelash

der **Wind (s, e)** wind, breeze

die **Windmühle (n)** windmill

die **Windstille (n)** lull, calm

[*dat.*] **winken** to wave [to] (11)

wirbelig giddy, dizzy

wirbeln to swirl

wirken to have effect

wirksam effective

die **Wirkung (en)** effect, impact

der **Wirt (s, e)** innkeeper, landlord

die **Wirtin (nen)** landlady, innkeeper's wife

die **Wirtschaft** (*no pl.*) economy

die **Wirtschaft (en)** pub

die **Wirtschaftspolitik (en)** economic policy

wischen to wipe

wissen (weiß, wußte, gewußt) to know (information or a fact) (4); **wissen zu** to know how to (19)

der **Wissenschaftler (s, -)** scientist

wobei while, in doing so

die **Woche (n)** week

das **Wochenende (s, n)** weekend

wochenlang for weeks

wohl probably (2); certainly (23); well

wohlbekannt well-known

das **Wohlsein (s,** *no pl.*) well-being

dat. **wohl·tun** (*irreg.*) to do good

wohnen to live, to dwell

die **Wohngemeinschaft (en)** communal living arrangement, commune

das **Wohnhaus (es,** ¨**er)** apartment house

die **Wohnung (en)** apartment, dwelling

die **Wolke (n)** cloud

das **Wort (s,** ¨**er** or **e)** word

die **Wortanalyse (n)** word analysis

das **Wörterbuch (s,** ¨**er)** dictionary

der **Wortlaut (s,** *no pl.*) wording

wortlos speechless

wühlen to rummage around, to wallow

das **Wunder (s, -)** miracle

wunderbar wonderful

der **Wunderdoktor (s, en)** miracle doctor

wunderlich odd, queer, peculiar

sich [über + *acc.*] **wundern** to be amazed / surprised [at] (3)

wundersam wondrous

der **Wunsch (es,** ¨**e)** wish (14)

[sich (*dat.*)] **wünschen** to wish [for oneself] (14)

wünschenswert desirable

die **Würze (n)** seasoning, spice

die **Wurzel (n)** root (19)

die **Wüste (n)** desert

die **Wut** (*no pl.*) rage (1)

wütend furious, enraged (9)

Z

die **Zahl (en)** number

zählen to count

der **Zahn (s,** ¨**e)** tooth

der **Zank (s,** *no pl.*) quarrel (19)

zappeln to dangle

zart delicate, tender

zärtlich tender, loving (18)

die **Zärtlichkeit (en)** endearing word, tenderness

die **Zauberei (en)** magic, sorcery

der **Zauberer (s, -)** magician, sorcerer (19)

zaubern to perform magic, to conjure (19)

das **Zauberwesen (s, -)** magical being

der **Zaun (s,** ¨**e)** fence

der **Zaunpfahl (s,** ¨**e)** fence post

zeichnen to mark; to draw

die **Zeichnung (en)** drawing

[auf + *acc.*] **zeigen** to show, to point [at]

die **Zeile (n)** line

der **Zeilenhinweis (es, e)** reference to a line

die **Zeilennummer (n)** line number

die **Zeit (en)** time

die **Zeitangabe (n)** time reference, date and time

der **Zeitausdruck (s,** ¨**e)** time expression

der **Zeitbegriff (s, e)** concept of time

der **Zeitgenosse (n)** contemporary

zeitlos timeless

die **Zeitschrift (en)** magazine, journal

die **Zeitung (en)** newspaper

die **Zeitverdichtung (en)** compression of time

zer- (*insep. prefix*) to bits, totally

zerbrechlich fragile

zerdrücken to crush, to squash

zerfetzt ragged, tattered

zergrübeln: sich den Kopf über + *acc.* zergrübeln to rack one's brains about

zerhacken to hack to bits

zerkleinern to mince, to chop up

zerknittert crumpled, wrinkled

zerplatzen to burst

zerreißen (zerriß, zerrissen) to tear to pieces (20)

zerschlagen (ä, u, a) to smash, to batter (23); (*adj.*) battered

zerschlitzen to slash (19)

zerschmeißen to smash

zerstören to destroy

die **Zerstörung (en)** destruction

der **Zettel (s, -)** note, slip of paper

zeugen to beget, to procreate (21); to testify

das **Zeugnis (ses, se)** certificate; testimony

ziehen (*irreg.; ist / hat*) to move, to pull (17); **den Hut ziehen** to raise one's hat

das **Ziel (s, e)** goal, objective, target

[auf + *acc.*] **zielen** to take aim [at] (5)

ziemlich rather

das **Zimmer (s, -)** room

der **Zirkus (-, se)** circus

zischen to hiss

zittern to shake, quiver (9)

das **Zivil (s, no pl.)** civilian dress, plain clothes

zögern to hesitate (18)

der **Zollbeamte (n, n)** customs official

der **Zorn (s, no pl.)** anger, wrath (12)

zornig angry

zornzitternd quivering with anger

zu (*prep. + dat.*) to, toward

zu·bereiten to prepare (a meal)

dat. **zu·blinzeln** to wink at

zucken to twitch, to jerk, to shrug (shoulders) (20)

der **Zucker (s, *types of sugar* -)** sugar

der **Zuckerschaum (s, ⸚e)** icing

zu·decken to cover (up) (23)

der **Zufall (s, ⸚e)** coincidence, chance

zufällig (*adj.*) accidental, coincidental; (*adv.*) by chance, to happen to be / do

zufälligerweise [*see* **zufällig** (*adv.*)]

dat. **zu·flüstern** to whisper to

dat. **zu·fluten** to stream toward

zufrieden satisfied, content

die **Zufriedenheit** (*no pl.*) contentment, satisfaction

der **Zug (s, ⸚e)** train (10)

zu·gehen (*irreg.*) to happen

der **Zügel (s, -)** rein (5)

zugeschneit snowed over (5)

die **Zugfahrt (en)** train trip

zugleich at once

zu·greifen (griff, gegriffen) to take hold; to help oneself (to food)

zugrunde·gehen (*irreg.*) to be ruined, to fail

zugrunde·liegen (a, e) to underly, to be the basis for

der **Zuhörer (s, -)** listener, audience

das **Auge zu·kneifen (kniff, gekniffen)** to wink (11)

die **Zukunft** (*no pl.*) future (16)

zu·lassen (*irreg.*) to permit, to allow (13)

zuletzt last, final (19)

zumal particularly since

dat. **zumute sein** [wie + *dat.*] to feel [like] (14)

zunächst next (of all), first; for the time being; next to

zu·nehmen (*irreg.*) to increase; to gain weight

sich *dat.* **zu·neigen** to lean towards

die **Zunge (n)** tongue

dat. **zu·nicken** to nod to someone

dat. **zu·prosten** to toast someone (8)

zurecht·legen to lay out ready

zurecht·rücken to straighten (24)

zurück (*adv. and prefix*) back

zurück·blicken to look back

zurück·fallen (ä, fiel, a; ist) to fall back

zurück·fliegen (o, o; ist) to fly back

auf + *acc.* **zurück·führen** to trace back to, to attribute to

zurück·halten (*irreg.*) to hold back, to stop, to restrain (1)

die **Zurückhaltung** (*no pl.*) reserve, restraint

zurück·kehren to come back, to return

zurück·legen to put back; to cover (a distance)

zurück·schrecken (schrickt, schrak, geschrocken; ist) to recoil, to shrink from (20)

zurück·treten (tritt, a, e; ist) to (take a) step back

zurück·weichen (i, i; ist) to retreat, to pull back, to give ground (20)

zurück·werfen (i, a, o) to throw back

zurück·ziehen (*irreg.; ist*) to pull back, to withdraw

die **Zusage (n)** consent

zusagen to consent

zusammen together

zusammen·falten to fold up

zusammen·fassen to summarize

zusammengesetztes Wort compound word

der **Zusammenhang (s, ⸚e)** context

zusammen·hängen (i, a) to be connected / coherent

zusammen·legen to put together, to join, to pool

zusammen·setzen to put together, to assemble

zusammen·schrumpfen to shrivel up

zusammen·stauen (ist) to crowd together, to jam up (20)

zusammen·ziehen (*irreg.*) to draw together, to knit (brows)

der **Zuschauer** (s, -) observer, audience

dat. **zu·schreiben** (ie, ie) to ascribe, to attribute

zu·sehen (ie, a, e) to watch

dat. **zu·sichern** to ensure (22)

der **Zustand** (s, ¨e) state of affairs

zustande·kommen (*irreg.*) to happen, to result, to come about

zu·stellen to deliver (7)

die **Zustellung** (en) delivery

die **Zustellungsgebühr** (en) delivery charge / fee (7)

die **Zustimmung** (en) consent, agreement, assent

zu·tragen (ä, u, a) to carry; to report

dat. **zu·treiben** (ie, ie) to drift, to drive toward

zuvor before, beforehand

zuweilen now and then, sometimes

sich (*dat.*) **zu·wenden** to turn towards; to devote oneself to

zwar indeed

der **Zweck** (s, e) purpose, goal

zwecks + *gen.* for the purpose of

der **Zweifel** (s, -) doubt

an + *dat.* **zweifeln** to doubt

zwingen (a, u) to force, to coerce

der **Zwischenfall** (s, ¨e) (untoward) incident

zwischengeschlechtlich pertaining to the relationship between sexes

zwischenmenschlich interpersonal

zynisch cynical

Permissions and acknowledgments

We wish to thank the authors, publishers and holders of copyright for permission to reprint the following selections used in this book.

Erich Kästner, "Wie Eulenspiegel einen Esel das Lesen lehrt," "Wie Eulenspiegel Eulen und Meerkatzen bäckt," "Wie Eulenspiegel die Kranken heilt," from *Gesammelte Schriften*. Atrium Verlag, Zurich 1959; Cecilie Dressler Verlag, Hamburg 1959. Reprinted by permission of Dr. Ulrich Constantin, attorney for the estate of Erich Kästner.

Helga M. Novak, "Eis," from *Palisaden*, Erzählungen 1967–1975. © 1980 by Hermann Luchterhand Verlag, Darmstadt und Neuwied. Reprinted by permission of Luchterhand Verlag.

Wolf Biermann, "Das Märchen vom kleinen Herrn Moritz." Verlag Kiepenheuer & Witsch, Köln. Reprinted by permission of Verlag Kiepenheuer & Witsch.

Peter Bichsel, "Der Mann, der nichts mehr wissen wolte," from *Kindergeschichten*. © 1969 by Hermann Luchterhand Verlag, Darmstadt und Neuwied. Reprinted by permission of Luchterhand Verlag.

Erich Kästner, "Die Enten an der Schnur," "Das Pferd auf dem Kirchturm," from *Gesammelte Schriften*. Atrium Verlag, Zurich 1959; Cecilie Dressler Verlag, Hamburg 1959. Reprinted by permission of Dr. Ulrich Constantin.

Wolfgang Borchert, "Nachts schlafen die Ratten doch," from Wolfgang Borchert, *Das Gesamtwerk*. © 1949 by Rowohlt Verlag GmbH, Hamburg. Reprinted by permission of Rowohlt Verlag.

Sigfried von Vegesack, "Der Eilbote," from Sigfried von Vegesack *Gesamtwerk*. Albert Langen-Georg Müller Verlag GmbH, Munchen. Reprinted by permission of Albert Langen-Georg Müller Verlag.

Irmtraud Morgner, "Kaffee verkehrt," from *Leben und Abenteuer der Trobadora Beatriz nach Zeugnissen ihrer Spielfrau Laura*. Aufbau Verlag, Berlin und Weimar. Reprinted by permission of Aufbau Verlag.

Erich Kästner, "Die versunkene Glocke," "Die Schildbürger kaufen sich einen Maushund," from *Gesammelte Schriften*. Atrium Verlag, Zurich 1959; Cecilie Dressler Verlag, Hamburg 1959. Reprinted by permission of Dr. Ulrich Constantin.

Peter Bichsel, "Der Mann mit dem Gedächtnis," from *Kindergeschichten.* © 1969 by Hermann Luchterhand Verlag, Darmstadt und Neuwid. Reprinted by permission of Luchterhand Verlag.

Ilse Aichinger, "Das Fenster-Theater," from *Der Gefesselte.* © 1954 by S. Fischer Verlag, Frankfurt am Main. Reprinted by permission of S. Fischer Verlag.

Ludwig Thoma, "Der Münchner im Himmel," from Ludwig Thoma *Gesammelte Werke.* © 1956 by R. Piper & Co. Verlag, München. Reprinted by permission of R. Piper & Co. Verlag.

Josef Guggenmos, "Der Schmied von Jüterbog," from *Hausbuch deutscher Sagen und Schwänke.* Verlag C. Überreuter, Wien 1977. Reprinted by permission of the author.

Erich Kästner, "Das Märchen vom Glück," from *Gesammelte Schriften.* Atrium Verlag, Zürich 1959; Cecilie Dressler Verlag, Hamburg 1959. Reprinted by permission of Dr. Ulrich Constantin.

Brigitte Schwaiger, "Ein ganz anderer Brief," from *Mein spaniches Dorf.* © 1978 by Paul Zsolnay Gesellschaft m.b.H., Wien / Hamburg. Reprinted by permission of Paul Zsolnay Verlag.

Günter de Bruyn, "Renata," from "Ein schwarzer abgrundtiefer See." © Mitteldeutscher Verlag Halle (Saale). 2. überarbeitete und erweiterte Auflage, 1966 (redigiert für das Lehrbuch). Reprinted by permission of Mitteldeutscher Verlag.

Josef Guggenmos, "Drei Haare auf des Teufels Bart," from *Hausbuch deutscher Sagen und Schwänke.* Verlag C. Überreuter, Wien 1977. Reprinted by permission of the author.

Max Frisch, "Die Geschichte von Isidor," from *Stiller.* © 1954 by Suhrkamp Verlag, Frankfurt am Main. Reprinted by permission of Suhrkamp Verlag.

Josef Guggenmos, "Wie Doktor Faust vier Zauberern ins Handwerk pfuschte," "Doktor Faust schenkt den Leipziger Studenten ein Faß Wein," from *Hausbuch deutscher Sagen und Schwänke.* Verlag C. Überreuter, Wien 1977. Reprinted by permission of the author.

Christoph Meckel, "Die Krähe," from *Das Atelier Zeitgenössische deutsche Prosa.* Hersg. von Klaus Wagenbach. Frankfurt am Main und Hamburg: Fischer Bucherei, Mai 1962. Reprinted by permission of the author.

Claudia Storz, "Die Prinzessin auf der Erbse oder Heimat / weiblich. Eine Collage," from *Ich hab im Traum die Schweiz gesehn.* Hrsg. von Jochen Jung. © 1980 Residenz Verlag, Salzburg und Wien. Reprinted by permission of Residenz Verlag.

Josef Guggenmos, "Wilhelm Tell," from *Hausbuch deutscher Sagen und Schwänke.* Verlag C. Überreuter, Wien, 1977. Reprinted by permission of the author.

Bertold Brecht, Maßnahmen gegen die Gewalt," "Wenn die Haifische Menschen wären," from *Gesammelte Werke.* © Suhrkamp Verlag, Frankfurt am Main, 1967. Reprinted by permission of Suhrkamp Verlag.

Heinrich Böll, "So ward Abend und Morgen," from *Erzahlunger 1950–1970.* 1972 by Verlag Kiepenheuer & Witsch, Köln. Reprinted by permission of Verlag Kiepenheuer & Witsch.

Erich Kästner, "Sachliche Romanze," from *Gesammelte Schriften.* Atrium Verlag, Zurich, 1959; Cecilie Dressler Verlag, Hamburg 1959. Reprinted by permission of Dr. Ulrich Constantin.